ramses 2024

SOUS LA DIRECTION DE THIERRY DE MONTBRIAL ET DOMINIQUE DAVID

ifri

UN MONDE À REFAIRE

- CE QUE NOUS DIT LA GUERRE
- INDE : L'ÉMERGENCE INCONNUE
- ÉBAUCHES D'UN NOUVEAU MONDE

DUNOD

Illustration de couverture : OJO Images, © Gettyimages
Mise en page : Belle Page

NOUS NOUS ENGAGEONS EN FAVEUR DE L'ENVIRONNEMENT :

Nos livres sont imprimés sur des papiers certifiés pour réduire notre impact sur l'environnement.

Le format de nos ouvrages est pensé afin d'optimiser l'utilisation du papier.

Depuis plus de 30 ans, nous imprimons 70 % de nos livres en France et 25 % en Europe et nous mettons tout en œuvre pour augmenter cet engagement auprès des imprimeurs français.

Nous limitons l'utilisation du plastique sur nos ouvrages (film sur les couvertures et les livres).

11 rue Paul Bert, 92240 Malakoff
www.dunod.com
ISBN 978-2-10-085603-9

Sommaire

Table des matières

» Inde : l'émergence inconnue

Sous la direction d'Isabelle Saint-Mézard

» Ébauches d'un nouveau monde

Partie 3

Le monde en questions 190

RUSSIE/EURASIE

EUROPE

AMÉRIQUES

ASIE

MOYEN-ORIENT/MAGHREB

MIGRATIONS

ÉCONOMIE

Les vidéos du RAMSES 2024

Découvrez 8 interviews exclusives pour éclairer les lignes de force des thématiques du RAMSES 2024.

Perspectives, p. 12

Thierry de Montbrial

- Peut-on parler aujourd'hui d'un véritable recul de la mondialisation ?
- L'idée d'une gouvernance mondiale est-elle toujours nécessaire et crédible ?
- Après la guerre d'Ukraine : quelle Union européenne ?

Trois enjeux pour 2024, p. 36

Dominique David

Présentation des dossiers phares du RAMSES 2024 :
- Ce que nous dit la Guerre ;
- Inde : l'émergence inconnue ;
- Ébauches d'un nouveau monde.

L'UE en « sortie de guerre », p. 54

Claude-France Arnould

- Une UE élargie peut-elle aller vers plus d'autonomie, plus de puissance ?
- L'UE peut-elle supporter le coût des élargissements annoncés ?
- Quel rôle pour la Communauté politique européenne ?

Afrique du Nord et Moyen-Orient face au conflit russo-ukrainien, p. 84

Dorothée Schmid

- Les pays d'Afrique du Nord et du Moyen-Orient face au conflit russo-ukrainien
- Quelles conséquences économiques la guerre a-t-elle sur la région ?
- Quelles recompositions géopolitiques après la crise ?

L'Inde sur la scène mondiale, p. 92

Isabelle Saint-Mézard

- L'Inde est-elle le nouveau poids lourd de la scène internationale ?
- Un glissement du « non-alignement » à un « multi-alignement » ?
- Comment évoluent les relations entre Delhi et Pékin ?

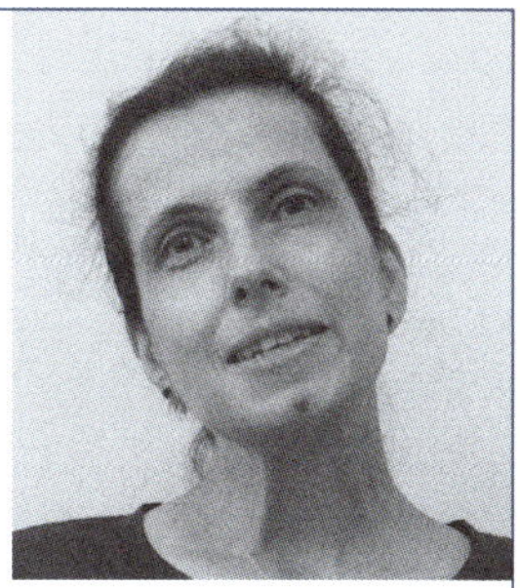

Chine : tout changer pour que rien ne bouge ?, p. 248

Marc Julienne

- Les tensions sino-américaines peuvent-elles s'apaiser ?
- Comment analyser la position de la Chine face au conflit ukrainien ?
- L'Union européenne a-t-elle une stratégie pour sa relation avec la Chine ?

Où en est-on de la dédollarisation ?, p. 292

Norbert Gaillard

- L'économie mondiale est-elle toujours dollarisée ?
- Quels sont les concurrents du dollar ?
- Faut-il craindre la dédollarisation ?

Burkina Faso : un effondrement sécuritaire, p. 304

Alain Antil

- La situation du Burkina Faso est-elle aujourd'hui la plus préoccupante au Sahel ?
- La junte au pouvoir peut-elle répondre au défi sécuritaire ?
- Après le Mali et la RCA, la France retire ses troupes du Burkina : où en est le sentiment anti-français ?

Partie 1

Perspectives

par Thierry de Montbrial

vidéo
http://dunod.link/16f9hi0

Perspectives 2024

Le désordre économique mondial[1]

Le recul de la mondialisation

Depuis 2020, quatre chocs majeurs ont ébranlé le système international dans son ensemble. Le premier a surpris le monde de plein fouet : la pandémie de Covid-19. Partie de la Chine fin 2019 sur une histoire de pangolins, elle s'est répandue sur la planète tout au long de l'année suivante et n'a commencé à reculer que vers la fin de 2021. Ses effets sociaux et économiques dans les pays pauvres – mais pas seulement (par exemple sur les marchés du travail dans les pays les plus avancés) – se font encore sentir.

Le deuxième choc est l'agression de la Russie contre l'Ukraine, engagée le 24 février 2022. Les débats sur ses causes fondamentales et sa prévisibilité ne sont pas éteints, loin de là. Tout s'est passé comme si la plupart des pays, en tous cas en Europe (et certainement en France et en Allemagne), avaient été pris au dépourvu.

Le troisième choc est le durcissement de la tension sino-américaine, déjà sous le mandat de Donald Trump, d'abord sur le terrain commercial puis autour de la polémique sur les causes du Covid-19, bientôt enfin sur la question de Taïwan. Tous les États sont désormais affectés par la rivalité entre les deux superpuissances du moment – l'ancienne (les États-Unis) et la nouvelle (la Chine) –, dont le match dominera la géopolitique au moins jusqu'au milieu de ce siècle.

Le quatrième choc, enfin, est le changement climatique, en ce sens qu'il est soudain devenu une réalité sensible partout sur la terre. Comme exemple je ne citerai que la tragédie du Pakistan, ravagé par des inondations d'ampleur inédite début septembre 2022. Les événements climatiques extrêmes vont se multiplier partout, et nous devrons nous y adapter tout en essayant de mieux faire pour éviter des catastrophes encore pires dans les prochaines années et décennies.

Les trois premiers de ces chocs ont contribué au recul de la mondialisation. Avec la pandémie, les pays occidentaux (et pas seulement eux) se sont aperçus qu'en délocalisant à outrance leurs activités industrielles, notamment en Chine ou en Inde, ils s'étaient mis en situation de dépendance grave pour de nombreux médicaments de première nécessité, ou même pour des objets plutôt ordinaires, comme les fameux masques, par exemple. La question de la dépendance ne se

1. Je reprends ici le titre d'un livre que j'ai publié en 1974, à la suite du premier choc pétrolier de 1973.

pose pas lorsqu'on omet de remplir les conditions institutionnelles et politiques (sécuritaires au sens large) d'un fonctionnement durable des marchés. Une interrogation inaudible, du moins pour les plus forts, au temps de la mondialisation dite néolibérale. On prenait pour acquis l'ordre américain.

Avec le Covid-19, l'égoïsme des nations est réapparu au grand jour, et il a fallu repenser le problème général des chaînes d'approvisionnement. Cette question a encore changé de dimension avec la guerre d'Ukraine. Déjà, les paquets de sanctions à l'encontre de la Russie s'étaient accumulés, surtout depuis l'annexion de la Crimée en 2014. Mais en 2022 les événements ont pris un cours nouveau. Ainsi, les importations européennes de pétrole et de gaz russes ont-elles considérablement diminué, sans que l'on puisse prédire les évolutions futures, dans un sens ou dans un autre. En principe et beaucoup moins en réalité, les pays tiers qui importent ces hydrocarbures à prix cassés – éventuellement pour les revendre, même aux Européens... – sont eux-mêmes passibles de sanctions. Beaucoup de fortunes s'édifient dans ce genre de situations, qu'il s'agisse d'hydrocarbures ou d'autres produits sous sanctions. Quatre conséquences sont majeures : le renchérissement massif des coûts de l'énergie (et plus généralement des matières premières) pour les pays importateurs ; la menace de pénuries d'approvisionnement, toujours à craindre à l'horizon de l'hiver 2023-2024 en Europe ; la multiplication des circuits illicites ; et le retour d'une inflation rappelant les chocs pétroliers des années 1970 (1973 et 1978).

Sur le plan économique, les gagnants sont les grands pays exportateurs, tels que les États-Unis et les États du Golfe, et tous ceux – comme la Chine – qui profitent des prix cassés. Les perdants sont les autres, aussi contrastés que l'Union européenne ou la plupart des pays africains. Et encore n'ai-je surtout mentionné ici que l'aspect énergie des sanctions. Une autre question majeure est celle du marché des céréales, la Russie se trouvant en position d'entraver, voire d'interdire, l'exportation du blé ukrainien par la mer Noire. Avec la guerre, le monde redécouvre l'importance de la sécurité des voies de communication pour le commerce international, principalement maritime. Sur ce plan, la mer Noire a toujours été un espace critique dans l'histoire des relations internationales, par exemple au milieu du XIXe siècle (guerre de Crimée), au temps de la compétition entre les empires du moment, le russe et l'ottoman, avec en arrière-plan le britannique et le français. Ce n'est pas si lointain...

La tension sino-américaine

La question de la tension sino-américaine n'est pas de même nature. À ce jour, les deux États ne sont en guerre nulle part, ni directement ni par procuration. La situation ne ressemble donc pas au rapport actuel entre l'Organisation du traité de l'Atlantique nord (OTAN) et la Russie. Ce qui est là en jeu, c'est la montée de la Chine, dont les buts affichés sont de réaliser l'unification avec Taïwan, puis d'égaler ou même de supplanter la puissance des États-Unis au milieu du siècle. Symboliquement : à l'horizon du centième anniversaire de l'établissement du régime communiste, en 1949. Pékin n'exclut pas le recours à la force pour la réunification avec Taïwan, si les États-Unis (et éventuellement leurs alliés) poussaient Taïwan à l'indépendance. L'ambition de la Chine est à la hauteur d'une histoire nationale plusieurs fois millénaire et radicalement différente, par exemple, de celle de l'Inde – dont l'unité a été construite de l'extérieur – avec laquelle on la compare trop superficiellement. La Chine souffre déjà d'un problème démographique majeur, et traverse une phase critique – prévisible et anticipée – dans son développement. C'est une des raisons pour lesquelles le régime a choisi une ligne autoritaire il y a dix ans, instruit entre autres par les échecs de Gorbatchev. L'intention est de mener des réformes bien réfléchies, et en position de force. Cette ligne a été confirmée lors du XXe congrès du Parti communiste chinois d'octobre 2022. Celui-ci a placé Xi Jinping au même rang que le fondateur du régime, Mao Zedong. Il n'est pas certain que l'immense succès du développement économique de la Chine, avec les réformes de Deng Xiaoping, amplifiées sous le régime de Jiang Zemin (décédé fin novembre 2022) et avec moins de fermeté sous Hu Jintao, puisse se prolonger au même rythme avec le retour d'un capitalisme d'État sous contrôle politique.

La Chine est déjà parvenue à étendre ses tentacules vers les cinq continents, notamment le Golfe et l'Amérique latine, ce qui renvoie au passage à l'importance de la puissance maritime. Elle a démontré ses capacités à maîtriser les technologies les plus sophistiquées, et semble par exemple bien engagée dans la voie de la maîtrise de l'aéronautique commerciale. Ce qui ne manquera pas de poser un problème stratégique majeur à Boeing et Airbus, qui s'y attendaient d'ailleurs depuis longtemps. Face à ces perspectives, la position des États-Unis et de leurs alliés est de protéger leurs propres technologies sensibles en en compliquant l'accès. La protection capitalistique se double d'une « guerre » proprement commerciale, portant aussi bien sur des produits très sophistiqués comme les semi-conducteurs les plus miniaturisés que sur des ressources naturelles indispensables à certains processus industriels, comme les terres rares.

Le protectionnisme et l'inflation

Avec tout cela, le monde s'éloigne encore davantage du libre-échange et d'une idéologie dans laquelle chacun trouvait son compte au temps de l'entrée de la Chine dans l'Organisation mondiale du commerce (OMC) en 2001. Pour autant, rien n'indique encore que le commerce international se rétracte : la numérisation aidant, il se déplace vers les services intermédiaires (comptabilité, consultations en tout genre, etc.). À court-moyen terme, cette tendance devrait se prolonger. Le commerce traditionnel des biens reste soutenu, comme celui des voitures électriques – au profit de la Chine. Certains déplorent d'ailleurs que la politique commerciale de l'Union européenne n'ait pas protégé son industrie automobile. D'un point de vue global, chacun se rend compte que, si le commerce international devait brusquement plonger en raison de la conjonction des tendances protectrices, c'est toute l'économie mondiale qui en pâtirait. Janet Yellen – la secrétaire américaine au Trésor, ancienne présidente de la Banque de réserve fédérale – ne cesse de répéter que le « découplage » économique entre les États-Unis et la Chine serait catastrophique pour les deux. Elle met ainsi en évidence, sans le dire, une contradiction de la politique de Washington, qui accentue tous azimuts la politisation de l'économie.

À cet égard, il importe de souligner la distinction entre l'ordre du commerce international (échange de biens et services) et celui des investissements matériels « directs » (le capital non financier). Depuis la Seconde Guerre mondiale, le premier est régulé dans un cadre multilatéral, aujourd'hui celui de l'OMC, au sein de laquelle l'Organe de règlement des différends joue un rôle majeur (que les États-Unis se sont attachés à affaiblir depuis quelques années). Du moins le principe du multilatéralisme survit-il encore en la matière, en dépit de la prolifération des accords bilatéraux, régionaux ou méga-régionaux. Mais le multilatéralisme n'a jamais été expérimenté dans le domaine des investissements directs, dont les effets sont partiellement abordés par les États – ou associations d'États, comme l'Union européenne – du point de vue du droit et de l'économie de la concurrence par exemple. Ainsi, dans la tradition libérale (dont en théorie les États-Unis se réclament) combat-on en principe les monopoles, oligopoles, subventions étatiques, etc. Alors que le terme de *protectionnisme* est plutôt réservé pour qualifier les entraves au commerce international (tarifs douaniers, quotas, obstacles non tarifaires…), on l'utilise de plus en plus à propos des pratiques non concurrentielles dans le domaine des investissements, en particulier pour les interventions des États. Or sur ce point, les derniers mois ont été marqués par un tournant majeur de la politique américaine.

Le nouveau protectionnisme américain

Comme on devait s'y attendre, le recul de la mondialisation a soulevé une vague d'inflation sans précédent depuis les années 1970 et 1980, au point que maints économistes ont dû se mettre en quête de chapitres oubliés de leur discipline. Globalement, en effet, la mondialisation avait éradiqué l'inflation pour deux raisons complémentaires : la délocalisation des usines dans les pays à bas salaires, et le progrès technique, qui, lui aussi, fait baisser les coûts. Or, outre le fait que dans tout pays qui se développe effectivement les salaires réels augmentent, la relocalisation des activités productives renchérit à la fois le coût du travail et celui du capital. Le retour de la guerre a, de plus, provoqué une vague durable de dépenses publiques liées à la sécurité, en particulier une nouvelle course aux armements. Ajoutons qu'avant d'engendrer ses effets globalement positifs, la destruction créatrice qui caractérise toute révolution industrielle – comme la nouvelle qui s'annonce autour de l'Intelligence artificielle – s'accompagne dans un premier temps d'investissements massifs, et d'une mutation des marchés des compétences. Sans oublier les conséquences de la pandémie sur les comportements vis-à-vis du travail, dans certains pays riches. Il n'est pas exclu que, derrière la hausse actuelle des taux d'intérêt, poursuivie avec ténacité par les Banques centrales pour lutter contre l'inflation, se profile une hausse plus structurelle du coût de l'argent (taux d'intérêt réel), en raison aussi de l'évolution prévisible de la politique budgétaire des États (dépenses budgétaires et impôts) face à une marée d'incertitudes durables.

Le protectionnisme américain s'est manifesté brutalement à la fin de 2022 par l'*Inflation Reduction Act* (IRA), qui prévoit des subventions massives pour les entreprises implantées aux États-Unis, notamment dans les secteurs des véhicules électriques, des énergies renouvelables, ou de l'hydrogène. Ce plan met en avant la volonté de décarboner l'économie américaine, mais sa dénomination montre bien qu'il s'agit d'accélérer la transformation de l'économie américaine pour la rendre globalement plus compétitive. Le plan mise sur la taille du pays (effet d'échelle), et sur l'efficacité de la collaboration entre le gouvernement et l'industrie, dont les racines sont profondes aux États-Unis, bien au-delà du complexe militaro-industriel. Plus discrètement, il mise aussi sur l'incapacité des Européens à défendre leurs intérêts. Comme l'a bien rappelé Mathilde Lemoine, « Le véritable outil dont la France et l'Allemagne disposent pour limiter la perte de compétitivité de leur industrie face à leurs homologues américains est la mise en place de droits de douane sur les produits importés des États-Unis. Or seule la Commission européenne a les moyens de les rendre dissuasifs. Pour y parvenir, il faut redonner corps au caractère politique du commerce. Cela oblige les États membres à se mettre d'accord pour laisser la Commission européenne négocier, car elle seule peut obtenir des sanctions suffisantes pour pousser le gouvernement Biden à faire évoluer sa politique commerciale[2]. »

Mais l'Union européenne est structurellement incapable d'utiliser stratégiquement les leviers régaliens dont elle dispose, à commencer par la politique commerciale. Les dirigeants américains n'ont donc rien à craindre, surtout à un moment (la guerre d'Ukraine) où l'Union européenne s'est plus que jamais alignée derrière les États-Unis, alors pourtant qu'en dehors de l'IRA sa compétitivité s'est considérablement dégradée en raison d'un coût de l'énergie devenu quatre fois plus élevé que de l'autre côté de l'Atlantique. Reste le chacun pour soi, avec cet avantage (mérité) pour les Allemands qu'ils bénéficient d'excédents budgétaires sagement accumulés et d'une expérience éprouvée du partenariat privé-public (l'ordolibéralisme). Restent aussi les projets de la Commission. Mais leur crédibilité par rapport à l'enjeu reste à démontrer, en raison de l'inefficacité des processus de décision et d'exécution, ou encore de l'insuffisance des moyens financiers disponibles. Ces causes de l'affaiblissement européen tiennent aussi pour le moment à la désunion franco-allemande sur presque tous les sujets concrets.

Une gouvernance mondiale en péril

Le quatrième choc évoqué au début de ces *Perspectives* est le changement climatique, ou plus précisément la prise de conscience de sa réalité immédiate dans l'ensemble du monde. L'action face au changement climatique, ou encore les grandes questions de santé publique mondiale, à commencer par les pandémies, sont de celles qui ne devraient plus faire douter de la pertinence du concept d'intérêt général de l'humanité tout entière, justifiant la mise en place d'une gouvernance mondiale. Les éléments d'une telle gouvernance sont actuellement le droit international dans le cadre général de la Charte de l'Organisation des Nations unies (dont de nombreux États réclament une bien difficile réforme), les organisations régionales comme l'Union africaine (UA), les institutions du multilatéralisme issues de l'après-Seconde Guerre mondiale, ou encore les différents groupes ou associations d'États apparus au fil des ans : G7, G20, BRICS, OCS (Organisation de coopération de Shanghai), sans oublier les COP (Conférences des parties sur les changements climatiques).

2. M. Lemoine, « L'affaiblissement du multilatéralisme fait le bonheur des Américains », *Les Echos*, 5 janvier 2023.

À une échelle réduite, il m'a toujours plu de voir dans les institutions de l'Union européenne comme une maquette de gouvernance déjà assez sophistiquée – avec quelques qualités et beaucoup de défauts –, à partir de laquelle on pourrait réfléchir sur ce à quoi pourrait ressembler un jour une gouvernance mondiale digne de ce nom. Nous sommes aujourd'hui fort loin du compte. Le droit international atténue quelque peu les inégalités entre États, mais les grandes puissances jouent de ses ambiguïtés et en font un usage sélectif. Le multilatéralisme du second XXe siècle avait bénéficié de ses origines d'après-guerre sous *leadership* américain. Son affaiblissement tient à son changement de nature depuis la fin de la guerre froide, chacun ayant désormais tendance à jouer pour soi, comme on vient de le rappeler à propos de l'OMC. Quand ils ne sont pas intrinsèquement divisés comme le G20, les G et autres associations d'États sont inégalement efficaces. Ces groupements prennent peu de vraies décisions, et les effets de leurs déclarations sont rarement identifiables avec précision. Dans certains cas, comme la COP 27 de 2022 à Charm el-Cheikh, on peut franchement parler d'échec.

Dans le domaine du climat, chacun court à sa vitesse. Les plus puissants anticipent le futur cadre de la compétitivité. Ils cherchent à se mettre en position de force et à protéger leurs intérêts durant la longue phase de transition dans laquelle tous sont déjà engagés. Ainsi l'Allemagne produit-elle encore du charbon…

Peut-on imaginer, par exemple, que les États-Unis et la Chine coopèrent fortement et durablement dans le domaine climatique, alors que leur affrontement est possible, sinon probable, dans les deux prochaines décennies ? Mon scepticisme rejoint ici celui que j'exprimais plus haut à propos des injonctions de Janet Yellen : la logique de la situation va davantage dans le sens du découplage que dans celui du couplage. C'est une question de rythme. Disons clairement que l'évolution actuelle du monde ne va pas dans le sens du renforcement de la gouvernance mondiale.

L'universalisme occidental contesté

L'« Ouest » s'affermit, en ce sens que le *leadership* américain, quoique fragilisé par des tensions internes sans précédent au XXe siècle, reste en principe assis sur une puissance technologique et économique encore inégalée. Il se durcit pour le moment avec une Alliance atlantique revigorée et élargie, mais seulement pour avoir fait presque totalement sienne la cause de l'Ukraine telle qu'exprimée au fil du temps par son président, Volodymyr Zelensky, à la suite de l'agression de la Russie. Seule la Turquie fait vraiment figure de *maverick* dans cet ensemble.

L'idéologie occidentale, partagée en Asie – au moins au niveau sécuritaire – par des pays comme le Japon ou la Corée du Sud qui ont beaucoup à craindre de la montée de la Chine, reste plus que jamais celle de la propagation de la démocratie libérale. C'est justement l'universalité de cette forme de gouvernement que contestent nombre de pays, à commencer par la Chine, à partir d'une conception de l'égalité et de la liberté que l'on peut rattacher à la notion de « valeurs asiatiques » – déjà en vogue dans les années 1990, sous l'influence notamment de Lee Kuan Yew, fondateur de l'État de Singapour. En tant qu'empire, la Chine se suffit à elle-même, et s'attache à développer un réseau de partenaires sur la base d'une conception réaliste des intérêts de chacun. Elle ne prétend pas changer les régimes politiques des autres, en dehors de son domaine. Elle n'est pas opposée au principe du multilatéralisme, pourvu que son propre rôle soit proportionnel à son poids. Ainsi espère-t-elle accéder bientôt au moins à l'égalité avec les États-Unis, sans avoir à faire la guerre.

Et puis il y a « le Reste », qui recouvre la diversité des États qu'on appelait « non alignés » au temps de la guerre froide. Ils ont donc en commun de rejeter l'universalisme affiché des Occidentaux, dans lequel ils voient une forme de néocolonialisme. En même temps, beaucoup refusent *a priori* de prêter allégeance à la Chine, comme l'ensemble du « monde chinois » pourrait finalement se résoudre à le faire. La guerre d'Ukraine n'est pas la leur, et ils ménagent la Russie. L'Inde, qui affiche de plus en plus ouvertement sa propre ambition, a théorisé la notion de *multi-alignement*, que d'autres pays plus petits comme le Kazakhstan essayent de pratiquer à leur manière. Dans ce « Reste » – qu'on appelle aussi « Sud global » même quand il est au nord –, les pays les plus agressifs rejettent par ailleurs sur le dos des Européens, renvoyés aux méfaits du colonialisme, la responsabilité des maux dont ils souffrent, notamment en raison des chocs sur lesquels j'ai ouvert ces *Perspectives*. Alors qu'en Afrique la Chine n'intervient pas militairement, la Russie profite, au contraire, de la dégradation globale pour semer le chaos avec les mercenaires de Wagner.

Vers la fin de la guerre d'Ukraine ?

La guerre continue

Les réflexions qui précèdent suffisent pour poser cette question : à quelles conditions un nouvel ordre international durable pourrait-il émerger du désordre actuel ? Si l'on campe sur l'idée « occidentale » selon laquelle un tel ordre serait impossible sans le triomphe de la démocratie libérale en Chine, en Russie ou ailleurs, je crains qu'il ne faille se préparer non pas à une, mais à plusieurs guerres de haute intensité. La théorie dite réaliste des relations internationales suggère qu'au bout d'un certain temps émergerait un équilibre issu des purs rapports de force. Ce qui sèmerait les germes de guerres futures. Mais une autre voie est possible, à laquelle on peut associer le nom de Henry Kissinger – qui a fêté son centenaire au mois de mai 2023. Il s'agit de l'idée qu'au rapport de forces on peut substituer partiellement l'équilibre des intérêts fondamentaux, ce qui suppose la reconnaissance par chaque acteur de la légitimité des intérêts jugés les plus importants par les autres, quand bien même ils pourraient heurter nos propres « valeurs ». Chacun doit donc admettre l'hétérogénéité du système international dans son ensemble. Je persiste à penser que c'est le travail qui n'a pas été mené après la chute de l'Union soviétique. Indépendamment même des controverses sur les préoccupations plus globales de la Russie sur sa sécurité, les problèmes politiques dans le Donbass ou en Crimée étaient objectifs. Des diplomaties plus volontaristes et imaginatives auraient pu en venir à bout. Il a manqué les deux : la volonté et l'imagination. Et peut-être la guerre actuelle se terminera-t-elle comme elle aurait dû ne pas commencer. Mais si l'on ne refait pas l'histoire, du moins peut-on éviter qu'elle ne se répète, en pire. C'est pourquoi je suis convaincu que la diplomatie a de grands jours devant elle.

La façon dont Vladimir Poutine a engagé sa guerre restera comme un parfait exemple d'erreur de calcul stratégique. Les experts occidentaux de la chose militaire estimaient déjà que même l'annexion des territoires contestés de Donetsk et de Louhansk ne serait pas une partie de plaisir. *A fortiori* une conquête plus large, vers le nord (Kharkiv) et le sud, Marioupol et au-delà, en vue d'assurer la jonction territoriale avec la Crimée, voire, plus à l'ouest, avec la Transnistrie. Après l'échec cinglant de la tentative de changement de régime à Kiev, Moscou a entrepris une campagne de bombardements d'infrastructures critiques sur l'ensemble du pays, sans toutefois prendre jusqu'ici de risques excessifs, notamment sur la centrale nucléaire de Zaporijia. Il y a bien le cas de la destruction du barrage de Kakhovka (le 6 juin) : un désastre écologique et agricole qui, en vérité, affecte d'ailleurs aussi bien les Russes que les Ukrainiens. Mais n'oublions jamais que les Russes ont brûlé Moscou pour faire reculer Napoléon. Sans renoncer complètement à ce type d'objectifs, difficiles à atteindre en raison de l'efficacité de la défense antiaérienne adverse et de stocks d'armements insuffisants, la stratégie russe s'est ensuite concentrée sur les territoires de l'Est, où la situation s'est progressivement figée au prix de lourdes pertes humaines et matérielles, en attendant la contre-offensive ukrainienne commencée à la fin du printemps dans une certaine discrétion.

Un fait politique majeur au cours de ces quelques mois fut la consolidation progressive de l'unité du camp occidental face à la guerre d'Ukraine, dans le cadre de l'Alliance atlantique, et sous le *leadership* américain. Je ne reviens pas sur le cas particulier de la Turquie. Depuis le début de la guerre, le renseignement américain a joué un rôle fondamental dans les succès ukrainiens, ainsi évidemment que le transfert d'armes de plus en plus sophistiquées et offensives, à la demande de Kiev. À la veille du sommet de Vilnius des 11-12 juillet 2023, le président Biden a encore donné son feu vert à la livraison de bombes à sous-munitions, dont l'emploi est pourtant interdit depuis 2008 par une convention internationale – non signée, il est vrai, par les États-Unis, ni par la Russie. Cette décision, aussitôt qualifiée de crime de guerre par la Russie, a mis les alliés dans l'embarras – pour employer un terme pudique –, et pourrait ouvrir la voie à une forme d'escalade.

L'unité occidentale face à la guerre d'Ukraine

Ce sur quoi je souhaite insister ici est que l'engagement de l'OTAN aux côtés de l'Ukraine n'aurait peut-être pas été radicalement différent, du moins jusqu'à présent, si l'Ukraine avait déjà fait partie de l'OTAN. En effet, l'article 5 du traité de l'Alliance ne stipule rien d'autre que « si un pays de l'OTAN est victime d'une attaque armée, chaque membre de l'Alliance considérera cet acte de violence comme une attaque armée dirigée contre l'ensemble des membres et prendra les mesures qu'il jugera nécessaires pour venir en aide au pays attaqué ». Le libellé de cet article 5 est en réalité fort peu contraignant et, dans le cas de l'Ukraine, les Occidentaux ont déjà pris des mesures considérables « pour venir en aide au pays attaqué », même s'ils n'ont pas jusqu'ici déployé officiellement de soldats sur le théâtre d'opérations – ce dont le traité lui-même ne fait pas obligation. On dira à juste titre que les États-Unis ont constamment répété que l'Alliance ne porterait pas les combats sur le territoire de la Russie. On se souvient de l'extrême prudence de leur réaction en novembre 2022 après l'incident de l'explosion d'un missile en Pologne, qu'ils ont attribué non aux Russes mais à une bavure de la défense antiaérienne ukrainienne… Si l'Ukraine avait déjà fait partie de l'OTAN, les plus hauts responsables de l'Organisation n'auraient évidemment pas dit à l'avance ce qu'ils ne feraient pas dans telle ou telle hypothèse. C'est le principe de base de la dissuasion, qui commence au niveau conventionnel. Ajoutons que, dès le mois de novembre 2022, Joe Biden a commencé à parler d'une issue autre que la capitulation de la Russie. Il n'aurait peut-être pas parlé autrement même si l'Ukraine avait déjà intégré l'OTAN.

Les lecteurs familiers des débats stratégiques du temps de la guerre froide se souviendront de la notion d'intérêt vital, que la France a toujours située au cœur de sa propre politique de dissuasion. Aucun stratégiste ne soutiendra sérieusement que l'Ukraine constitue un enjeu *vital* pour les États-Unis, pour l'Allemagne ou pour la France. Le point de vue de ces pays n'est pas le même que celui de la Pologne, ou des pays baltes. Jusqu'à présent, les États-Unis ont épousé le narratif de ces derniers pays, qui veulent en finir aussi définitivement que possible avec la menace séculaire que la Russie fait peser sur leurs peuples. Les États-Unis ont, en tous cas, intérêt à rogner les ongles de l'ours, pour mieux pouvoir se concentrer sur la Chine. Pas au point, cependant, de transformer la Russie en vassal de l'empire du Milieu, ou pire peut-être, d'avoir à affronter le flot d'incertitudes qu'ouvrirait la décomposition de la Fédération de Russie – une perspective déjà très sérieuse, faut-il le rappeler, dans la seconde moitié des années 1990. La prudence des États-Unis s'est encore exprimée à la veille du sommet de Vilnius, quand le président Biden a d'emblée exclu l'intégration de l'Ukraine dans l'OTAN avant la fin de la guerre.

Face aux États-Unis, tout se passe comme si les dirigeants de l'Union européenne dans leur ensemble (et naturellement le Parlement européen) avaient renoncé à toute forme de raisonnement stratégique. Depuis le début de la guerre, à quelques nuances près progressivement gommées, ils s'en sont tenus à un narratif qu'on peut résumer comme suit, forçant à peine le trait : Poutine est un dictateur dont le but est de reconstruire l'empire soviétique (et de détruire l'Union européenne) ; l'Ukraine est une démocratie qui se bat pour nous ; elle a vocation à rejoindre l'OTAN et l'Union européenne le plus vite possible ; les Russes doivent être vaincus.

Je propose ci-après quelques commentaires sur chacune de ces affirmations. Et d'abord, on a tout dit sur Vladimir Poutine, mais je ne crois pas que, avant la guerre, le terme de dictature qualifiait au mieux son régime politique. Autocratique : sûrement. Fondé sur une sorte de pacte entre les forces de sécurité issues de l'ex-URSS, le club des oligarques, et diverses organisations mafieuses, le tout lié par la corruption : assurément. Le peuple ne joue à peu près aucun rôle dans tout cela, mais ce n'est pas nouveau dans l'histoire de la Russie. Ce n'est vraiment que dans le domaine de la politique étrangère que Poutine s'est imposé dès le milieu des années 2000 comme le maître absolu. On peut même penser que Sergueï Lavrov lui-même n'a été mis au courant de l'invasion de l'Ukraine qu'à la dernière minute. Quant à la question de la reconstruction de l'empire, on peut au moins faire crédit à Poutine en estimant qu'il savait qu'un objectif aussi ambitieux était inatteignable. Ce que d'ailleurs son échec à prendre Kiev a immédiatement montré. Que la nostalgie de l'empire russe l'habite est une autre affaire, et il n'est pas le seul dans ce cas. Souvenons-nous de l'immense dissident que fut Soljenitsyne, si admiré à l'Ouest dans les années 1970 et 1980. Pour lui, l'unité de l'Ukraine et de la Russie était une évidence. Et, pendant son exil aux États-Unis, il n'a pas hésité à dénoncer la décadence spirituelle de l'Occident. Je fais évidemment allusion à son célèbre discours de Harvard du 8 juin 1978. C'était bien avant les LGBT+ ou le *wokisme*... Que Poutine ait voulu, ou veuille, une modification du système de sécurité issu de l'implosion de l'Union soviétique (par la tête, et non la périphérie) est une évidence. Qu'il se soit révélé meilleur tacticien que stratège pour atteindre ses buts en est une autre.

Vaincre, c'est ne pas être vaincu

Que l'Ukraine soit en train de forger son identité nationale dans le sang, et que la démocratie fasse partie de son projet, nul ne peut aujourd'hui en douter. Mais quelle sorte de démocratie était-elle avant la guerre ? La question renvoie, entre autres, au problème de la corruption. Car l'Ukraine fut très soviétique, et il en est resté de multiples traces. Quant à savoir en quoi elle se bat actuellement « pour nous », on distinguera la question de la nature réelle des risques que la Russie post-soviétique faisait peser sur l'Europe occidentale dans son ensemble, de celle, beaucoup plus vaste, de savoir si, pour nous protéger, nous devons proclamer l'extension de la démocratie comme alpha et oméga de toute politique de sécurité, et ainsi nous faire les chantres de la propagande d'une doctrine post-chrétienne de la foi. Ce qui renvoie au débat sur la comparaison entre l'équilibre des forces et celui des intérêts fondamentaux.

Reste la proposition selon laquelle « les Russes doivent être vaincus ». Dans une bataille, au sens clausewitzien du terme, le vaincu est celui dont l'organisation s'effondre la première. C'est alors, démontre le général prussien, que ses pertes sont les plus grandes. Le vainqueur est celui qui n'est pas vaincu, c'est-à-dire celui dont l'organisation a résisté le plus longtemps. Cette définition est la meilleure quand on parle de batailles, mais pas nécessairement pour la guerre. Les guerres réelles ne s'achèvent pas toutes avec une « bataille décisive » – quand le chaos militaire s'étend aux institutions du gouvernement –, et beaucoup se terminent sur un acte politique : la volonté partagée d'en finir ou, tout au moins, de suspendre les combats. Si l'on s'en tient au principe des batailles décisives, la victoire des Ukrainiens supposerait la chute du régime, au profit du chaos. Car il est difficile d'imaginer actuellement le simple remplacement de Poutine par un personnage dont le seul rôle serait de subir les modalités d'une capitulation sans condition. À cet égard, l'épisode de la mutinerie d'Evgueni Prigojine et de sa milice Wagner en juin 2023 est révélateur. On a vu en l'espace d'une journée des commentateurs se féliciter, dans un premier temps, de la perspective de la chute de Poutine, avant de s'interroger sur les conséquences moins réjouissantes du chaos, ou de l'alternative d'un nouvel homme fort plus radical que l'ancien. Les responsables de l'OTAN estiment probablement qu'il existe encore une marge pour affaiblir l'adversaire avant d'en arriver à une bifurcation. D'où les annonces de Vilnius. De toute façon, l'histoire de la Russie incite à la prudence. Sans doute les sanctions commencent-elles à mordre sérieusement sur le potentiel économique du pays, mais le système D est un art soviétique que les Ukrainiens ne sont pas les seuls à pratiquer avec talent. Sur le plan proprement militaire, les Russes sont habitués à encaisser de lourds échecs et à rebondir. Tout est toujours possible, mais il est sage de se rappeler cette maxime du prince Gortchakov, ministre des Affaires étrangères du tsar entre 1856 et 1882, que n'avait pas oubliée Bismarck : « La Russie n'est jamais aussi forte ou aussi faible qu'on le croit. »

Au-delà de la guerre d'Ukraine

La Russie et la Chine

On entend dire qu'il appartient aux seuls agressés de décider d'une éventuelle négociation. L'histoire de la paix n'est pas moins complexe et ouverte aux surprises que celle de la guerre. L'exemple des traités de l'après-Première Guerre mondiale l'illustre bien, entre autres. L'impressionnante capacité de résistance et d'attaque des Ukrainiens n'a pas faibli jusqu'à ce jour. Elle exercera évidemment une influence majeure sur les conditions d'un armistice ou d'une paix. Et nous savons que certains armistices peuvent s'étendre sur une éternité. Ainsi la guerre de Corée n'est-elle toujours pas conclue. Dans la réalité, les Ukrainiens dépendent des Occidentaux et du *leadership* des Américains. Ces derniers continueront de raisonner sur un plan global. Il faut aussi regarder du côté de la Chine, dont le rapprochement avec la Russie a profité de la détérioration des rapports entre celle-ci et les membres de l'OTAN depuis environ 2005.

Du point de vue du long terme, ce rapprochement est contre nature. Les 10 millions de km² de territoire de la Fédération de Russie à l'est de l'Oural ne comptent qu'une trentaine de millions d'habitants, face aux 1 410 millions de Chinois… L'absorption de la Sibérie et de ses richesses par l'empire du Milieu est une hypothèse de long terme qu'on ne peut écarter d'un revers de main. Dans les années 1970, l'excellent spécialiste des relations internationales qu'était le grand journaliste André Fontaine se permettait de spéculer sur le jour où l'URSS rejoindrait l'OTAN, face à la Chine. Une hypothèse hardie au moins par rapport à l'idée qu'on pouvait et qu'on peut toujours se faire de la vocation de l'OTAN, mais qui soulève une vraie question. C'est en 1973 qu'Alain Peyrefitte publia *Quand la Chine s'éveillera, le monde tremblera*. À l'époque – celle de l'établissement des relations diplomatiques avec les États-Unis (voyage de Nixon à Pékin en 1972) –, il fallait avoir une bonne longue-vue pour formuler pareil jugement. Après la victoire de Mao Zedong en 1949, les Occidentaux avaient pris l'URSS et le communisme tellement au sérieux qu'ils considéraient Pékin comme un vassal durable de Moscou. En réalité, la relation entre Mao et Staline fut détestable dès le début. La rupture apparut au grand jour en 1960. On en parla comme du « schisme sino-soviétique » et ce fut un coup de tonnerre. En 1972-1973, la Chine était fort mal en point sur le plan économique à la suite d'une série d'erreurs catastrophiques, et de la Révolution culturelle. À la fin des années 1970, paradoxalement seulement en apparence, les Chinois prédisaient la fin du communisme en URSS, qu'ils voyaient sombrer dans le « social-impérialisme ». Ils n'ont jamais toléré le rôle de *junior partner* auquel les Soviétiques avaient prétendu les cantonner.

À présent, la situation s'est inversée. Pékin savoure le nouveau rapport des forces. Certaines images montrant le regard que Xi Jinping porte sur Vladimir Poutine ne doivent pas faire plaisir au maître du Kremlin. Les deux hommes ont scellé une alliance présentée comme éternelle, mais ils savent qu'elle ne durera qu'un temps, quoique peut-être long. Sans doute pas au-delà de 2040, c'est-à-dire du début de la décennie au cours de laquelle l'empire du Milieu espère égaler, sinon devancer, l'actuelle première puissance mondiale. Les Américains savent tout cela, et les Européens peuvent le comprendre. À court-moyen terme, avec ou sans Poutine, la Russie a besoin de la Chine pour sortir de la guerre d'Ukraine avec le bilan global le moins désastreux possible, et la Chine engrangera le maximum des bénéfices économiques et politiques qu'elle peut tirer de cette guerre, tout en veillant à ce que le désormais petit frère ne la mette pas trop dans l'embarras. À cette fin, elle doit aussi essayer de l'accompagner pour un cheminement ni trop lent ni trop rapide vers une paix honorable. Je ne suis pas certain qu'elle estime de son intérêt de voir la Fédération de Russie se transformer en une vaste Corée du Nord. Ainsi peut-on entrevoir une sorte de grand jeu après la guerre d'Ukraine, dont le déroulement déterminera les directions vers lesquelles bien des pays s'orienteront. Tout ceci, bien sûr, en supposant que l'ascension de la Chine se poursuive, car dans l'hypothèse inverse c'est toute la configuration planétaire qui serait bouleversée.

Il faudra solder le contentieux entre l'Europe et la Russie

Un éventuel pivot de la Russie vers l'Ouest ne pourra pas aboutir tant que le contentieux issu de l'histoire de l'URSS en Europe ne sera pas soldé. Du point de vue occidental, le véritable objectif de l'après-guerre d'Ukraine, avec ou plus vraisemblablement sans Poutine, devra être d'y parvenir, sans arrière-pensées de revanche de part et d'autre. Il faudra une réconciliation. Ce sera très difficile. L'histoire de la Russie a toujours été marquée par la figure de l'impérialisme, un fait que le régime soviétique a vainement cherché à transcender par l'idéologie communiste. Avec l'effondrement de l'URSS, la question de l'identité de la Russie s'est posée dans un contexte beaucoup plus dramatique qu'au XIXe siècle, lorsque l'empire des tsars était en pleine expansion. On se demandait alors, selon Anatole Leroy-Beaulieu[3], si ce qui l'emporterait serait le caractère européen selon la vision de Pierre le Grand, ou le caractère slave, défini par opposition à l'occidentalisme, et qui s'insérait dans une historiographie où l'Ukraine – située au cœur d'une route de tout temps active entre la Baltique, la mer Noire et la Caspienne – était représentée comme le berceau de la nation, avant le passage à l'âge adulte à partir du grand-duché de Moscou.

Après 1991, les slavophiles se sont rassemblés dans l'église orthodoxe, et le régime de Vladimir Poutine s'est fortement appuyé sur le Patriarcat de Moscou. Parmi les effets majeurs de la guerre d'Ukraine, il faut évidemment souligner la division du monde orthodoxe fortement aggravée depuis le 24 février 2022, avec des

3. A. Leroy-Beaulieu, *L'Empire des tsars et les Russes* (première publication 1881), Paris, Robert Laffont, 1991.

conséquences sur tous les patriarcats, à commencer par celui de Constantinople, *primus inter pares* et connu notamment pour son engagement dans l'œcuménisme. Mais en un temps de bouleversements aussi profonds que celui de l'après-URSS, le caractère slave n'était plus suffisant pour qui voulait se démarquer plus fortement de l'Europe et de l'Occident, même si l'on continue de distinguer entre Slaves orientaux (Russes, Ukrainiens, Biélorusses), occidentaux (Polonais, Tchèques, Slovaques) et méridionaux (Serbes, Croates, Bulgares, Slovènes, Macédoniens). Ainsi, me semble-t-il, pourrait s'expliquer la montée d'une idéologie « eurasiatique », qui déplacerait le centre de gravité de l'identité russe en la rattachant aux hauts faits de l'empire mongol et de ses suites, comme la Horde d'or. On soulignerait ainsi le caractère hybride du fait russe, crédité d'une combinaison exceptionnellement heureuse de vertus. Observons au passage qu'indépendamment des malheurs de la Russie et de ses intellectuels en quête de ressourcement, l'historiographie occidentale de l'empire mongol est en profond renouvellement depuis quelques années. Ainsi Gengis Khan est-il maintenant présenté comme un grand unificateur pour le bien commun, et comme un administrateur de génie[4].

En toute hypothèse, les Russes n'ont aucune légitimité à se présenter comme les descendants privilégiés des cavaliers de l'Altaï. Pas davantage, disons, que les Turcs. En fait, le mal-être des Russes provient peut-être de ce qu'à la différence des Européens, par exemple, la construction territoriale de leur pays en dehors du Grand-Duché de Moscou s'est toujours faite sur le principe de l'empire. C'est encore ce qui ressort de la carte de la Fédération de Russie dans les frontières qu'elle occupe depuis la fin de 1991. Pareille image n'est pas gratifiante à une époque où les empires, anciens ou nouveaux, ne sont pas à la mode (sauf celui de Gengis Khan ?). En ce sens, la Russie est intrinsèquement un État fragile. Mais il faut relativiser les choses, car dans le monde d'aujourd'hui, une large majorité d'États le sont aussi, ou le deviennent, pour des raisons anciennes ou récentes.

Une construction de la Russie sur le principe de l'empire

Dans les découpages de la géopolitique contemporaine dominante, on peut encore parler de l'Eurasie au sens du *Heartland* de Mackinder, c'est-à-dire de la partie « centrale » du plus vaste continent de la planète, dont la « périphérie » était qualifiée de *Rimland*. Et sur ce vaste ruban, on continue souvent de distinguer entre l'Europe et l'Asie, plus ou moins arbitrairement séparées par l'Oural. C'est justement dans cet aspect conventionnel que l'on trouve la première explication convaincante d'une identité (et donc d'une idéologie) eurasiatique nettement distincte du « type eurasien » – un peu comme on parle du type brésilien – communément reconnu et dépourvu de toute connotation idéologique. Dans la partie asiatique du *Heartland*, on distingue l'Asie centrale, dans laquelle on inclut les cinq Républiques ex-soviétiques (Kazakhstan, Kirghizstan, Tadjikistan, Ouzbékistan et Turkménistan), ainsi que le Xinjiang (où la Chine mène une répression implacable contre les Ouïgours) et la Mongolie. Soulignons que la géopolitique du Caucase, avec ses trois anciennes Républiques soviétiques (Géorgie, Arménie et Azerbaïdjan), est totalement différente. *A fortiori* le cas de la

4. Voir par exemple M. Favereau, *La Horde. Comment les Mongols ont changé le monde*, Paris, Perrin, 2023.

Moldavie doit-il être envisagé à part. Ce petit pays a naturellement vocation à être traité politiquement par les Occidentaux sur le même plan que la Roumanie et l'Ukraine, entre lesquelles il se trouve coincé – avec l'épine de la Transnistrie, un héritage parmi tant d'autres de la période soviétique. La politique internationale ne peut pas régler ce problème d'un trait de plume, pas plus que la question du Haut-Karabagh et des Arméniens enclavés en Azerbaïdjan.

Remarques sur l'Asie centrale

J'ajouterai ici quelques remarques sur l'Asie centrale, qui forme un tout clairement identifiable du point de vue géographique, et dont au moins un pays, l'Ouzbékistan – qui n'est pas le mieux doté en ressources naturelles – a connu une histoire glorieuse. Ces pays ont hérité d'une organisation tribale, dont l'analyse est utile à qui désire les comprendre et aussi comprendre leurs interactions avec des régions voisines politiquement sensibles de la planète, comme l'Afghanistan. De plus, comme ailleurs, ces tribus ne recouvrent pas exactement les frontières. Précisons qu'à l'exception du Tadjikistan, leurs langues appartiennent au groupe turc de la famille altaïque et que d'ailleurs, en dehors du Xinjiang très peu accessible aux étrangers, la Turquie moderne s'y montre très active. À l'exception de la Mongolie, ils sont marqués par l'islam, principalement sunnite. Un autre point important est que, fin 1991, les Républiques soviétiques d'Asie centrale ne demandaient pas l'indépendance. Chassées en quelque sorte par la Russie, c'est tout naturellement qu'à une exception près les derniers Premiers secrétaires des partis communistes ont accédé à la tête des nouveaux États, pour y durer. La décolonisation qui s'est ainsi opérée dans des conditions historiquement uniques ne semble pas avoir jusqu'ici suscité des mouvements politiques fondés sur le ressentiment à l'encontre de l'ancienne puissance coloniale. Les situations varient d'un pays à l'autre.

Arrêtons-nous brièvement sur le cas du Kazakhstan. Cet État, de près de 3 millions de km^2 avec une vingtaine de millions d'habitants, bien doté en ressources naturelles – notamment en hydrocarbures –, a été dirigé après l'indépendance par Noursoultan Nazarbaïev, pur produit de l'élite soviétique, d'origine populaire. Il a gouverné sans partage, jusqu'à mars 2019, non sans œuvrer avec succès à la modernisation du pays. À cette date, en raison de son âge et sans doute d'une certaine fatigue, il a fait élire pour lui succéder son ministre des Affaires étrangères, devenu président du Sénat : Kassym-Jomart Tokaïev, intellectuel polyglotte fort averti des problèmes du monde. À la suite d'une de ces révolutions de palais, caractéristique à l'époque soviétique, en janvier 2022, sans doute fomentée dans l'entourage de Nazarbaïev, Tokaïev semble avoir réussi à solder le régime de son prédécesseur en s'engageant résolument dans la voie d'une très prudente démocratisation, assortie d'une conception moderne de la politique étrangère, déjà qualifiée antérieurement de « multi-vectorielle ». Ce concept, qui correspond au « multi-alignement » de l'Inde mais à partir d'une position de faiblesse, est bien adapté à un pays situé au cœur de l'Asie centrale dont près de 20 % de la population est russe, dont l'essentiel des exportations doit traverser le territoire de la Russie, avec laquelle il partage plus de 7 500 km de frontières, et qui se trouve au contact de la Chine en un point particulièrement critique (le Xinjiang). Tout l'art de cette politique étrangère est de préserver un équilibre délicat avec un voisinage géopolitique et historique tumultueux, en un temps où le rapport de force entre la Russie et la Chine évolue profondément, et alors aussi que, du fait de la guerre d'Ukraine et des réponses occidentales, la Russie est menacée de crises violentes qui n'épargneraient pas le Kazakhstan. Comment prendre de la distance avec la Russie sans encourir ses foudres ? La réponse n'est nullement évidente. Par ailleurs, Tokaïev semble convaincu que la modernisation de son pays doit passer par un renforcement de ses relations avec l'Europe, en particulier la France.

Ces quelques remarques permettront peut-être de mieux comprendre que la notion d'un « Reste » ou d'un « Sud global » systématiquement hostile aux Occidentaux et à leur héritage est trop grossière pour embrasser la complexité du système international actuel. Par exemple, une institution comme l'Organisation de coopération de Shanghai (OCS), créée en 2001 par la Chine, la Russie et les anciennes Républiques soviétiques d'Asie centrale (à l'exception du Turkménistan) – et qui a pris la suite du « Groupe de Shanghai » formé en 1996 – doit être comprise pour ce qu'elle est : une organisation de sécurité régionale utile pour elle-même et non *a priori* une initiative anti-occidentale. Moins par exemple que pour les BRICS auxquels, soit dit au passage, l'Algérie cherche aujourd'hui à se joindre. Depuis sa création, l'OCS s'est notamment élargie à l'Inde et au Pakistan ; puis à l'Iran ainsi qu'à la Mongolie, la Biélorussie (à la demande de la Russie bien sûr) et à l'Afghanistan (membres observateurs).

Le Kazakhstan ne se définit pas par l'idéologie, ce qui ne l'empêche pas lui aussi de chercher à retrouver ses racines profondes, précisément pour éviter le piège des décolonisations. Le Kazakhstan moderne cherche paisiblement à raffermir son aspiration à l'identité nationale, notamment à travers la langue kazakhe.

Géopolitique, politique internationale et au-delà

Cette édition de mes Perspectives pour *Ramses* est la quarantième. Tout en essayant d'embrasser large, je n'ai jamais eu la prétention de proposer au lecteur une synthèse complète du « système international ». Ce serait d'ailleurs folie, car pour des raisons qui touchent au cœur du phénomène de la complexité, pareil projet est irréalisable[5]. Cette année, comme les précédentes, j'ai tenté d'analyser certains aspects des évolutions en cours, au retentissement mondial. En l'occurrence, en me concentrant particulièrement sur la guerre, dans un contexte lourdement affecté par au moins trois autres chocs : la pandémie, la tension sino-américaine et la concrétisation du changement climatique.

Une distinction essentielle

Pour terminer ces Perspectives, je reprendrai une distinction sur laquelle je tente depuis longtemps d'attirer l'attention : entre géopolitique et politique

5. T. de Montbrial, « L'idée de complexité et l'esprit scientifique », *in Regards distanciés sur le monde actuel*, tome 1, Bucarest, Académie roumaine, 2022.

internationale. La géopolitique se propose de caractériser les problèmes politiques susceptibles d'affecter les relations internationales de manière plus ou moins récurrente, en croisant les enseignements de l'histoire et de la géographie, interprétés à travers les récits plus ou moins incompatibles des acteurs qui s'estiment concernés, directement ou indirectement. Ainsi l'Ukraine est-elle un enjeu géopolitique majeur sur le continent eurasiatique, revenu sur le devant de la scène depuis l'agonie de l'Union soviétique, c'est-à-dire la fin des années 1980. Mais face à un problème géopolitique correctement identifié, la politique internationale peut évoluer de bien des manières, selon la diplomatie des uns et des autres ainsi que leurs capacités et volontés de recourir à la force armée.

Restons sur le cas de l'Ukraine, à la veille du sommet de l'OTAN à Vilnius (11-12 juillet 2023). Le gouvernement de Zelensky souhaitait que l'Alliance décide immédiatement de l'accueillir. En dehors sans doute de la Pologne et des pays baltes, une telle décision – qui changerait la qualification de la guerre et ouvrirait la perspective d'une escalade entre l'OTAN et la Russie – n'était pas rationnelle. Seuls les États-Unis ne pouvaient pas tricher en exposant leur point de vue. Le sachant, d'autres États membres de l'Alliance pouvaient se permettre de faire de la politique à l'étage en dessous. En compensation, on l'a vu, l'Alliance dans son ensemble a pris de nouveaux engagements pour fournir toujours plus d'armements à l'Ukraine, quitte – si ses membres honorent vraiment leurs promesses avec zèle et persistent sur la même ligne – à prendre un autre risque, celui de la bifurcation en Russie même dont j'ai déjà parlé.

On peut pousser l'analyse un cran plus loin, et soutenir que la guerre d'Ukraine ne met pas en jeu les intérêts fondamentaux ou « vitaux » de la plupart des États membres de l'ONU, sauf peut-être dans certains cas indirectement. Ces États ne se trouvent donc pas contraints à des discours trop politiquement corrects comme les principaux protagonistes, et ils peuvent même profiter de la situation pour élargir leur liberté d'action.

En Turquie, Erdoğan a réussi l'exploit de se faire réélire, en dépit du tremblement de terre (6 février 2023) et d'une situation économique préoccupante. Il peut ainsi poursuivre une politique étrangère néo-ottomane – appuyée sur une diplomatie fort expérimentée, mais aussi sur la force militaire – dont on ne peut qu'admirer l'intelligence. L'appartenance à l'Alliance atlantique ne l'a jamais empêché de jouer un double jeu avec la Russie, conformément à la situation géopolitique des deux États. Peu lui importe, sur le fond, que l'Alliance s'élargisse, en particulier à la Suède et à la Finlande. Ou même à l'Ukraine. Pour se dire favorable à l'admission de cette dernière, il n'a pas eu besoin de se forcer. En ce qui concerne la Suède, la question des réfugiés kurdes ou celle des Corans brûlés ont été des arguments plus tactiques que stratégiques. Un enjeu d'une tout autre ampleur serait l'accès de la Turquie à une Union européenne qui – à la veille de se lancer à corps perdu dans une nouvelle vague d'élargissement – s'est déjà beaucoup éloignée de ses repères initiaux. Cet accès surmultiplierait les capacités d'action d'un pays qui, lui aussi et contrairement aux Européens qui s'en éloignent, est en train de retrouver ses racines. Si Recep Tayyip Erdoğan continue de nous surprendre, c'est que nous – les Européens – avons tellement perdu le sens de notre orientation que nous ne sommes même plus capables de reconnaître celui des autres.

Comme en face d'une compétition sportive, il faut aussi saluer la performance de Narendra Modi qui, lui aussi, œuvre à renforcer l'identité de son pays, en enjambant son histoire coloniale à travers un concept de « démocratie ethnique » bien éloigné des valeurs occidentales dominantes actuelles. Rappelons-nous le débat vite enterré sur les racines chrétiennes de l'Europe. Il est vrai que les Occidentaux n'ont jamais sérieusement cherché à y faire obstacle dans le cas d'Israël, pays au sujet duquel le concept en question a été élaboré. Depuis 1992, initialement sous l'impulsion de Manmohan Singh, le sous-continent est entré dans une ère de croissance et de grandes réussites technologiques, en tournant le dos à l'idéologie socialiste du parti du Congrès.

Sans entrer dans le débat de ses forces et faiblesses en comparaison avec celles de la Chine, il est possible sinon probable qu'au milieu de ce siècle, l'Inde figurera au tout premier plan des puissances mondiales. Elle y aspire orgueilleusement, sans pour autant se présenter comme concurrente de la Chine en vue de supplanter les États-Unis sur le podium. Elle ne prétend ouvertement qu'à jouer le rôle d'une très grande puissance régionale, tout en exerçant elle aussi, dans les instances de la gouvernance mondiale, une influence conforme à son poids. Sur le plan idéologique, la « plus grande démocratie du monde » se garde sagement de tout ramener à une lutte entre démocraties et démocratures, et de trop se mêler des affaires intérieures des autres. Sa diplomatie de multi-alignement est bien autre chose que le non-alignement de jadis – lequel s'apparentait à l'idée d'une troisième voie face à l'Union soviétique et aux États-Unis, tout en restant beaucoup plus proche du socialisme d'État que du capitalisme libéral. À présent, l'Inde peut se permettre de se rapprocher des États-Unis, ou de se reconnaître dans le concept géopolitique d'Indo-Pacifique, sans pour autant se présenter comme un allié de la puissance dominante et tout en refusant de prendre parti dans la guerre d'Ukraine. Elle n'hésite pas à prendre ses libertés vis-à-vis des sanctions américaines et européennes, et parvient à ne pas encourir leurs foudres. Elle a déjà réussi à se donner les moyens d'une politique d'indépendance nationale, non pas en niant ses dépendances, mais en cherchant à les diversifier pour toujours maximiser sa liberté d'action.

L'Inde au premier plan des puissances mondiales

Sur le même registre de la politique internationale en tant que domaine distinct de la géopolitique, j'ajouterai encore quelques mots sur le Moyen-Orient, où certains des principaux acteurs ont pris récemment des initiatives impensables encore naguère. La plus importante dans les derniers mois est le rapprochement entre l'Arabie Saoudite et l'Iran sous les auspices de la Chine (comme Téhéran, Riyad s'est également rapproché de la Russie) – et sous les applaudissements, notamment, de la Turquie. Ce rapprochement a été suivi de près par la réadmission de Bachar el-Assad dans la Ligue arabe. Comme si les principaux acteurs de la région pensaient qu'ils ne pouvaient plus compter sur les seuls États-Unis pour stabiliser la région, et devaient prendre acte de l'échec de l'accord de Vienne sur le nucléaire iranien (JCPOA). Au grand dam d'Israël, pour qui il devient beaucoup plus difficile encore d'empêcher l'accès de l'Iran à l'arme nucléaire par ses propres forces. Ceci, à un moment où le gouvernement de Benyamin Netanyahou joue avec le feu en malmenant la démocratie israélienne elle-même. On voit ainsi que l'idée de multi-alignement dépasse largement le cadre de l'Inde, y compris d'ailleurs quand il s'agit de ne pas appliquer les sanctions décidées par les États-Unis ou par l'Union européenne. Une des conséquences de la tendance au multi-alignement est l'accroissement de la diplomatie d'influence de la Chine à un moment où les États-Unis cherchent à resserrer les rangs de leurs amis pour la contrer.

Il faut rebâtir l'Union européenne sur des bases plus solides

Mon ultime propos sera peut-être le plus important. On ne rencontre pas un expert de la politique internationale dans le monde qui ne se préoccupe de l'évolution interne des États-Unis. Non qu'ils ne continuent de faire la course, en tête dans les domaines technologique et militaire notamment. Mais l'ampleur et la violence des clivages idéologiques à l'intérieur du pays sont sans précédent depuis largement plus d'un siècle. À court terme, l'incertitude est grande sur les résultats de l'élection présidentielle de 2024 et leurs conséquences. Alors que la politique étrangère de Washington exigera plus de finesse que jamais, le simple fait que le retour d'un Donald Trump ne soit pas exclu suscite une inquiétude générale.

Dans le contexte d'un monde dont les aspirants à la puissance affirment fortement leur quête d'identité nationale en contrepoint de l'histoire de l'Europe et d'un universalisme occidental autoproclamé, les fondations de ce qui fut la Communauté européenne, déjà fortement ébranlées après la chute de l'URSS, se trouvent à présent encore plus gravement menacées. Ce qui reste de notre prospérité économique et les politiques sociales qu'elle a permises, comme une conception des libertés qui encourage toutes les transgressions, nous rendent encore attractifs dans notre voisinage. À plus court terme, l'unité transatlantique face à la guerre d'Ukraine est aussi un facteur qui dissimule temporairement une perte de repères autrement profonde, d'ordre civilisationnel.

Par rapport à cela, la pourtant très importante et difficile question des institutions de l'Union européenne, notamment en ce qui concerne la capacité de prendre des décisions cohérentes – et de les exécuter avec efficacité – est subalterne. Il n'y a pas de bonne organisation pour qui n'a pas de cap. On dit que notre Union est toujours parvenue à surmonter ses crises. Cela est vrai. Mais à l'échelle de l'Histoire, son expérience est courte. Pourquoi les réflexes de survie continueraient-ils de jouer indéfiniment, s'ils n'étaient plus fondés que sur l'instinct, le *conatus* de Spinoza ? L'incantation qui, disait Bergson, « peut participer à la fois du commandement et de la prière » n'est en tous cas pas un moteur perpétuel. Dans une phrase superbe constamment citée, Paul Valéry a dit de l'Europe : « Aucune autre partie du monde n'a possédé cette singulière propriété *physique* : le plus intense pouvoir *émissif* uni au plus intense pouvoir *absorbant.* » Qu'émettons-nous aujourd'hui qui enchante le monde ? Et qu'absorbons-nous du reste du monde qui nous enchante ? Quel projet commun solide nous permettrait-il de nous réenchanter nous-mêmes ? En dehors de l'incantation, comment devons-nous nous y prendre pour que, à partir de ce que nous pouvons peser objectivement, l'Europe ne devienne pas, toujours selon Paul Valéry, « *ce qu'elle est en réalité*, c'est-à-dire : un petit cap du continent asiatique ».

La civilisation européenne est-elle en train de mourir ? La réponse ne se situe pas dans l'ordre de la politique. En revanche, je veux croire que l'Union européenne a encore la capacité politique de mobiliser ce qui lui reste d'énergies latentes, pour éviter que le petit cap, submergé par son environnement, ne succombe dans des querelles intestines. J'espère commencer à avoir, dans les prochaines éditions de *Ramses*, de bons arguments à donner pour affermir cet acte de foi.

Thierry de Montbrial
Membre de l'Académie des sciences morales et politiques
Fondateur et Président de l'Institut français des relations internationales
Fondateur et Président de la *World Policy Conference*

Le 14 juillet 2023

Partie 2

Trois enjeux pour 2024

Entre deux mondes

vidéo

http://dunod.link/8ow9wfm

Tout se passe normalement, la guerre produit à la fois un blocage sur l'ancien et des dynamiques neuves, incontrôlées. Blocage sur l'ancien : chaque conflit redécouvre que nulle technique ne tranche rapidement les grands affrontements. La force mortifère se déploie lentement, inexorable. En Ukraine, la montée aux extrêmes s'embourbe sur le terrain, s'immobilise provisoirement sous le fracas des armes.

L'ancien et le nouveau

Blocage sur de vieux réflexes, aussi, pour des Européens qui font de la défense de l'Ukraine, à juste titre, leur objectif actuel, mais semblent chausser les seules lunettes de cette guerre pour envisager le monde. Une focalisation qui leur est lourdement reprochée au « Sud » : les problèmes européens ne sont pas les seuls problèmes du monde…

Quant aux dynamiques fouettées par la guerre, elles sont multiples, au premier chef pour le Vieux Continent. Nul ne doute que la Russie sortira profondément blessée de sa faute ukrainienne. Le paradoxe permanent du pouvoir russe – une chape directive sur une marée de faiblesse –, devenu trop visible, ouvrira sur une redéfinition dont on ignore la direction et les contours : mais elle adviendra. La cohésion de la Fédération – aux composantes très inégales devant la guerre – pourrait vaciller, avec un retour aux incertitudes des années 1990. Et l'architecture régionale péniblement ébauchée par Moscou (Union eurasiatique, Organisation du traité de sécurité collective…) risque fort de sombrer dans les réticences et les doutes que génère la guerre chez ses partenaires un peu partout autour de la Fédération.

À l'ouest, les incertitudes restent masquées par la mobilisation politique. L'Alliance atlantique, refuge évident en temps de peur et de manque de moyens militaires, est certes violemment remise au centre du jeu. Elle redevient le môle de toutes les défenses européennes – ce qui implique, par construction institutionnelle, l'effacement de l'Union européenne (UE) comme producteur de sécurité militaire. Cette dernière se montre certes efficace pour l'organisation de la solidarité avec l'Ukraine, mais dans les seules dimensions économique, financière, ou industrielle. Et le chemin est long de quelques solidarités industrielles à la mise en place d'une défense commune.

C'est, au demeurant, l'UE qui doit s'imaginer un avenir des plus incertains. Les élargissements annoncés adviendront, même si leur rythme est aujourd'hui inconnu. Mais quelle sera l'UE héritée de ces élargissements ? Quel projet historique construire à 35 ? L'unité formelle provoquée par la guerre survivra-t-elle, ou laissera-t-elle place aux logiques sous-régionales qui traversent un vaste espace, aux visions géopolitiques variées ? Quelles réformes institutionnelles, au-delà du nécessaire, seront possibles ? Comment réagiront les opinions publiques, consultées ou non directement ? Quels fonds pourront assurer simultanément la reconstruction de l'Ukraine, le rattrapage économique des nouveaux entrants, les exigences de la course technologique, de la transition énergétique et de l'adaptation climatique ?

Il y a l'image immédiate : celle d'un engagement aux côtés de l'Ukraine, fort mais limité et ayant pour fonction même de maîtriser l'usage et le poids de la force. Et une double réalité : le fait que l'engrenage de la force échappe aux plus brillantes logiques, aux meilleurs systèmes ; et que son usage même change les règles du jeu international très au-delà du champ de bataille.

C'est toute l'Europe et l'Eurasie qui vont voir leur système de puissance se remodeler, avec les puissances régionales périphériques – Turquie, Iran – qui s'affirment dans le jeu russo-ukrainien. Pour s'en tenir à notre part d'Europe – celle que nous avons édifiée à l'Ouest –, une Alliance jouissant d'un nouveau monopole de sécurité, et une UE rétractée sur ses multiples défis suggèrent à tout le moins deux interrogations : que se passe-t-il si les Américains, appelés par l'Asie-Pacifique, relativisent leur engagement chez nous ; et peut-on construire une autonomie stratégique – européenne – sur les seuls domaines industriel, énergétique, technologique, commercial, accréditant l'idée d'une géopolitique démilitarisée ?

***

L'Inde, miroir du neuf

Puisque, à notre étonnement, le monde continue, ailleurs, à vivre…

L'Inde symbolise ce monde qui bouge autour de nous, et nous échappe largement parce qu'il ne respecte guère nos logiques linéaires. À divers égards l'Inde s'est, ces dernières années, imposée, brisant notre obsession multi-décennale de la montée en force chinoise. Démographiquement, en virant en tête devant la masse chinoise, elle force l'attention d'un monde contraint de l'intégrer, objectivement, parmi les plus grandes puissances. Diplomatiquement, par une ductilité spectaculaire et revendiquée, favorisée par la confusion internationale que génère la guerre d'Ukraine.

À maints égards, l'Inde rend concrets les errances, défis, et inconnues du monde qui vient. Par sa rétraction nationaliste qui, agissant d'abord sur la scène intérieure, fait écho aux tentations de nombre d'autres pays, bien éloignés des chants universalistes des années 1990… Par un jeu diplomatique d'une enviable souplesse : maintien des liens politiques et des échanges commerciaux avec Moscou, rapprochement continu avec Washington, insertion dans les montages « indopacifiques » sans pourtant heurter de front Pékin, affirmation d'une ébauche de *leadership* sur le « Sud », le tout dans un jeu de diplomaties bilatérales dicté par une position géographique, géopolitique, complexe. Par ses exigences de réforme des institutions internationales pour lui faire sa place (en particulier au Conseil de sécurité), exigences où son *lead* incarne la revendication de nombre de pays non occidentaux. Par une ouverture économique extérieure à la fois réelle et inachevée, à un moment où les notions mêmes d'ouverture et d'interdépendance se trouvent contestées. Par sa position dans deux courses déterminantes pour l'avenir, intimement liées : la course technologique et la lutte contre le changement climatique...

Avec sa position géographique au croisement des rivalités des puissances – États-Unis, Chine, Russie... –, une affirmation internationale de plus en plus audible, le poids objectif de sa démographie dans une gouvernance interne jusqu'ici stable, l'Inde pèsera de tout son poids sur l'organisation nouvelle du monde. Mais jusqu'où, dans quel sens ? Car ses faiblesses sont aussi patentes. Sa démographie peut être difficilement gérable si mal intégrée économiquement – et la main-d'œuvre indienne reste massivement agricole, et sous-productive –, et sa population inégalement formée en dépit de l'image moderniste projetée par certains secteurs technologiques. Les immenses inégalités sociales et entre États de la Fédération, comme les divisions internes exacerbées par les dérives nationalistes actuelles pourraient déboucher sur de graves déstabilisations. Et le pays devra aussi consolider son insertion dans les marchés internationaux, ses modes d'intégration à une économie-monde qui, pour redéfinir ses frontières internes, demeurera pourtant ouverte.

Il faut compter avec l'émergence de l'Inde : son rythme, ses formes, son poids, seront déterminants dans la recomposition du monde qui s'ébauche. Face à elle, les Européens savent qu'il leur faut se positionner stratégiquement, mais ils ignorent encore comment. Par un étalage d'unilatéralismes ? En s'insérant dans une nébuleuse de l'« Indo-Pacifique » qui aligne autant de sens que de pères ? Le débat ne fait que commencer.

***

Un monde dispersé ?

Comme toujours en période incertaine, on semble n'hésiter qu'entre interprétations simples : oubliée la structure d'hier, le monde glisse-t-il vers l'éclatement, la parcellisation, ou va-t-il se reformer en grands ensembles concurrents, rivaux, bientôt ennemis ?

Les émergences des dernières décennies annoncent une nouvelle structure de la puissance. Le Covid-19 a éclairé le danger d'interdépendances mal maîtrisées. La guerre d'Ukraine raidit les camps – et d'abord le camp occidental. Si le « Sud global » n'existe guère, il s'entend pourtant, de fait, pour contester, à partir de positions très différentes, ce qu'il considère être l'hégémonie occidentale sur les affaires du monde. Quant aux institutions internationales, elles sont délaissées ou concurrencées à l'image d'une Organisation des Nations unies aux abonnés absents, impuissantes à s'imposer même dans des domaines transversaux d'urgence comme le climat ou la santé.

Il existe bien une « tentation du Sud » : l'exclusion rampante de la France du pré carré africain, le retour des BRICS (Brésil, Russie, Inde, Chine et Afrique du Sud) un peu oubliés, l'affirmation du G20 comme concurrent d'instances plus officielles, l'afflux de candidatures à l'Organisation de coopération de Shanghai, la résistance aux sanctions occidentales contre la Russie, la multiplication d'accords locaux ou régionaux de commerce contre les grands machines universelles d'hier, voire certains progrès de la dé-dollarisation, en témoignent.

Pourtant, au-delà de la contestation d'un ordre hérité de l'après-guerre froide et vu comme l'apogée de la dominance – matérielle et idéologique – occidentale, c'est bien la dispersion des intérêts et des stratégies, l'éclatement des références et des démarches, qui font loi. Le dégradé des positions vis-à-vis de la Russie en guerre en est une parlante illustration. La non-condamnation pouvant s'analyser suivant une multitude de motivations et de positionnements. Les intérêts nationaux font foi, et foin des camps : les fidélités d'hier ne restent honorées que si elles servent les intérêts d'aujourd'hui.

En un sens, la mondialisation fut une dispersion. Et son héritage, même trahi, explique que les moyens de s'affirmer, de peser, sont aujourd'hui diffus, dessinent une planète à la fois aplatie par la relativisation du poids des grandes puissances, et hérissée des capacités limitées mais réelles de nouveaux acteurs. Les interdépendances dispersent les leviers de pression. Les postures démographiques dessinent un monde aux dynamiques très contradictoires. Les moyens modernes d'influence, désormais déterminants, ne sont plus le monopole des grands. Et si les puissances demeurent les principaux vendeurs d'armements, les conflits permettent l'entrée en scène de producteurs hier inconnus, désormais dotés de véritables moyens de peser.

Autrement dit, le monde n'est pas seulement dérégulé par la relativisation de la puissance des grands, leur focalisation sur leurs propres problèmes, le refus désormais opposé à leur domination qui, contre toute attente, a commencé à décliner avec la fin de la guerre froide. Il cherche à se recomposer. Pour l'heure sans sens central, sans ligne directrice sinon celle de l'affirmation des égoïsmes nationaux, dans un bouillonnement d'initiatives et de manœuvres qui ressemble à une anarchie diplomatique.

Le danger est que cette anarchie peine à faire progressivement émerger les moyens de son organisation internationale. Des moyens à inventer, à partir de la claire remise en cause de normes que nous pensions acquises. Pour nous autres Occidentaux, héritiers de références que d'autres crient désormais injustes, le pire choix serait sans doute d'en rester aux facilités de l'autosuggestion : nous serons toujours au centre des choses, le monde finira par reconnaître nos lignes de mire – « la défense des démocraties » par exemple… –, la mobilisation de l'Ouest contre la Russie constituant la matrice du monde nouveau…

***

« L'aller légitime est un aller froid, pesant, et contraint et n'est pas de nature à tenir bon contre un aller excessivement libre et effréné », nous dit Montaigne[1]. Notre « aller » n'est plus légitime face à un monde nouveau, excessif, « effréné » pour nos vieux critères, et que ses acteurs neufs n'envisagent sans doute pas dans sa totalité et ses dangers. Ce que nous prenons pour notre sagesse, et qui n'est que notre héritage, nous aidera-t-il à comprendre un monde dont nous ne sommes plus les seuls interprètes, à l'organiser, bref à y vivre ?

D. D.

1. Montaigne, « Sur la "coutume" et le fait qu'on ne change pas aisément une loi reçue », *Essais*, Livre I, ch. XXIII.

Ce que nous dit la Guerre

Ukraine : les leçons militaires de la guerre

L'année décisive ?

La guerre d'Ukraine entre dans sa cinquième phase – après l'attaque, le repli russe, la contre-offensive ukrainienne, puis la stabilisation des fronts. L'état des forces, de leurs matériels, de leur moral, rend difficile la prévision des effets de l'offensive ukrainienne lancée en juin 2023. Elle est pourtant essentielle, et de ses résultats militaires dépendra l'avenir de la guerre : un changement fondamental sur le terrain, ou un gel aux conséquences politiques mal calculables.

Alors que la guerre d'Ukraine dure depuis plus d'un an et demi, il est intéressant de revenir sur le grand nombre de révélations qui l'ont accompagnée, contraignant bien des observateurs à remettre en question une partie importante de leurs visions de la Russie, de l'Ukraine, et du combat moderne en haute intensité. L'échec russe a révélé les très profondes faiblesses de l'outil militaire de Moscou. La résistance de Kiev aux premières heures de la guerre et ses multiples succès ont prouvé qu'il existait bel et bien une nation ukrainienne, ainsi que l'importance des transformations opérées depuis l'annexion de la Crimée. L'incapacité russe à remplacer les pertes matérielles, en dépit des stocks hérités de l'URSS, et un appareil industriel en difficulté contrastent avec la capacité ukrainienne à assimiler le matériel aux normes Organisation du traité de l'Atlantique nord (OTAN) issu des dons occidentaux. Enfin, au regard de la réalité des combats sur le terrain, les débats sur la maîtrise russe en matière de cyber, d'influence, ou de « guerre hybride », semblent bien loin.

Au total, le plus grand succès de la Russie d'avant-guerre en ces domaines aura été d'avoir fait croire au monde qu'elle disposait de la deuxième armée du monde : mais la deuxième armée du monde mettrait-elle 18 mois à envahir 20 % d'un pays au budget militaire onze fois inférieur ?

Évolution du conflit

Pour tirer pleinement les enseignements de la guerre d'Ukraine et envisager sa trajectoire à venir, il faut prendre en compte son évolution des dix-huit derniers mois. La guerre est en effet un phénomène dynamique d'adaptation permanente où, comme l'écrit Clausewitz, « chacun impose sa loi à l'autre ». Les rapports de force, les avantages et faiblesses de chacun n'étaient donc pas semblables au 24 février 2022 et au 24 juin 2023. Cinq grandes phases peuvent être dessinées dans cette période.

La première s'ouvre avec l'invasion du 24 février sur quatre axes de progression (nord depuis la Biélorussie, nord-est depuis la province de Belgorod, est depuis le Donbass et sud depuis la Crimée). L'objectif est de s'emparer de la capitale et d'y renverser le pouvoir « déloyal » du président Zelensky. Suivant les modèles occidentaux d'intervention, la séquence s'ouvre par une salve d'environ 200 frappes sur des sites stratégiques : mais cette dernière s'avère insuffisante, au regard de l'ampleur du théâtre ; le nombre des sorties aériennes est aussi limité (140 par jour en moyenne) par l'état d'impréparation des forces aérospatiales (VKS) et l'absence de doctrine adaptée en la matière. D'où une incapacité à s'assurer de la supériorité aérienne, notamment face aux défenses sol-air, en dépit d'un avantage qualitatif et quantitatif très net en faveur de la Russie.

À terre, l'effet de surprise et la supériorité numérique initiale des forces russes leur permettent pourtant une progression rapide au sud. Elles s'emparent de Kherson et de la majeure partie de l'oblast de zaponijia. L'avantage numérique s'efface pourtant très vite avec la mobilisation générale décrétée par Kiev. Par ailleurs, les problèmes d'organisation du commandement, d'acheminement des forces, et de compétence dans la manœuvre, immobilisent rapidement des lignes très étendues, harcelées par les Ukrainiens sur leurs flancs. D'où des pertes humaines et matérielles élevées, qui rendent la situation des forces russes, surprises par la solidité morale et militaire de leur adversaire, très précaire.

La deuxième phase s'ouvre fin mars avec le repli russe, qui abandonne les axes nord et nord-est pour redensifier les lignes à l'Est et au Sud. L'objectif n'est alors pas de passer en défensive, mais de conduire une reprise d'attaque sur le Donbass, vers Kramatorsk, et d'achever le contrôle du corridor de la mer d'Azov avec la prise de Marioupol. Les forces russes cherchent alors à compenser leur infériorité numérique par une puissance de feu supérieure et des barrages d'artillerie massifs – jusqu'à 40 000 coups par jour… L'offensive permet aux Russes de progresser de quelques dizaines de kilomètres – ils prennent Severodonetsk et Lyssytchansk –, mais s'essouffle à l'été, à court d'hommes et, désormais, de munitions.

C'est cette double fragilité – ainsi que l'infériorité russe en matière de renseignement et de commandement – qui permet à l'armée ukrainienne de lancer sa première offensive, troisième phase de la guerre. Planifiée dès juillet avec les Américains, lancée fin août, celle-ci ouvre deux axes : l'un au Sud vers Kherson, l'autre au Nord-Est autour de Kharkiv et Lyman. Alors que les Russes attendent le choc sur le premier, l'effort ukrainien les surprend sur le second. Dans une situation de précarité humaine et matérielle, les Russes sont contraints de céder la ville d'Izioum, et de desserrer leur étau sur Kharkiv, deuxième ville du pays. Ce camouflet se traduit par la nomination d'un nouveau commandant de théâtre (Sergueï Sourovikine), et surtout par l'annonce d'une mobilisation partielle – théorique – de 300 000 hommes, seule solution pour tenir un front sous pression. Profitant de la supériorité logistique des lignes intérieures, les Ukrainiens basculent leur effort vers Kherson durant l'automne, pratiquant des frappes d'interdiction sur les arrières russes grâce à une artillerie à longue portée, ciblant notamment dépôts de munitions et centres de commandement. L'effet de surprise passé, la reconquête de Kherson est toutefois plus laborieuse qu'a Kharkiv ; elle finit cependant par déboucher en novembre, concluant la troisième phase.

La quatrième période est marquée par une immobilisation quasi totale du front, dans une situation que certains observateurs ont pu comparer à la Première Guerre mondiale. Reconstituant progressivement une force terrestre à partir de leurs appelés, les Russes sont parvenus à retrouver une parité numérique : ils consolident les territoires annexés et espèrent pouvoir relancer une offensive pour l'année suivante. D'ici là, ils cherchent à gagner du temps sur deux axes. Le premier est la mise en œuvre d'une campagne de frappes balistiques et aériennes contre des sites civils – notamment des infrastructures énergétiques – dans le but de miner le moral ukrainien, et d'accroître le coût économique du soutien occidental. Manquant de moyens et de précision, cette campagne, qui tourne autour de 200 frappes par mois, réparties en deux ou trois salves, ne produit aucun résultat probant, une part importante des vecteurs étant interceptés par la défense sol-air ukrainienne tandis que les dégâts semblent rapidement réparés.

L'autre axe est un effort sur la ville de Bakhmout, au centre du front du Donbass, en direction de Kramatorsk. La Russie y envoie essentiellement les unités du groupe Wagner, composées pour l'occasion d'une partie importante d'anciens détenus. La lente et coûteuse progression vise moins à ouvrir une brèche qu'à fixer la défense ukrainienne sans trop émousser la reconstitution d'une force terrestre régulière, préservée pour une offensive dite « de printemps ». Cette dernière arrive finalement trop vite fin janvier, sur le front de Donetsk, vers Vuledhar, Avdiivka et Kremnina. Mal coordonnée, manquant de moyens, elle s'éteint en un mois après des gains dérisoires. Après sa victoire à la Pyrrhus à Bakhmout fin mai, Moscou semble renoncer à mener une attaque d'ampleur avant l'été.

Le cinquième temps de la guerre se prolonge jusqu'à aujourd'hui. Il correspond au « modelage », par les Ukrainiens, des conditions d'une contre-offensive qui concentre tous les espoirs. L'effort se fonde notamment sur la formation et le rééquipement complets d'une dizaine de brigades par les Occidentaux. Après une longue préparation basée sur l'attrition du dispositif logistique et de commandement russe par des frappes à longue portée et des incursions en direction de Belgorod, l'offensive ukrainienne s'ouvre au 6 juin 2023 en direction du sud : Melitopol et Marioupol.

Bilan tactique et capacitaire

Du côté russe, la situation avant le début de l'offensive ukrainienne reste complexe. La raréfaction des munitions d'artillerie est causée par une surconsommation lors de l'été 2022, par d'importantes pertes causées par les frappes ukrainiennes, une production limitée, et des stocks d'obus de plus en plus anciens et dégradés. Une dynamique d'autant plus critique pour les forces de Moscou que l'artillerie joue un rôle essentiel dans la doctrine de combat russe, utilisée en masse lors des assauts pour limiter l'attrition d'une infanterie en sous-nombre. Le volume de feu délivré par les forces russes est ainsi en baisse continue depuis l'automne, notamment du fait de la tentative hivernale de constituer des stocks de munitions destinés à appuyer les offensives d'hiver. Cette raréfaction est d'ailleurs une source de tension entre Wagner et l'armée russe, le premier accusant la seconde – dans les sorties de son patron, Evgueni Prigojine, sur les réseaux sociaux – de ne pas lui livrer les munitions nécessaires pour appuyer son assaut sur Bakhmout.

Alors que les offensives russes de janvier échouaient dans les forêts de Vuledhar, les observateurs russes constataient que les stocks constitués à grand-peine à l'automne avaient tout juste permis de tenir quelques dizaines d'heures. Le volume de feu russe décroissant, il se rapproche de celui des forces ukrainiennes, qui parviennent, notamment grâce aux livraisons occidentales, à développer un feu plus nourri, et plus efficace, avec des obus de précision anti-blindés comme le *Bonus* français ou l'*Excalibur* américain. Sans être à parité, les échanges d'artillerie entre adversaires sont désormais bien plus équilibrés qu'au début du conflit.

La situation en matière de blindés est assez similaire. Après les très importantes pertes subies au premier semestre 2022, la Russie a dû se résoudre à remettre en service des véhicules de plus en plus anciens : d'abord des versions moins modernisées de *T-72* et *T-80*, puis à compter de la fin du printemps 2022, des *T-62* sortis du service voici plusieurs décennies. Ce processus de « dé-modernisation » progressive s'observe également sur les blindés d'infanterie, avec le déploiement de *BTR-50* retirés du service depuis quarante ans, et enfin l'apparition début 2023 de chars *T-55*, entrés en service à l'époque de Staline. Alors que la Russie aurait perdu quelque 2 000 chars de combat, le recours à ces véhicules hors d'âge indique que l'image avant-guerre d'une Russie disposant d'une dizaine de milliers de chars en stock était exagérée : ces stocks existent sans doute, mais la plupart des matériels sont loin d'être opérationnels.

La question des stocks militaires de la Russie pose aussi celle de son industrie de défense, qui semble encore incapable de compenser les pertes en dépit d'un potentiel de production théorique très important. À première vue, les industriels, déjà mis en difficulté par les sanctions, rencontrent d'importants problèmes pour attirer une main-d'œuvre qualifiée trop rare, ainsi que d'usure de machines-outils longtemps entretenues avec des pièces importées, notamment d'Allemagne. Cette usure dégrade la qualité des produits, et le taux de rebut peut dépasser 75 % sur des pièces usinées comme les canons de moyen calibre.

Les pertes ukrainiennes en la matière sont tout aussi sensibles, avec plus de 500 unités perdues, partiellement compensées par la livraison de plusieurs centaines de chars soviétiques et occidentaux tout au long de l'année – la Pologne ayant à elle seule livré plus de 200 véhicules. Les pertes en matériel occidental seront cependant plus difficiles à remplacer : s'il existe d'importants stocks de blindés *M2 Bradley* aux États-Unis, la quantité de *Leopard 2* disponibles est limitée, et leur production très lente.

La question des ressources humaines après 18 mois de guerre reste difficile à évaluer. Le Pentagone estimait en mai 2023 que les forces ukrainiennes avaient subi 20 000 morts pour 13 000 blessés, tandis que les forces russes en compteraient respectivement 50 000 et 180 000 : des chiffres dont la précision ne pourra être évaluée qu'après la guerre. La mobilisation russe de 300 000 combattants pour regarnir les lignes de défense établies dans l'Est et recréer un capital offensif semble avoir été incomplète : moins de 200 000 nouveaux soldats auraient réellement été enrôlés, les 100 000 autres correspondant surtout à des prolongations de contrats. Il est donc légitime, dans ces conditions, de s'interroger sur la densité humaine des multiples lignes de défense déployées par les forces russes sur l'ensemble du front.

Pour Kiev, après avoir mobilisé dès les premières heures du conflit, l'enjeu principal était de constituer un capital offensif bien formé, capable de renverser la situation opérationnelle. Les différentes armées occidentales ont donc développé d'importantes structures de formation permettant d'entraîner plusieurs dizaines de milliers de soldats ukrainiens par trimestre. La décision ukrainienne de défendre Bakhmout pied à pied depuis début janvier a cependant causé quelques remous internes devant les lourdes pertes subies.

Pour les armées russes, l'année 2023 est marquée sur le plan opérationnel par une incapacité à reprendre durablement l'initiative. L'échec des offensives de janvier a consommé le potentiel offensif péniblement assemblé par l'armée régulière russe, tandis que Wagner semble être sorti exsangue de six mois d'offensive sur Bakhmout. Dans cette situation, les forces russes sont contraintes à une posture défensive généralisée, et la reconstitution d'une marge de manœuvre semble difficile sans une nouvelle vague de mobilisation. Quand bien même les forces russes dégageraient suffisamment d'effectifs, la question de la formation et de l'équipement resterait critique. La question du moral est aussi posée : les unités de barrage, destinées à abattre les fuyards, ont refait leur apparition dès le début de l'année dans les forces russes. Les relations entre armée régulière et « détachements de bénévoles » – dont les combattants de Wagner – semblent d'ailleurs au plus bas : le ministère de la Défense russe a émis début juin 2023 un décret enjoignant aux seconds de passer sous son contrôle exclusif avant le 1er juillet, provoquant un refus catégorique de Prigojine et sans doute son aventure du 24 juin 2023.

Du point de vue ukrainien, l'offensive de juin est venue clore une longue période d'attente, et de minutieuse préparation. Outre les nombreuses frappes dans la profondeur, les incursions transfrontalières menées depuis fin mai 2023 ont contraint les forces russes à redéployer, à la veille de l'assaut ukrainien, une partie de leur dispositif pour couvrir plus d'un millier de kilomètres de front supplémentaire. Retrouvant l'initiative après des mois de stagnation, les forces ukrainiennes ont, en quelques jours, libéré plus d'une centaine de kilomètres carrés quand les six mois d'offensive russe sur Bakhmout n'en avaient gagné qu'une cinquantaine.

Perspectives stratégiques

Pour la Russie, l'urgence est de parvenir à contrer l'offensive ukrainienne, un succès de cette dernière menaçant de couper en deux son dispositif défensif au Sud. L'enjeu reste de redéployer suffisamment de réserves pour garnir les lignes défensives successives patiemment érigées, sans pour autant affaiblir visiblement d'autres secteurs du front, alors même que les forces ukrainiennes maintiennent une pression sur Bakhmout, voire au niveau de la frontière nord. Et seule une partie des brigades ukrainiennes formées à l'occidentale (par les missions américaines, britanniques et de l'Union européenne) ont été engagées à la mi-juin – le doute demeure donc sur les intentions de Kiev.

Au-delà de cette perspective, l'horizon stratégique russe reste difficile à évaluer. En l'état, Moscou pourrait chercher à geler durablement le front, espérant découpler l'Ukraine de soutiens occidentaux se lassant d'un conflit interminable et coûteux – la trajectoire économique européenne et l'élection présidentielle américaine de 2024 constituent à cet égard un horizon d'attente important. En cas d'accord de type « paix contre territoires », la Russie pourrait alors déclarer une forme de victoire et se concentrer sur la reconstruction d'un outil militaire brisé, peut-être en vue d'une nouvelle action contre l'Ukraine d'ici à quelques années.

Pour l'Ukraine, l'horizon actuel est assez simple, l'offensive de 2023 en constituant le pivot. Un succès stratégique serait de briser le front russe au Sud et, dans le meilleur des cas, d'atteindre la mer d'Azov, reprenant au passage les nœuds logistiques de Melitopol, Berdyansk, voire Marioupol, indispensables à une logistique russe toujours fragile. Un tel progrès favoriserait ensuite la destruction du pont de Crimée, dernière voie terrestre de ravitaillement de la péninsule, pour une possible future action offensive, tandis que la réduction du front du Donbass rapprocherait encore plus les lignes de front des positions d'avant-guerre.

A contrario, un échec de l'offensive ukrainienne, qui se traduirait par des gains anecdotiques au prix de l'émoussement, ou de la destruction, d'un potentiel offensif patiemment constitué, signifierait le retour à une situation bloquée, les deux belligérants demeurant sur la défensive. La Russie pourrait alors se concentrer sur la reconstitution de ses propres capacités offensives pour une action d'ici à l'automne prochain, dans le cadre d'un conflit d'attrition statique de moyenne intensité. Le matériel occidental perdu serait difficilement remplaçable, poussant les alliés de l'Ukraine soit à accroître leurs transferts, soit à inciter Kiev à la négociation.

L. P.-P. et É. T.

Pour en savoir plus

- Ph. Gros, V. Tourret, « Guerre en Ukraine : analyse militaire et perspectives », Fondation pour la recherche stratégique, 6 avril 2023.
- M. Zabrodskyi, J. Watling, O. V. Danylyuk, N. Reynolds, « Preliminary Lessons in Conventional Warfighting from Russia's Invasion of Ukraine: February–July 2022 », Rusi, 30 November 2022.
- « One Year Later: Assessing Russia's War in Ukraine », CSIS, 17 février 2023.

L'Alliance revigorée

Un défi pour les Européens

La guerre d'Ukraine, après deux décennies de semi-engagements dans des opérations limitées, a contraint l'Alliance atlantique à se recentrer sur son « métier » : la défense collective en Europe. Cohésion politique et décisions militaires sont apparemment au rendez-vous. Reste à savoir si les Européens prendront vraiment leur part dans l'application des nouvelles décisions, et s'ils saisiront l'occasion de s'affirmer de manière plus autonome dans une Alliance revigorée.

À plus de soixante-dix ans, l'Alliance paraît rajeunir. Depuis l'annexion de la Crimée et l'invasion de l'Ukraine, elle s'est engagée dans sa plus importante adaptation depuis le sommet de Prague de novembre 2002, et a adopté un ensemble d'initiatives ambitieuses pour se replacer dans le rôle qu'elle maîtrise le mieux : la défense collective de ses membres. Le sommet de Madrid de juin 2022 parachève cette évolution, que traduit son nouveau concept stratégique.

Ce retour au premier plan, même si elle n'est pas l'acteur majeur de la guerre ukrainienne, sonne comme un test. Sous l'effet du conflit, l'Alliance semble revitalisée. Le camp transatlantique s'est uni dans le soutien à l'Ukraine, mettant de côté les critiques sur son obsolescence, sa mort cérébrale, ou le peu d'empressement des Européens à partager le fardeau, et a approuvé le recentrage sur la dimension militaire de l'organisation, laquelle structure désormais les principaux travaux de l'Alliance. Certains points de divergences demeurent néanmoins, qui pourraient ressurgir si les ambitions étaient déçues et peinaient à se traduire en actes.

Une cohésion retrouvée

La guerre d'Ukraine semble en effet clore la période des crises qui jalonnent l'histoire de l'Alliance depuis la fin de la guerre froide. L'Alliance avait cherché à se réinventer, à s'adapter à l'évolution du contexte international, notamment en s'engageant dans des opérations de gestion de crise dans les années 1990 puis, à compter des années 2000, dans les opérations « hors zone » géographique du Traité. L'unanimité de façade sur ce nouveau rôle ne s'était pourtant que difficilement traduite dans les faits.

En l'absence de menace directe, nombre d'Alliés acceptaient implicitement que, les engagements se faisant désormais en coalition sous l'égide des Américains, il n'était plus utile d'investir dans les appareils de défense. Les interventions ont ainsi montré que les Européens n'avaient pas le même appétit pour ces exercices, n'y assumaient pas les mêmes risques et n'y consacraient pas les mêmes moyens. D'où une tension transatlantique autour du « partage du fardeau », mais aussi une frustration du SACEUR[1] et des autorités militaires nationales, qui ne recevaient pas des décideurs politiques les moyens nécessaires pour remplir les missions qui leur étaient confiées. L'irruption de la guerre en Europe en 2022 permet de tourner la page d'un chapitre qui s'est fermé sur un piteux retrait d'Afghanistan, dont l'Organisation du traité de l'Atlantique nord (OTAN) a eu quelque mal à accepter l'échec. L'ère des opérations « hors zone », peu fédératrice et au bilan plutôt négatif, est – pour l'heure – révolue.

L'irruption de la guerre en Europe, en remettant au premier plan la défense collective, réconcilie les Alliés sur un projet plus fédérateur et familier que les interventions extérieures. La crise de 2014 avait déjà produit une prise de conscience, qui s'est traduite par un ensemble de décisions réorientant l'Alliance. Mais un hiatus demeurait entre alliés. Les plus proches géographiquement de la Russie – au premier chef Pologne et pays baltes – ne cessaient de mettre en garde contre la montée de la menace, se considérant sur la « ligne de front » orientale de l'Alliance. Ils avaient d'autant plus de raisons d'être inquiets que deux décennies d'opérations de gestion de crise avaient émoussé les capacités de l'Alliance pour le combat de haute intensité. D'autres Alliés étaient plus prudents, certains croyant même que le dialogue demeurait possible.

La guerre permet également de rapprocher les sphères politique et militaire de l'Alliance, avec une approche beaucoup plus pragmatique et volontariste après la crise de 2014. Dès septembre 2017, les chefs d'état-major exprimèrent le besoin d'une nouvelle stratégie militaire, agréée en 2019 et qui décrit une OTAN faisant face à deux types de menaces : la Russie – la principale – et le terrorisme. Cette stratégie n'a pas été approuvée politiquement, bien que l'on ait célébré cette même année les 70 ans de l'Alliance, peut-être parce que, pour la première fois de son histoire, elle précédait le concept stratégique au lieu de le décliner. Ce qui rappelle la dichotomie existant encore entre les parties civile et militaire de l'Alliance avant le 24 février 2022.

Les dynamiques se rejoignent désormais, et le nouveau concept stratégique identifie clairement la défense collective comme l'axe majeur, la raison d'être, de l'Alliance. Elle reçoit à cette occasion une nouvelle définition, ses trois tâches fondamentales étant redéfinies[2], leur complémentarité devant produire la sécurité et la défense collectives.

Une dimension militaire revitalisée

Cette clarification apporte le soutien politique nécessaire pour replacer la dimension militaire au cœur du projet commun, sur la base des initiatives prises depuis 2014. C'est donc le militaire qui structure désormais les principaux axes d'effort de l'Alliance.

Ceux-ci sont mis en place par le concept pour la dissuasion et la défense de la zone euro-atlantique (DDA, *Deterrence and Defence of the Euro-Atlantic Area*), dérivé

1. SACEUR : *Supreme Allied Commandeur Europe*. Il est à la tête du Commandement pour les opérations, basé à Mons (Belgique), et commande toutes les opérations de l'OTAN.
2. Les trois tâches essentielles définies dans le concept stratégique de 2010 sont : défense collective, gestion de crise et sécurité coopérative.

de la stratégie militaire agréée en 2020. Il initie une nouvelle famille de plans dont la pierre angulaire sera un SASP (*SACEUR Area of Responsability Strategic Plan*) qui marque le retour à un plan de défense de la totalité de l'Europe. Celui-ci sera décliné d'une part dans des plans régionaux alignés avec les plans nationaux (et qui intégreront les nouvelles brigades de présence avancée à l'Est), d'autre part dans des plans « par domaine » (terrestre, naval, aérien, espace, cyber).

Pour garantir le succès de cette nouvelle approche de planification opérationnelle, l'ambition est de disposer des moyens nécessaires à l'exécution des plans. C'est en quelque sorte un retour aux sources : le nouveau modèle s'inspire de la logique de la guerre froide, rompant avec la manière dont l'OTAN planifiait jusqu'alors. Après 2014, l'OTAN a en effet développé des plans régionaux sans que des forces soient préalablement désignées pour les exécuter : d'où une incertitude sur la capacité de réaction des Alliés. Désormais, ce sont les plans opérationnels qui détermineront les besoins en volume de forces (incluant les grandes unités), ce qui permettra d'ajuster l'organisation de la structure de commandement pour enfin définir la quantité et la qualité des forces assignées aux plans. Il s'agit donc d'une profonde réforme, d'une mise en cohérence de l'outil militaire sans équivalent depuis la fin de la guerre froide, avec un sentiment d'urgence imposant l'accélération du calendrier.

Celle nouvelle planification devra aussi intégrer la Finlande et (plus tard) la Suède dans ses plans, et s'accorder sur une éventuelle présence chez ces nouveaux Alliés, à l'instar de ce qui existe dans la partie orientale de l'Alliance. Un premier pas a déjà été franchi à Madrid, les Alliés ayant décidé d'un nouveau modèle de forces qui permettra d'avoir – en permanence et dans des délais courts – des troupes entraînées et capables de répondre aux besoins des plans. L'objectif est ici de disposer d'un réservoir d'unités très réactives (100 000 hommes en moins de dix jours et 200 000 entre dix et trente jours), plus un réservoir de 500 000 personnels disponibles au-delà de trente jours. L'OTAN passe ainsi d'un système fondé sur la génération de forces pour les besoins des opérations – et donc soumis au bon vouloir des Alliés –, à un système s'apparentant davantage à une capacité de mobilisation, un peu similaire à ce qui se pratiquait pendant la guerre froide. En théorie, les manques observés jusqu'à présent dans les opérations extérieures ne seront plus acceptables.

Pour les Européens, cette refonte de l'outil militaire constitue une épreuve de vérité. Depuis 1952, l'histoire de l'OTAN pouvait se résumer à des promesses non tenues, le volume et la qualité des forces européennes n'ayant pas augmenté. Depuis la révélation de l'existence d'un « fossé capacitaire » en 1999, les capacités européennes ont poursuivi leur déclin. En 2002, l'OTAN a créé la *NATO Response Force* (NRF), supposée être le « catalyseur de la transformation de l'OTAN ». Celle-ci n'a jamais été complètement opérationnelle, par manque de ressources, et son ambition a dû être progressivement réduite. Son effet sur le réservoir de forces a été très limité, même si sur le papier ses effectifs ont été augmentés après 2014. Pour contraindre les Européens à en faire plus, les Américains avaient proposé en 2018 la *NATO Readiness Initiative*[3], mais leurs espoirs avaient été une nouvelle fois déçus.

Un échec dans la mise en œuvre du nouveau modèle de forces, beaucoup plus ambitieux que tout ce qui avait été décidé jusqu'à présent, serait un très mauvais signal, au moment où l'Alliance accepte la demande d'adhésion de deux nouveaux membres, qui viennent y chercher refuge. L'Alliance est supposée redevenir le bouclier qu'elle était pendant la guerre froide, et accepter la responsabilité de défendre ses membres, et donc d'en avoir la capacité.

Que faire de la Russie… et de la Chine ?

L'Alliance est donc unie derrière un projet fédérateur, dont le succès dépendra en large part des Européens. Ceux-ci ont tout intérêt à ce qu'il réussisse, car il permettra de répondre aux grands défis qui conditionnent l'avenir de l'Alliance et face auxquels nombre de divergences qui préexistaient au déclenchement du conflit perdurent – certaines s'étant même exacerbées.

Sujet le plus immédiat : la relation future avec la Russie, et la place de cette dernière dans une éventuelle nouvelle architecture de sécurité européenne. La guerre a révélé la fissure séparant les Européens qui avaient averti du danger russe (de l'Est et du Nord) de ceux (à l'Ouest et au Sud) qui se voulaient plus conciliants, pour leurs intérêts, ou parce qu'ils s'inscrivaient dans une perspective de plus long terme, en tentant de comprendre les racines de la situation de tension entre l'OTAN et la Russie.

Les événements ont donné raison aux premiers et, en apparence, le centre de gravité de l'Europe a glissé aujourd'hui plus à l'est, la voix de ces États portant plus aujourd'hui. Cela a été particulièrement apparent lors du débat sur la livraison de chars de bataille à l'Ukraine où l'on n'a pas hésité à mettre – diplomatiquement – un allié en difficulté. Une position très dure, voire le souhait d'une punition de la Russie, ne sont pourtant sans doute pas dans l'intérêt de l'OTAN, ni des Européens. En envahissant l'Ukraine, la Russie s'est exclue de l'espace euro-atlantique. Mais, en s'élargissant, l'OTAN exclut également la Russie. L'Alliance devra inventer les ressorts de sa future relation avec Moscou, sauf à prendre le risque de la pousser définitivement dans les bras de la Chine et de maintenir indéfiniment une puissance hostile à sa frontière orientale. Il sera difficile de faire l'économie de cette discussion, surtout lorsqu'on en sera à décider de l'avenir de l'Ukraine et de sa possible adhésion à l'OTAN. S'il semble qu'il y ait consensus sur le fait qu'elle sera, un jour, bienvenue parmi les membres de l'Alliance, l'échéance de son adhésion pourrait faire débat. Quoi qu'il en soit, une adhésion de l'Ukraine n'aura de sens que lorsque l'OTAN (et pas seulement les Américains) sera capable, éventuellement, de la défendre. À Washington, beaucoup considèrent en effet que l'Ukraine constitue un problème européen, qui doit être géré par les Européens, l'engagement américain ne devant pas nécessairement s'inscrire dans la durée.

3. Lancée au sommet de Bruxelles de 2018, la NRI avait pour objectif que les Européens maintiennent 30 bataillons, 30 escadrons et 30 navires de haut rang disponibles en moins de trente jours.

Le second défi est celui de la Chine, devenue un point central d'attention depuis 2019, certains partenaires asiatiques étant désormais invités aux sommets de l'OTAN. Pour les Européens, l'Alliance n'est sans doute pas le meilleur forum pour discuter des problèmes soulevés par Pékin, et leurs intérêts économiques peuvent diverger de ceux des Américains : il n'est donc sans doute pas dans leur intérêt d'inscrire leurs politiques étrangère et commerciale dans une logique de blocs – au demeurant diversement perçue en Asie. Néanmoins, dans la mesure où la Chine est une priorité pour les Américains, ceux-ci continueront sans nul doute à presser les Européens d'en faire plus. Pour l'OTAN, il semble que la question chinoise se pose plus en termes de présence américaine en Europe que de capacité des Alliés européens à se projeter en Asie. La guerre en Ukraine terminée, les Américains pourraient être tentés de basculer certaines unités vers l'Asie-Pacifique ; et même s'ils ne le faisaient pas immédiatement, ils le feraient en cas de conflit, comme ils ont dû le faire pendant la guerre du Vietnam. Pour les Européens, cela signifie qu'ils doivent impérativement réussir leur remontée en puissance dans l'Alliance, afin de présenter une capacité de dissuasion et de défense crédible.

Vers un rééquilibrage de la relation transatlantique ?

La question du « partage du fardeau » est aujourd'hui devenue le baromètre de la santé de l'Alliance, et l'un des effets de la guerre a été de révéler à quel point les Européens demeurent dépendants des Américains. De ce côté-ci de l'Atlantique, on a le choix entre deux options : le maintien de cette dépendance ou l'acceptation de plus grandes responsabilités.

La tentation pourrait être d'en revenir à la situation *ante* en continuant à privilégier la dépendance. Le recentrage sur le volet militaire se justifie par la pression des événements mais, puisque la Russie devrait sortir significativement affaiblie de la guerre, ne représentant sans doute plus une menace directe pour quelques années, certains pourraient trouver là prétexte à différer les investissements nécessaires au succès de cette nouvelle posture. D'autres, notamment en Europe centrale et orientale, continueront d'essayer de convaincre qu'ils seront les prochains à être attaqués, pour inciter l'OTAN à poursuivre son effort. Cette absence de confiance entre Alliés européens a toutes chances d'encourager ceux qui se sentent les plus vulnérables à prôner l'alignement sur Washington et à critiquer toute position soupçonnée de remettre en cause le rôle des États-Unis dans les garanties de sécurité données à l'Europe. C'est parmi les membres du « groupe des neuf », qui s'est réuni à Varsovie avec le président Biden et le secrétaire général de l'OTAN, que l'on retrouve ceux qui ont le plus critiqué les propos du président français sur Taiwan, interprétés comme une distanciation d'avec la politique américaine, et donc comme un danger de découplage. Pourtant, les Européens devraient entendre aussi les signaux venant de Washington : quel que soit le parti gagnant en 2024, démocrates comme républicains voudront qu'ils prennent une part plus grande du fardeau.

Les Européens seraient donc bien avisés de considérer l'autre option qui s'offre à eux : celle de la responsabilité, la réforme du modèle militaire leur offrant en ce sens une formidable opportunité. L'exemple de l'Ukraine affaiblit en effet l'argument selon lequel les Européens ne pourraient pas se défendre sans l'aide des États-Unis : cette dépendance est uniquement le résultat d'un manque d'investissement.

***

La leçon de l'Ukraine est que l'OTAN doit réfléchir à l'équilibre entre la masse de ses forces, le niveau de performance technologique de leurs équipements, et les stocks d'armes – et surtout de munitions – nécessaires en cas de conflit de haute intensité, le tout pour des budgets en toute hypothèse limités. Il s'agit donc d'une question de volonté, laquelle sera testée pour la mise en œuvre des initiatives en cours, et dont l'échec conduirait à crisper la relation transatlantique au plus mauvais moment. Si les Alliés européens se décidaient à assumer une plus grande part de responsabilité dans les affaires de l'OTAN, ils rendraient la relation transatlantique beaucoup plus saine. Le risque serait aujourd'hui qu'ils s'investissent sur des sujets certes importants mais plus secondaires, et sur lesquels l'OTAN n'est pas forcément attendue (climat, innovation, industrie…) en ne consentant pas l'effort nécessaire sur le volet militaire.

La responsabilité des Européens est donc de faire en sorte que l'OTAN ne soit pas une fiction, mais une réalité. D'autant que les Américains attendent que les Européens soient également capables de prendre à leur charge les menaces éventuelles venant du Sud, que l'actuelle guerre tend à faire oublier, même si le sommet de Vilnius de juillet 2023 a cherché à redynamiser le débat. Le risque pour l'OTAN serait en effet de se fossiliser dans une posture de guerre froide face à l'Est, qui gèlerait des forces rendues indisponibles pour faire face à d'autres problèmes. Enfin, en réussissant la réforme de l'OTAN, les Alliés européens créeraient la relation de confiance qui fait défaut aujourd'hui à la relation transatlantique, ce qui serait de bon augure, quel que soit le prochain locataire de la Maison-Blanche.

F. P.

Pour en savoir plus

- H. Binnendijk, D. S. Hamilton et A. Vershbow, « Strategic Responsibility: Rebalancing European and Trans-Atlantic Defense », Brookings, 24 juin 2022.
- S. Biscop, « The New Force Model: NATO's European Army? », Egmont Policy Brief 285, Egmont Institute, septembre 2022.
- G. Garnier, « La France dans l'OTAN : de l'allié difficile au contributeur essentiel », *Focus Stratégique* n° 115, Ifri, juin 2023.

L'UE en « sortie de guerre »

vidéo
http://dunod.link/qtzbpsd

L'Union européenne élargie est-elle viable ?

La perspective des élargissements qu'ouvre la guerre d'Ukraine pose, au-delà des protestations d'ouverture de l'Union, de lourds problèmes : les intérêts économiques des membres seront-ils harmonisables, est-il possible d'imaginer une vision stratégique commune, comment fonctionneront concrètement les institutions, cette Europe pourrait-elle aller vers plus d'autonomie ? La souplesse des institutions européennes, comme l'idée de Communauté politique européenne, pourrait aider à gérer une transition complexe.

Penser l'Union européenne (UE) « en sortie de guerre » ne peut se faire sans imaginer le devenir de la guerre d'Ukraine. Les hypothèses vont de la plus tragique à la plus favorable issue. La plus tragique est une guerre longue, impliquant directement les États européens, avec une escalade de moyens, notamment nucléaires. Les variantes impliquant directement les Européens dans le combat sont multiples. Ils pourraient être engagés dans le cadre d'une Organisation du traité de l'Atlantique nord (OTAN) déclenchant l'article 5 avec engagement militaire des États-Unis. Un scénario sans OTAN ne peut être exclu, même si peu probable : si la Russie agressait un membre de l'UE – tenue à la solidarité du fait de l'article 42-7 du traité de Lisbonne –, mais non membre de l'OTAN, ou, moins inimaginable, si un allié s'opposait à l'intervention de l'OTAN au titre de l'article 5 ou en adoptait une interprétation minimale, non militaire. L'hypothèse la plus positive, seule évoquée aujourd'hui, étant que la Russie échoue dans son « opération spéciale » contre l'Ukraine, et négocie une paix ramenant aux frontières internationalement reconnues, cette paix étant assortie de garanties jugées crédibles.

Les Européens se trouveraient, dans ce cas, confortés par leurs contributions – y compris à travers l'UE – à l'échec de l'invasion d'un État qui a fait un « choix européen », et devraient tenir leurs engagements tout en préservant la construction européenne.

L'élargissement ? Quels élargissements ?

Promesse principale – et la plus complexe : l'élargissement. Promis à l'Ukraine et à la Moldavie, reconnues comme candidates, il l'est aussi aux États des Balkans, en attente depuis de nombreuses années. Il le reste, en théorie et après plus d'un demi-siècle, à la Turquie. Et au fil des événements, la liste pourrait s'étendre au Caucase. Pour s'en tenir aux engagements affirmés et réaffirmés récemment, l'Union pourrait en arriver à près de 35 États membres.

La plupart des candidats sont sortis de guerre depuis une génération au plus, n'ont aujourd'hui pas réglé leurs conflits internes et moins encore leurs causes, ont un revenu national brut par habitant de moins de 20 000 dollars (20 610 – le plus élevé – pour la Serbie ; 13 000 pour le Kosovo ; et 13 860 pour l'Ukraine), avec des populations certes peu nombreuses dans les Balkans (628 000 au Monténégro, un peu plus peuplé que Malte, plus de 7 millions pour la Serbie, non loin de la Bulgarie), mais de plus de 43 millions en Ukraine, qui deviendrait, sauf effet dramatique de la guerre, le cinquième État le plus peuplé de l'UE, après l'Espagne et devant la Pologne.

Il s'agirait de plus d'une Ukraine à reconstruire, à un coût dépendant de l'ampleur des destructions, et avec une dette concernant aussi d'autres bailleurs de fonds, notamment américains, alors que la nature et les modalités de remboursement des crédits d'aide sont floues, tout comme les solutions évoquées quant au recours aux avoirs russes. L'UE aura sans doute à supporter tout ou partie de cette dette, qui aggravera l'état du budget communautaire et des budgets nationaux, grevés des plans de relance post-Covid-19. À politiques constantes, cela signifierait des transferts considérables au titre des fonds structurels, transferts reposant sur les « contributeurs nets » : soit après le Brexit, essentiellement l'Allemagne, la France et l'Italie, et le club des « frugaux ». S'annoncent également de fortes tensions sur la Politique agricole commune : les réactions d'une Pologne se protégeant des importations de céréales ukrainiennes donnent une idée de la négociation agricole avec le « grenier à blé » de l'Europe, donc de l'avenir de la PAC, et de manière générale du marché intérieur et de la libre circulation des biens et des personnes.

Certes, toutes les négociations d'adhésion ont dû résoudre des difficultés de ce type, notamment grâce aux périodes de transition ; mais pas de manière aussi massive, un tiers des membres étant concernés, dans un contexte économique et stratégique tendu, lourd de menaces pour les économies européennes les plus prospères, et donc pour l'acceptabilité de politiques de solidarité par les peuples, avec les risques que cela implique aux niveaux national et européen. Ces considérations seront d'évidence déterminantes partout où l'adhésion serait soumise à un référendum.

Autre question non subsidiaire : la place de cette Europe élargie dans son voisinage et dans le monde, et partant sa sécurité. Sur le continent européen, tout au long de notre frontière (sans parler de Kaliningrad), la Russie – ainsi que la Biélorussie – restera notre grand voisin : une Russie plus ou moins affaiblie, menée par les dirigeants qu'elle se donnera suivant des logiques internes qui nous échappent, et avec des liens internationaux et des dépendances forgées par la guerre.

Pour autant, l'avenir de l'UE ne se détermine pas seulement à l'Est. La focalisation sur l'Ukraine fait oublier l'importance des évolutions au sud de la Méditerranée et sur le continent africain, cruciales pour la prospérité, la stabilité et la sécurité européennes. L'Espagne, l'Italie, la Grèce, Chypre et Malte le savent. Et les autres États ne peuvent considérer que ce n'est pas leur problème : une crise migratoire majeure, une expansion du terrorisme ne les épargneraient pas. La solidarité européenne ne peut, de surcroît, fonctionner en sens unique.

La vision stratégique des États membres, présents et futurs, proches de la frontière est, ne peut seule définir l'intérêt stratégique européen. La stratégie de sécurité de l'UE et les moyens qui lui sont affectés doivent tenir compte de toutes les menaces. La construction européenne a d'abord voulu rendre irréversible la paix entre ennemis séculaires, et non construire une posture d'antagonisme sur le continent. L'enjeu, pour l'UE, la paix faite, sera d'imaginer une architecture de voisinage qui la conforte et permette la reprise d'échanges et de coopération d'intérêt commun.

Quelle vision stratégique ?

Se projeter au-delà de la guerre exige de concilier les regards optimistes et pessimistes, tous deux justes et nécessaires.

L'optimisme relève du *Wir shaffen das*, lequel inspire peut-être Ursula von der Leyen pour outrepasser impunément les compétences de la Commission dans ses déclarations « historiques » : l'Europe va accueillir sans délai les candidats, adapter ses institutions pour faire fonctionner démocratiquement et efficacement une Union à 35, en même temps qu'elle renforcera son autonomie stratégique et s'accordera pour financer ses politiques. Ces convictions s'appuient sur quelques constatations encourageantes. L'UE a réagi mieux que prévu à l'agression de la Russie : unie, elle a pris des décisions significatives en matière de sanctions, de réduction de sa dépendance énergétique et de soutien à l'Ukraine : accueil des réfugiés, aide financière, fourniture d'armements. Ses États membres, au premier rang desquels l'Allemagne, se réarment. Les décisions prises par l'UE étaient inimaginables avant février 2022 – notamment en matière de défense : mesures pour l'achat en commun de munitions pour l'Ukraine, et pour reconstituer les stocks européens, et montée en puissance de nos industries concernées. De même, les décisions prises en réponse à la pandémie, qu'il s'agisse des vaccins ou des plans de relance, eussent été hors de portée sans crise sanitaire.

Ainsi va l'Union face aux grands événements, funestes comme la crise financière de 2008 ou porteurs d'espoir comme la chute du mur de Berlin. Le navire européen craque, tangue dans les tempêtes mais les surmonte, ce que ne pourrait faire un esquif national. L'UE se dote face à ces crises de politiques et d'instruments additionnels, et sort donc renforcée de l'épreuve. Mais elle doit rester sur sa trajectoire d'effort, et tenir ses engagements.

Quelle place pour l'autonomie stratégique européenne ?

D'un point de vue pessimiste, les développements actuels sont lourds de risques. Au moment où ils écrivent unanimement « autonomie stratégique » ou « souveraineté européenne » dans la Boussole stratégique ou les conclusions du Conseil européen, les Européens renoncent de fait à l'autonomie en se rangeant sous la protection des États-Unis, qui ont pour le moment joué pleinement et rationnellement leur rôle de soutien à l'Ukraine. L'OTAN, rejointe par la Finlande et, sauf ultime surprise, la Suède, a regagné sa pertinence de la guerre froide. Pourtant, le « pivot » américain vers l'Asie et les tensions avec la Chine font craindre une précarité de l'engagement américain en Europe, et une pression croissante dans le sens d'une extension du champ de l'Alliance atlantique à l'Indo-Pacifique.

Les Européens sont déjà confrontés aux conséquences économiques de la rivalité sino-américaine, et la volonté de ménager Washington affaiblit leur capacité à défendre leurs intérêts industriels et commerciaux. En matière de politique étrangère et de stratégie, on constate – même sémantiquement – une dilution de l'Europe dans un « Occident » de moins en moins influent et accepté dans le monde. Alors même que les menaces de tous ordres s'alourdissent, et que l'Amérique pourrait donner priorité à des combats qui ne sont pas les nôtres, des décisions d'acquisition dictées par l'urgence et les besoins d'aujourd'hui – qui eussent dû être considérées hier – et par une volonté d'alignement, pourraient bien tuer dans l'œuf l'ambition déclarée de souveraineté stratégique et la coopération européenne nécessaire pour développer des capacités d'action autonomes : armement, espace, renseignement, moyens de planification, de communication sécurisée et de commandement.

La formule magique du « pilier européen de l'OTAN » est utile politiquement, peut-être même nécessaire, mais ne doit pas cacher deux réalités. D'une part les Européens peuvent être contraints à agir sans les moyens de l'OTAN ; d'autre part, qu'il s'agisse d'opérations ou, plus encore, de mettre à niveau nos capacités, et donc d'assurer notre sécurité d'approvisionnement, seule l'Union européenne peut faire converger instruments communautaires et moyens d'action intergouvernementaux ou nationaux. Si les États-Unis sont sérieux sur le partage du fardeau, ils devront admettre que, l'émotion passée, les Européens auront besoin, pour soutenir leur effort de défense, d'en tirer bénéfice : technologique, industriel, commercial, ou d'emploi. Les bribes de sous-traitance n'y suffiront pas, surtout considérant l'effet fertiliseur des technologies développées sur les budgets de défense.

Si les Français et les Allemands sont, pour leur part, sérieux sur l'« autonomie stratégique », ils ne pourront demander à d'autres de troquer la dépendance vis-à-vis des États-Unis contre une dépendance vis-à-vis du tandem franco-allemand – sous réserve d'ailleurs qu'il se comporte en tandem... Le cas des *F16* que les États-Unis autorisent les États qui en sont dotés à livrer à l'Ukraine, en leur proposant de les remplacer par des *F35*, illustre le risque majeur qui pèse sur les programmes les plus emblématiques, comme le Système de combat aérien futur. Selon les décisions prises, l'Europe sortira de la guerre d'Ukraine plus puissante et solidaire, ou ayant perdu sa capacité d'action autonome. Et ce qui vaut pour l'armement vaut, dans une certaine mesure, pour tous les secteurs stratégiques et, partant, pour l'industrie dans son ensemble.

Face à ces enjeux, comment concilier une Union élargie et une Union se dotant de moyens de puissance et d'indépendance au service de ses intérêts ? Faut-il, conformément à la doctrine française traditionnelle, lier élargissement et « approfondissement » ? Cela n'a jamais réussi, à la fois parce qu'on n'a pas attendu la réforme des traités pour accueillir de nouveaux membres, et parce que ces réformes n'ont pas assuré de gouvernance efficace, pas plus qu'ils n'ont été conformes aux intérêts français. Faire de la réforme des traités un préalable aurait un coût diplomatique difficile à assumer, d'autant que les traités modifiés seraient soumis à de hasardeux référendums. Surtout, la réforme des traités a-t-elle quelque chance de nous être favorable ? La mesure la plus souvent invoquée est le passage à la majorité qualifiée, notamment pour les questions de politique étrangère et de sécurité. La France, seul État membre doté d'un siège permanent au Conseil de sécurité et à fonder sa défense sur une dissuasion nucléaire indépendante, envisagerait-elle d'être mise en minorité ? On ne peut trop attendre des minorités de blocage : l'Allemagne sera sous pression d'États qui lui rappelleront ses responsabilités historiques, et ménagera ses marchés ; nos voisins plus petits ne conçoivent pas, eux, d'être isolés diplomatiquement, encore moins si leur position peut être interprétée comme un affaiblissement potentiel de l'Alliance atlantique.

Les autres champs traditionnels de révision des traités sont tout aussi difficiles pour nous. Exemple parmi d'autres : l'élargissement des pouvoirs du Parlement européen, alors que notre Constitution organise un pouvoir parlementaire plus limité que celui des autres États de l'UE, et que les Français trouvent difficilement leur place dans les apparentements partisans européens. Nos tentatives d'associer davantage les parlements nationaux ont toujours été comprises comme contraires à la représentation démocratique dont le Parlement européen s'arroge le monopole.

Le Conseil européen aura grand mal à jouer son rôle avec 35 chefs d'État et de gouvernement autour de la table, alors que la pression montera pour que les États renoncent à avoir chacun un Commissaire. La France se leurrerait de croire que la question, politiquement, ne se posera pas pour elle… Le risque est bien que l'UE s'approche de plus en plus, mécaniquement, d'un modèle fédéral alors même qu'elle serait de moins en moins unie et homogène, et que les peuples exigent le « contrôle » de leurs dirigeants. Les tentations de sortir de l'UE pourraient dès lors trouver un terreau favorable, à l'Est comme à l'Ouest.

La Communauté politique européenne

La Communauté politique européenne, présentée par le président Macron, a été reçue avec suspicion ou scepticisme. Il a bien fallu reconnaître qu'elle n'était pas une ruse pour faire oublier l'adhésion, mais la réponse à une évidence : même à un rythme précipité, l'adhésion ne peut être immédiate, quand le besoin de forum d'échanges et de solidarités concrètes entre Européens l'est.

Plusieurs facteurs ont renforcé les chances de cette idée. La France en a laissé le contenu ouvert à la discussion. Les Tchèques, qui présidaient l'UE, ont organisé avec intelligence un premier sommet à Prague. Le Royaume-Uni s'est porté volontaire pour organiser la quatrième rencontre, rehaussant le statut des participants et contribuant à mettre de côté l'image de « salle d'attente ». Le sommet de Chisinau (juin 2023) a été salué comme un succès. L'UE est présente, puisque la présidence en exercice organise un sommet sur deux, sans l'être institutionnellement. On aurait pu imaginer un titre reflétant mieux le caractère concret de cette communauté, illustré par les domaines de coopération déjà ouverts : infrastructures, énergie, cybersécurité, migrations... On peut surtout espérer qu'il ne finira pas en sigle n'évoquant rien d'autre que la technocratie.

La rencontre semestrielle de plus de quarante chefs d'État européens, sans formalisme, sans communiqué, à égalité, discutant de sujets concrets d'intérêt commun et, dans des formats divers, de problèmes régionaux comme ce fut le cas à Chisinau pour le Kosovo et le Haut-Karabakh, est bien engagée.

L'UE élargie devra répondre aux attentes de réforme des traités qui se sont exprimées. Mais elle peut prendre le temps nécessaire, sans s'exposer aux crises que susciteront d'inévitables désaccords et des référendums risqués. Elle peut fonctionner à traité constant, y compris pour éviter les blocages. Les options sont multiples, en particulier l'article 31 du traité de Lisbonne, qui permet des décisions de politique étrangère, dans certaines conditions, à la majorité qualifiée. On sait aussi qu'on peut interpréter avec souplesse les traités, notamment pour la santé, le spatial ou la défense. La clé de l'action de l'UE est moins dans la réforme des traités que dans la qualité des dirigeants qui seront nommés en 2024 à la tête des institutions, après les élections européennes.

La gouvernance de l'UE restera néanmoins laborieuse, ne répondant pas nécessairement aux besoins de ceux qui veulent aller plus avant dans certains domaines. Les coopérations renforcées sont prévues dans les traités, plusieurs ont été mises en œuvre. Dans le domaine de la défense, l'Agence européenne de défense permet non seulement le vote à la majorité qualifiée, mais des coopérations dans tous les formats. Si les conditions s'avéraient trop contraignantes, les coopérations pourraient se faire à l'extérieur de l'Union, en perdant le bénéfice des instruments de l'UE. Il pourrait être tentant de revenir aux idées de cercles concentriques, d'avant-garde, de noyau dur, de *Kern Europa*. Mais la « centralité » que nous imaginions a perdu sa force. Des cercles non concentriques, reflétant intérêts sectoriels ou régionaux, seraient pourtant compatibles avec la construction européenne. Des précédents existent.

Une telle construction européenne serait-elle « lisible » ? Peu, mais elle ne l'est pas aujourd'hui. Elle pourrait préserver l'essentiel : la capacité d'agir et la crédibilité. La visibilité viendra de ses politiques : si elles sont efficaces et servent la sécurité, la liberté et la prospérité de ses citoyens.

C.-F. A.

Pour en savoir plus

- N. de Kaniv, P. Bellouard (dir.), *Souveraineté et solidarité, un défi européen*, Paris, Éditions du Cerf, septembre 2021.
- C.-F. Arnould, « Défense européenne : agir à temps », *Politique étrangère*, vol. 86, n° 4, 2021.
- J. Howorth, « The Ukraine War and Its Implications for European Security », Wilfried Martens Centre for European Studies, mai 2023.

Un nouveau paysage nucléaire

Nouveaux arsenaux, nouvelles doctrines, nouveaux défis

La montée en puissance des arsenaux chinois, les récurrentes provocations nord-coréennes, les ambiguïtés russes dans le cadre de la guerre menée en Ukraine, la lente érosion des dispositifs de maîtrise des armements et de désarmement nucléaire : tous ces facteurs dessinent un paysage nucléaire neuf. Dans ce contexte, les Européens se doivent de repenser le rôle à la fois de la dissuasion élargie américaine et des dissuasions proprement européennes.

Après trois décennies durant lesquelles les principales puissances nucléaires de la guerre froide ont, unilatéralement ou dans le cadre d'accords bilatéraux, réduit leurs armements nucléaires, le monde semble entré dans une phase nouvelle, avec des problématiques de dissuasion nucléaire revenant sur le devant de la scène. La croissance des arsenaux chinois et nord-coréens, tout comme la rhétorique employée par la Russie depuis février 2022, ont des impacts directs sur les stratégies de défense américaines et européennes.

Une croissance opaque de l'arsenal nucléaire chinois

Dernier des États reconnus par le Traité de non-prolifération nucléaire (TNP) comme doté de l'arme nucléaire (EDAN) après avoir procédé à un premier essai nucléaire en 1964, la Chine a longtemps maintenu un arsenal nucléaire limité, estimé récemment encore à environ 200 têtes nucléaires (TN). La rhétorique maoïste, pour laquelle l'armement nucléaire n'était qu'un « tigre de papier », masquait mal les difficultés techniques et économiques rencontrées par la Chine dans les années 1960 à 1980 pour développer des armements complexes[1].

Le nombre de têtes nucléaires détenu par la Chine est aujourd'hui en croissance rapide. Estimé à 410 en 2023, il pourrait atteindre le chiffre de 1 000 en 2030, et de 1 500 en 2035 si le rythme de croissance se maintient[2]. La transformation, tant qualitative que quantitative, est également rapide dans le domaine des vecteurs et

1. N. Leveringhaus, « Chinese Nuclear Force Modernization and Doctrinal Change », *Briefings de l'Ifri*, Ifri, 19 août 2022.
2. « Annual Report to Congress: Military and Security Developments Involving the People's Republic of China », Département de la Défense des États-Unis, 2022.

porteurs de l'arme nucléaire. L'élément le plus spectaculaire de cette transformation est probablement la construction, sur trois sites différents, de 300 silos destinés au lancement de missiles intercontinentaux (ICBM) de type *DF41*. Mais elle comporte également le développement de ces mêmes missiles *DF41* en version mobile, celui d'un missile balistique lancé par bombardiers, enfin celui d'un nouveau missile balistique lancé depuis un sous-marin (SLBM), le *JL3*, dont la portée pourrait cibler une partie du territoire américain depuis la mer de Chine méridionale.

Aux six sous-marins nucléaires lanceurs d'engins (SNLE) de type *94*, en service ou en cours d'achèvement pour les deux derniers, équipés de missiles *JL2*, sous-marins réputés bruyants, devrait succéder une nouvelle génération, de type *96*, dotée du *JL3*, et qui devraient bénéficier d'améliorations dans le domaine de la furtivité, qui leur permettraient de patrouiller dans des zones du Pacifique occidental pour couvrir l'ensemble du territoire des États-Unis. Outre ces missiles à portée intercontinentale, la Chine a développé et produit plusieurs gammes de missiles de portée intermédiaire ou moyenne, les *DF26* et *DF21*, ainsi que des missiles hypersoniques. Ces derniers, à usage dual – nucléaire ou conventionnel –, viseraient les bases américaines de l'Ouest-Pacifique ou les groupes aéronavals de l'US Navy, et pourraient donc jouer un rôle majeur en cas de conflit pour Taïwan.

La doctrine officielle chinoise relative aux armes nucléaires est une doctrine strictement défensive et demeure historiquement liée au concept de non-emploi en premier. Depuis 1964, la Chine a toujours réitéré sa volonté de maintenir son arsenal nucléaire à un niveau minimal correspondant à ses besoins de sécurité, comme son refus de la course aux armements. Ce discours est toujours celui qu'elle avance dans les instances internationales. Une opacité marquée caractérise cependant le développement de l'arsenal nucléaire chinois, comme les changements de doctrine induits, ou au moins suggérés, par cette montée en puissance accélérée, en dépit de toutes les protestations de transparence. Ces changements potentiels constituent, en tout état de cause, un élément majeur de changement du paysage nucléaire mondial.

Les provocations permanentes du perturbateur nord-coréen

Vingt ans après son retrait du TNP, la Corée du Nord est parvenue à développer un arsenal crédible. Ayant procédé à six essais nucléaires, dont un d'une puissance de l'ordre de 100 kilotonnes (kt), et à de nombreux tirs de missiles balistiques, elle est devenue une puissance nucléaire régionale de fait. Son arsenal semble compris dans une fourchette de 20 à 30 têtes nucléaires, et on estime qu'elle a produit suffisamment de matière fissile pour pouvoir en assembler une vingtaine d'autres. La Corée du Nord continue par ailleurs de produire, probablement à un rythme relativement faible, du plutonium et de l'uranium enrichi.

L'année 2022 a été marquée par une activité élevée dans les domaines nucléaire et balistique. Ainsi, plus de 90 missiles, balistiques ou de croisière, à courte, moyenne ou longue portées, ont été lancés cette année-là. À titre de comparaison, la Corée du Nord en avait lancé quatre en 2020, et huit en 2021. Cette brusque augmentation du nombre des tirs, ainsi que l'observation de préparatifs sur le site de Punggye-ri pour un éventuel septième essai nucléaire, ont entraîné une escalade des tensions dans la région, en particulier lors des tests de missiles à longue portée survolant le Japon. Au-delà de leur statut d'essais techniques, ces tirs à répétition soulignent le volontarisme du dirigeant nord-coréen, et signalent sa probable volonté de recourir tôt à l'arme nucléaire dans un éventuel conflit.

Une nouvelle doctrine nucléaire, promulguée le 8 septembre 2022[3], a d'ailleurs pris la place de celle de 2013. Elle stipule que les forces nucléaires ont comme mission principale de « dissuader une guerre en faisant en sorte que les forces hostiles comprennent clairement que la confrontation militaire avec la République populaire démocratique de Corée (RPDC) entraîne la ruine et renoncent à toute tentative d'agression et d'attaque ». Leur mission opérationnelle étant de « repousser l'agression et l'attaque des forces hostiles, et obtenir une victoire décisive en cas d'échec de la dissuasion ». Cette deuxième mission est cohérente avec le développement et le déploiement observé d'armes tactiques. L'article 6 de cette doctrine, qui liste les hypothèses d'emploi des armes nucléaires, ouvre clairement la voie à la possibilité de frappes préemptives, notamment en cas d'attaque jugée imminente contre les dirigeants, l'organisation du commandement des forces nucléaires ou les sites stratégiques importants. S'accroissent ainsi les risques d'une utilisation fondée sur une mauvaise interprétation de manœuvres militaires américaines et sud-coréennes.

Cet activisme nucléaire et balistique, symbolisé en outre par la mise en scène de Kim Jong-un lors de tirs de missiles ou de visites sur des sites stratégiques, a relancé les débats, tant au Japon qu'en Corée du Sud, sur la crédibilité de la dissuasion élargie américaine, et sur une possible acquisition par ces pays de l'arme nucléaire.

Une rhétorique nucléaire russe inquiétante

Avec un arsenal composé aujourd'hui de près de 4 500 têtes nucléaires, dont approximativement 1 550 têtes déployées sur des vecteurs stratégiques conformément au traité *New Start*, 1 000 têtes stratégiques en réserve, et un peu moins de 2 000 têtes non stratégiques stockées dans différents dépôts, la Russie demeure bien une superpuissance nucléaire, à parité avec les États-Unis.

La rhétorique nucléaire dont elle a usé pour sanctuariser son agression contre l'Ukraine, et empêcher ainsi toute intervention occidentale sur ce territoire, n'en est que plus inquiétante. Cette rhétorique a, depuis, été flanquée de l'annonce du déploiement d'armes nucléaires en Biélorussie, et d'accusations contre une Ukraine supposée développer des armes chimiques, biologiques ou des bombes « sales » – accusations dénuées de tout fondement, probablement destinées à l'opinion publique russe pour justifier une éventuelle escalade nucléaire. Au-delà de ces discours alarmants, en particulier pour les opinions publiques occidentales, on note néanmoins qu'il n'y a pas de changement de posture des forces nucléaires stratégiques russes. S'agissant du déploiement d'armes non stratégiques vers la Biélorussie, dont les premiers éléments semblent avoir été transférés en juillet selon les annonces russes, on observe un décalage entre certaines annonces, notamment celles faites par le président Loukachenko, et les constatations provenant de sources occidentales.

3. Traduction en français de cette doctrine par Antoine Bondaz, dans : « Nouvelle loi sur le nucléaire en Corée du Nord », Observatoire de la dissuasion, n° 103, FRS, novembre 2022.

Autre motif d'inquiétude : l'affaiblissement progressif des régimes de contrôle des armements. Après la violation du traité sur les Forces nucléaires intermédiaires (FNI) par Moscou avec le développement du missile *9M729 Iskander-K*, et le retrait des États-Unis et de la Russie de ce même traité en février 2019, l'annonce de la suspension du traité *New Start* par le président Poutine le 21 février 2023 en constitue une nouvelle illustration. Cette annonce a suscité nombre d'interrogations, le texte du traité ne prévoyant pas la suspension. Si l'on en croit certaines explications ultérieures, il semble que la Russie ait suspendu l'échange d'informations avec les États-Unis prévu par le traité, tout en continuant d'en respecter les limitations[4]. Cette fragilisation du régime de contrôle des armements laisse donc ouverte, à ce stade, la voie du retour à une application de l'ensemble des dispositions prévues par *New Start*. Elle témoigne cependant du changement de paysage nucléaire mondial.

Enfin, le constat de la médiocre performance des forces conventionnelles russes depuis février 2022 aura sans doute pour conséquence, à terme, un rôle plus large pour les armes nucléaires dans la stratégie de défense russe. À l'instar des années 1990-2000, durant lesquelles les Russes avaient acté leur infériorité conventionnelle par rapport aux armes occidentales, en particulier américaines, la Russie pourrait être tentée de redonner un rôle majeur aux armes non stratégiques dans des conflits régionaux, et donc d'abaisser le seuil d'emploi de ces armes.

La dissuasion nucléaire américaine : un point d'inflexion

Héritière de la vision politique exprimée par le président Obama à Prague en avril 2009 dans un discours où il préconisait un monde débarrassé des armes nucléaires (*Global Zero*), l'actuelle administration américaine se retrouve pourtant confrontée aux mutations du paysage nucléaire mondial. La *National Security Strategy* d'octobre 2022 constate ainsi que le monde se trouve à « un point d'inflexion » : un constat qui s'applique tout particulièrement à la dissuasion américaine.

Pour la première fois de son histoire, la dissuasion américaine risque en effet de se retrouver à parité, ou quasi-parité nucléaire, avec deux compétiteurs stratégiques : la Chine, qualifiée de « défi structurant », et la Russie, appréciée comme « menace aiguë ». Face à ces puissances, auxquelles il faut ajouter la Corée du Nord pour le théâtre asiatique, l'enjeu principal pour les États-Unis est de crédibiliser leur dissuasion élargie et de rassurer leurs alliés européens et asiatiques. Alors que l'objectif initial de l'actuelle administration était de réduire le rôle des armes nucléaires dans la stratégie globale américaine, elle est contrainte de s'adapter avec pragmatisme à de nouveaux enjeux.

Dans le domaine de la doctrine, l'administration Biden a ainsi renoncé à adopter le concept selon lequel le « rôle unique » des armes nucléaires serait de dissuader d'une attaque nucléaire, pour conserver le concept plus ambigu de « rôle fondamental ». Elle a également confirmé le renouvellement des composantes de

4. J. Cordell, « Putin Submits Law on Suspending Nuclear Arms Treaty », Reuters, 21 février 2023.

la triade américaine, en vue de remplacer des porteurs et vecteurs en majorité issus de la fin de la guerre froide : construction de nouveaux SNLE de la classe *Columbia* en remplacement des *Ohio* ; développement et production de missiles intercontinentaux basés à terre *Sentinel* en remplacement des *Minuteman III* ; enfin, développement des bombardiers *B21* et des missiles air-sol *LRSO*. En outre, la modernisation, ou le remplacement, des infrastructures des laboratoires atomiques – dont beaucoup datent des années 1940-1950 – ont été lancés, afin de retrouver une plus grande flexibilité dans la production des têtes nucléaires.

En Asie, le président Biden s'efforce de répondre aux craintes sud-coréennes en mettant en place un processus de consultation sur l'emploi des armes nucléaires, le président sud-coréen réaffirmant, en contrepartie, ses obligations dans le cadre du traité de non-prolifération.

Les États-Unis ont enfin procédé à de nombreux signalements à caractère nucléaire, avec le déploiement d'avions *B52*, ou la médiatisation du déploiement de SNLE dans l'océan Indien, dans l'Atlantique, ou dans l'Ouest-Pacifique.

La perspective de devoir faire face à deux compétiteurs à parité nucléaire relancera pourtant inévitablement les débats sur la taille nécessaire de l'arsenal nucléaire américain. Des voix se font d'ores et déjà entendre pour augmenter le nombre de têtes nucléaires déployées sur les vecteurs stratégiques, à l'expiration du traité *New Start* en 2026.

Europe : interdiction ou réapprentissage des fondamentaux de la dissuasion ?

L'Europe se trouve aujourd'hui écartelée entre deux tendances. La première est celle, historique, du rejet des armes nucléaires. Elle se traduit par l'adhésion au Traité d'interdiction des armes nucléaires (TIAN) de trois États membres de l'Union européenne (Autriche, Irlande, Malte), ainsi que du Vatican, et par un soutien, contrasté selon les pays, d'une partie des populations. L'autre tendance est celle de la quête du « parapluie nucléaire » américain et de sa pérennisation. Cette dernière tendance trouve sa concrétisation dans la confirmation du rôle de la dissuasion nucléaire dans le concept stratégique de l'Organisation du traité de l'Atlantique nord (OTAN)[5], et la pérennisation des accords de « partage nucléaire ». Elle trouve même une nouvelle impulsion avec la demande d'adhésion de la Finlande et de la Suède à l'Alliance atlantique.

À la croisée de ces deux tendances se trouvent l'Allemagne, la Belgique et les Pays-Bas, qui confirment les accords de partage et pérennisent la présence de bombes nucléaires américaines *B61-12* sur leur territoire, en faisant auprès des États-Unis l'acquisition d'avions *F35* capables de les mettre en œuvre, mais accèdent dans le même temps au statut d'observateur du Traité sur l'interdiction des armes nucléaires – la Norvège, la Suède et la Finlande ayant également ce statut.

L'invasion russe de l'Ukraine, et la rhétorique nucléaire dont use Moscou, ont néanmoins remis les questions de dissuasion nucléaire au centre des enjeux

5. Concept stratégique 2022 de l'OTAN adopté par les chefs d'État et de gouvernement au sommet de Madrid le 29 juin 2022, art. 28 à 30.

stratégiques et de défense européens. La garantie ultime de la sécurité des Alliés repose en effet sur les forces nucléaires stratégiques de l'Alliance – au premier chef celles des États-Unis. Nombre de signaux ont été émis depuis quelques mois pour crédibiliser la dissuasion élargie américaine en Europe : médiatisation de l'exercice nucléaire de l'Alliance *Steadfast Noon* en octobre 2022, déploiement de bombardiers *B52* sur la base espagnole de Moron au premier trimestre 2023, escales du SNLE américain *Rhode Island* dans les bases britanniques de Faslane ou Gibraltar… Si l'engagement de l'actuelle administration à exercer une dissuasion élargie au profit de l'Europe est ainsi confirmé, des questions demeurent néanmoins pour l'avenir. Une nouvelle administration pourrait remettre en cause cet engagement au profit d'une priorisation exclusive des enjeux asiatiques. La problématique des deux compétiteurs stratégiques à parité nucléaire peut également créer des situations nouvelles, la Russie pouvant profiter d'une crise asiatique pour exercer une pression sur l'Europe.

Dans ces deux cas, la plus-value, pour la défense de l'Europe, des forces de dissuasion indépendantes britannique et française demeure primordiale. La relation que France et Royaume-Uni entretiennent dans ce domaine via le traité de *Lancaster House* est un atout important pour l'Europe.

Pour la France, l'enjeu principal des prochaines années, outre la pérennisation des composantes de sa dissuasion, sera de rendre crédible sa dimension européenne. L'annonce faite le 7 février 2020 par le président de la République, selon laquelle les intérêts vitaux de la France avaient une dimension européenne, en même temps qu'il appelait les partenaires européens à un dialogue stratégique à ce propos, n'a pas été suivie d'effets, et a plutôt suscité de multiples interrogations. Il revient donc à la France de préciser ses intentions, en proposant quelques mesures concrètes, et en ciblant probablement nos partenaires les plus menacés par les pressions russes, Pologne et États Baltes en premier lieu, plutôt qu'une Allemagne tiraillée entre le rejet-réflexe des armements nucléaires et le soulagement procuré par la protection nucléaire américaine. Dans tous les cas, les Européens, et les Français en particulier, se devront impérativement de réétudier les fondamentaux de la dissuasion dans un monde nucléaire en pleine transformation.

J.-L. L.

Pour en savoir plus

- CGSR Study Group Report, *China's Emergence as a Second Nuclear Peer: Implications for US Nuclear Deterrence Strategy*, Livermore, Lawrence Livermore National Laboratory, printemps 2023.
- J. M. Smith et P. J. Bolt (dir.), *China's Strategic Arsenal: Wolrdview, Doctrine, and Systems*, Washington, Georgetown University Press, 2021.
- V. Narang et S. D. Sagan (dir.), *The Fragile Balance of Terror : Deterrence in the New Nuclear Age*, Ithaca, Cornell University Press, 2022.

La crise énergétique européenne et le *Green Deal*

L'Union européenne, puissance écologique

Face à la crise ouverte par la guerre d'Ukraine, l'Union européenne a réagi par une série de mesures spectaculaires, pour prolonger la logique définie par son *Green Deal*, accélérer sa transition énergétique, et sécuriser ses sources d'approvisionnement. Elle vise aujourd'hui une politique industrielle qui lui permettra d'atteindre les objectifs fixés. Demeurent pourtant de nombreux problèmes : quant au financement, quant à l'acceptation sociale, quant aux relations à redéfinir avec les acteurs extra-européens.

La Commission européenne (CE) d'Ursula von der Leyen pourra être créditée d'une réelle contribution à l'édifice européen : le *Green Deal*, proposé en 2019, et dont la portée dépasse le périmètre de la transition énergétique pour toucher la société entière en ses dimensions de mobilité, consommation, alimentation, prospérité économique et protection contre les pollutions.

La crise du Covid-19 aurait pu marquer l'arrêt brutal de l'ambition, mais le plan *Next Generation EU*, dont 37 % des financements sous la Facilité de relance et de résilience sont dédiés aux objectifs du *Green Deal*, l'a renforcée. Les crises géopolitique et énergétique ouvertes à l'été 2021 ont atteint leur paroxysme un an plus tard, alors que les prix du gaz naturel sur la bourse TTF avoisinaient les 340 euros/MWh, soit environ 15 fois plus qu'avant la pandémie de Covid-19, provoquant un nouveau sursaut. La CE répondait avec *REPowerEU*, plan haussant la barre des ambitions en matière d'électricité et gaz renouvelables, d'efficacité énergétique et de solutions propres comme les pompes à chaleur. Parallèlement, elle poursuivait les négociations sur les dossiers du paquet législatif d'ajustement, avec un objectif de 55 % de réduction des émissions de gaz à effet de serre d'ici à 2030 (*Fit for 55*). Dans le même temps étaient mis en place en 2022 six Règlements d'urgence sur le stockage du gaz, les économies de gaz et d'électricité, le plafonnement des recettes des producteurs d'électricité infra-marginaux, un mécanisme de correction des marchés du gaz, et des mesures de renforcement de la solidarité entre États membres et pour la protection des consommateurs (y compris *via* la fixation des prix).

Si les objectifs du *Green Deal* ont ainsi été renforcés et déclinés dans des stratégies sectorielles, le défi central est désormais celui de sa mise en œuvre rapide et efficace, de sorte à ne pas déstabiliser les grands objectifs des politiques – souvent difficilement conciliables – que sont, en matière d'énergie, la sécurité des approvisionnements, la compétitivité, la décarbonation, la maîtrise des chaînes de valeur et l'acceptabilité sociétale.

Les vulnérabilités et menaces sont nombreuses à cet égard, et la rivalité entre puissances, non pour le leadership en matière d'avancées pour la décarbonation, mais pour un leadership technologique et un contrôle des chaînes de valeur, s'est considérablement accentuée et accélérée. Au redoutable plan industriel *Made in China 2025* s'ajoute désormais le tout-puissant *Inflation Reduction Act* américain. Pour les Européens, le défi est de protéger et soutenir les industries, d'accompagner les citoyens, de garder un monde raisonnablement ouvert qui assure la prospérité européenne, en se protégeant des *free riders* climatiques, et des dérives protectionnistes.

L'UE a peu augmenté sa consommation de charbon en 2022

L'Union européenne (UE) n'a pas seulement traversé en 2022 une crise du gaz, mais encore une crise électrique générée par une baisse d'environ 16 % de la production nucléaire (soit 118,3 térawatt-heure [TWh]) et de 16 % de la production hydroélectrique (64,4 TWh). Contre toute attente, ce n'est pas le charbon qui a été appelé à la rescousse, mais les énergies renouvelables (EnR). Si la production d'électricité à base de charbon a augmenté de 5,9 % (24,3 TWh), et celle à base de gaz de 2,4 % (9,9 TWh), la production d'électricité à base d'énergie solaire a augmenté de 24,6 % (32,9 TWh) et celle à base d'éolien de 8,1 % (26,7 TWh). Si la capacité installée en charbon a diminué en 2022, son facteur d'utilisation a, lui, augmenté, et les émissions du secteur électrique ont crû d'environ 3 % par rapport à 2021, ce qui confirme la nécessité de poursuivre le déploiement de l'éolien et du solaire, lesquels ont limité cette hausse des émissions. D'après le *think tank* Ember, l'éolien et le solaire ont ensemble représenté la première source de génération d'électricité en Europe en 2022, soit 22 %, contre 20 % pour le gaz fossile et 16 % pour le charbon.

La crise énergétique a entraîné une mobilisation européenne qui a fait progresser les capacités d'EnR avec plus 41,4 GW en photovoltaïque (PV) solaire installés en 2022 (soit + 47 % an sur an), et 16 GW pour l'éolien. Des efforts supplémentaires sont cependant nécessaires pour en arriver à des capacités d'environ 60 GW de solaire et 30 GW d'éolien en 2023. Avec *REPowerEU* et le nouvel objectif contraignant européen de 42,5 % d'énergies renouvelables (45 % non contraignant) d'ici à 2030, plus de 700 GW de PV solaire et d'éolien devront être installés d'ici à 2030. Les économies d'électricité – avec un objectif européen contraignant de 5 % de réduction de la consommation en heures de pointe et 10 % de façon volontaire sur la consommation totale – ont joué un rôle essentiel pour limiter les émissions de gaz à effet de serre (GES), en évitant une plus forte mobilisation des centrales à gaz et à charbon. L'Europe a ainsi progressivement réduit de 4,6 % sa consommation d'électricité sur l'année 2022 : un effort de sobriété crucial. La prolongation de l'objectif volontaire de réduction de 15 % de la consommation de gaz dans l'UE sur la période 1er avril 2023-31 mars 2024, actée par le Conseil européen, se surajoute ainsi au succès que constitue la réduction de 19,3 % de la consommation de gaz d'août 2022 à janvier 2023, conformément au Règlement adopté en urgence à l'été 2022.

L'Europe doit pourtant savoir que le recours au charbon de 2022 a été perçu dans les pays émergents comme révélant la contradiction entre les discours et l'action des pays riches, taxés de double standard sur les hydrocarbures, voire démontrant de fait l'impossibilité de la transition. L'UE a certes réduit de 2,5 % ses émissions en 2022 – une performance notable par rapport aux États-Unis dont les émissions ont augmenté de 0,8 % –, mais son statut de « puissance écologique » dépend de réalisations concrètes dans un contexte de crises durables, sans qu'elle puisse pour autant accepter une désindustrialisation éclair.

Les nouvelles routes du gaz, cœur de la sécurité énergétique européenne

L'année 2022 restera celle d'un usage majeur de l'énergie comme arme de guerre par la Russie. Contre l'Ukraine d'abord, avec l'attaque d'infrastructures énergétiques critiques (22 des 36 centrales électriques y ont été endommagées, détruites ou rendues inaccessibles, laissant 12 millions de personnes dépourvues d'accès à l'énergie, ou avec un accès limité), dommages estimés à 12 milliards d'euros par le Programme des Nations unies pour le développement (PNUD). De son côté, l'UE a pris l'initiative de 11 paquets de sanctions contre Moscou, incluant un embargo sur les importations de charbon et de pétrole et produits pétroliers raffinés par bateau. Les importations de gaz russe en Europe ont ainsi diminué de 55 % en 2022, soit 77 milliards de m^3 (mmc), alors qu'aucune sanction n'était directement imposée par Bruxelles sur le gaz russe, en dépit des violations par Gazprom de ses engagements contractuels (non-respect des obligations de livraison, imposition d'un système de paiement basé sur le rouble). Tandis que *REPowerEU* ambitionnait de mettre fin à la dépendance des énergies fossiles russes avant 2030, l'année 2022 semble avoir durablement déclassé la Russie de son rôle de fournisseur incontournable de l'UE.

Trois leviers clés ont ainsi été actionnés dans la logique de *REPowerEU*. Tout d'abord, l'accélération du déploiement des énergies renouvelables et des technologies propres, avec des avancées claires en Europe centrale et orientale : la Pologne a installé environ 5 GW de PV solaire, et est devenue le premier marché en croissance des ventes des pompes à chaleur (+ 102 % par rapport à 2021), suivie de près par la République tchèque (+ 99 %). L'Europe a ensuite réduit de 13 % par rapport à 2021 sa consommation de gaz : les prix astronomiques ont conduit les industries à ralentir la cadence de production ou à changer de carburant, et les économies des ménages ont été favorisées par des campagnes d'information et une météo clémente. Enfin, l'UE s'est orientée vers de nouvelles sources d'approvisionnement en gaz, avec une augmentation de 70 % des importations de gaz naturel liquéfié (GNL), rendue possible par une diminution de la demande chinoise et un fort renchérissement de la facture – avec pour corolaire l'exclusion des marchés du gaz de pays émergents, incapables de supporter la hausse des prix.

Deux conséquences durables peuvent être ici identifiées. Les États-Unis représentent désormais 45 % des importations européennes de GNL, devenus la deuxième source de gaz pour l'UE, après la Norvège, l'UE étant elle-même le plus important débouché du GNL américain (64 %). La politique de l'UE en matière de diminution des émissions de méthane devrait donc avoir un impact sur le secteur du gaz américain. L'UE devrait procéder rapidement à l'actualisation de son scénario de demande de gaz pour l'horizon 2030 et après, afin d'élargir sa propre visibilité sur ses besoins, et une prévisibilité globale notamment pour les pays émergents. À cet égard, l'UE doit encore se doter d'une stratégie extérieure crédible correspondant à son *Green Deal*, les pays émergents donnant désormais une priorité stratégique à la sécurité de leurs approvisionnements, et les relations « Nord-Sud » étant des plus tendues. La demande d'hydrocarbures dans le monde continue de croître, et si le solaire est la source d'énergie la plus compétitive, il faut encore, pour le déployer à grande échelle, disposer des réseaux et des capitaux nécessaires.

Pour nombre de pays, il est moins question de transition que de développement. Le Sommet pour un nouveau Pacte financier Nord-Sud, qui s'est réuni à Paris en juin 2023, amorce une nécessaire reconfiguration du système financier mondial, pour permettre aux pays émergents de prendre pleinement part à la transition écologique, une reconfiguration nécessaire pour atteindre les ambitions de l'Accord de Paris, avec une hausse des moyens alloués aux fonds climat et biodiversité.

Une mobilisation de guerre pour le *Green Deal*

Trois ans après son lancement, peut-on penser que le *Green Deal* atteindra ses objectifs ? Les solutions proposées ne sont pas parfaites, mais le chemin parcouru à Bruxelles ces trois dernières années – surtout en 2022 – est sans précédent. Les négociations sur le paquet *Fit for 55* ont été conclues dans leur quasi-totalité, à l'exception de la Directive sur la taxation de l'énergie. Trois fils conducteurs se dégagent des accords sur ces textes clés :

- Le renforcement du prix carbone, pour les industries comme pour les particuliers à terme, envoie un signal fort en faveur de la décarbonation. L'inclusion de nouveaux secteurs dans le marché carbone, le retrait progressif des quotas gratuits ainsi que la réduction du nombre de certificats disponibles devraient faire monter le prix du CO_2 et aider à financer des activités de décarbonation. La mise en place du Mécanisme d'ajustement carbone aux frontières (CBAM) pourrait en parallèle inciter les partenaires internationaux à adopter une tarification carbone interne, et une décarbonation de leur mix énergétique.
- Une ambition plus affirmée en matière d'énergies renouvelables et d'efficacité énergétique. La guerre d'Ukraine et la volonté de mettre fin à sa dépendance des combustibles fossiles russes ont poussé l'UE à se doter d'une cible contraignante de 42,5 % d'EnR d'ici à 2030. La Directive sur l'efficacité énergétique a pour nouvelle ambition de réduire la consommation finale d'énergie de l'UE de 11,7 % en 2030 (objectif contraignant pour la consommation au niveau global de l'UE).
- Un focus sur la décarbonation tous azimuts du transport. L'adoption de 2035 comme date à laquelle les véhicules neufs devront être à zéro émission a marqué

les esprits, car elle propulse l'Europe dans l'ère de la mobilité électrique, avec des objectifs de déploiement des infrastructures de recharge. Le transport maritime et l'aviation se sont également vu fixer des trajectoires de décarbonation, avec l'adoption progressive de carburants durables, la fin des quotas d'émission gratuits pour l'aviation, et l'intégration du secteur maritime dans le marché carbone.

Bousculée dans la course aux technologies propres lancée par la Chine et accélérée par les États-Unis avec l'*Inflation Reduction Act*, l'UE a sauté le pas vers une politique industrielle européenne accompagnant son *Green Deal* – d'essence normative, comme l'illustrent les paquets législatifs d'ajustement à l'objectif de 55 %, de décarbonation du gaz, les dispositions du plan *RePowerEU*, et plus de 30 stratégies, communications et plans d'action publiés depuis 2019...

En février 2023, la CE a ainsi présenté le Plan industriel du Pacte vert, dont l'objectif est d'améliorer la compétitivité des technologies « zéro net » de l'Europe, avec une simplification de l'environnement réglementaire, un accès plus rapide au financement, une amélioration des compétences et une sécurisation de chaînes d'approvisionnement résilientes. Ce plan se décompose en plusieurs volets : une réforme du marché de l'électricité – d'une importance critique, notamment pour encourager le déploiement sur le long terme de capacités de production d'électricité décarbonée et mieux protéger les consommateurs ; une proposition de Règlement pour une industrie « zéro net » et un Règlement pour l'approvisionnement en matières premières critiques ; à quoi s'ajoutent une communication sur la Banque européenne de l'hydrogène et une révision des règles concernant les aides d'État.

Une course contre la montre

Plusieurs éléments doivent être relevés dans ces propositions, dont l'adoption avant la fin du mandat de la CE d'Ursula von der Leyen impose une véritable course contre la montre. L'UE se donne pour ambition d'avoir en 2030 une capacité de production des technologies stratégiques « zéro net » se rapprochant de, ou atteignant, au moins 40 % des besoins annuels en déploiement de l'Union. Concernant les matières premières critiques, l'UE veut avoir une capacité d'extraction d'au moins 10 %, de transformation d'au moins 40 %, et de recyclage d'au moins 15 %, par rapport à sa consommation annuelle de matières premières. Alors même qu'il ne s'agit pas à ce stade d'objectifs contraignants, ces seuils de référence ont vocation à donner de la visibilité aux technologies essentielles pour la transition énergétique, à mettre en place des mécanismes de coordination au niveau européen pour les soutenir, et à encourager l'investissement et le développement des compétences.

Parallèlement, l'UE demande aux États membres de relancer les programmes nationaux d'exploration et de cartographie des ressources du sous-sol européen, d'informer la CE sur l'évolution de leurs stocks stratégiques, et de renforcer les chaînes d'approvisionnement en matières premières critiques, avec l'obligation pour la CE de réaliser des *stress tests*, et pour les entreprises de réaliser des audits des chaînes de valeur concernant les matières premières stratégiques. Enfin, les propositions européennes reconnaissent la nécessité de l'ouverture vers les marchés internationaux, et de mettre en place non seulement une diplomatie des matières premières critiques, mais encore des projets stratégiques en matière de technologies « zéro net », y compris en optimisant des mécanismes comme le *Global Gateway*.

Nombre de questions restent à clarifier. La question du financement fait déjà débat : elle reste problématique pour les États membres aux capacités budgétaires limitées, notamment pour les pays de l'Europe centrale et orientale. Si jusqu'en 2026, les États membres disposent, pour leurs investissements verts, du Fonds de relance et résilience, la question redeviendra critique après cette date.

***

L'UE sort de la crise énergétique convaincue qu'il faut décarboner plus vite pour assurer son autonomie énergétique, et qu'il faut pouvoir produire localement les technologies essentielles à la transition énergétique afin d'éviter le déficit commercial et économique, tout comme une dépendance aggravée vis-à-vis de pays tiers. Puissance écologique pour ce qui est de ses objectifs, de la cohérence de son cadre législatif et de ses progrès pour la réduction des émissions de GES, l'UE devra fournir encore beaucoup d'efforts pour mettre en œuvre son cadre législatif, mettre en place des partenariats extérieurs pour sécuriser son approvisionnement en matières premières critiques et les marchés pour ses technologies propres, et regagner sa crédibilité vis-à-vis de pays en voie de développement privés de GNL par les Européens et les réductions d'exportations russes depuis 2021 – une situation qui risque de perdurer.

Défis essentiels : il faudra réduire la facture énergétique des industries, tout en évitant la fragmentation interne que produirait une multiplication des subventions, et éviter les tensions sociales en organisant une juste répartition des efforts et des systèmes de redistribution. La voie est tracée : il faut accélérer les délais de déploiement des technologies bas carbone, accepter les infrastructures bas carbone (dont les mines), développer l'accès aux financements compétitifs, renforcer et adapter les politiques de formation, et mettre fin aux batailles idéologiques sur le mix énergétique.

D. G.

Pour en savoir plus

- M.-A. Eyl-Mazzega, D. Gherasim, « The European Green Deal Three Years On: Acceleration, Erosion, Fragmentation? », *Briefings de l'Ifri*, Ifri, 14 novembre 2022.
- L. Palti-Guzman, M.-A. Eyl-Mazzega, « The Strategic Repositioning of LNG: Implications for Key Trade Routes and Choke Points », *Études de l'Ifri*, Ifri, avril 2023.
- D. Gherasim, « The Europeanisation of the Energy Transition in Central and Eastern EU Countries: An Uphill Battle that Can Be Won », *Notes de l'Ifri*, Ifri, avril 2023.

Les pays d'Europe centrale face à la guerre d'Ukraine

Solidarité et divisions

Les pays de l'Europe centrale ont, face à l'agression russe, manifesté une grande solidarité vis-à-vis de l'Ukraine, qui s'explique largement par l'héritage de leurs relations avec la Russie impériale, puis l'Union soviétique. Cette unité relative leur permet de peser d'un poids nouveau dans les instances européennes et atlantiques. Mais elle n'efface ni les divisions avec la Hongrie, ni les ambiguïtés d'une Pologne mise en cause par l'Union européenne pour des atteintes à l'état de droit.

L'invasion à grande échelle de l'Ukraine déclenchée par la Russie le 24 février 2022, la guerre brutale des armées russes contre les populations civiles ukrainiennes, tout comme la résistance acharnée de ces dernières et de l'armée ukrainienne, ont profondément modifié les rapports de force géopolitiques en Europe et dans le monde.

Face à ces bouleversements majeurs, la réaction des pays d'Europe centrale peut être qualifiée de convergente et solidaire, à quelques exceptions près. D'un point de vue géopolitique, les gouvernements de ces pays ont attiré l'attention internationale à travers un soutien appuyé à l'Ukraine attaquée. La visite à Kiev des Premiers ministres polonais Mateusz Morawiecki, tchèque Petr Fiala et slovène Janez Jansa dès le 15 mars 2022 a marqué les esprits. Des arguments de politique intérieure ont en partie guidé la décision d'effectuer ce déplacement, mais il n'en constituait pas moins un geste politique fort, au moment précis où les troupes ukrainiennes tentaient de repousser un envahisseur qui se rapprochait de la capitale.

Ce premier déplacement a, au demeurant, inauguré une série d'autres visites – plusieurs dirigeants occidentaux ont, à leur tour, osé le déplacement – et confirmé la place centrale des dirigeants centre-européens sur le dossier ukrainien : « Après une période de (auto)marginalisation au sein de l'Union européenne [UE], l'Europe centrale se trouvait propulsée aux avant-postes de la gestion européenne de la crise ukrainienne », commentait Jacques Rupnik.

Si l'indignation vis-à-vis de l'agression et des crimes de guerre commis par l'armée russe en Ukraine est formellement partagée par les chefs d'État et de gouvernement de l'UE, du Nord comme du Sud, de l'Est comme de l'Ouest, les lectures des événements, et les réponses politiques apportées, peuvent varier en fonction des jeux politiques internes, et de l'expérience historique de chacun dans ses relations avec la Russie impériale, puis l'Union soviétique.

Depuis 2014, ces positions ont divergé à plusieurs reprises entre les pays d'Europe centrale et, par exemple, la France. En 2019, en dépit des suites de l'agression russe de 2014 contre le voisin ukrainien, le président Emmanuel Macron tentait ainsi de relancer le dialogue bilatéral avec Moscou, et invitait Vladimir Poutine au fort de Brégançon, proposant de « mettre fin à la défiance » vis-à-vis de la Russie. Cette tentative de relance était relativement isolée : elle n'avait pas fait l'objet de consultations préalables avec les partenaires européens et en particulier l'Allemagne, et allait à l'encontre d'une politique de sanctions votées collectivement. Elle ne correspondait pas non plus aux exigences d'une Russie en pleine dérive autoritaire.

On s'interrogera ici sur les positionnements communs, et les divergences, existant entre les pays d'Europe centrale, positionnements et divergences qui dessinent une éventuelle spécificité parmi les États membres de l'UE et de l'Organisation du traité de l'Atlantique nord (OTAN).

Les raisons de l'indignation

De longue date, les représentants des pays d'Europe centrale (en particulier de la Pologne, de la République tchèque, de la Slovaquie, ainsi que des États baltes) avaient déjà sonné l'alerte face aux agressions et aux exactions dont la Russie était responsable dans l'espace post-soviétique (les deux guerres de Tchétchénie, la guerre de 2008 contre la Géorgie, l'agression contre l'Ukraine en 2014) ; auxquelles on peut joindre, dans une autre logique, l'intervention au Kazakhstan de janvier 2022. L'épisode de la guerre contre la Géorgie avait déjà éclairé les divergences de perception de la Russie séparant d'une part les pays d'Europe centrale, rejoints par la Suède et le Royaume-Uni, qui réclamaient des sanctions, et de l'autre les pays d'Europe occidentale (France, Allemagne, Italie, Espagne, Grèce), qui persistaient à considérer la Russie « comme un partenaire incontournable » – selon Laure Delcour[1].

La fracture creusée par cette perception différenciée de la menace russe s'accentue fin 2021-début 2022, lorsque le gouvernement américain choisit de dévoiler des rapports de ses services de renseignements sur l'imminence de l'invasion russe, alors que cette option est jugée très improbable dans la plupart des chancelleries européennes. Au lendemain de l'invasion à large échelle de l'Ukraine, les chefs d'État et de gouvernement de l'UE condamnent immédiatement l'agression, en dépit de leurs positions divergentes sur les sanctions à prendre contre le régime de Poutine, et sur la nature des livraisons d'armes à effectuer au profit de l'Ukraine.

L'explication de la spécificité des voix centre-européennes, qui dénoncent plus fermement les exactions de l'armée russe, de ses suppléants tchétchènes ou du groupe Wagner renvoie à l'expérience historique de l'occupation russe ou soviétique. Le souvenir de la Seconde Guerre mondiale, toujours très présent dans la

1. L. Delcour, « La Russie au miroir des perceptions européennes : entre partenariat et distanciation », *in* A. de Tinguy (dir.), *La Russie dans le monde*, Paris, CNRS éditions, 2019.

mémoire collective des « terres de sang », selon l'expression de Timothy Snyder[2], s'est trouvé ravivé, en Pologne ou en Lituanie dont les populations ont été massivement déportées en Sibérie pendant la guerre, ont subi les viols des soldats de l'Armée rouge, dont les résistants antinazis, comme Witold Pilecki, ont été exécutés par le pouvoir stalinien dans les années qui ont suivi la fin de la guerre.

Les prises de position systématiques et claires de soutien à l'Ukraine de la Première ministre estonienne Kaja Kallas deviennent plus intelligibles lorsque l'on se souvient qu'elle est la première femme d'une lignée de quatre générations à ne pas avoir été déportée en Sibérie, alors même que son pays est l'objet de menaces répétées de Moscou.

La perception de l'expansionnisme russe comme menace existentielle distingue les pays qui ont subi les conséquences du pacte germano-soviétique de 1939 (Pologne, Lituanie, Lettonie, Estonie auxquelles il faut ajouter la Finlande). Dans les pays d'Europe centrale, l'élan de solidarité s'est d'abord manifesté par le soutien aux Ukrainiens résistant à l'envahisseur, puis par un très large accueil de réfugiés ukrainiens. Cet accueil n'allait pourtant pas de soi dans un pays comme la Pologne, qui avait refusé, à l'automne 2021, d'accueillir quelques milliers de réfugiés venus d'Irak, d'Afghanistan, de Syrie, du Yémen, qui tentaient de franchir la frontière entre la Biélorussie et la Pologne. En 2022, comme des milliers d'autres Européens, les citoyens polonais se sont mobilisés à leur frontière avec l'Ukraine, dans les gares et les villes, pour ouvrir leurs portes aux personnes fuyant les bombardements : il s'agissait surtout de femmes accompagnées d'enfants ou de personnes âgées.

Davantage que les chiffres absolus, ce sont les nombres relatifs qui permettent d'évaluer l'importance de l'accueil des personnes ayant fui la guerre en Ukraine. En dehors de la Hongrie et de la Roumanie, la plupart des pays d'Europe centrale ont accueilli un nombre de réfugiés dépassant 2 % de leur population totale – un chiffre qui atteint 4 % en Pologne, et culmine à 5 % pour la République tchèque.

Tableau 1. Personnes réfugiées d'Ukraine, enregistrées au titre de la protection temporaire, par pays d'accueil (18 juin 2023).

Pays	Réfugiés d'Ukraine : nombre de protections temporaires accordées	Réfugiés d'Ukraine en % de la population totale
Allemagne	1 069 739	1,28 %
Bulgarie	161 420	2,3 %
Estonie	50 625	3,8 %
France	70 570	0,1 %
Hongrie	36 315	0,37 %
Italie	183 685	0,3 %

2. T. Snyder, *Terres de sang, l'Europe entre Hitler et Staline*, Paris, Gallimard, 2012.

Lettonie	47 940	2,5 %
Lituanie	77 490	2,77 %
Pologne	1 618 785	4,2 %
République tchèque	528 045	5 %
Roumanie	136 075	0,7 %
Slovaquie	118 945	2,18 %

Source : UNHCR, calculs de l'auteure.

OTAN : des membres jeunes mais déterminés

Les pays d'Europe centrale sont membres de l'OTAN depuis 1999 pour trois d'entre eux (Pologne, Hongrie, République tchèque) et depuis 2004 pour la Bulgarie, l'Estonie, la Lettonie, la Lituanie, la Roumanie, la Slovaquie et la Slovénie. Alors que les exécutifs de ces pays peuvent avoir des avis divergents quant à leur place et leur rôle au sein de l'UE, ils convergent en revanche largement sur l'enjeu de sécurité. De ce fait, ils considèrent l'OTAN comme une garantie vitale, et ont tendance à appréhender avec méfiance tout discours sur « l'autonomie stratégique européenne ».

La convergence des positions des pays d'Europe centrale apparaît clairement dans leurs prises de position publiques. En juin 2023, Miroslav Wlachovský, ministre des Affaires étrangères slovaque, Zbigniew Rau, son homologue polonais, ainsi que Kersti Kaljulaid, ancienne présidente d'Estonie (2016-2021), interrogés sur *Euronews* sur d'hypothétiques pourparlers de paix, ont redit leur attachement prioritaire à une paix juste[3]. Celle-ci devant, selon eux, passer par le retrait des troupes russes de tout le territoire ukrainien, le respect plein et entier de la souveraineté de l'Ukraine, enfin, le versement de réparations par un agresseur ayant violé le droit international. Pour Wlachovský : « Personne ne voudrait avoir comme voisin une sorte de régime de Poutine en Ukraine, ou encore Poutine à la frontière avec notre pays, plutôt que d'avoir comme voisine l'Ukraine souveraine. » Rau a rappelé, quant à lui, que la société polonaise considérait la défense de l'Ukraine comme absolument cruciale : une sorte de « choix existentiel ».

Ces « nouveaux membres » de l'OTAN cherchaient déjà auparavant à affirmer leur posture de bons élèves et alliés loyaux, posture représentant, une fois encore, pour eux une garantie essentielle face à la menace russe. Cette loyauté s'est d'abord traduite à travers les budgets de défense. En 2018 déjà, la Pologne faisait partie de six pays de l'OTAN dont les dépenses de défense dépassaient les 2 % du PIB. Parmi les pays qui avaient consenti cet effort, la plupart se trouvaient être d'Europe centrale (la Pologne et les trois États baltes). Ces dépenses de défense devraient encore augmenter dans l'avenir – le gouvernement polonais a annoncé vouloir atteindre l'objectif de 4 % du PIB en 2023.

Parmi les pays d'Europe centrale, la Pologne se trouve particulièrement exposée : voisine à la fois de l'Ukraine, de la Biélorussie et de la Russie, elle a été aux

3. S. Cantone, « Ukraine Is fighting for All Our Freedom, Polish Foreign Minister Says », *Euronews*, 6 juin 2023.

avant-postes des demandes de sanctions après l'annexion illégale de la Crimée et l'occupation d'une partie des territoires orientaux de l'Ukraine en 2014. En 2022, la Pologne a été, à plusieurs reprises, l'objet de menaces russes, et a vu un missile russe s'abattre sur son territoire. La solidarité de la Pologne vis-à-vis de l'Ukraine s'est exprimée dès le début de l'agression, symbolisée par la décision de l'ambassadeur polonais de demeurer à Kiev au moment où l'armée russe tentait – sans succès – de prendre la capitale.

L'idée selon laquelle les soldats ukrainiens qui défendent leur pays se battent pour la défense et la liberté des pays de l'UE semble largement partagée en Pologne, alors qu'elle peut toujours faire lever quelque doute en France. Ressortissants de pays ayant connu l'occupation russe ou soviétique, les citoyens d'Europe centrale participent à des collectes humanitaires ou de matériels destinés aux soldats ukrainiens (à commencer par de l'équipement : uniformes, tentes, sacs de couchage, bandages, médicaments… jusqu'à des cagnottes permettant d'acquérir des drones). En matière de soutien armé à l'Ukraine, les pays d'Europe centrale se retrouvent parmi les premiers donateurs – proportionnellement à leur taille et à leur PIB –, aux côtés des États-Unis.

L'Estonie a été l'un des premiers soutiens de l'Ukraine en matière de défense, avant même le début de la guerre déclenchée par la Russie. Elle a fourni à l'Ukraine une aide militaire avoisinant 400 millions d'euros, soit plus de 1 % de son PIB (et la moitié de son budget de défense). Selon le ministère des Affaires étrangères estonien, ces dons comprenaient des missiles antichars *Javelin*, des obusiers, des mines antichars, des lance-grenades antichars, des mortiers, des véhicules, des équipements de communication, des fournitures médicales, des équipements de protection individuelle (casques) et des paquets de nourriture sèche.

En janvier 2023, à l'issue du sommet de Ramstein-8, neuf pays européens signaient la Déclaration de Tallin, précisant l'aide à apporter en matière de véhicules blindés et de défense antiaérienne. Parmi eux, 6 pays d'Europe centrale : l'Estonie, la Lituanie, la Lettonie, la Pologne, la République tchèque, la Slovaquie, aux côtés du Royaume Uni, du Danemark et des Pays-Bas. Parallèlement aux paquets d'aide en provenance des États Unis d'une valeur de plusieurs milliards de dollars, les pays d'Europe centrale ont fourni des efforts considérables, en particulier avec des véhicules de combat d'infanterie et des chars *T-72* (Pologne).

Faire un mur… malgré les fissures

Au-delà de la façade – un groupe de pays d'Europe centrale unis autour de la défense de l'Ukraine attaquée et des valeurs démocratiques –, les divergences et les jeux politiques demeurent. Le groupe de Visegrad (Pologne, Hongrie, République tchèque, Slovaquie), qui avait déjà quelques plombs dans l'aile, ne joue plus aucun rôle. Les réticences du Premier ministre Viktor Orban à accepter les sanctions contre la Russie, sa volonté de ne pas froisser Poutine et de préserver ses propres approvisionnements en gaz russe, son interdiction du transit des armes légères sur son territoire – voire de son survol – ont contribué à isoler la Hongrie. Elles ont mis fin – sur ce thème du moins – à l'alliance entre dirigeants hongrois et polonais qui défiaient l'UE en défendant leurs positions mutuelles portant atteinte aux valeurs et au droit européens.

La guerre et le soutien à la société ukrainienne ont permis au gouvernement nationaliste-conservateur polonais de regagner une respectabilité internationale. Le président Duda et le Premier ministre Mateusz Morawiecki – qui dirigent un pays sanctionné par l'UE en raison de ses atteintes à l'état de droit et à sa propre Constitution, défendue dans la rue par des manifestations – se sont trouvés en position de critiquer publiquement le chef du gouvernement allemand pour son indécision sur la livraison d'armes à l'Ukraine. Alors que, dès le début de l'invasion, le chancelier Scholz avait annoncé un revirement de doctrine militaire (*Zeitenwende*) et un refinancement de la Bundeswehr, on s'aperçoit que tout ce processus risque de prendre beaucoup de temps. Si les relations entre les exécutifs polonais et allemand étaient déjà dégradées avant l'invasion de l'Ukraine, les ministres allemands se gardent pourtant de critiquer ouvertement le pays voisin, alors que le gouvernement conservateur polonais, dans un contexte de campagne pour les législatives d'automne 2023, s'est lancé dans des dénonciations médiatiques ayant peu de chances d'aboutir, exigeant de l'Allemagne de nouvelles réparations pour les crimes de la Seconde Guerre mondiale. De même, le Premier ministre polonais ne convainc qu'à moitié lorsqu'il critique la dépendance énergétique de l'Allemagne à l'égard de la Russie. Les pays d'Europe centrale avaient, certes, sonné l'alerte, avec les Américains, face au projet du gazoduc Nordstream 2 reliant l'Allemagne à la Russie *via* la mer Baltique. Mais plusieurs d'entre eux – dont la Pologne – étaient eux-mêmes fortement dépendants du gaz russe, et leur transition énergétique apparaît assez largement en retard par rapport à l'Allemagne.

Ainsi, alors que le président polonais Andrzej Duda semble plus populaire en Ukraine que dans son propre pays, la question de la crédibilité de ce soutien reste posée. La défense du droit international, en l'absence de respect des règles communautaires de l'UE, ou de celles de sa propre Constitution, ne suffira pas à restaurer l'image de la Pologne au niveau européen.

Ce que la plupart des dirigeants d'Europe centrale gardent cependant en commun, c'est la certitude que la défense de l'Ukraine face à l'agression russe constitue un enjeu vital, aussi parce qu'ils pourraient devenir la prochaine cible…

D. Dak.

Pour en savoir plus

- T. Bunde, « Lessons (to be) Learned? Germany's Zeitenwende and European Security after the Russian Invasion of Ukraine », *Contemporary Security Policy*, vol. 43, n° 3, 2022.
- L. Delcour, « La politique russe de la France : quelles perspectives pour le rapprochement stratégique ? », *Annuaire français de relations internationales, 2021*, Éditions Panthéon-Assas, Paris, 2021.
- J. Rupnik, « Les Voisins centre-est européens de l'Ukraine face à la guerre : sécurité, accueil des réfugiés, énergie et élargissement de l'Union européenne », Sciences Po, CERI, avril 2022.

La guerre russe et l'espace eurasiatique

Les souverainetés face à Moscou

En ordre dispersé, les États post-soviétiques de l'espace eurasiatique ont prudemment réagi à la guerre déclenchée par la Russie : pour la plupart en défendant la souveraineté de l'Ukraine sans rupture avec Moscou. Les intérêts croisés sont trop grands pour que s'expriment des choix tranchés. On n'en assiste pas moins à diverses prises de distance, qui limiteront sans doute l'avenir des organisations régionales contrôlées par Moscou, ouvrant la voie à l'engagement dans la région d'autres puissances.

La guerre déclenchée par la Russie le 24 février 2022 contre l'Ukraine a fait sentir ses ondes de choc jusqu'aux pays de l'espace eurasiatique. Aucun d'eux n'a reconnu l'annexion de quatre régions ukrainiennes par la Russie, et nul n'avait reconnu l'annexion de la Crimée en 2014. Mais s'ils soutiennent l'intégrité territoriale de l'Ukraine, ils s'abstiennent de condamner trop explicitement l'agression russe : plusieurs ont même renforcé leur commerce avec Moscou pour le court terme, tout en cherchant à réduire leur dépendance de moyen et long termes. Pour ces pays, la guerre révèle le caractère critique de leurs liens avec la Russie aux plans économique, énergétique et sécuritaire : ils craignent autant une déstabilisation immédiate qu'une dégradation de leur environnement stratégique à moyen ou long terme. Les intérêts immédiats se mêlent aux intérêts stratégiques et au besoin de renforcer leur souveraineté, leur viabilité économique, et la stabilité de régimes souvent engagés dans de délicats problèmes de réformes internes ou de succession politique. Ces équations complexes les poussant à la prudence, et parfois à l'équilibrisme sur une ligne de crête.

Des réactions divergentes

La guerre consacre les divergences d'orientation entre pays eurasiatiques, qu'on peut suivre dans les votes sur les résolutions de l'Assemblée générale de l'ONU depuis le 24 février 2022 (voir tableau page suivante). Seule la Biélorussie a voté à chaque fois comme la Russie. Alexandre Loukachenko ne semble plus avoir voix au chapitre : s'il a jusqu'à présent réussi à ne pas envoyer les troupes biélorusses au front ukrainien, son pays a bien servi de tremplin au début de l'invasion par le nord et est toujours la base arrière pour entraîner et soigner les soldats russes. La Biélorussie a commencé à accueillir sur son sol des armes nucléaires russes, la Constitution ayant été modifiée dans ce sens fin février 2022. Le destin du régime de Loukachenko semble aujourd'hui directement dépendre de celui du régime russe.

ONU : Les pays post-soviétiques et la guerre en Ukraine

	Rés. Ass . gén. ES-11/1 Agression contre l'Ukraine (2 mars 2022)	Rés. Ass. gén. ES-11/3 Suspension du droit de la Fédération de Russie de siéger au Conseil des droits de l'homme (7 avril 2022)	Rés. Ass. gén. ES-11/4 Intégrité territoriale de l'Ukraine : défense des principes de la Charte (12 octobre 2022)	Rés. Ass. gén. ES-11/6 Principes de la Charte sous-tendant une paix globale, juste et durable en Ukraine (23 février 2023)
Arménie	Abstention	Absent	Abstention	Abstention
Azerbaïdjan	Absent	Absent	Absent	Absent
Biélorussie	Non	Non	Non	Non
Géorgie	Oui	Oui	Oui	Oui
Kazakhstan	Abstention	Non	Abstention	Abstention
Kirghizstan	Abstention	Non	Abstention	Abstention
Moldavie	Oui	Oui	Oui	Oui
Ouzbékistan	Absent	Non	Abstention	Abstention
Tadjikistan	Abstention	Non	Abstention	Abstention
Turkménistan	Absent	Absent	Absent	Absent
Ukraine	Oui	Oui	Oui	Oui

À l'autre bout du spectre, la Moldavie et la Géorgie ont à chaque fois condamné l'agression russe. Pourtant, les deux sont fragilisées par des conflits internes non résolus (Transnistrie pour la Moldavie, Ossétie du Sud et Abkhazie pour la Géorgie), que la Russie peut toujours instrumentaliser. La Moldavie craignait ouvertement d'être la prochaine cible (le pays a connu en 2022 des explosions en Transnistrie, des pannes d'électricité massives, la chute sur son sol de fragments de missiles…). Mais la menace semble s'être éloignée depuis le succès de l'offensive ukrainienne à l'automne 2022. La Moldavie cherche à se défaire de l'héritage soviétique : elle a ainsi officiellement décidé d'appeler la langue officielle du pays *roumain* et non plus *moldave*. Surtout, le pays a obtenu le statut de candidat à l'adhésion à l'Union européenne (UE) en même temps que l'Ukraine, et accueilli le deuxième sommet de la Communauté politique européenne en juin 2023. Il n'est pas surprenant que cette politique provoque l'ire du Kremlin, qui la qualifie régulièrement d'antirusse.

Quant à la Géorgie, sa candidature à l'UE a été rejetée tant son évolution intérieure pose question. Elle-même victime d'une guerre de cinq jours en 2008, la Géorgie connaît des tensions entre la politique pro-russe de ses élites et l'aspiration européenne de sa population, tensions qui se sont cristallisées en mars 2023 dans les protestations contre la tentative du gouvernement géorgien d'imposer une loi sur les « agents de l'étranger » sur le modèle russe. La Russie tente de consolider les liens : Vladimir Poutine a décidé en mai 2023 de rétablir le trafic aérien direct entre les deux pays, et de supprimer le régime des visas.

Les plus prudents des pays d'Asie centrale, ainsi que l'Arménie et l'Azerbaïdjan, brillent par leur absence ou se sont abstenus lors de plusieurs votes à l'ONU. Quatre pays d'Asie centrale (sauf le Turkménistan) ont même voté contre la suspension du siège de la Fédération de Russie au Conseil des droits de l'homme (7 avril 2022). L'invasion de l'Ukraine, dont la Russie avait pourtant garanti l'intégrité territoriale dans plusieurs accords bi ou multilatéraux, a effrayé des pays dont l'indépendance a le même âge… Les appels de certains députés ou propagandistes russes à « dénazifier » le Kazakhstan – traité d'« État artificiel » – ont suscité l'indignation. Le soutien à l'action russe n'est donc pas de mise. Mais les dépendances de ces pays à l'égard de la Russie sont réelles, et une rupture des liens pourrait être déstabilisatrice…

Le cas du Kazakhstan est très parlant. Début janvier 2022, les troupes de l'Organisation du traité de sécurité collective (OTSC), majoritairement composées de Russes, volaient au secours du président Tokaïev, déstabilisé par des émeutes sociales. À l'été, au Forum économique de Saint-Pétersbourg, le président kazakh déclarait pourtant sans ambages devant Poutine que son pays ne reconnaîtrait pas l'annexion de régions ukrainiennes. En septembre, il accueillait la première visite post-Covid-19 du président chinois, qui confirmait le soutien de Pékin à l'intégrité territoriale et à la souveraineté de son pays. Mais le premier voyage du président Tokaïev après les élections anticipées de novembre 2022 fut pour Moscou, où il retourna pour la journée de la Victoire du 9 mai 2023. Tous les dirigeants de l'Asie centrale, ainsi que le Premier ministre arménien Pachinian et le président biélorusse Loukachenko, ont d'ailleurs assisté à la cérémonie : un geste de loyauté traduisant le rôle incontournable de Moscou dans la région, et l'importance des relations bilatérales.

La Russie maintient des bases militaires dans plusieurs pays postsoviétiques même si elle a dû y prélever des troupes et matériels pour le front ukrainien. Plusieurs États centrasiatiques voient en Moscou le garant de leur sécurité et un partenaire dans la lutte contre les extrémismes et le terrorisme. C'est finalement l'Azerbaïdjan, fort du soutien de la Turquie, qui se montre le plus autonome : il a profité du contexte non seulement pour consolider son contrôle sur le Haut-Karabakh, mais pour bombarder le territoire de l'Arménie, que l'allié russe, mobilisé ailleurs, n'entendait ni ne pouvait aider à défendre.

Dans certains pays, les opinions semblent mitigées, voire polarisées, sur l'évaluation des responsabilités dans le déclenchement de la guerre. Des forces politiques pro-russes continuent à avoir pignon sur rue en Moldavie, comme le montrent les dernières élections en Gagaouzie[1]. Selon différents sondages, la proportion de ceux

1. F. Parmentier, « Moldavie : un système politique sous tension. Entre aspirations européennes et guerre en Ukraine », *Russie.Eurasie.Visions*, n° 128, Ifri, mai 2023.

qui, en Asie centrale, mettent en avant les fautes de l'Occident est importante[2]. Les populations russophones restent connectées aux médias russes et sensibles au discours du Kremlin. Une large part des opinions a pourtant épousé la cause ukrainienne, ce qui a poussé certaines autorités à renoncer au défilé de la journée de la Victoire, et à interdire les rubans de Saint-Georges et la lettre « Z », symboles de soutien à Poutine et à la guerre. En revanche, la plupart des pays ont autorisé des manifestations en soutien à l'Ukraine, et fait parvenir une aide humanitaire, ou des générateurs électriques, tout en appelant à un règlement diplomatique.

La guerre modifie également le regard sur une histoire soviétique partagée, et le rapport à la Russie. Encore impensable récemment, un discours critique perce dans l'espace public kazakh sur la collectivisation, la famine, les déportations, les tests d'armes nucléaires dans la partie orientale du pays, la localisation des camps de goulag… Le « colonialisme russe » n'est plus un sujet tabou pour une partie de la société civile qui s'attache à promouvoir l'identité et la langue kazakhes. Si pour les anciennes générations l'héritage soviétique partagé et la langue russe demeurent des éléments d'auto-identification, pour les jeunes générations (la moitié de la population kazakhe a moins de 30 ans), cet héritage s'amenuise inexorablement.

Des conséquences économiques à double tranchant

Les conséquences économiques de la guerre sont immédiates et multiformes. Une forte inflation a frappé en 2022 plusieurs pays : plus de 20 % au Kazakhstan, 35 % en Moldavie. Cette dernière a connu deux jours de coupures d'électricité, et de multiples manifestations contre la cherté de la vie et les pertes de pouvoir d'achat, soutenues par les forces pro-russes. La Russie reste un partenaire économique et commercial de premier plan pour plusieurs pays (marchés, crédits, énergie, transits). Le Kazakhstan, par exemple, acheminait 80 % de son pétrole vers l'Europe par le Caspian Pipeline Consortium (CPC) à travers le territoire russe, et plusieurs déclarations du président Tokaïev considérées comme déloyales par le Kremlin ont été suivies de réductions ou de suspensions de transit, sous différents prétextes techniques. Ce type d'actes hostiles entraînant une recherche de diversification des voies de transports et des partenariats de la part des pays concernés. Le Kazakhstan a ainsi réduit son transit *via* le CPC, et cherche à diversifier les voies d'acheminement de ses hydrocarbures, notamment *via* le Caucase du Sud et la Turquie, quand la Moldavie s'est connectée aux réseaux électriques européens, et s'approvisionne davantage auprès de l'Ukraine, qui continue à produire et à exporter en dépit de la guerre.

Paradoxalement, les pays voisins ont également profité en 2022 des sanctions, plusieurs d'entre eux offrant à la Russie des voies de contournement. Le commerce du Kazakhstan, de l'Ouzbékistan, de la Géorgie ou de l'Arménie avec la Russie s'est ainsi accru en un an de manière impressionnante, y compris pour les marchandises que ces pays ne produisent pas eux-mêmes mais importent de l'Europe. Leurs banques ont servi de refuge pour l'épargne des Russes. Le sujet des sanctions est donc très sensible. Ne pas les respecter, c'est augmenter les risques

2. Central Asia Barometer, printemps 2022.

de sanctions secondaires américaines et bientôt européennes. Les respecter, c'est s'exposer aux pressions de la Russie et au risque de perdre l'accès à ses marchés, à ses services, aux projets qu'elle propose (comme la modernisation des chemins de fer régionaux en Asie centrale). Dans les deux cas, les risques de déstabilisation économique et sociale augmentent dans des pays aux équilibres déjà fragiles.

Le sujet des migrations joue aussi de multiples manières. La Moldavie a dû accueillir un nombre considérable de réfugiés ukrainiens aux premiers jours de la guerre. Traditionnellement, les pays eurasiatiques sont fournisseurs de main-d'œuvre pour le marché du travail russe, et les transferts financiers des migrants constituent des revenus importants pour leurs pays d'origine. La Russie a tenté d'enrôler les migrants d'Asie centrale, leur promettant des rémunérations importantes et une accession facilitée à la citoyenneté russe. En réponse, certains pays d'Asie centrale ont adopté des lois rendant illégal l'engagement dans une armée étrangère.

Élément nouveau : l'augmentation des flux de *relokanty* (travailleurs relocalisés) russes fuyant le pays après le début de la guerre, puis la mobilisation partielle de septembre 2022. Difficiles à chiffrer, ces deux vagues de départs de Russie sont estimées entre un demi-million et un million de personnes – d'où des défis inédits pour les pays d'accueil comme la Géorgie, l'Arménie ou le Kazakhstan. À court et moyen termes, les conséquences ont été à la fois négatives (tensions sur le marché des logements, hausse des loyers), et positives (main-d'œuvre hautement qualifiée, consommateurs solvables, relocalisation ou création de nouvelles entreprises). L'Arménie a ainsi connu en 2022 une croissance du PIB de 13 % et, avec le Kazakhstan, un essor spectaculaire en matière de technologies de l'information. Par ailleurs, des pays comme l'Arménie, la Géorgie, le Kazakhstan ou l'Ouzbékistan offrent des conditions favorables pour attirer les entreprises occidentales quittant la Russie. La Russie assiste impuissante à ces dynamiques, se limitant pour l'heure à des déclarations contradictoires, alors que le marché de l'emploi russe ressent un fort déficit de cadres – avec, parmi les conséquences, la levée des quotas de travailleurs migrants dans différentes industries. Pour les pays d'accueil, sur le long terme, se posera inévitablement la question de la durée de séjour des migrants russes, de leur intégration, voire de la « coexistence pacifique » entre les différentes communautés.

Les organisations régionales, et les autres acteurs...

La guerre est un véritable test pour l'avenir des organisations régionales sous égide russe, notamment l'Union économique eurasiatique (UEEA) et l'OTSC, sans parler de la Communauté des États indépendants (CEI) dont la substance interroge depuis sa création.

La volonté des États de protéger leur souveraineté peut ainsi freiner, voire bloquer le développement de ces organisations. Sans quitter formellement la CEI, la Moldavie a déclaré ne plus souhaiter participer à ses rencontres, pas plus qu'à celles de l'UEEA, où elle a un statut d'observateur. L'interdiction par les autorités russes, en mars, des exportations de céréales, a été dénoncée par le Kazakhstan comme contraire aux règles et intérêts de l'UEEA. Astana ne soutient pas le projet de Moscou de donner à l'OTSC le droit de s'impliquer dans des opérations extérieures de maintien de la paix. Le Kirghizstan a annulé les manœuvres militaires de l'OTSC qui devaient avoir lieu en octobre 2022 sur son territoire. L'organisation est par ailleurs minée par une guerre entre deux de ses membres, le Kirghizstan et le Tadjikistan, et par l'absence d'aide à l'Arménie face à l'offensive de l'Azerbaïdjan, en dépit de ses appels à l'aide. Le Premier ministre arménien a ainsi refusé de signer la déclaration commune à l'issue du sommet de l'organisation, fin novembre 2022.

L'espace postsoviétique est un terrain très concurrentiel depuis la chute de l'URSS : l'UE et la Chine y devancent la Russie en matière d'investissements et de commerce. Pékin a offert un régime sans visa au Kazakhstan lors du sommet Chine/Asie centrale de mai 2023. Depuis le début de la guerre, la Turquie s'active : Ankara a signé un traité de partenariat stratégique prévoyant la création d'une usine de drones ANKA avec le Kazakhstan, un traité de partenariat stratégique et un accord commercial préférentiel avec l'Ouzbékistan, ainsi qu'une déclaration conjointe avec le Kazakhstan, l'Azerbaïdjan et la Géorgie sur le Corridor de transport est-ouest.

***

La guerre pousse les pays postsoviétiques à développer leurs partenariats avec d'autres acteurs globaux et régionaux, comme l'Iran ou les pays du Golfe, afin d'élargir leurs marges de manœuvre diplomatique, économique et énergétique. La « demande d'Europe » est également grande depuis le début de la guerre, et l'UE a tout intérêt, économiquement, comme dans les secteurs énergétique et sécuritaire, à y répondre. Tout en sachant qu'il s'agit d'un défi de taille. Pour intégrer à terme l'Ukraine et la Moldavie, il faudra repenser l'élargissement, du côté de ces pays, mais aussi des institutions européennes. Pour les autres, il faudra inventer des formules aidant à leur modernisation et à leur démocratisation progressives, sans mettre en danger leurs équilibres économiques et sociaux immédiats, et sans les pousser à se mettre en porte-à-faux vis-à-vis du voisin russe.

T. K.-J.

Pour en savoir plus

- A. Cooley, « Eurasia Remade? The Regional Ripples of Russia's War in Ukraine », The Russia Program at GW Online Papers, n° 2, avril 2023.
- M. Dumoulin, « Steppe Change: How Russia's War on Ukraine Is Reshaping Kazakhstan », Policy Brief, ECFR, avril 2023.
- O. Ferrando, « L'Asie centrale face à l'invasion russe de l'Ukraine : les débordements d'un conflit régional », *in* A. de Tinguy (dir.), *Regards sur l'Eurasie. L'année politique 2022,* Les Études du CERI, n° 266-267, février 2023.

vidéo
http://dunod.link/hbwluj5

Afrique du Nord et Moyen-Orient face au conflit russo-ukrainien

Émancipation et manœuvres régionales

Les pays du Moyen-Orient et d'Afrique du Nord ont choisi la distance face au conflit russo-ukrainien, décevant les espoirs occidentaux. Une distance qui s'explique par des liens diplomatiques anciens, mais surtout par les intérêts économiques de chacun, en matière énergétique ou alimentaire. Le conflit rend aussi perceptible un relatif retrait des pays occidentaux des enjeux régionaux, retrait qui conduit à un désalignement et à une autonomie croissante des dossiers de la région.

Au printemps 2022, l'ombre portée de l'offensive russe en Ukraine s'étend sur l'Afrique du Nord et le Moyen-Orient (ANMO). Non directement engagés, les pays de la région prennent acte avec prudence de cette nouvelle forme d'affrontement Est-Ouest : aucun ne souhaite prendre clairement parti dans un conflit dont les enjeux territoriaux et symboliques ne recoupent pas les intérêts nationaux immédiats. Le réflexe de protection ne les immunise cependant pas contre l'impact géopolitique de la guerre : marginalisant les problèmes du Moyen-Orient sur l'agenda occidental, elle accélère du même coup la dynamique d'émancipation et de compétition entre puissances moyennes de la région.

Un désalignement calculé

Spectateurs d'un conflit opposant leurs grands partenaires historiques, les pays de la région choisissent d'abord le détachement. Le camp occidental, qui comptait sur leur soutien, les perçoit cependant comme « désalignés ». Ce désalignement joue sur deux points essentiels : la condamnation de l'offensive russe n'est pas unanime, et aucun pays n'applique les sanctions contre Moscou.

Le choix de la distance

À l'exception de la Turquie, voisine du conflit par la mer Noire, les pays de la zone ANMO ne se sentent pas immédiatement concernés par cette nouvelle guerre. Leur choix de ne pas s'impliquer s'affirme en plusieurs étapes à l'Organisation des Nations unies (ONU). Le 25 février 2022, une résolution condamnant l'intervention russe en Ukraine est présentée au Conseil de sécurité par les États-Unis et l'Albanie : véto russe, onze votes pour, abstention de la Chine, de l'Inde et des Émirats arabes unis (EAU), membres non permanents pour l'année 2022. La logique des EAU est ici pleinement transactionnelle, puisqu'ils obtiennent, juste après, le soutien de la Russie pour l'extension de l'embargo sur les armes au Yémen à tous les combattants houthistes.

Le 2 mars 2022, une résolution inspirée du texte rejeté au Conseil de sécurité est présentée en urgence à l'Assemblée générale. L'Égypte, l'Arabie Saoudite, les EAU, Israël, la Turquie votent pour ; la Syrie vote contre ; l'Algérie, l'Irak et l'Iran s'abstiennent. Option originale, le Maroc ne participe pas au vote, précisant ensuite qu'il ne s'agit pas d'une abstention – un an plus tard, lors d'un nouveau vote sur le même sujet, il rejoindra avec l'Irak le camp de ceux qui condamnent la Russie. Pour clore ce premier *round* de clarification à l'ONU, la Libye est, le 7 avril, l'unique État arabe à voter en faveur de l'exclusion de la Russie du Conseil des droits de l'homme.

On aurait pu penser que tous condamneraient la Russie pour défendre le principe de la souveraineté territoriale. Le motif apparaît effectivement dans les discours officiels, généralement assorti d'un appel au dialogue pour résoudre la crise, et d'avertissements sur les conséquences humanitaires à venir, chacun usant de la tribune pour rappeler au passage des préoccupations strictement nationales. En octobre 2022, Israël sera ainsi le seul pays du camp occidental à s'abstenir sur une résolution en faveur d'un mécanisme de réparation par la Russie des destructions en Ukraine, en réponse à un vote ukrainien sur une autre résolution condamnant la colonisation en Cisjordanie. Deux mois plus tard, l'Ukraine s'abstient sur une résolution pro-palestinienne… Plus préoccupant pour Washington et Bruxelles : tous les pays de la région expriment leur refus des sanctions, instrument de coercition déjà largement expérimenté par le camp occidental au Moyen-Orient.

Les dessous du non-alignement

Se dessine alors ce que les analystes américains désignent bientôt par l'expression de « Sud global » : un ensemble assez indistinct d'États rétifs à la raison occidentale. Mais la crise révèle surtout un affrontement de fond entre États-Unis et Russie pour l'influence en Afrique du Nord et au Moyen-Orient. Washington ne parvient pas à enrôler clairement contre la Russie ses alliés du Golfe, Israël, l'Égypte ou la Jordanie. Le cas de la Turquie est singulier : elle prétend à une neutralité ressemblant plutôt à un engagement dual, condamnant fermement l'invasion russe et fournissant à l'Ukraine d'indispensables drones de combat, tout en maintenant ostensiblement la communication et en développant ses affaires avec Moscou. Pilier historique de l'Organisation du traité de l'Atlantique nord (OTAN) face aux Soviétiques, avant-garde de l'Alliance sur la mer Noire, Ankara côtoie aujourd'hui les Russes sur trop de terrains stratégiques pour prendre le risque de la rupture.

La Russie a ainsi dans la région quelques appuis fermes et quelques ouvertures politiques. Le pivot de son système est la Syrie, avec qui elle a resserré depuis le début de la guerre civile des liens sécuritaires anciens. Le régime iranien, premier soutien de Bachar al-Assad et ennemi de Washington, penche naturellement du côté de Moscou, et fournit des drones à l'armée russe. Israël, qui compte une importante population de Juifs de l'ancienne URSS, doit s'entendre avec la Russie pour maintenir des équilibres de sécurité très fragiles en Syrie et au Liban. L'Algérie, au nom de l'amitié socialiste passée, est sensible aux appels du pied de Vladimir Poutine. Pour le reste de la région, c'est l'économie qui fait la différence : acteur majeur du marché pétrolier et gazier, la Russie traite avec les monarchies arabes du Golfe dans le format OPEP+ (Organisation des pays exportateurs de pétrole, plus dix États producteurs) et tente depuis plusieurs années de leur vendre davantage d'armes – elle est déjà le principal fournisseur de l'Algérie. La Russie et l'Ukraine sont aussi les plus grands exportateurs de blé vers l'ANMO, dont la dépendance alimentaire est structurelle.

Des chocs économiques structurants

L'impact économique de la guerre se précise avec le temps. Les marchés de matières premières, déjà perturbés par la pandémie de Covid-19, entrent à nouveau en tension, aggravant le clivage entre États riches et pauvres : les pays producteurs d'hydrocarbures bénéficient d'un sursis stratégique dans leur transition post-rentière, mais la situation se complique pour les pays non dotés de ressources fossiles, ou abîmés par des guerres sans fin.

Tensions et arrangements sur le marché des hydrocarbures

La guerre entraîne immédiatement d'énormes perturbations sur le marché des hydrocarbures. Au premier semestre 2022, on peut parler de quatrième choc pétrolier – et surtout de choc gazier –, en se rappelant que les trois précédents avaient commencé au Moyen-Orient. Les prix s'ajustent cependant à la baisse dès le second semestre. Les principaux protagonistes sont sortis de la logique du cartel pour maximiser leurs intérêts nationaux : Moscou, sous sanctions, exporte désormais essentiellement vers la Chine et l'Inde, et a intérêt à augmenter son niveau de production pour financer l'effort de guerre ; l'Arabie Saoudite, deuxième producteur après les États-Unis, dont les besoins de financement sont également gigantesques, veut au contraire réduire la production pour faire remonter les prix.

La pénurie de gaz russe pousse en parallèle les Européens à trouver très vite de nouveaux fournisseurs. Le Qatar, qui possède 10 % des réserves mondiales, subit une offensive de charme, mais ne peut satisfaire la demande car déjà engagé avec la Chine par des contrats massifs de long terme. L'Algérie, qui ne fournissait jusqu'à présent que 5 % du gaz importé par les Européens et dont les infrastructures sont dangereusement vieillissantes, est, elle aussi, très courtisée par l'Italie, l'Allemagne et la France. Alger enterre même la querelle bilatérale avec Madrid sur le Sahara occidental, qui l'avait amené à couper le robinet à l'Espagne fin 2021.

Les pays du Sud méditerranéen non rentiers continuent quant à eux de négocier subventions et délais de paiement sur leur facture énergétique. Vladimir Poutine consent à Recep Tayyip Erdoğan un répit sur sa facture gazière à la veille des élections en Turquie. Moscou a clairement identifié l'énergie comme un point de faiblesse de l'économie turque, et multiplie les offres de coopération dans ce domaine, relançant le chantier du nucléaire civil et proposant encore à l'été 2022 de faire de la Turquie un *hub* de distribution du gaz russe vers l'Europe…

L'urgence alimentaire

Très affectée par le réchauffement climatique et ravagée par des conflits qui détruisent les terres agricoles, la région ANMO est loin de subvenir à ses propres besoins alimentaires. L'Égypte, premier importateur mondial de blé, dépend pour ses importations de la Russie et de l'Ukraine à plus de 70 %. Le Maroc, troisième consommateur de blé en Afrique, connaît des sécheresses à répétition. La Syrie et le Yémen relèvent depuis plusieurs années déjà de l'urgence humanitaire, et la situation s'est aussi beaucoup dégradée au Liban. Or les combats sur la mer Noire perturbent le transport des céréales vers la Méditerranée. À l'été 2022, le soulagement est palpable quand la Turquie appuie une médiation onusienne pour libérer l'exportation d'une partie du blé ukrainien à destination des pays du Levant et de l'Afrique. Un sursis reconductible mais fragile, Moscou menaçant régulièrement de ne pas prolonger l'accord.

Les États du Golfe, plus riches mais désertiques, voient aussi la pression monter d'un cran. Les EAU importent 90 % de leur nourriture, l'Arabie Saoudite 80 %. Inquiets des tensions géopolitiques à répétition, tous ont placé la sécurité alimentaire en tête de leurs priorités pour 2023. Ils nouent depuis le début du conflit russo-ukrainien des partenariats avec les grands acteurs du négoce alimentaire, accélèrent leurs acquisitions de terres agricoles à l'étranger, et poussent leurs *start-up* dans l'agri-tech en espérant développer leur propre production.

Les stratégies face aux sanctions

Le choix de ne pas appliquer les sanctions contre la Russie dynamise plutôt l'économie régionale. Les échanges de la Turquie et des pays du Conseil de coopération du Golfe (CCG) avec la Russie croissent rapidement depuis le début de la guerre en Ukraine. L'installation massive d'entrepreneurs russes à Istanbul et à Dubaï illustre cette nouvelle symbiose. Les productions turques peuvent s'imposer sur un marché russe déserté par les concurrents européens ; tous cherchent à jouer les zones de transit entre la Russie et le reste du monde. Le ré-étiquetage de produits russes achetés à moindre coût permet aussi de contourner les sanctions : la Tunisie s'est spécialisée dans le « transbordement » des matières premières d'origine russe avant leur réexportation vers l'Europe.

Washington multiplie sans succès les rappels à l'ordre pour contenir l'expansion de cette zone grise. Moscou réaffirme par ailleurs son projet de bâtir un système financier mondial qui échapperait au contrôle américain. Un discours qui séduit la plupart des pays de la région. La Russie les invite régulièrement à utiliser leurs devises nationales pour commercer avec elle. Elle lorgne aussi sur les cagnottes du Golfe pour remettre ses finances à flot : les représentants russes se sont pressés en mai 2023 au Forum international sur l'investissement d'Abou Dhabi, et le président émirati Mohammed ben Zayed était, au mois de juin, l'invité vedette de Vladimir Poutine au Forum économique de Saint-Pétersbourg.

L'échappée de la géopolitique régionale

Pendant que le monde occidental a les yeux fixés sur l'Ukraine, la région peut se recentrer sur le règlement de ses propres dossiers. La quête d'un ordre stable passe par des transactions où peuvent s'inviter de nouveaux parrains.

Le desserrement des contraintes diplomatiques extérieures

Le conflit russo-ukrainien absorbe désormais l'essentiel de l'attention et des ressources des partenaires occidentaux. La dynamique d'éloignement du Moyen-Orient se confirme pour les États-Unis. Amorcé sous Barack Obama, le pivot vers l'Asie lui-même semble pourtant contrarié par l'énorme incident de parcours que représente l'offensive russe vers l'Europe. L'incapacité manifeste de Washington à élargir le cercle des États appliquant les sanctions contre la Russie est symptomatique de la déprise américaine : les officiels américains multiplient les sessions de dialogue bilatéral pour freiner le glissement de la neutralité engagée du Moyen-Orient vers un véritable soutien, même implicite, à la Russie.

La marginalisation des Européens se poursuit. L'UE, qui avait eu le plus grand mal à réorienter son appareil de coopération au lendemain des printemps arabes, peine à sortir des séquelles des transitions ratées. Le coup d'État constitutionnel de Kaïs Saïed a achevé de démoraliser en Tunisie les tenants de la paix par le développement. La dégradation rapide de la situation au Liban dans le sillage du conflit syrien, l'impossible stabilisation de la Libye, la descente aux enfers de l'économie égyptienne, alimentent une incontrôlable dynamique migratoire qui met en surchauffe les systèmes politiques européens. Mais ce que le conflit russo-ukrainien achève de faire basculer, c'est la représentation d'une Europe encore dominante économiquement face à son Sud méditerranéen : l'urgence énergétique impose désormais toutes affaires cessantes un partenariat stratégique avec le CCG, que la Commission s'efforce de construire après des décennies d'inertie.

Les États-Unis tablent sur un affaiblissement de la Russie, mais Moscou réorganise ses atouts dans la région. Certes, le déroulement des opérations militaires en Ukraine remet en cause la fiabilité des armements et des doctrines militaires russes. Les failles et mésententes au sein des forces armées russes sont scrutées, particulièrement les règlements de compte impliquant les mercenaires de Wagner, présents ces dernières années sur plusieurs théâtres en Afrique du Nord et au Moyen-Orient. En Syrie, des affrontements localisés entre Wagner et des forces régulières russes sont signalés en juin 2023, illustrant l'instabilité des arrangements sécuritaires parrainés par Moscou. Mais Vladimir Poutine soigne son portefeuille diplomatique dans la région. Il s'entretient régulièrement avec Recep Tayyip Erdoğan, lui concédant quelques missions de médiation sur le conflit avec l'Ukraine – accord sur le blé, mais aussi échanges de prisonniers – et relance en sous-main les pourparlers de réconciliation syro-turcs. Il invite aussi les leaders de la région en Russie, tel le président algérien Abdelmadjid Tebboune qui claironne au printemps 2023 à Moscou que « Poutine est un ami de l'humanité ».

L'autonomisation des dossiers régionaux

L'affaiblissement conjoncturel de la capacité de négociation de partenaires historiques des pays de l'ANMO contribue à « libérer » certains dossiers. Les puissances émergentes de la région cherchent d'abord à dégager l'horizon sécuritaire. L'accord de réconciliation saoudo-iranien, rendu public sous l'égide de Pékin le 10 mars 2023, résulte avant tout d'un constat : l'affrontement n'est pas une option envisageable pour les deux signataires. L'accord est reçu comme un défi par la diplomatie américaine ; mais le choix de l'intermédiaire chinois, moins impliqué dans les affaires politiques régionales, permet aussi aux protagonistes de poursuivre la réconciliation à leur propre rythme. La désescalade saoudo-iranienne aura aussi sans doute un impact sur les affrontements au Yémen, où les espoirs de paix ont jusqu'ici été déçus, mais où la fatigue des combattants est très perceptible.

Du côté de la Syrie, la réhabilitation de Bachar al-Assad au sein de la Ligue arabe témoigne également de la volonté des monarchies du Golfe de diminuer les tensions, et de reprendre la main dans leur voisinage immédiat, en pariant sur leur propre capacité à contrôler collectivement le président « restauré ».

D'autres contentieux bilatéraux se dégradent en revanche, en l'absence de mécanismes extérieurs de rappel. Le contentieux du Sahara occidental menace de dégénérer en conflit ouvert entre Algérie et Maroc, les pays partenaires européens étant systématiquement pris à partie, et sanctionnés diplomatiquement ou économiquement en fonction de leur position, soit par Alger soit par Rabat. La question palestinienne s'enflamme à nouveau dans un contexte d'inquiétude sécuritaire particulière en Israël, qui légitime pour le gouvernement nationaliste l'enterrement définitif de la solution à deux États, mettant en porte-à-faux le CCG et l'Égypte, et obérant la possibilité d'élargir le cercle des signataires des accords d'Abraham.

La poursuite de la déprise occidentale

Les pays de la région ne se contentent donc pas de faire le gros dos face à la crise russo-ukrainienne : ils tirent par anticipation les leçons d'un affrontement qui affectera la capacité de projection future des États-Unis et de la Russie dans leur propre périmètre. La transition démocratique amorcée avec les printemps arabes, définitivement éclipsée par les impératifs sécuritaires, n'est plus à l'ordre du jour ; mais le système des relations intrarégionales se structure.

Dans la redistribution express des rôles en cours, la trajectoire de trois États doit être suivie de près : la Turquie, qui contribuera à la sécurité en mer Noire et dont les ambitions s'étendent vers le Caucase et l'Asie centrale ; l'Arabie Saoudite, qui se rêve en puissance responsable au cœur de la future architecture de stabilité du Moyen-Orient ; et l'Iran, devenu soutien militaire de la Russie et membre à part entière de l'Organisation de coopération de Shanghai, qui parie donc sur la fin définitive d'un ordre mondial bipolaire.

D. S.

Pour en savoir plus

- C. M. Blanchard (coord.), « Middle East and North Africa: Implications of the Russia-Ukraine War », Congressional Research Service, 2 juin 2023.
- P. Salem, « How the Rumble in Russia Reverberates Around the Middle East », Middle East Institute, 26 juin 2023.
- D. Schmid, « Le conflit russo-ukrainien : une opportunité pour la Turquie », *Politique étrangère*, vol. 88, n° 2, 2023.

Inde : l’émergence inconnue

L'Inde sur la scène mondiale

vidéo
http://dunod.link/e2u2zal

Entre réformisme et pragmatisme

Avec sa présidence du G20 et de l'Organisation de coopération de Shanghai, New Delhi s'affirme comme puissance à l'international : à la fois comme interprète du « Sud global », comme militant pour la réforme des organes multilatéraux, et dans un processus constant de rapprochement avec Washington et les organisations occidentales. Mais le lien avec Moscou demeure, et les choix diplomatiques restent largement dictés par les considérations de politique intérieure.

L'Inde a bénéficié en 2023 d'une visibilité internationale inédite, du fait de sa double présidence du G20 et de l'Organisation de coopération de Shanghai (OCS). De ces deux présidences, c'est surtout celle du G20 qui l'a mobilisée : elle l'a vue comme un moment « historique », c'était la première fois qu'elle en assurait la charge. Elle a d'ailleurs pris cette présidence comme une occasion idéale de rehausser sa stature internationale et de justifier, en la renforçant, sa campagne pour réformer les institutions multilatérales liées au système onusien. Elle a ainsi organisé plus de 200 réunions de travail sur une trentaine de thématiques, comme pour montrer aux yeux du monde combien elle pouvait contribuer au système multilatéral.

Par ailleurs, l'Inde a participé pour la cinquième année consécutive au sommet du G7, à Hiroshima en mai 2023. D'après le Foreign Secretary Vinay Kwatra, chef de la diplomatie indienne, cette participation régulière aux sommets du G7 constitue « une reconnaissance croissante (du fait) que l'Inde devrait faire partie des efforts pour résoudre les défis mondiaux, y compris ceux de la paix, de la sécurité, du développement et de la préservation de l'environnement ». Cette remarque fait écho à l'ambition indienne de devenir une *leading power*, une puissance pouvant prendre en charge des responsabilités à l'échelle planétaire et influencer le cours des négociations internationales les plus importantes.

L'Inde apparaît donc plus que jamais investie dans sa quête pour réformer le système multilatéral, pour promouvoir un monde multipolaire et, plus généralement, pour devenir elle-même un acteur incontournable à l'échelle internationale. Dans le cadre de sa présidence du G20, cela passe par une forte réactivation de son rôle de leader historique du monde en développement, aujourd'hui réinventé sous l'étiquette de « Sud global ». Mais cette volonté de représenter les intérêts du plus grand nombre à l'échelle planétaire et de transformer le fonctionnement du système multilatéral s'accompagne de considérations très pragmatiques, liées notamment à des enjeux politiques intérieurs. Elle se conjugue aussi au choix, clairement perceptible dans les faits à défaut d'être explicite dans le discours, de resserrer les liens avec les États-Unis et leur système d'alliances.

Défense du « Sud global » et activisme multilatéral

L'Inde a choisi pour thème de sa présidence du G20 la formule « *Vasudhaiva Kutumbakam* » (« Une planète, une famille, un futur ») pour insister sur les idées de solidarité, d'interdépendance et d'avenir partagé. Dans le même temps, elle a bien vu la difficulté qu'il y avait à organiser le sommet du G20 dans un moment d'aussi grande polarisation. Elle a donc conçu sa présidence à l'aune des préoccupations et intérêts du « Sud global ». Ce positionnement est cohérent avec les orientations de la troïka qu'elle forme avec l'Indonésie et le Brésil, la première ayant assuré la présidence du G20 en 2022, et le second étant programmé pour prendre le relais en 2024. Ce positionnement lui a par ailleurs permis de ne pas se laisser enfermer dans les logiques d'affrontement opposant les États-Unis et leurs alliés à la Chine et à la Russie. Et il lui a donné l'opportunité de rallier à sa cause un maximum d'États convaincus, comme elle, d'être des victimes collatérales de la guerre en Ukraine et, ce faisant, de s'ériger en porte-parole du plus grand nombre.

En ce sens, l'Inde a réinvesti dans le cadre de sa présidence du G20 son rôle historique de porte-parole des pays du Sud. En janvier 2023, elle a d'ailleurs organisé le sommet « La Voix du Sud global », avec pour objectif « d'incorporer les visions et aspirations » des quelque 125 pays participants (en visioconférence) et d'élaborer l'agenda du G20 en conséquence. Elle a aussi sélectionné neuf pays « invités » – dont sept peuvent se revendiquer du « Sud global » à un titre ou un autre (Bangladesh, Égypte, Nigeria, Maurice, Oman, Singapour et Émirats arabes unis – en plus des Pays-Bas et de l'Espagne). Les dossiers priorisés concernaient la sécurité alimentaire et énergétique des pays en développement et la restructuration de leur dette. L'Inde a aussi mis en avant le thème de la réduction des risques de catastrophes, créant un nouveau groupe de travail du G20 sur ce thème. Elle s'est également attelée à négocier une meilleure prise en charge par les économies industrialisées et les organismes multilatéraux du financement de la lutte contre le changement climatique et de la transition vers les énergies vertes dans les pays à faible revenu. Enfin, elle a saisi l'occasion de la présidence du G20 pour rappeler de façon systématique la nécessité de réformer le système multilatéral pour le rendre plus représentatif.

Tout en ralliant les pays du « Sud global » à sa cause, et notamment à sa demande de réforme du système multilatéral, l'Inde s'est posée en pourvoyeur d'aide auprès de nombre d'entre eux. Il n'y a rien ici de vraiment nouveau : la diplomatie indienne a longtemps pratiqué les idéaux de la coopération Sud-Sud, avant de déployer dans les années 2000-2010 une aide au développement relayant ses politiques d'influence. La nouveauté vient plutôt de l'ampleur que le gouvernement Modi a voulu donner à cette politique d'aide, notamment lors de la pandémie du Covid-19. Le ministère indien des Affaires étrangères a ainsi conduit en 2021 et 2022 l'initiative *Vaccine Maitri*, une campagne de distribution de vaccins et de matériel médical de fabrication indienne en faveur d'une centaine de pays à faible revenu[1]. L'Inde a de la sorte affiché une posture de solidarité avec les pays « du Sud », en se projetant comme contre-modèle de nations développées accusées d'accaparer des vaccins bien au-delà de leurs besoins nationaux.

Pour étayer sa campagne en faveur d'une réforme du système multilatéral, l'Inde a cherché à multiplier les initiatives. Elle s'est inscrite prioritairement dans les champs de la protection de l'environnement, de la lutte contre le changement climatique, et de la transition vers les énergies vertes, la plupart du temps en adossant ses initiatives aux systèmes des Nations unies. Fin 2015, elle a créé avec la France l'Alliance solaire internationale, qui compte plus de 120 pays membres. En 2019, elle a lancé la Coalition pour des infrastructures résilientes (aux catastrophes, *Coalition for Disaster Resilient Infrastructures*, CDRI) ; une petite quarantaine d'États en sont membres. Pas un grand discours diplomatique indien n'est désormais prononcé sans évoquer ces initiatives, ni appeler États et organisations internationales à les rejoindre. De même, dans le cadre de sa présidence du G20, le Premier ministre Modi a lancé en octobre 2022, en présence du secrétaire général des Nations unies, la mission *Lifestyle for Environment* (LiFE). Cette initiative est conçue comme « un mouvement de masse mondial sous direction indienne pour encourager l'action individuelle et collective et pour protéger et préserver l'environnement ». Le lancement de la mission a reçu le soutien des dirigeants de l'Argentine, de l'Estonie, de la France, de la Géorgie, de la Guyane, de Madagascar, des Maldives, de Maurice, du Népal et du Royaume-Uni.

Une diplomatie influencée par des enjeux politiques intérieurs

La scène internationale constitue pour Narendra Modi un levier important pour magnifier son image auprès de l'opinion publique indienne. Les photos de ses accolades, poignées de main et conciliabules avec les « grands de ce monde » sont massivement relayées par les médias nationaux, comme autant de preuves de l'importance croissante de l'Inde sur la scène internationale. Dans un pays qui aspire depuis des décennies à obtenir sa juste place parmi les puissances, de telles photos étayent un récit dominant, entretenu par les chefs du parti nationaliste indien BJP (Bharatiya Janata Party) et les médias favorables au gouvernement : Modi serait le principal artisan de la reconnaissance internationale de l'Inde, tout en faisant oublier le respect qu'ont pu inspirer en leur temps Jawaharlal Nehru et Indira Gandhi, pour ne citer qu'eux. Le culte de la personnalité du Premier ministre s'en trouve renforcé, comme sa popularité, un objectif essentiel du BJP à l'approche de l'élection générale de 2024.

La visibilité inédite procurée par la présidence du G20 est ainsi instrumentalisée à des fins internes. Les partis d'opposition se sont d'ailleurs étonnés de ce que le logo choisi par le gouvernement Modi pour symboliser l'événement rappelle si curieusement celui du BJP (reprenant le thème du lotus, fleur sacrée de l'hindouisme). Ils ont aussi dénoncé la prolifération de panneaux publicitaires amalgamant dans

1. L'Inde a distribué 282 millions de doses de vaccins, dont 15 millions sous forme de dons, prioritairement vers les pays de son voisinage, et 52 millions *via* le mécanisme Covax.

leur célébration la présidence indienne et le Premier ministre lui-même. Ils ont même soupçonné que si le gouvernement Modi a tenu à organiser des réunions de travail du G20 dans une cinquantaine de sites différents, ce n'est pas seulement pour valoriser la diversité du pays, mais pour orchestrer sur l'ensemble du territoire la campagne médiatique exaltant dans un même mouvement la stature du Premier ministre et la présidence indienne.

Le gouvernement a aussi utilisé la présidence indienne du G20 pour faire avaliser *de facto* sa décision controversée de redécoupage territorial du Jammu-et-Cachemire. À l'été 2019, il a fait passer à la Chambre basse son projet d'abrogation de l'article 370 de la Constitution, supprimant l'autonomie (en pratique très limitée) dont bénéficiait l'État du Jammu-et-Cachemire. L'État était de surcroît divisé en deux entités – Jammu-et-Cachemire et Ladakh –, chacune dotée d'un statut de territoire de l'Union, ce qui revient à les placer sous administration directe de l'administration centrale. Le Pakistan a vivement dénoncé cette décision concernant un territoire dont il revendique la souveraineté. Dans le cadre de sa présidence du G20, l'Inde a organisé une réunion du groupe de travail sur le tourisme à Srinagar, dans le nouveau territoire de l'Union du Jammu-et-Cachemire. Sans surprise, la Chine et la Turquie ont boycotté la réunion, à la fois par amitié pour le Pakistan, et pour des raisons qui leur sont propres (la première a vu dans le découpage de 2019 un facteur de détérioration de son propre conflit frontalier avec l'Inde, la seconde étant souvent montée au créneau sur le dossier du Cachemire).

Le désistement d'Oman – un des plus proches partenaires de l'Inde au Moyen-Orient – de même que celui de l'Égypte dont le président Al-Sissi était l'invité d'honneur du jour de la République le 26 janvier 2023, ont en revanche montré les limites de l'influence de l'Inde dans le monde arabo-musulman. Il n'en reste pas moins que 17 États membres du G20 – dont les Européens et les Nord-Américains – ont participé à la réunion de Srinagar et donc semblé accepter le *statu quo* post-2019 imposé par l'Inde sur le Cachemire. S'ils n'ont pas forcément abandonné tout intérêt pour ce vieux conflit, ces États ont néanmoins estimé qu'il était d'ordre secondaire, leur priorité allant au renforcement de leurs partenariats respectifs avec l'Inde.

Un glissement en faveur du système d'alliances des États-Unis

Tout en se présentant en leader du « Sud global » et défenseur des pays en développement, l'Inde continue à renforcer son partenariat avec les États-Unis. Narendra Modi a depuis 2014 choisi d'accélérer le rapprochement avec la puissance américaine, et la nette détérioration des relations sino-indiennes à partir de 2020 a renforcé sa détermination en la matière. New Delhi et Washington ont certes toujours de sérieuses divergences, en particulier sur l'attitude vis-à-vis de la Russie, mais du moins ont-ils appris à les surmonter. Bien qu'irritée par le refus indien de condamner l'invasion russe de l'Ukraine, l'administration Biden a invité le Premier ministre Modi pour une importante visite d'État à Washington en juin 2023. Avec tous les honneurs, dont celui de s'adresser à une session conjointe des deux chambres du Congrès, pour bien signifier l'importance accordée à la relation sino-américaine. L'Inde, de son côté, s'efforce de poursuivre une politique de multi-alignement, mais penche dans les faits – sans vraiment l'expliciter – du côté américain. Elle considère que les États-Unis sont indispensables aussi bien pour l'aider à résister aux pressions chinoises que, plus généralement, pour assurer la stabilité dans l'Indo-Pacifique.

Les échanges commerciaux entre les deux partenaires ont atteint le chiffre record de 191 milliards de dollars en 2022, qui fait des États-Unis le premier partenaire commercial de l'Inde, devant la Chine. Surtout, les deux États ont lancé en mai 2022 une importante Initiative sur les technologies critiques et émergentes[2] pour développer la coopération en matière d'intelligence artificielle, d'informatique quantique, de semi-conducteurs, de télécommunications, de défense et de technologies spatiales. Avec ce mécanisme, Washington cherche à assouplir les régimes de régulation souvent contraignants qui pèsent sur les transferts vers l'Inde des technologies et matériels les plus sensibles. Dans le domaine de la défense en particulier, les deux États cherchent à promouvoir le codéveloppement et la coproduction pour leurs industries de ce secteur, ainsi que les partenariats liant leurs écosystèmes d'innovation en matière de technologies duales et émergentes.

Les États-Unis espèrent ainsi aider l'industrie de défense indienne à acquérir et développer des technologies militaires avancées, et donc à réduire sa dépendance vis-à-vis de la Russie. Début juin 2023, le secrétaire à la Défense Lloyd Austin s'est rendu en Inde pour discuter du possible transfert des moteurs d'avions de chasse produits par General Electric. Si ce projet aboutissait, il reviendrait à aider l'Inde à pénétrer le club restreint des États pouvant produire leurs propres moteurs d'avion de chasse (soit les États-Unis, la Russie, le Royaume-Uni et la France).

L'Inde participe aussi à des mécanismes mini-latéraux conduits par les États-Unis, notamment au Dialogue quadrilatéral de sécurité (Quad), avec le Japon et l'Australie. Elle semble à l'aise dans ce format, comme en a témoigné la réunion des ministres des Affaires étrangères du Quad dont elle fut l'hôte en mars 2023. De même, New Delhi participe depuis 2021 à un autre format à quatre, avec les États-Unis, Israël et les Émirats arabes unis (I2U2[3]). Les chefs d'État et de gouvernement de ce mécanisme ont même tenu un premier sommet virtuel en juillet 2022. Enfin, l'Inde a même commencé à discuter des possibilités d'approfondir ses relations avec l'Organisation du traité de l'Atlantique nord (OTAN). Les deux parties ont entamé un discret dialogue politique en décembre 2019, qui se poursuit, fortement encouragé par les États-Unis. L'Inde pourrait trouver un intérêt à échanger avec l'OTAN sur des sujets comme la menace chinoise, la sécurité de l'Indo-Pacifique ou la cybersécurité. La volonté de ne pas heurter le vieil ami russe devrait néanmoins l'inciter à préférer des liens discrets et limités avec l'Alliance.

2. iCET pour Initiative on Critical and Emerging Technologies.
3. I2U2 pour India, Israel, United States et United Arab Emirates. L'objectif est de promouvoir coopération et investissements dans les secteurs de la gestion de l'eau, de l'énergie, des transports, de l'espace, de la santé et de la sécurité alimentaire.

La présidence indienne de l'OCS

Si l'Inde a fait grand cas de sa présidence du G20, considérant qu'il s'agissait d'une occasion unique d'affirmer sa stature internationale, elle a semblé plus en retrait de celle de l'OCS. Les interactions dans cette organisation sont, il est vrai, peu aisées, du fait du blocage des relations avec le Pakistan et la Chine. En l'occurrence, le gouvernement Modi a choisi la voie de la sobriété avec la Chine – la situation est assez difficile sur les zones frontalières pour ne pas ajouter aux tensions. Il ne s'est pas privé en revanche d'exposer sur la scène publique son hostilité à l'égard du Pakistan. La réunion des ministres des Affaires étrangères de l'OCS, à Goa début mai 2023, a été dominée par des échanges peu civils entre représentants indien et pakistanais, le premier accusant le second d'être « le porte-parole d'une industrie terroriste, pilier du Pakistan ».

Par ailleurs, à la surprise des autres États membres, l'Inde a décidé, de manière impromptue, d'organiser le sommet de l'OCS de juillet 2023 en visioconférence plutôt qu'en présentiel. Avec plusieurs motifs, dont la volonté d'éviter au Premier ministre Modi le risque de devoir serrer la main de ses homologues pakistanais et chinois (une image de pacification étant vue comme fâcheuse à moins d'un an des élections générales), et le choix d'éviter la possible venue à New Delhi du président Poutine, quelques jours après la visite de Modi à Washington. L'Inde a d'ailleurs reporté la tenue du sommet de l'OCS de quelques semaines (de fin juin à début juillet), comme pour mieux espacer les deux séquences diplomatiques, et ne pas entacher la campagne médiatique liée à la visite d'État du Premier ministre indien aux États-Unis.

I. S.-M.

Pour en savoir plus

- S. L. Jagtiani et A. P. Singh, « Une coopération efficace avec l'Inde nécessite de la traiter pour ce qu'elle est : un État pivot », *Le Rubicon*, 31 mars 2023.
- J.-L. Racine, « L'Inde dans le jeu des puissances, entre Ukraine et G20 », *Politique étrangère*, vol. 88, n° 2, 2023.
- « LiFE: Lifestyle for Environment », ministère de l'Environnement, des Forêts et du Changement climatique, gouvernement de l'Inde, Niti Aayog, octobre 2022.

L'Inde et la Chine : des relations sous tension

Une rivalité sans cesse renouvelée

La question de la délimitation frontalière reste pendante. Les incidents se sont multipliés dans la dernière décennie, l'approche chinoise consistant à imposer sa présence sur les terrains contestés. Le blocage politique perdure à cet égard, en dépit des contacts maintenus entre les diplomaties. Mais New Delhi tente de réduire sa dépendance économique vis-à-vis de Pékin, et cherche de plus en plus clairement le soutien américain, sans pour autant s'aligner sur une politique d'endiguement de la Chine.

Les relations entre l'Inde et la Chine n'ont jamais été faciles. Elles ont néanmoins connu une phase d'amélioration de la fin des années 1980 à la moitié des années 2010. Leur frontière disputée, la *Line of Actual Control* (LAC), s'apparente à une ligne de démarcation au tracé incertain. Longue d'environ 3 500 kilomètres, elle se divise en trois secteurs, dits « ouest » (le long du territoire indien du Ladakh), « central » (le long des États indiens de l'Himachal Pradesh et de l'Uttarakhand) et « est » (le long du Sikkim et de l'Arunachal Pradesh). À partir de 2013, la LAC est redevenue le théâtre d'incidents qui ont pris la forme de face-à-face non violents entre patrouilles indiennes et chinoises. Incidents reproduits en 2014, 2015 et 2017, à chaque fois plus longs, tendus et difficiles à résoudre.

À ces tensions grandissantes s'est ajoutée une rivalité de plus en plus manifeste en matière d'ambition régionale. L'Inde a vivement dénoncé le grand programme chinois des Nouvelles routes de la soie au motif que l'un de ses segments les plus avancés, le Couloir économique Chine-Pakistan, traverse le Cachemire sous contrôle pakistanais : un territoire qu'elle revendique. Plus généralement, les Nouvelles routes de la soie lui sont apparues comme une stratégie destinée à élargir l'influence de la Chine dans son grand voisinage, donc peu compatible avec ses propres intérêts. L'accumulation des tensions et désaccords a conduit les dirigeants des deux États à prendre directement en main la direction des relations bilatérales. Modi et Xi ont ainsi eu deux longs tête-à-tête informels, l'un à Wuhan en 2018, l'autre à Chennai en 2019. Le tête-à-tête prévu en 2020 n'a, lui, jamais eu lieu : dès avril, le secteur ouest de la LAC connaissait une vive montée des tensions, dérapant le 15 juin en échauffourées meurtrières, en plus de conduire à d'importants renforcements militaires de part et d'autre. Depuis ce grave incident dit « de Galwan » – du nom de la haute vallée où il s'est produit –, la relation bilatérale a basculé dans une nouvelle phase.

Une situation fragile sur les zones frontalières

Pour New Delhi, les échauffourées meurtrières de juin 2020 dans le secteur ouest de la LAC ont constitué un point de non-retour. La LAC n'avait plus connu de mort au combat depuis presque quatre décennies ; la perte de vingt soldats indiens a donc constitué un véritable traumatisme. La Chine est désormais considérée comme une menace immédiate et de premier ordre, là où elle était perçue comme un défi de moyen terme, passant après le danger permanent incarné par le Pakistan. Cette représentation est commune à l'essentiel de la classe politique, ainsi qu'à une majeure partie de l'opinion publique. De façon significative, New Delhi a redéployé une partie de ses corps d'attaque, notamment des formations blindées et mécanisées, du front pakistanais vers les zones frontalières sino-indiennes.

L'Inde a suspendu l'essentiel des mécanismes de dialogue bilatéraux, à l'exception de ceux – diplomatiques et militaires – chargés de négocier un retour à la situation d'avant l'incident de Galwan. Certaines avancées ont pu être réalisées en ce sens : les deux voisins ont retiré leurs troupes de trois sites parmi les plus disputés du secteur ouest (les rives nord et sud du lac Pagong, Gogra, et enfin la zone de Hot Springs, là où la crise de 2020 a débuté). Mais en d'autres points, la situation reste bloquée. C'est notamment le cas du haut plateau de Depsang Plains (à l'extrême Nord), considéré comme un point de crispation préoccupant (en plus de Demchok). De surcroît, là où les deux voisins sont parvenus à négocier un retrait des troupes, la situation demeure précaire, chacun cherchant à consolider ses positions, en construisant des infrastructures et en mobilisant un grand nombre d'hommes non loin des sites les plus disputés. La Chine a en particulier construit des emprises militaires permanentes à 10-20 km de ces sites. D'après les estimations, elle maintiendrait environ 60 000 hommes dans le secteur ouest de la LAC (elle n'en déployait « que » 15 000 en 2020). L'Inde mobiliserait un nombre similaire de soldats de son côté.

Au-delà du secteur ouest, la situation est fragile sur l'ensemble de la LAC. Les risques de voir les patrouilles déraper en escarmouches sont élevés, notamment dans les zones non démarquées de haute altitude. Les mesures de construction de confiance ne sont plus vraiment opérationnelles, comme les protocoles censés éviter que les rencontres impromptues entre patrouilles indiennes et chinoises ne dégénèrent en échauffourées. De nouveaux heurts ont d'ailleurs éclaté, cette fois dans le secteur est, à Tawang[1], d'abord en octobre 2021 puis en décembre 2022. Ceux de décembre ont fait 34 blessés côté indien et une quarantaine côté chinois.

1. Tawang est l'un des plus grands monastères du monde tibétain.

L'Inde a-t-elle perdu l'accès à des poches de territoire ?

Sur le terrain, les forces de sécurité indiennes cherchent à résister pied à pied à toutes les tentatives d'empiétements chinoises sur les zones contestées, tout en veillant à ne pas déclencher une escalade militaire. Sur le plan stratégique, cette approche est valorisante car elle projette l'Inde comme la seule puissance en Asie résistant aux stratégies d'empiétements et d'intimidations de la Chine, s'attirant ainsi l'amitié des États-Unis et de leurs alliés européens et asiatiques, tout en fortifiant sa fierté nationale. Sur le plan tactique, la situation pourrait être moins positive. Même si le gouvernement Modi s'en défend, il semble que les troupes indiennes ne soient plus en mesure de patrouiller certaines poches de territoires dans le secteur ouest de la LAC, celles-ci étant contrôlées par la Chine.

Début 2023, des fuites ont évoqué un document confidentiel d'officiers de police, selon lequel les forces de sécurité indiennes auraient perdu l'accès à 26 des 65 points de patrouille répertoriés au Ladakh. Plus encore, d'après ce document, la priorité de New Delhi dans la zone serait de calmer le jeu face aux pressions chinoises et de transformer les poches de territoire les plus disputées en zones tampons. Les forces de sécurité indiennes empêcheraient les cadres administratifs locaux et les populations civiles, notamment celles pratiquant le pastoralisme, de se rendre dans ces zones afin que la Chine ne se sente pas provoquée. Mais loin de respecter ces zones tampons, la Chine en aurait profité pour y imposer son contrôle *de facto*.

Le gouvernement Modi s'est refusé à toute clarification sur le sujet. Les partis d'opposition lui ont pourtant régulièrement demandé d'éclairer la situation. Il a évité tout débat au Parlement, se contentant de répéter que l'Inde n'avait pas perdu de territoire. Un certain flou perdure donc. Il semble clair néanmoins que la pression militaire chinoise est telle sur la LAC que le gouvernement Modi temporise, cherchant à réduire tout risque d'escalade militaire. Ce choix a-t-il conduit à une perte d'accès à des poches de territoire ? Pour un gouvernement aussi nationaliste que celui de Narendra Modi, qui se targue de faire de l'Inde une grande puissance reconnue de tous, une telle réalité, avérée, ne pourrait être reconnue, ni communiquée. Son coût politique serait trop important, à quelques mois des élections de 2024.

Un blocage politique

Ayant, semble-t-il, établi un nouveau *statu quo* tactique grâce à la prise de contrôle de poches de territoire disputées, la Chine a endossé un rôle de puissance conciliatrice sur le plan diplomatique. Les contacts, jusqu'alors réguliers, entre Xi et Modi ont néanmoins été réduits quasi à néant après juin 2020 (tout au plus les deux dirigeants ont-ils été vus échangeant de façon brève et informelle lors du dîner du G20 de Bali, fin 2022). C'est donc au niveau des ministres des Affaires étrangères et de la Défense que la Chine a tenté des ouvertures. Les ministres des Affaires étrangères Wang Yi et Subrahmanyam Jaishankar se sont ainsi rencontrés à plusieurs reprises, en marge des réunions de l'Organisation de coopération de Shanghai (OCS) de Moscou et Douchanbe, en 2020 et 2021 (ils ont aussi eu plusieurs conversations téléphoniques sur la situation dans le secteur ouest).

Leur tête-à-tête de la mi-septembre 2020, encouragé par la Russie, a débouché sur une déclaration conjointe à la presse affirmant que « la situation actuelle sur les zones frontalières n'est dans l'intérêt d'aucune partie » et que « les troupes frontalières de deux côtés devraient continuer leur dialogue, se désengager rapidement, maintenir une distance (entre elles) appropriée et réduire les tensions ». Ce message a permis de stopper l'emballement à l'œuvre depuis la mi-juin (avec des cas inédits de tirs de sommation, les forces de sécurité indiennes étant autorisées à patrouiller avec des armes chargées). Mais les négociations pour démobiliser les troupes ont été laborieuses et sont à ce jour inachevées, et deux autres incidents importants se sont produits (à Tawang), à l'initiative de la Chine.

Toujours en vue de ramener le gouvernement indien à de meilleures dispositions, le ministre chinois des Affaires étrangères a entrepris une discrète visite à New Delhi en mars 2022. Le contexte de la guerre en Ukraine a pu donner à la diplomatie chinoise l'impression de retrouver une base d'intérêts partagés avec l'Inde, New Delhi et Pékin ayant refusé de critiquer la Russie[2]. Wang Yi a néanmoins été reçu froidement : sa demande d'entretien avec le Premier ministre Modi est restée sans suite, comme son invitation au conseiller à la Sécurité nationale Ajit Doval de venir à Pékin pour réactiver les discussions entre représentants spéciaux en charge de la question frontalière. La partie indienne a réitéré que ce type de mécanisme ne reprendrait qu'une fois les troupes désengagées des points disputés à l'ouest de la LAC.

Le ballet diplomatique s'est un peu intensifié en 2023, à la faveur des présidences indiennes de l'OCS et du G20. Le nouveau ministre chinois de la Défense, le général Li Shangfu, s'est rendu en Inde en avril 2023 pour la réunion des ministres de la Défense de l'OCS, et le nouveau ministre chinois des Affaires étrangères Qin Gang a effectué deux visites à New Delhi pour la réunion des ministres des Affaires étrangères du G20, puis celle des ministres des Affaires étrangères de l'OCS début mai 2023. Contrairement à ce qui se passe régulièrement avec le Pakistan en pareil contexte de tension, on n'a pas basculé dans la surenchère verbale, chacun campant sur sa position. Face à ses interlocuteurs chinois, la partie indienne affirme avec fermeté que les relations bilatérales ne reviendront pas à la normale tant que la situation *ex ante* ne sera pas rétablie sur la LAC. Les Chinois cherchant à minimiser l'importance des tensions frontalières et à relancer les relations dans leur ensemble.

Réduire la dépendance économique

Si les relations diplomatiques et militaires se sont détériorées, les liens économiques ont eux continué de se resserrer. La relation économique sino-indienne s'est en effet considérablement densifiée depuis les années 2000, mais de façon déséquilibrée. L'Inde a importé de plus en plus massivement des produits de fabrication chinoise sans qu'en retour ses propres productions parviennent à pénétrer le marché chinois. Le déficit commercial grandissant avec la Chine a donc alimenté une vraie frustration des gouvernements indiens.

2. La Chine a par ailleurs eu la présidence du forum des BRICS en 2022 et Wang Yi a pu chercher à s'assurer de la bonne participation de l'Inde au sommet qu'elle devait organiser (finalement tenu en visioconférence).

Le gouvernement Modi a ainsi pris des mesures, généralement indirectes, contre les acteurs économiques chinois dès avant les échauffourées de juin 2020. Après le drame de Galwan, il a ciblé directement les activités chinoises dans le pays. Il a notamment annulé les marchés que des entreprises chinoises avaient remportés dans le secteur ferroviaire ; il a aussi interdit plus de 200 applications chinoises pour téléphones mobiles, notamment TikTok, au motif d'intérêts de sécurité nationale. Il a enfin redoublé d'efforts pour réduire la dépendance vis-à-vis des importations de produits manufacturés chinois, renforçant son programme de subventions pour inciter les industriels à fabriquer en Inde.

La détermination indienne à réduire la dépendance des importations chinoises s'est renforcée à l'épreuve de la pandémie de Covid-19. À partir de décembre 2021, les services fiscaux indiens s'en sont pris aux fabricants chinois de téléphones portables (lesquels dominent le marché indien). Leurs locaux en Inde ont fait l'objet d'enquêtes sur soupçons de fraudes, la Chine exigeant de l'Inde qu'elle garantisse « un environnement d'affaires équitable, juste et non discriminant pour les entreprises chinoises ».

En dépit de ses multiples initiatives, le gouvernement Modi n'est pas parvenu à ses fins. La Chine demeure l'un des tous premiers partenaires commerciaux de l'Inde. Pour survivre commercialement, de nombreuses entreprises indiennes s'approvisionnent en Chine, notamment pour des principes actifs en matière pharmaceutique, des équipements électriques et des produits chimiques. En 2022, le volume des échanges commerciaux sino-indiens s'élevait à 114 milliards de dollars selon les statistiques indiennes, l'Inde accusant un déficit commercial de 83 milliards de dollars.

Le nécessaire appui américain

Sur le plan stratégique, le traumatisme de juin 2020 a conduit le gouvernement Modi à rechercher plus activement le soutien des États-Unis et de leurs alliés. Washington a, de son côté, pris des initiatives inédites. Pendant les accrochages de Galwan, les États-Unis ont apporté une aide à l'Inde sous forme de partage de renseignements ; mettant également à disposition des armées indiennes deux drones de combat *MQ-9B*, pour surveiller les mouvements des forces chinoises sur les zones frontalières, mais aussi dans l'océan Indien. L'Inde prévoit par ailleurs d'acquérir une trentaine de ces drones fabriqués par General Atomics. Les États-Unis ont à nouveau partagé leurs renseignements militaires avec l'Inde lors de l'incident de Tawang de décembre 2022, transmettant pour la première fois des informations en temps réel sur les positions chinoises et l'état de leurs forces.

Le gouvernement Modi affiche de plus en plus ouvertement son affinité avec les États-Unis. Sur le plan opérationnel, fin 2022, l'armée indienne a invité la 11e division aéroportée, basée en Alaska, à des exercices conjoints de haute altitude en Uttarakhand, à une centaine de kilomètres de la LAC, Pékin qualifiant ces exercices de provocations. Si la Chine ne craint pas l'Inde à proprement parler, elle redoute en revanche les effets d'un alignement indo-américain.

Le renforcement du partenariat avec les États-Unis pose ainsi la question du rôle que l'Inde est prête – ou non – à endosser dans le cadre de la stratégie américaine d'endiguement de la Chine. Du point de vue américain, elle pourrait ouvrir un deuxième front sur la LAC dans l'hypothèse d'un conflit sur Taiwan et obliger les forces chinoises à combattre sur deux fronts très distants. À tout le moins, elle pourrait faire pression sur les routes maritimes chinoises dans l'océan Indien. Mais New Delhi est jusqu'à présent demeuré réticent à l'idée de participer aux objectifs américains d'endiguement de la Chine. L'Inde a néanmoins accepté d'approfondir cette coopération dans le cadre du Quad, avec le Japon et l'Australie, pour lancer des initiatives qui sont autant de réponses aux impulsions de la Chine dans l'Indo-Pacifique. Elle est notamment partie au partenariat pour la connaissance de la situation maritime lancé en 2022 et qui vise, sans le dire, à surveiller l'activité des navires chinois dans l'espace indopacifique.

***

La visite d'État surmédiatisée du Premier ministre Modi à Washington en juin 2023 a confirmé l'étroitesse des liens indo-américains, et surtout, l'ampleur des moyens que les États-Unis sont prêts à mobiliser pour s'assurer l'amitié de l'Inde. Modi a clairement inscrit le positionnement de l'Inde dans l'Indo-Pacifique aux côtés des États-Unis et, à mots couverts, contre les actions déstabilisatrices de Pékin, évoquant « les noirs nuages de la coercition et de la confrontation », « le poids impossible de la dette » et « une connectivité utilisée à des fins stratégiques[3] ». Surtout, en contre-point de ce sombre panorama, il s'est félicité de l'existence du Quad, qui « a émergé comme une force formidable au service du bien dans la région ».

Au même moment, Indiens et Chinois continuaient de consommer leur dispute, privant leurs journalistes respectifs de visas, coupant un canal d'information et de compréhension mutuelle. Mi-2023, il n'y avait plus de journaliste chinois en Inde ; et il ne restait qu'un seul journaliste indien en Chine, et il lui avait été signifié que son visa ne serait pas renouvelé.

I. S.-M.

Pour en savoir plus

- L. Curti, D. Grossman, « India-China Border Tensions and U.S. Strategy in the Indo-Pacific », Center for a New American Security, Washington D.C., mars 2023.
- S. Ganguly, M. S. Pardesi, W. R. Thompson, *The Sino-Indian Rivalry: Implications for Global Order*, Cambridge, Cambridge University Press, 2023.
- I. Saint-Mézard, « Inde : quelles stratégies face à la Chine ? », *Hérodote*, n° 173, 2019.

3. « Address by Prime Minister Shri Narendra Modi to the Joint Session of the US Congress », ministère des Affaires extérieures, 23 juin 2023.

Le partenariat Inde-Russie à l'ombre de l'Ukraine

Entre Eurasie et Indo-Pacifique...

Depuis les années 1950, Moscou et New Delhi entretiennent des relations suivies, en particulier dans le domaine de la défense, que la fin de la guerre froide n'a pas remises en cause en dépit d'une plus grande ouverture indienne vers les États-Unis. Face à la guerre d'Ukraine, l'Inde adopte une position d'abstention, qui ne peut se comprendre qu'en rapport avec le jeu global des puissances dans la région – États-Unis, Chine, Inde, Russie – à travers les institutions qu'elles promeuvent.

Staline avait jugé Nehru et le parti du Congrès national indien comme étant, après l'indépendance de l'Inde acquise en 1947, des suppôts postcoloniaux du capitalisme. Après sa mort en 1953, Nikita Khrouchtchev comprit bien mieux l'intérêt de cultiver, à l'heure de la guerre froide, un pays clé du tiers-monde, et un leader du Mouvement des non-alignés.

Une longue histoire diplomatique : de la guerre froide à Vladimir Poutine

En 1955, le Premier ministre indien se rendait en visite officielle en URSS et quelques mois plus tard, le premier secrétaire du Parti communiste soviétique, accompagné du président du Conseil Nikolaï Boulganine, était en Inde. Si certaines divergences de vues étaient patentes, tant sur la Chine que sur Taïwan, les dirigeants soviétiques, en soutenant les positions indiennes sur le Cachemire et sur Goa – alors colonie portugaise –, et en portant attention aux requêtes économiques indiennes, firent de cette visite un premier succès.

Au fil des ans, l'économie planifiée du gouvernement Nehru bénéficia d'une solide coopération soviétique, en matière d'industrie lourde notamment. Lors de la guerre sino-indienne de 1962, l'URSS afficha sa neutralité, mais elle commença la même année des transferts de technologie militaire portant sur l'avion de combat *Mig 21*. Quatre ans plus tard, l'URSS joua les médiateurs alors que la déclaration de Tachkent mettait fin à la seconde guerre indo-pakistanaise.

L'année 1971 marqua une étape décisive, avec le Traité de paix, d'amitié et de coopération, signé sous l'égide de Leonid Brejnev et d'Indira Gandhi : un traité engageant à ne pas soutenir un pays tiers en cas de tensions ou d'agression, dans un contexte marqué par les dissensions entre l'URSS et la Chine, alors que le Pakistan œuvrait à un rapprochement entre Washington et Pékin. Le traité confortait l'Inde, qui allait bientôt sceller le sort du Pakistan en soutenant la sécession du Bangladesh.

Après la fin de l'URSS, en 1993 et 1994 d'autres accords élargirent le champ des coopérations entre les deux capitales. En 2000, quelques mois après son accession à la présidence de la Fédération de Russie, Vladimir Poutine signait à New Delhi une déclaration sur le partenariat stratégique définissant cinq champs d'interaction : politique, commerce et économie, défense, science et technologie, culture, outre la lutte contre « le terrorisme international ». Était alors au pouvoir en Inde Atal Bihari Vajpayee, du Bharatiya Janata Party, bras politique du nationalisme hindou. La relation bilatérale respecte l'un des principes du partenariat : « la non-interférence dans les affaires intérieures » des deux parties. En 2012, sous le gouvernement « congressiste » de Manmohan Singh, Vladimir Poutine publiait dans la presse indienne un texte affirmant que l'Inde comptait « parmi les priorités majeures de la politique étrangère » russe, soulignant l'ampleur des partenariats bilatéraux, y compris dans le nucléaire civil et en matière de défense, et rappelant aussi que les BRICS – le groupe de dialogue Brésil/Russie/Inde/Chine établi en 2009 et élargi en 2011 à l'Afrique du Sud – « visaient à établir une nouvelle architecture pour un ordre mondial multipolaire ».

Avant la guerre : la structure des relations bilatérales

Au-delà des grandes déclarations, du partenariat stratégique promu en 2010 au rang de « partenariat stratégique spécial et privilégié », et du large spectre des coopérations affichées, quel bilan pouvait-on établir en 2019, avant la pandémie du Covid-19 et l'agression russe en Ukraine ?

Dans le champ diplomatique, une double démarche prévaut alors. Sur les questions sensibles, en temps de crise, les messages envoyés préservent les relations bilatérales : en 2014, l'Inde déclare comprendre les « intérêts légitimes » de la Russie en Crimée, tandis qu'en 2019, face à un Pakistan faisant campagne contre le nouveau statut du Cachemire administré par l'Inde, Moscou rappelle que le Cachemire est « une question bilatérale » entre Islamabad et New Delhi. En matière multilatérale, les dialogues se structurent dans des instances de poids inégal : rencontre annuelle des ministres des Affaires étrangères de Russie, d'Inde et de Chine (RIC) ; persistance des BRICS ; élargissement de l'Organisation de coopération de Shanghai, que rejoignent en 2017 l'Inde et le Pakistan, jusque-là pays observateurs. La Russie, comme les autres membres permanents du Conseil de sécurité de l'Organisation des Nations unies (ONU) – à l'exclusion de la Chine –, soutient l'élargissement du Conseil que souhaitent New Delhi et ses partenaires du G4 (Allemagne, Japon, Brésil, Inde). Elle soutient également l'adhésion de l'Inde, non signataire du Traité de non-prolifération mais puissance nucléaire reconnue, au Groupe des fournisseurs de nucléaire, adhésion à laquelle Pékin s'oppose.

Le secteur de la défense constitue un pilier décisif de la relation bilatérale. La Russie est de longue date le principal fournisseur de matériel militaire à l'Inde, des tanks aux avions de combat *Mig* et *Sukhoi* pour l'armée de l'Air et pour la Marine. Elle opère aussi des transferts de technologie, voire conduit des projets conjoints, comme pour les missiles de croisière supersoniques *BrahMos* (pour Brahmaputra et Moskova), entrés en service dans les années 2000, et montant en puissance au fil des ans. C'est un porte-avions russe racheté par l'Inde qui fait figure à compter de 2013 de fer de lance de la marine indienne, la Russie louant peu après à New Delhi un sous-marin nucléaire.

Dans la décennie 2011-2021, l'Inde a importé pour près de 23 milliards de dollars d'armement russe – contre 17 milliards lors des années 2001-2011. Ainsi, la Russie, pour les années 2014-2018, a fourni 58 % des achats indiens. Accumulé au fil des ans, ce matériel militaire russe compte aujourd'hui pour près des deux tiers de l'arsenal indien – même si la part de la Russie décline. Ce qui n'a pas empêché l'Inde, en dépit de la menace de sanctions américaines édictée par la loi CAATSA en 2017 contre les transactions avec la Russie, l'Iran et la Corée du Nord, de passer commande en 2018 de cinq unités de défense anti-missiles *S-400* : Washington a accepté en 2022 de ne pas appliquer de sanctions, les premières livraisons ayant commencé la même année.

En matière de science et technologie, la Russie est un partenaire de poids, entre autres dans deux domaines sensibles : le nucléaire et l'espace. La Russie continue d'étendre les capacités de la centrale nucléaire qu'elle a construit à Kudankulam, dans le sud de l'Inde, en partenariat avec la Nuclear Power Corporation of India. Opérationnelle depuis 2013, la centrale comptera à terme six réacteurs de 1 000 MW chacun : une composante majeure du parc nucléaire indien. De son côté, le programme spatial indien a bénéficié de longue date du soutien soviétique puis russe : les premiers satellites indiens ont été lancés à partir d'un cosmodrome russe à partir de 1975, et la Russie a ensuite contribué aux moteurs cryogéniques des lanceurs indiens. Aujourd'hui, alors que l'Inde est devenue une puissance spatiale notable, la Russie fournit une aide technique au programme indien de vol habité, les cosmonautes indiens s'entraînant en outre en Russie pour une mission désormais repoussée à 2025.

À l'inverse, les relations économiques et commerciales n'ont pas été, jusqu'à la guerre d'Ukraine, à la hauteur des relations politico-militaires. Pour l'année financière 2018-2019 par exemple, la Russie ne comptait que pour 1,1 % des importations de l'Inde et pour 0,7 % de ses exportations, dans un total de 11 milliards de dollars – soit très loin derrière les États-Unis ou la Chine. Certes, dès avant la guerre d'Ukraine, l'Inde s'est intéressée à l'Extrême-Orient et à l'Arctique russes. Elle a investi dans les ressources pétrolières et gazières de l'île de Sakhaline, et entend développer ses projets énergétiques et miniers dans l'Arctique russe. De nouvelles connectivités ont ainsi été décidées, tant par mer que par terre.

Narendra Modi avait été en 2019 à Vladivostok, l'invité d'honneur du 5e Forum économique oriental – établi par Vladimir Poutine en 2015, ce forum vise à l'essor de l'Extrême-Orient russe dans le cadre de l'Asie-Pacifique. Le projet de corridor maritime Vladivostok-Chennai (l'ancienne Madras) était alors lancé, alors que le Premier ministre indien annonçait l'ouverture d'une ligne de crédits de 1 milliard de dollars pour divers projets dans la région, Arctique compris, l'Inde souhaitant accéder à la nouvelle « route du Nord », par l'océan Arctique.

Autre projet d'importance : le « Corridor international de transport Nord-Sud » (INSTC) devant relier Bombay à Moscou *via* l'Iran et l'Azerbaïdjan. Mais l'accord, signé en 2002, tarde à se concrétiser... C'est bien pour intensifier leurs relations économiques que l'Inde et la Russie ont lancé en 2018 un « Dialogue économique stratégique » de haut niveau, qui s'est réuni trois fois avant qu'en février 2022 les troupes russes n'engagent leur « opération militaire spéciale » contre l'Ukraine.

L'évolution des relations indo-russes à l'heure de la guerre en Ukraine

Dès le déclenchement de l'invasion russe, la priorité indienne fut d'évacuer les citoyens du pays établis en Ukraine, dont des milliers d'étudiants. À compter du 2 mars 2022, les multiples votes de l'Inde aux Nations unies portant sur la Russie et la guerre en Ukraine (au Conseil de sécurité, où elle siège jusqu'en décembre 2022, à l'Assemblée générale ou au Conseil des droits de l'homme) dessinent une posture claire : celle de l'abstention systématique.

À l'Assemblée générale, face aux quelque 140 pays qui condamnent la Russie, New Delhi se range dans le bloc – afro-asiatique pour l'essentiel – d'une bonne trentaine de pays abstentionnistes, avec ses voisins la Chine, le Pakistan et le Bangladesh. Dans chaque explication de vote pourtant, la délégation indienne en appelle à la Charte des Nations unies, au droit international, et « au respect de la souveraineté et de l'intégrité territoriale de tous les États », pour ajouter contre toute attente après cet argumentaire qu'elle s'abstient « au vu de la totalité de la situation ». C'est marcher sur la corde raide. Mais si de grands quotidiens indiens ont appelé le pays à sortir de cette posture, un large consensus politique existe en faveur de l'abstention.

Bien que critique, l'administration américaine a très vite accepté la position indienne, et levé la menace de sanctions sur l'achat par l'Inde de gaz et de pétrole russes. C'est que la relation Inde-Russie ne peut se comprendre dans son seul cadre bilatéral, ni même dans une relation trilatérale prenant en compte les États-Unis et leurs alliés : c'est un jeu à quatre qu'il faut analyser, un jeu où la Chine pèse lourd. Une Chine qui multiplie les tensions le long de sa frontière contestée avec l'Inde, après les graves accrochages meurtriers de 2020, et qui tisse autour de l'Inde le réseau de ses Nouvelles routes de la soie, que New Delhi refuse de rejoindre ; une Chine qui, pourtant, développe ses échanges commerciaux avec l'Inde, lesquels ont dépassé en 2022 les 118 milliards de dollars, juste derrière les États-Unis (131 milliards de dollars) : des échanges marqués par un très grand déficit commercial indien (87 milliards de dollars).

La *realpolitik* assumée par New Delhi impose de prendre en compte la montée en puissance de la Chine, et ce que, face à elle, l'Inde gagne, dans l'Indo-Pacifique, à être membre du Quad (États-Unis, Inde, Japon, Australie) : un Quad régulièrement dénigré par Moscou et Pékin. Elle joue ainsi sur deux tableaux, entre Eurasie et Indo-Pacifique : être un contrepoids relatif à la Chine aux yeux de Washington n'exclut pas de tirer parti des opportunités offertes par les conséquences de la guerre en Ukraine.

Au premier rang de ces opportunités, l'achat de pétrole ou de gaz russe à prix limité. La Russie, qui comptait très peu pour l'Inde dans ce secteur, est devenue son premier fournisseur, et les importations indiennes augmentent également dans d'autres domaines, les échanges s'étant envolés jusqu'à 39 milliards de dollars pour l'année financière 2022-2023. Le déficit commercial avec la Russie s'accroît donc, mais l'Inde gagne des devises en revendant en Europe une part du brut russe importé qu'elle raffine. La cristallisation des tensions internationales entre deux camps semble offrir l'opportunité à la Chine et à la Russie de tenter d'échapper à la suprématie du dollar, mais New Delhi n'entend pas favoriser la monnaie chinoise, tandis que les paiements en roubles et en roupies se heurtent au manque de confiance réciproque dans la stabilité de la monnaie du partenaire.

Sur le plan de la défense prévaut un certain brouillard. Dans le contexte de la guerre d'Ukraine et des sanctions sur le *high-tech* frappant Moscou, certains généraux indiens s'inquiètent de la capacité russe à respecter les contrats d'armement et s'interrogent sur la qualité de la production russe, y compris aérienne. La part de la Russie dans les importations de défense indiennes, passée de 69 % en 2012-2017 à 46 % en 2017-2021, pourrait continuer à diminuer, au profit de fournisseurs occidentaux, alors que l'Inde cherche à accroître son autonomie dans ce domaine et qu'elle pâtit au même moment de l'incertitude de ses contrats d'armement avec l'Ukraine.

Entre Pékin et Moscou

La question centrale reste cependant géopolitique. Vis-à-vis de l'Ukraine, très déçue de la politique abstentionniste indienne et critique des achats de pétrole russe, New Delhi s'en tient à plaider pour la diplomatie et la paix, se disant prête à jouer un rôle de médiation. En visite à Delhi en avril 2023, la secrétaire d'État ukrainienne aux Affaires étrangères a cherché à obtenir un appui indien, et sollicité une invitation de Volodymyr Zelensky au prochain sommet du G20. Mais le dossier majeur reste bien pour l'Inde l'avenir de la relation indo-russe. Une Russie affaiblie, instrumentalisée par la Chine pour mieux dénoncer l'ordre occidental, dessine un scénario peu favorable, New Delhi craignant un renforcement de l'hégémonie chinoise, en particulier dans les structures régionales ou multilatérales qui excluent les pays occidentaux : Organisation de coopération de Shanghai (OCS), que l'Inde préside en 2023, ou BRICS, qui semblent revivre dans le nouveau grand jeu mondial et que certains analystes décrivent comme un concurrent du G7, plusieurs pays souhaitant en devenir membres (Arabie Saoudite, Turquie, Égypte, Iran entre autres, l'Iran devenant par ailleurs, en 2023, membre de l'OCS).

L'« amitié indo-russe » reste célébrée, mais les messages indiens s'autonomisent. En marge de la réunion de l'Organisation de coopération de Shanghai à Samarcande, en septembre 2022, Narendra Modi affirmait à Vladimir Poutine : « Ce n'est pas le temps de la guerre » ; trois mois plus tard, il annulait la rencontre annuelle entre les deux hommes, prévue à Moscou. L'Inde, qui préside aussi le G20 en 2023, a peu apprécié que Pékin et Moscou bloquent par deux fois les déclarations conjointes des ministres des Finances et des Affaires étrangères : en cause, deux paragraphes se référant à l'Ukraine en reprenant des textes onusiens et la citation de Samarcande. À la réunion des ministres des Affaires étrangères de l'OCS, en mai 2023 à Goa, le ministre indien a dans son allocution d'ouverture de nouveau mentionné le « respect de la souveraineté et de l'intégrité territoriale » comme un principe clé, tout en accueillant chaleureusement son homologue Sergueï Lavrov…

***

Membre du Quad et de l'OCS, l'Inde pratique, comme de nombreux pays, un délicat jeu d'équilibre, sans vouloir s'enfermer dans un camp, occidental ou anti-occidental. La question, diplomatique et stratégique, est aussi économique. L'Inde, qui avait renoncé en 2019 à adhérer à l'accord de libre-échange du Partenariat économique régional global (RCEP), à son gré trop dominé par la Chine, s'est dite prête à investir davantage dans le Forum économique oriental, cher à Moscou, alors même qu'elle est partenaire du Cadre économique indopacifique pour la prospérité (IPEF), lancé par Joe Biden en mai 2022. Asie-Pacifique promue par Pékin et Moscou d'un côté, Indo-Pacifique au-delà du Quad de l'autre…

In fine, nombre d'observateurs indiens s'interrogent sur l'avenir de la relation indo-russe, certains la jugeant toujours nécessaire, quand beaucoup d'autres pensent qu'elle va aller s'amoindrissant[1]. Côté russe, si les discours officiels vantent le partenariat avec l'Inde tout en condamnant le Quad, de bons connaisseurs de l'Inde mesurent les divergences croissantes, tout en espérant que sous présidence indienne, le G20 comme l'OCS offrent « le bon moment pour que la Russie se reconnecte avec monde – si Moscou se libère des ombres du passé et s'ouvre aux idées nouvelles »[2]. Ce qui n'est pas, pour l'heure, l'agenda du Kremlin… Le jeu d'équilibre indien devrait donc se poursuivre, fût-ce avec des inflexions : c'est la règle, quand la quête de puissance doit jouer la carte de la multipolarité.

J.-L. R.

Pour en savoir plus

- C. Rekha, *India-Russia Post Cold War Relations. A New Epoch of Cooperation*, Abington & New York, Routledge, 2017.
- A. Singh, *Russia-Ukraine War. The Conflict and Its Global Impact*, New Delhi, Pentagon Press, 2023.
- N. Rao, « The Upside of Rivalry. India's Great Power Opportunity », *Foreign Affairs*, vol. 102, n° 3, mai-juin 2023.

1. N. Kapoor, « Russian Grand Strategy: Why It Stalls in Relations with India », *Russia in Global Affairs*, 21-1, 2023.
2. A. Zakharov, « The Multilateral Moment for India and Russia », Mumbai, *Gateway House*, 30 mars 2023.

Inde-Pakistan : une détente impossible ?

Des illusions perdues…

La rivalité indo-pakistanaise trouve ses racines dans le temps long, mais elle dépend aussi des évolutions conjoncturelles des deux acteurs. Les positions nationalistes du gouvernement indien, la crise interne pakistanaise, dans un contexte marqué par les pressions de Pékin, laissent mal augurer d'un rapprochement.

La réunion des ministres des Affaires étrangères de l'Organisation de coopération de Shanghai (OCS) qui s'est tenue à Goa les 4 et 5 mai 2023, a été vue comme l'occasion d'un rapprochement diplomatique indo-pakistanais. Après tout, une réunion des chefs d'État de l'OCS, en 2015, avait permis une rencontre entre Narendra Modi et Nawaz Sharif, ce qui avait fait renaître, un temps, l'espoir d'un dialogue bilatéral. À Goa, c'était la première fois depuis douze ans qu'un ministre des Affaires étrangères pakistanais allait se retrouver en Inde. Hélas, la réunion aura surtout été marquée par une joute verbale entre Bilawal Bhutto-Zardari et son homologue indien, Subrahmanyam Jaishankar. Les tensions ont été exacerbées par une attaque menée dans le Cachemire indien qui a entraîné la mort de cinq soldats, le 5 mai.

La rivalité indo-pakistanaise sur le temps long

Dans les deux pays, la fin de la guerre froide n'a pas entraîné une évolution de perception du voisin, jusqu'à aujourd'hui. L'Inde aspire toujours à être la puissance dominante en Asie du Sud, condition *sine qua non* pour être reconnue, à terme, comme une grande puissance. Et l'approche sécuritaire pakistanaise continue de voir cette ambition comme une négation de son propre droit à l'indépendance, voire de son droit à l'existence. Un sentiment renforcé par le fait que, par deux fois, l'Inde a totalement dominé le Pakistan militairement, et aurait même pu écraser son adversaire : en 1971, après la capitulation de l'armée pakistanaise dans ce qui allait devenir le Bangladesh (mais continuer la guerre aurait probablement provoqué l'intervention des Américains et des Chinois) ; et lors de la crise autour de l'opération Brasstacks, en 1987, exercice pendant lequel l'Inde mettait en avant sa supériorité conventionnelle, alors que son voisin n'avait pas encore acquis la bombe nucléaire (Rajiv Gandhi a alors refusé de prendre le risque d'une guerre).

Cette opposition classique entre États voisins et rivaux est renforcée par l'exacerbation des approches identitaires et par la dispute territoriale autour du Cachemire. On peut remarquer qu'aujourd'hui l'Inde et le Pakistan considèrent le territoire cachemiri comme occupé illégalement par l'autre. Et depuis le 5 août 2019, date de la révocation de l'autonomie du territoire cachemiri administré par l'Inde, l'idée d'un dialogue sur le sujet semble impossible. Enfin, dans les deux cas, et non sans raison[1], on accuse le voisin de soutenir des forces séparatistes/terroristes, mettant en danger la sécurité, voire l'intégrité territoriale du pays.

L'opposition indo-pakistanaise est également consolidée par un autre acteur, la Chine. Les tensions frontalières sino-indiennes, le fait que l'Inde s'aligne sur les Américains dans la mesure où elle veut s'opposer à Pékin, renforcent plus encore les liens sino-pakistanais. On en a eu un nouvel exemple le 8 mai 2023, avec la visite de l'amiral Muhammad Amjad Khan Niazi à Pékin, à l'occasion de laquelle les Chinois ont affirmé leur désir d'aider à moderniser la marine pakistanaise. Une politique qui présente le double avantage de renforcer l'influence chinoise dans l'océan Indien, et de mettre sous pression le concurrent indien. Ce dernier comprend que le risque, à plus long terme, est que la prochaine guerre indo-pakistanaise soit une guerre sur deux fronts. En fait, c'est bien par le soutien offert par la Chine que le Pakistan reste une menace pour l'Inde, jusqu'à aujourd'hui.

La relation indo-pakistanaise aujourd'hui

Une analyse de la relation indo-pakistanaise actuelle ne peut guère être plus optimiste.

Certes, pendant la période 2020-2022, quelques éléments ont pu faire espérer une détente : en mai 2020, le Pakistan n'a pas profité des tensions à la frontière sino-indienne pour créer des difficultés pour New Delhi au Cachemire. En février 2021, les armées indienne et pakistanaise ont renouvelé le cessez-le-feu ayant apaisé la « ligne de contrôle » divisant le Cachemire entre les deux pays. En mars 2021, lors de l'Islamabad Security Dialogue (forum annuel sur les questions sécuritaires au Pakistan), le chef des armées et le Premier ministre ont appelé à un apaisement des tensions entre Inde et Pakistan. Des déclarations allant dans le sens du discours officiel de l'époque, qui insistait sur le fait qu'Islamabad avait fait le choix d'un pivot « géo-économique » dans sa politique étrangère. Et lorsque le Pakistan a été frappé par des inondations désastreuses pendant l'été 2022, le Premier ministre Modi a présenté ses condoléances.

Mais ces gestes, symboliques ou limités, n'ont pas débouché sur une authentique détente, s'étant heurtés aux différends insurmontables indo-pakistanais autour du Cachemire. Pour New Delhi, ce territoire relève des questions intérieures, le problème ne pouvant donc plus être associé à la relation indo-pakistanaise. Pour Islamabad, une authentique détente ne pourrait intervenir que si le gouvernement de Narendra Modi revenait sur sa décision de 2019. Un choix inacceptable pour le parti de ce dernier, le Bharatiya Janata Party (BJP), pour des raisons idéologiques, comme électorales.

1. Les liens troubles entre les services de renseignements pakistanais et les groupes djihadistes anti-indiens sont connus. Mais du côté indien également, on parle régulièrement d'utiliser les « lignes de fracture », notamment ethniques, au sein du Pakistan, pour déstabiliser l'ennemi héréditaire. C'est une position soutenue par Ajit Doval, conseiller à la Sécurité nationale du Premier ministre Modi.

Ce dernier point est particulièrement important : un dialogue avec les Pakistanais, forcément difficile et exigeant des compromis, serait risqué politiquement dans l'optique des élections parlementaires de 2024. Plus largement, il semblerait qu'un discours intransigeant face à Islamabad soit le choix du gouvernement Modi, pour faire oublier au public indien qu'à la frontière sino-indienne, depuis 2020, il aurait perdu jusqu'à 1 000 km^2 au profit de Pékin[2]. À New Delhi aujourd'hui, la Chine est considérée comme un authentique adversaire. En comparaison, le Pakistan constitue une nuisance assez importante pour susciter l'élan patriotique des électeurs, sans pour autant être considéré comme le danger sécuritaire principal. Tout cela renforçant la logique qui semble dominer à New Delhi sur le dossier pakistanais : *escalate to de-escalate*. Il s'agit d'imposer les préférences indiennes, jusqu'à l'emploi de la force de façon proportionnée, si nécessaire.

Cette logique explique les pressions indiennes en faveur d'une modification du Traité sur les eaux de l'Indus, depuis le 25 janvier 2023. Ce traité, signé en 1960 par la Banque mondiale et les deux pays sud-asiatiques, constituait le seul point relativement stable et positif dans la relation bilatérale. Il s'agit désormais pour New Delhi d'obtenir la possibilité de mener des projets hydroélectriques pouvant entrer en conflit avec les limites imposées par le traité. Ces projets donneraient en effet à l'Inde un plus grand contrôle sur les rivières, faisant craindre aux Pakistanais une limitation de leur accès à l'eau. La pression indienne sur ce sujet peut être vue soit comme le simple désir de faire plier Islamabad sur le sujet, soit comme une volonté d'utiliser cette question vitale pour le Pakistan pour obtenir à l'avenir d'autres concessions de son rival.

En bref, en 2023, Narendra Modi n'a aucun intérêt à rechercher une solution diplomatique aux tensions indo-pakistanaises. Une logique renforcée par la crise politique qui agite actuellement le Pakistan.

La crise politique pakistanaise vue de New Delhi

En fait, le Pakistan connaît aujourd'hui une double crise politique : dans la capitale elle-même, avec des élites qui se disputent le pouvoir, et une opposition populiste qui utilise la rue pour se faire entendre ; mais aussi dans ses périphéries, avec un risque séparatiste et terroriste qu'on aurait tort de sous-estimer, à la frontière afghano-pakistanaise et au Baloutchistan. Que signifie cette instabilité généralisée pour l'Inde ?

Pour certains à New Delhi, l'instabilité pakistanaise est inquiétante. L'armée pakistanaise peut certes être considérée comme hostile, mais il s'agit d'un acteur rationnel, même vu de New Delhi. En revanche, un Pakistan menacé d'écroulement pourrait se voir dominé, à terme, par des radicaux tentés de reconstruire une unité nationale aux dépends de l'Inde. Autre hypothèse : un État trop affaibli pourrait impliquer une plus grande capacité, pour des forces non étatiques, à frapper l'Inde à partir du Pakistan.

Mais selon d'autres points de vue, il y a bien sûr une certaine satisfaction à voir l'ennemi héréditaire en mauvaise posture. À la droite de l'échiquier politique

2. S. Bajpai, « For Now, India Has a Limited Appetite for Diplomacy with Pakistan », *The Diplomat*, 23 février 2023.

indien, qui soutient le gouvernement de Narendra Modi, on considère que l'affaiblissement durable d'un Pakistan stabilisé – ayant toujours été une source de guerre et de terrorisme – ne pose pas de problème. Une approche qui n'est pas étonnante, si l'on prend en compte le désir de reprendre le contrôle du Cachemire administré par le Pakistan, évoqué ci-dessus. Le 1er mai 2023, lors d'une visite au Royaume-Uni, le ministre indien Jitendra Singh a ouvertement affirmé qu'il s'agissait là d'un des objectifs de son gouvernement. Et il ne faisait en l'occurrence que reprendre un discours déjà entendu dans la bouche du ministre de la Défense Rajnath Singh, affirmant les droits indiens sur l'Azad Cachemire et sur le Gilgit-Baltistan, le 27 octobre 2022. Un objectif géopolitique qui pourrait devenir réalisable avec un Pakistan durablement affaibli.

La crise politique pakistanaise apporte à l'Inde trois gains de court terme :

- Les principaux acteurs politiques pakistanais sont désormais trop divisés pour qu'Islamabad puisse constituer un réel danger sécuritaire pour l'Inde, ou brider son influence régionale, dans un avenir proche ; et la crise politique aux périphéries, avec des forces séparatistes violentes, pourrait même détourner les élites pakistanaises de la question cachemirie.
- Plus important encore, le chaos actuel rend Islamabad bien moins dangereux dans le scénario d'une guerre conventionnelle, surtout dans le cadre d'une possible guerre sur deux fronts, déjà évoquée[3].
- Enfin, le chaos politique pakistanais peut produire un discours anti-occidental, un environnement plus instable, voire la montée en puissance de forces radicales, y compris terroristes : autant d'atouts pour une diplomatie indienne qui souhaite un isolement international du Pakistan.

En bref, la crise politique récente dans laquelle a sombré le Pakistan est bien une bonne nouvelle pour New Delhi.

***

Le jeu est donc toujours à somme nulle entre l'Inde et le Pakistan. Et la situation générale actuelle rend l'hypothèse d'une détente peu probable. Dans ce cadre, penser qu'une crise pourrait ne pas dangereusement réchauffer la « guerre froide » indo-pakistanaise s'avère un vœu pieux : une donnée qui devrait être prise en compte sérieusement par les diplomaties française et européenne en Asie du Sud.

D. C.

Pour en savoir plus

- F. H. Khan, *Subcontinent Adrift. Strategic Futures of South Asia*, New York, Cambria Press, 2022.
- S. Mohan, *Complex Rivalry. The Dynamics of India-Pakistan Conflict*, Ann Arbor (Michigan), University of Michigan Press, 2022.
- A. Pande (ed.), *Routledge Handbook on South Asian Foreign Policy*, New York, Routledge, 2022.

3. R. Rajagopalan, « Pakistan Is an Insecure State, not a Failed One. Its Crisis Gives India a Breather », *The Print*, 24 avril 2023.

L'Inde et l'Union européenne

Des opportunités multiples encore sous-exploitées

De nombreuses opportunités de coopération, notamment dans le domaine économique, s'offrent à l'Union européenne et à l'Inde, après des décennies de sous-exploitation. Ces perspectives, riches en particulier dans le domaine commercial, s'inscrivent désormais dans des analyses parallèles des défis posés dans l'Indo-Pacifique, entre autres par la montée en puissance chinoise, et des possibilités d'action commune, y compris dans le domaine de la défense.

En 2022, l'Inde et l'Union européenne (UE) ont fêté les soixante ans de leur relation bilatérale. Cette relation, commencée en 1962 entre l'Inde et la Communauté économique européenne, a été érigée au rang de partenariat stratégique en 2004. En dépit de cette décision, les nombreuses opportunités offertes par ce partenariat sont restées très longtemps sous-exploitées, du fait de divergences sur les questions commerciales, et d'un déficit d'engagement politique de l'UE en Asie.

Le contexte actuel, marqué par la compétition sino-américaine, le développement de nouvelles coopérations en Indo-Pacifique, et le renforcement de l'unité européenne sur les questions géopolitiques, ouvre une nouvelle fenêtre d'opportunités pour renverser la tendance dans la relation bilatérale. L'UE comme l'Inde partagent un ensemble de valeurs et une vision commune d'un ordre international fondé sur les règles de droit. Les deux parties cherchent également à diminuer leur dépendance en matière de technologies critiques et à renforcer leur autonomie stratégique.

Depuis ces cinq dernières années, on constate ainsi une évolution significative de la relation entre l'Inde et l'UE. Elle est notamment marquée par la relance des négociations sur un accord de libre-échange en 2021, et par le renforcement du dialogue sur les questions de sécurité en Indo-Pacifique. On revient ici plus en détail sur l'évolution de cette relation, lancée principalement dans le domaine économique et commercial, et qui pourrait prendre dès aujourd'hui une envergure politique nouvelle dans l'espace indopacifique.

Un partenariat de plus en plus tourné vers l'Indo-Pacifique

Au début des années 1990, la fin de la guerre froide offre aux deux partenaires l'occasion de revoir leurs relations extérieures. En 1994, l'UE et l'Inde signent un accord-cadre de coopération afin de promouvoir leurs relations bilatérales. En dépit de cette évolution, la politique de l'UE se focalise alors principalement sur la Chine. L'Inde n'est envisagée que dans le contexte de la lutte contre la pauvreté et à travers le soutien de l'Union à sa transition vers une économie de marché.

C'est seulement dans les années 2000 que Bruxelles prend véritablement en compte le potentiel de l'Inde comme puissance internationale. La mise en place d'un partenariat stratégique en 2004 témoigne de la reconnaissance par l'UE de l'émergence économique et politique de l'Inde sur la scène internationale, et permet l'institutionnalisation de la relation autour de sommets bilatéraux réguliers. À partir des années 2010, l'intérêt géopolitique de l'UE pour l'Inde s'affirme, notamment dans le contexte de la montée en puissance de la Chine. Cette dernière est qualifiée en 2019 pour la première fois par l'UE de « rivale systémique ». En 2018, l'UE élabore une stratégie pour l'Inde, et les deux parties adoptent une feuille de route UE-Inde à l'horizon 2025, lors du sommet bilatéral de 2020. La politique indienne de l'UE s'inscrit désormais dans le contexte plus large de sa stratégie indopacifique adoptée par la Commission européenne en septembre 2021, et de sa Boussole stratégique, rendue publique en mars 2022. Dans ces deux documents, l'UE affirme son ambition de jouer un rôle plus actif dans la sécurité de l'Indo-Pacifique, et l'Inde est identifiée comme un partenaire principal de cette politique.

De fait, il existe aujourd'hui une forte convergence d'intérêts entre l'Inde et l'UE en Indo-Pacifique. Les deux parties sont inquiètes du poids croissant de la Chine dans la région, et souhaitent notamment renforcer leur partenariat stratégique afin de promouvoir un espace libre, ouvert et inclusif, ainsi qu'une zone de concurrence loyale. Comme nous le verrons plus loin, les perspectives de coopération sont nombreuses, en particulier dans les domaines de la connectivité, de la sécurité maritime, de l'énergie et du climat.

Si les capitales européennes ont d'abord fortement critiqué le refus indien de condamner l'invasion russe en Ukraine depuis 2022, cela n'a pas entravé la dynamique de rapprochement entre les deux partenaires. L'UE cherche au contraire aujourd'hui à montrer à l'Inde qu'elle peut être un partenaire géopolitique sérieux, qui peut contribuer à son autonomie stratégique et au renforcement de la sécurité en Indo-Pacifique.

Une relation commerciale riche, mais ralentie dans les années 2010

L'UE est aujourd'hui le troisième partenaire commercial de l'Inde et représente 10,8 % du commerce de l'Inde en 2023, derrière les États-Unis et la Chine[1]. L'Inde est seulement le dixième partenaire commercial de l'UE, représentant 2,1 % de son

1. « EU trade relations with India. Facts, figures and latest developments », Commission européenne.

commerce, loin derrière la Chine (16,2 %) et les États-Unis (14,7 %). Les échanges de biens et de services de l'UE avec l'Inde ont considérablement augmenté au cours de la dernière décennie. Les échanges de marchandises entre les deux économies sont dominés par les produits industriels. Le commerce des services se concentre sur les domaines du transport, de l'information, de la communication et des services aux entreprises. En matière d'investissements directs, l'UE est l'un des principaux investisseurs étrangers en Inde, avec Maurice, Singapour, les États-Unis et le Royaume-Uni.

En dépit de l'ampleur des échanges bilatéraux, le potentiel de ces derniers n'a toutefois pas été pleinement exploité. Pour corriger cette situation, l'Inde et l'UE ont amorcé en 2005 des négociations pour la signature d'un accord de libre-échange. Ces dernières ont toutefois été suspendues en 2013, en raison de trop nombreux points de désaccords entre les deux parties. Au nombre de ceux-ci, on retrouve les barrières tarifaires appliquées par l'Union européenne dans le domaine de l'agriculture, la fermeture du commerce des services en Inde, les exigences européennes en matière de visas pour les voyageurs d'affaires indiens, et la question du droit du travail en Inde.

À ces points de contentieux s'est ajoutée une relative fermeture du marché indien dans les années 2010. Le gouvernement du Premier ministre Narendra Modi, au pouvoir depuis 2014, a mis en place une politique plutôt réticente quant à l'intégration de l'Inde sur le marché mondial. Elle s'est traduite par une révision (et dans certains cas une renégociation) des accords de libre-échange existants, l'annulation de la majorité des traités d'investissement bilatéraux de l'Inde, et le retrait des négociations sur le Partenariat économique régional global en novembre 2019[2]. La tendance à la baisse constante des droits de douane depuis 1991 a également été inversée. Après sa deuxième victoire aux législatives de mai 2019, le Premier ministre a encore davantage insisté sur l'autonomie nationale. Sur le plan multilatéral, l'Inde est l'un des pays les plus actifs dans la saisie de l'Organe de règlement des différends de l'Organisation mondiale du commerce, et la majorité des différends ainsi exprimés par l'Inde concernent les États-Unis et l'UE.

Une forte volonté politique mutuelle de relancer les négociations commerciales

Lors de leur sommet bilatéral de mai 2021, l'UE et l'Inde se sont engagées à reprendre les négociations sur un accord de libre-échange. Un conseil commercial et technologique a également été mis en place en février 2023. Il vise à explorer des opportunités dans plusieurs domaines : la résilience des chaînes de valeur, l'accès aux marchés, le filtrage des investissements et les questions commerciales multilatérales.

Pour le gouvernement Modi, la recherche d'un tel accord constitue un changement significatif par rapport à sa politique antérieure. L'Inde souhaite aujourd'hui sortir de son isolement, sécuriser et diversifier ses sources d'approvisionnement, ouvrir de nouveaux marchés d'exportation, et attirer de nouveaux capitaux et de

2. Il s'agit d'un projet d'accord de libre-échange entre quinze pays de l'océan Pacifique.

nouvelles technologies. Pour l'Inde comme pour l'UE, un motif politique important est la réduction de la dépendance économique et technologique à l'égard de la Chine. Quant à l'UE, après avoir conclu un certain nombre d'accords commerciaux en Asie, notamment avec le Japon, la Corée du Sud, Singapour et le Vietnam, elle recherche encore l'accès à un grand marché. Le Brexit a également eu un impact important sur la relation entre l'Inde et l'UE, en diminuant le volume du commerce ainsi que les Investissements directs étrangers (IDE) en Inde (la Grande-Bretagne représentait, avant le Brexit, près de la moitié de l'ensemble du stock d'IDE de l'UE en Inde).

La nouvelle tentative de négociation d'un accord de libre-échange devra surmonter les problèmes qui avaient entraîné la suspension des négociations en 2013, et l'accord ne verra sans doute pas le jour avant 2024. Afin de faciliter la conclusion de l'accord, il a été décidé que les négociations dans les domaines du commerce, de la protection des investissements et des indications géographiques seraient menées séparément, et non sous forme de volets d'un seul accord global. Compte tenu des divergences existantes, il faudra beaucoup de souplesse pour que les deux parties parviennent à une conclusion viable dans ces négociations.

Par ailleurs, l'Inde est encore considérée par nombre de compagnies européennes comme un marché difficile, en raison des différences réglementaires existant d'un État fédéré à un autre, des droits de douane élevés, de l'absence d'une politique globale de passation des marchés publics, et de la multitude de normes réglementaires édictées par plusieurs organismes. À Bruxelles, on espère toutefois que les négociations pour l'accord de libre-échange soient une opportunité d'inciter l'Inde à réformer ses politiques internes.

Intérêt économique, intérêt géopolitique

L'UE est aujourd'hui consciente de la nécessité de maintenir un dialogue économique fluide avec New Delhi, non seulement en raison de la taille considérable et croissante de son marché, mais aussi pour des raisons géopolitiques. Dans le contexte de la compétition sino-américaine, le renforcement des liens commerciaux entre l'UE et l'Inde peut ouvrir des opportunités de protection mutuelle à l'égard des influences extérieures, par la promotion des innovations et l'élaboration de nouveaux cadres réglementaires[3]. Les technologies militaires, les technologies critiques et la restructuration des chaînes d'approvisionnement sont des domaines où les dépendances jouent un rôle majeur, et où les nombreuses opportunités de coopération bilatérale n'ont pas encore été saisies. L'UE cherche ainsi à encourager l'Inde à jouer un rôle plus grand dans la diversification de ses chaînes d'approvisionnement stratégiques pour les produits critiques tels que les semi-conducteurs, les batteries et les produits pharmaceutiques. Dans le domaine de la défense, des potentiels de coopération existent dans la recherche quantique, les systèmes de drones et la recherche spatiale. Toutefois, les disparités entre les États membres de l'UE en ce qui concerne le transfert de technologies de pointe, notamment dans le domaine de la défense et du contrôle export, constituent un frein au développement de la coopération bilatérale.

3. V. Kranenburg, M. Okano-Heijmans (dir.), *How Strategic Tech Cooperation Can Reinvigorate Relations between the EU and India*, Clingendael Report, janvier 2023.

Des développements prometteurs en Indo-Pacifique

L'Inde joue un rôle central dans les stratégies indopacifiques des principaux États membres de l'UE et du Service d'action extérieure de l'UE. Les visions indopacifiques de ces pays sont relativement convergentes, et ouvrent la voie à de multiples opportunités de coopération.

Dans le domaine de la sécurité maritime, les deux partenaires accordent une importance similaire à la défense de la liberté de navigation. L'UE est parvenue à développer de nombreux projets concrets dans l'océan Indien, et entretient un dialogue avec l'Inde sur ces sujets depuis janvier 2021. Grâce à son programme CRIMARIO, d'abord développé dans le sud de l'océan Indien puis étendu en 2021 à l'Asie du Sud et à l'Asie du Sud-Est, l'UE souhaite contribuer à renforcer la connaissance du domaine maritime, et coopère avec le Centre de fusion de l'information ouvert par l'Inde en 2018. Depuis 2008, l'UE et l'Inde ont renforcé leur coopération en matière de lutte contre la piraterie. En 2018, la marine indienne a ainsi escorté pour la première fois un navire du Programme alimentaire mondial en Somalie, en soutien à l'opération Atalante de l'UE. La marine indienne a également participé à de nombreuses saisies de drogues dans l'océan Indien.

Le lancement par l'UE, en février 2022, de patrouilles maritimes coordonnées dans le nord de l'océan Indien, offre également des perspectives de coopération navale accrue. Enfin, l'UE et l'Inde soutiennent le renforcement des organisations multilatérales traitant des enjeux de sécurité maritime, tels l'*Indian Ocean Naval Symposium* (IONS), l'*Indian Ocean Rim Association* (IORA) ou la Commission de l'océan indien (COI).

En cohérence avec sa stratégie *Global Gateway* lancée en décembre 2021, l'UE a mis en place en 2022 un partenariat avec Delhi dans le domaine de la connectivité. Ce partenariat vise à déployer des projets soutenables économiquement, fiscalement, environnementalement et socialement, dans les domaines des transports, du numérique, de l'énergie et des relations entre personnes. Le secteur privé est invité à jouer un rôle clé dans le développement de ce partenariat. La Banque européenne d'investissement a, par exemple, investi 550 millions d'euros dans les projets de développement des métros des villes indiennes de Pune et Bhopal. L'UE cherche également à investir dans le développement portuaire du pays. Dans le domaine du numérique, l'Inde et l'UE partagent des préoccupations communes concernant la gouvernance et la sécurité des données, et souhaitent éviter une trop grande dépendance par rapport au fournisseur chinois Huawei. Les deux parties sont donc en discussion pour établir des normes communes sur la 5G.

Le partenariat bilatéral entre l'UE et l'Inde vise également à développer des projets d'infrastructures dans des pays tiers, en particulier en Afrique, en Asie centrale et dans la région indopacifique. Toutefois, cette ambition demeure encore aujourd'hui à l'état exploratoire, et ne saurait rivaliser avec les projets chinois mis en place dans le cadre des Nouvelles routes de la soie (*Belt and Road Initiative*).

Autre secteur de coopération en discussion, celui de la santé, identifié par Bruxelles dans sa stratégie indopacifique comme « nouveau domaine crucial de coopération », en raison de la nécessité de sécuriser les approvisionnements médicaux, et de diversifier les chaînes d'approvisionnement industrielles. L'Inde, qui est le premier fournisseur de médicaments au monde, apparaît comme un partenaire clé dans ce domaine.

Enfin, le climat constitue également un domaine prometteur pour l'approfondissement des liens bilatéraux entre l'UE et New Delhi. Les objectifs ambitieux de Modi en matière d'énergies renouvelables dans son pays, et l'activisme de l'Inde sur ce sujet au niveau multilatéral ont eu un impact positif sur l'engagement de New Delhi auprès de l'Europe. L'Inde a notamment été à l'initiative de l'Alliance solaire internationale, fondée avec la France, et de la Coalition pour les infrastructures résilientes face aux catastrophes. L'UE cherche à renforcer les projets de coopération avec les deux instances. Par ailleurs, une feuille de route bilatérale sur le climat et l'énergie, signée en juillet 2020, met l'accent sur la finance verte et le développement de technologies propres. Enfin, la dépendance de l'Europe et de l'Inde à l'égard des importations d'énergie a été mise en évidence par la crise ukrainienne, et les deux parties sont désormais encore plus désireuses d'investir dans des solutions alternatives aux importations d'hydrocarbures.

***

Tous ces domaines offrent des perspectives de coopération très riches entre l'UE et l'Inde. Les défis à venir seront, outre la poursuite et l'achèvement des négociations sur l'accord de libre-échange, la mise en œuvre concrète des projets identifiés en Indo-Pacifique, notamment dans le domaine des infrastructures et de la connectivité. Pour cela, l'UE pourrait se greffer sur d'autres initiatives existant dans l'espace indopacifique, et poussées notamment par le dialogue quadrilatéral entre l'Inde, les États-Unis, le Japon et l'Australie.

Enfin, si la question des droits de l'homme est pour l'heure mise de côté par l'UE, elle pourrait être remise à l'agenda en cas de détérioration de la situation politique en Inde. Cela pourrait entraîner un ralentissement du rapprochement entre les deux partenaires, en raison de la réticence très forte de l'Inde à toute critique portant sur sa politique intérieure.

M. L.

Pour en savoir plus

- P. Gieg (dir.), *EU-India Relations: The Strategic Partnership in the Light of the European Union Global Strategy*, Cham, Springer International Publishing, 2021.
- H. Günther Hilpert (*et al.*), *Negotiations on a Free Trade Agreement between India and the EU Ambitions, Expectations, Obstacles, and Incentives*, Berlin, SWP Comment, n° 11, 21 février 2023.
- E. Kirchner (*et al.*), *The Palgrave Handbook of EU-Asia Relations*, Londres, Palgrave Macmillan, 2013.

Démocratie indienne : la pente illibérale

2024 : vers des élections décisives

Centralisation et personnalisation du pouvoir, réécriture de l'histoire au nom de la « nation indienne », limitation des contre-pouvoirs, attaques sur l'opposition et sur les États fédérés d'opposition : le pouvoir du BJP s'installe dans une dérive censée lui garantir une nouvelle victoire. L'unité de l'opposition, qui seule pourrait lui dénier cette victoire, s'avère problématique, le parti du Congrès ayant, en dépit de ses récents efforts, largement perdu en crédibilité.

En avril et en mai 2024, le Premier ministre Narendra Modi remettra en jeu son mandat. En 2014 et en 2019, il a conduit à la victoire son parti, le BJP (Bharatiya Janata Party), en lui offrant la majorité absolue à la chambre basse du Parlement indien. En neuf ans, le nationalisme hindou a fait des progrès considérables dans la société où toute forme de dissidence court désormais le risque d'être qualifiée d'« antinationale ». Ces deux mandats ont vu « la plus grande démocratie du monde » évoluer sensiblement vers un régime illibéral.

L'omniprésence de Narendra Modi

Son image est partout : sur les affiches aux abords des routes, sur les unes des journaux, dans les publicités achetées par les pouvoirs publics, dans les placards publicitaires des grandes entreprises, et sur les chaînes d'information continue. Le G20, dont l'Inde a assuré la présidence en 2023, a également été l'occasion de déployer dans les villes et sur les routes des bannières représentant le visage tourné vers l'avenir de Narendra Modi.

En novembre 2022, lors des élections régionales en Himachal Pradesh, le Premier ministre déclarait : « Inutile de vous rappeler les noms des candidats du BJP : votez pour le lotus [symbole du BJP] et vos voix iront à Modi. » Dans les États où se tiennent des élections, il multiplie les inaugurations.

La popularité de Modi est réelle, avec un taux de satisfaction de 78 %. Se voulant au-dessus des contingences de la politique locale, il laisse à ses lieutenants le soin de descendre dans l'arène pour combattre les oppositions, même si, assez régulièrement, il s'en prend à la famille Nehru-Gandhi.

C'est donc un véritable culte de la personnalité qui s'est mis en place. Lors de l'état d'urgence (1975-1977), un président du parti du Congrès affirmait : « L'Inde est Indira et Indira est l'Inde. » Le même phénomène est à l'œuvre pour Narendra Modi. Si le BJP est désormais sous la tutelle de Modi qui, en retour, lui apporte une popularité que n'a pas réussi à conserver son parti, c'est très largement l'œuvre de son bras droit Amit Shah, que Modi a placé à la tête du BJP en 2014 avant d'en faire son ministre de l'Intérieur après les élections de 2019. Au pouvoir, le BJP attire sans difficulté les financements des grandes entreprises (comme autrefois le parti du Congrès). On estime généralement qu'à lui seul, il a recueilli plus de dons que l'ensemble des autres partis réunis.

À l'instar du RSS[1] dont est issu Narendra Modi, le BJP a pour ambition de faire de l'Inde un *hindu rashtra* (une nation hindoue). C'est ainsi que le gouvernement fait ériger un temple à Ayodhya, sur l'emplacement même de la mosquée détruite par des extrémistes hindous en décembre 1992.

Alors que les États-BJP de la *Hindi Belt* ont multiplié les lois réprimant l'abattage de la vache et les mariages interreligieux, les succès du BJP dans plusieurs États où les chrétiens sont nombreux, dans le Nord-Est ou à Goa, ont conduit à des compromis acrobatiques avec la doctrine. Dans ces États, la consommation de viande de bœuf est autorisée. La volonté de Narendra Modi de percer dans le Sud, qui continue à résister au nationalisme hindou, l'a conduit à des gestes inhabituels à l'approche des élections. À Pâques 2023, il a rendu visite à la cathédrale du Sacré-Cœur de Delhi. En février, il avait participé à l'inauguration d'un centre culturel des musulmans Bohras – une branche du chiisme indien. Mais ces concessions ponctuelles ne font pas renoncer le BJP à son prochain objectif majeur : un Code civil uniforme qui mettrait fin aux lois sur le statut personnel des minorités, notamment des musulmans.

Réviser l'histoire

Le combat du BJP passe par une bataille mémorielle pour s'assurer du contrôle du passé. Cela tient à deux axes majeurs : la réécriture des manuels d'histoire et la redéfinition des héros de l'indépendance. Modi et Shah ont multiplié les discours mettant en cause une histoire officielle « concoctée », minorant le rôle de l'Inde et conduisant à un sentiment d'infériorité, et qu'il serait donc urgent de réécrire.

L'organisme du ministère de l'Éducation chargé de la rédaction des manuels ne s'est pas arrêté à des demi-mesures. Des chapitres entiers sur la période de l'empire moghol ont été supprimés ; les conditions de l'accession du Cachemire à l'Union indienne (l'autonomie de l'État) sont omises ; ainsi que l'appartenance de l'assassin du Mahatma Gandhi à la mouvance extrémiste hindoue.

De même, les figures historiques qui ont mené l'Inde à l'indépendance ne sont pas, aux yeux des autorités, celles qui ont jusqu'à présent été mises en avant. Jawaharlal Nehru, premier chef du gouvernement de 1947 à 1964, est présenté comme le responsable de la plupart des maux actuels du pays, et son rôle dans la lutte contre les Britanniques comme négligeable. Gandhi est réduit à une icône de la campagne

1. Le Rashtriya Swayamsevak Sangh (RSS), organisation des volontaires nationaux, est un mouvement de masse fondé en 1925, dont l'idéologie nationaliste hindoue (*hindutva*) est la matrice idéologique du BJP.

pour la propreté de l'Inde actuelle, et son assassin Nathuram Godse couvert d'éloges par nombre de responsables du BJP. En revanche, Vallabhbhai Patel, ministre de l'Intérieur beaucoup plus conservateur politiquement que Nehru, a été pratiquement annexé par le pouvoir actuel, tout comme Subhas Chandra Bose, ancien président du Congrès qui s'opposait à la stratégie non violente de Gandhi, ainsi que Bhagat Singh, jeune marxiste pendu par les Britanniques en 1923 pour avoir lancé une bombe dans l'Assemblée législative. Enfin, le théoricien de l'*hindutva*, V. D. Savarkar, qui n'a pas participé à la lutte contre les Anglais, est désormais promu au rôle de héros de la lutte pour l'indépendance.

Annoncée comme inexorable, la marche vers une troisième victoire de Narendra Modi est cependant venue buter sur une difficulté inattendue : la publication fin janvier d'un rapport mettant en cause le groupe dirigé par Gautam Adani, deuxième fortune mondiale à l'époque, accusé de faire racheter ses actions par des sociétés écran domiciliées à l'étranger pour gonfler les cours, afin de garantir un surendettement auquel le groupe ne pourrait en réalité faire face. La panique qui s'est ensuivie a fait brutalement chuter le cours de ses actions. Or, la fortune financière de Gautam Adani, originaire du Gujarat, est très étroitement corrélée à la fortune politique de Narendra Modi.

Les contre-pouvoirs à la peine

Narendra Modi projette une image d'invincibilité que rien ne semble pouvoir atteindre. À cette fin, tous les moyens sont mobilisés pour décourager les opposants politiques, les organisations non gouvernementales (ONG) ou les médias qui pourraient ternir son aura.

Le gouvernement recourt abondamment à toute une panoplie de lois d'exception. Certaines, telle la loi sur la sédition, remontent à la période coloniale. D'autres, plus récentes, ont été adoptées lorsque le parti du Congrès était aux affaires – il en faisait également un large usage contre l'opposition. Les autorités actuelles ont démultiplié l'usage de textes privant le plus souvent les suspects du droit à une libération sous condition dans l'attente d'un procès qui peut intervenir des années plus tard, voire pas du tout. Le taux de condamnation est faible, « la punition est le processus lui-même ».

Pour intimider, le pouvoir central s'appuie sur plusieurs agences gouvernementales aux pouvoirs étendus : le Central Bureau of Investigation (CBI), la National Intelligence Agency (contre-espionnage), l'Enforcement Directorate (répression des fraudes), l'Income Tax Department (fisc), etc. Ces organismes perquisitionnent ou arrêtent en priorité des opposants réels ou présumés, plus rarement des membres du parti majoritaire.

Depuis 2014, la plupart des grands médias ont été rendus inoffensifs : leurs propriétaires sont le plus souvent des industriels dépendant de contrats publics, et la publicité d'État représente une part significative des revenus des journaux, ce qui rend leurs dirigeants réceptifs à la suggestion appuyée en haut lieu de changer tel rédacteur en chef qui a déplu. Certes, les pages « opinions » des journaux publient des tribunes critiques, mais le plus souvent flanquées d'une autre tribune signée d'un ministre ou d'un dirigeant du BJP. Quant aux chaînes d'information télévisées, elles sont presque toutes acquises au pouvoir. Plusieurs journalistes indiens ont aussi été poursuivis, voire emprisonnés sous divers motifs (infraction à la législation sur le change, incitation à la haine contre les castes ou les religions), avant d'être libérés, souvent longtemps après, par les tribunaux.

La presse internationale est également sous surveillance, les articles critiques des journaux anglo-saxons suscitant de vives réactions de dirigeants qui les accusent de motivations cachées et d'agir pour l'opposition. Lorsque la BBC a, en janvier 2023, mis en cause dans deux magazines le rôle de Narendra Modi dans les émeutes meurtrières de 2022 et sa gouvernance depuis 2014, les réseaux sociaux ont reçu l'ordre de retirer tous les messages comportant un lien vers ces programmes non diffusés en Inde. Quelques semaines plus tard, la brigade financière a effectué une longue perquisition dans les bureaux de Delhi de la BBC, et en avril l'Enforcement Directorate ouvrait une procédure pour « infraction à la législation sur les changes ».

Les réseaux sociaux sont également dans le collimateur : une loi de 2021 donne au gouvernement des pouvoirs étendus pour demander aux opérateurs le retrait de messages. Alors qu'elle n'est pas encore formellement entrée en vigueur, un nouvel amendement de début 2023 confère au Bureau d'information du gouvernement la responsabilité de vérifier les faits et, en cas de fausse nouvelle (ou jugée telle) d'en ordonner le retrait de Twitter, Facebook, etc., sous peine d'emprisonnement du responsable légal du réseau en Inde.

Les restrictions draconiennes apportées par le FCRA (Foreign Contribution Regulation Act) ont d'autre part permis d'asphyxier financièrement plusieurs milliers d'ONG recevant des subventions de l'étranger, la plupart dans les domaines de l'environnement (Greenpeace), des droits de l'homme (Amnesty India) ou de l'action sociale (Oxfam).

Alors que la plupart des organismes constitutionnels indépendants sont désormais dirigés par des proches du gouvernement, l'institution judiciaire apparaît aux opposants comme la seule digue s'interposant entre les autorités et la répression. C'est d'abord la Cour suprême, aux attributions très étendues, qui joue ce rôle : elle est donc perçue, tant par le pouvoir que par l'opposition, comme le premier opposant au gouvernement. Ce dernier a choisi le bras de fer, refusant de procéder à la nomination de centaines de magistrats, paralysant ainsi le fonctionnement normal de la justice.

Comme dans tout régime parlementaire, si le gouvernement peut compter sur une majorité absolue, le pouvoir législatif lui est, de fait, subordonné. Contrairement à ses prédécesseurs immédiats, qui gouvernaient en coalition et dépendaient du bon vouloir de leurs alliés, le BJP a les mains libres pour faire adopter les textes qu'il souhaite, la seule contrainte étant leur possible censure par la Cour suprême.

Les pouvoirs du Parlement, constitutionnellement importants, ont une autre limite : la courte durée des sessions parlementaires. En outre, les tensions entre gouvernement et opposition se traduisent fréquemment par l'obstruction de la part de l'opposition, ou un refus des ministres de répondre aux questions des parlementaires. En février 2023, la mise en cause par Rahul Gandhi de la proximité entre Modi et Adani s'est heurtée non seulement au silence du Premier ministre, mais ses propos ont été censurés par le président de l'Assemblée et ne figurent pas au compte rendu de la séance. Le tumulte qui s'est ensuivi a conduit à l'adoption du budget sans débat.

L'opposition : une unité indispensable mais impossible ?

Face au rouleau compresseur, l'opposition n'a d'autre choix que de s'unir si elle veut éviter une troisième victoire du BJP aux élections du printemps 2024. Mais il lui faut surmonter ses profondes divisions, ses rivalités, les faiblesses internes des différentes familles politiques, et choisir le leader de la coalition.

Le parti du Congrès pourrait être un candidat naturel, mais il ne l'est plus. D'une part, la coalition menée par Rahul Gandhi a échoué à deux reprises ; d'autre part, le Congrès n'est plus que l'ombre de ce qu'il fut. Sur 31 États et territoires de l'Union, il n'en dirige plus que quatre (et est en coalition dans trois autres). En outre, l'accusation martelée par Modi selon laquelle le parti est dirigé par une dynastie qui ne rendrait de comptes à personne a laissé des traces dans l'opinion, même si la longue marche – 4 000 kilomètres – de Rahul Gandhi entre Kanyakumari à la pointe sud de l'Inde et Srinagar, de septembre 2022 à janvier 2023, a redressé son image et celle de son parti. Toutefois, sa condamnation à deux ans de prison en mars 2023 pour avoir « diffamé le nom de Modi » dans un discours électoral lors de la campagne de 2019, a permis de le priver de son mandat parlementaire, et de le rendre inéligible pour deux ans, l'empêchant de fait de conduire une nouvelle fois une coalition lors du prochain scrutin si le jugement n'est pas infirmé d'ici là.

La moitié des États sont dirigés par des partis d'opposition et la Constitution donne à leurs gouvernements de larges pouvoirs. Pour contrer les ambitions nationales du BJP, ces États sont de fait l'un des principaux contre-pouvoirs. La réponse de Modi et Shah a consisté d'une part à vanter la théorie du « bimoteur », avantageant financièrement les États dirigés par le BJP, et à nommer des gouverneurs très politiques qui n'hésitent pas à s'opposer frontalement aux gouvernements élus, comme au Bengale-Occidental, au Tamil Nadu ou au Kerala, quitte à refuser de promulguer les lois votées par les assemblées régionales. L'insistance d'Amit Shah à imposer le hindi[2] comme langue nationale dans les États du Sud y a ainsi suscité une hostilité marquée au BJP. Autre pratique, que le BJP n'a pas inventée mais dont il fait un large usage : l'« achat » de parlementaires d'opposition, en faisant miroiter d'un côté avantages financiers et honneurs, de l'autre le risque de poursuites pour corruption.

Les dirigeants des États d'opposition deviennent, de fait, des figures de l'opposition nationale à Narendra Modi : c'est notamment le cas, au Bengale, de Mamata Banerjee, au Tamil Nadu de M. K. Stalin, ou à Delhi d'Arvind Kejriwal. Mais la faiblesse de ces dirigeants est que leurs partis manquent de relais hors de leur base régionale.

Le seul parti d'opposition à disposer d'une implantation nationale reste le Congrès, en dépit de son affaiblissement. Mais ses partenaires éventuels sont d'autant plus

2. Selon la Constitution, le hindi et l'anglais sont les langues officielles (mais pas « nationales ») de l'Union indienne.

réticents à lui confier la conduite de la campagne que, d'une part, cette configuration s'est traduite par de cuisants échecs en 2014 et 2019, et que de l'autre ces mêmes partis se sont construits en opposition au Congrès, notamment au Bengale-Occidental et à Delhi. En d'autres termes, les alliés potentiels du Congrès au niveau national sont de farouches adversaires au niveau local.

L'arithmétique électorale est pourtant limpide : minoritaire en voix, le BJP sera à nouveau victorieux si ses adversaires échouent à s'unir. Les protagonistes en sont conscients, et ce qui pourrait les amener à surmonter leurs rivalités relève de l'instinct de survie : plusieurs dirigeants d'opposition de premier plan sont soit en prison, soit menacés d'y être envoyés par les agences gouvernementales. S'ils avaient le moindre doute sur les intentions du BJP à leur égard, son président J. P. Nadda s'est employé à le dissiper, déclarant que les autres partis allaient disparaître et que seul survivrait le BJP. Le résultat des législatives du printemps 2024 revêt donc une dimension existentielle pour ces partis, ce qui pourrait les conduire au sursaut. La victoire électorale du Congrès, qui a repris le Karnataka au BJP en mai 2023, a cependant redonné le moral à l'opposition.

***

À quelques mois du scrutin, Narendra Modi semble invulnérable. Pratiquement sans toucher à la Constitution (hormis sur l'autonomie du Cachemire), il a réussi à contrôler la plupart des leviers du pouvoir comme aucun de ses prédécesseurs depuis Indira Gandhi, ce qui fait dire à nombre d'observateurs critiques que l'Inde actuelle vit sous un régime d'« état d'urgence non déclaré ». Le mouvement nationaliste hindou est peut-être au seuil de la réalisation de son projet de toujours : faire de l'Inde un *hindu rashtra*, une nation hindoue. Son projet ne se limite pas, en effet, à diriger de façon différente le pays : il est bien un projet transformationnel. Son leader, Narendra Modi, a bien déchiffré l'évolution de la société indienne et il s'est employé avec succès à l'accentuer.

Ce qui fait sa force pourrait pourtant s'avérer aussi une vulnérabilité. Son aura incontestable tend à effacer la mouvance qu'il dirige derrière un pouvoir fortement incarné, relevant davantage du sultanisme que de l'approche délibérative traditionnelle du nationalisme hindou. Et cette personnalisation extrême pose la question de la relève : nul dirigeant de sa formation n'a aujourd'hui la popularité, ou le charisme, de Narendra Modi, qui a pris soin de n'adouber aucun dauphin potentiel.

O. D. L.

Pour en savoir plus

- O. Da Lage, *L'Inde, un géant fragile,* Paris, Eyrolles, 2022.
- C. Jaffrelot, « Le capitalisme de connivence en Inde sous Narendra Modi », *Les Études du CERI*, n° 237, septembre 2018.
- S. Bhattacharya, « The Progressive Decline of the Indian Parliament », *The Diplomat*, 23 mars 2023.

L'économie indienne, une étoile brillante ?

Progrès et défis

L'économie indienne a connu dans la dernière décennie une incontestable croissance, aidée par les décisions de l'actuelle administration, et marquée par la modernisation technique et une certaine ouverture. Elle reste cependant bridée par des défis de fond.

« Soixante-quinze ans après notre indépendance, le monde reconnaît l'économie indienne comme une étoile brillante en dépit du ralentissement mondial causé par le Covid-19 et la guerre » : début février, c'est ainsi que la ministre indienne des Finances Nirmala Sitharaman présentait aux parlementaires indiens son programme budgétaire de soutien à la croissance.

Le pays semble en effet avoir le vent en poupe : l'Inde est la grande économie qui connaît la croissance la plus soutenue, supérieure à 6 % depuis le tournant du siècle. Le FMI prévoit une croissance de 6,1 % pour 2023, et une accélération à 6,8 % l'an prochain. Avec un produit intérieur brut de 3 530 milliards de dollars, l'Inde était en 2022 la cinquième puissance économique mondiale[1]. En outre, selon les chiffres publiés le 19 avril par les Nations unies, avec 1,4 milliard d'habitants, l'Inde devrait dépasser la Chine pour devenir le pays le plus peuplé au monde en 2023.

Une économie en pleine mutation

Depuis son arrivée au pouvoir en 2014, le Premier ministre Modi s'est attaché à la modernisation de l'économie indienne. Grâce à la démonétisation (retrait de la circulation des grosses coupures de 500 et 1 000 roupies en novembre 2016) censée mettre un terme à la corruption et à l'argent noir, mais aussi à l'uniformisation de la taxe sur la valeur ajoutée (TVA), le marché intérieur a pu se développer. En outre, souhaitant aussi profiter de la grande réorganisation commerciale du monde, et notamment du découplage qui s'opère dans le secteur des semi-conducteurs, l'Inde met tout en œuvre pour attirer de nouveaux investisseurs. Dans le cadre du programme *Make in India,* de généreuses incitations financières sont octroyées aux activités de fabrication dans des secteurs avancés comme l'électronique, les télécommunications ou les équipements médicaux. Sous l'effet de ces diverses politiques, l'attractivité de l'Inde semble s'être accrue aux yeux des investisseurs étrangers, d'autant que, parallèlement, la Chine a eu tendance à se replier sur

1. En PIB de parité de pouvoir d'achat (PPA), elle se hisse même au troisième rang mondial, derrière la Chine et les États-Unis.

elle-même. Apple a ainsi décidé de transférer 10 à 15 % de la production de l'iPhone 14 en Inde, entraînant nombre de ses fournisseurs ou sous-traitants ; et le taïwanais Foxconn, allié au conglomérat indien Vedanta, va investir près de 20 milliards de dollars pour développer des usines de production dans le Gujarat.

Outre ces quelques cas, les investissements directs étrangers (IDE) demeurent cependant trop rares (ils ne représentent que 1,4 % du PIB en 2021, après un pic à 3,6 % en 2008, alors qu'en Chine ce pourcentage atteignait 6 % au milieu des années 1990 lorsque le pays amorçait sa très forte croissance, et qu'il était encore à 4,5 % en 2005, avant de retomber à 1,9 % en 2021). Et les exemples d'entreprises étrangères ayant connu de sévères déconvenues en Inde sont nombreux, parmi elles Google, Walmart, Vodafone, ou General Motors…

L'initiative sans doute la plus remarquable de l'administration Modi a porté sur le développement des infrastructures (y compris numériques), longtemps dénoncées comme l'un des points faibles de l'économie indienne. En 2019, l'État a lancé le *National Infrastructure Pipeline* (NIP), qui poursuit un ambitieux objectif de développement des infrastructures, pour un montant de 1 400 milliards de dollars sur la période 2020-2025 (soit 7 à 8 % du PIB). Ce programme a été suivi en 2022 de la *National Logistics Policy*, dont l'objectif est d'abaisser les coûts logistiques pour améliorer la compétitivité de l'économie, en tirant en particulier parti des avancées technologiques numériques.

L'Inde est probablement le pays qui met le plus l'accent sur la dimension numérique de l'économie. L'utilisation de ces technologies vise à faciliter le fonctionnement de l'économie (paiements rapides, gestion des stocks, etc.) et à en soutenir le développement. L'exemple le plus emblématique de cette « numérisation » de l'économie indienne est la mise en place de l'interface de paiement unifiée (*Unified Payments Interface*, UPI), système indien de paiement mobile instantané unique en son genre. L'objectif de l'UPI était de permettre de lutter contre la multiplicité des règles et des formalités à respecter pour réaliser des paiements, et de faciliter et sécuriser les transferts en autorisant plusieurs comptes bancaires sur la même plateforme mobile, pour les particuliers tout comme les entreprises. L'interface s'est rapidement imposée. Ces cinq dernières années, le volume des paiements numériques en Inde a crû de 50 % en moyenne par an (l'un des taux de croissance les plus élevés au monde), mais l'UPI a connu un développement encore plus rapide, de l'ordre de 160 % par an depuis son introduction en 2016. Fin 2022, l'UPI traitait près de huit milliards de transactions par mois, soit environ 70 % de plus que l'année précédente, alors que le nombre des banques participantes s'élevait à 330, soit un bond de 44 %.

Le numérique est aussi mis au service de l'inclusion. La banque centrale a ainsi introduit une UPI pour téléphones mobiles non tactiles, qui a le potentiel de connecter plus de 400 millions d'usagers localisés dans des zones rurales éloignées. D'après la National Payments Corporation of India, le nombre de particuliers utilisateurs des paiements numériques devrait tripler en cinq ans pour atteindre 750 millions de personnes, et celui des commerçants usagers pourrait doubler, atteignant 100 millions.

Autre signe de dynamisme du secteur numérique, le nombre de start-up à succès s'est multiplié ces dernières années en Inde : Flipkart, plateforme d'e-commerce rachetée par Walmart ; Zomato, géant indien de la livraison de repas à domicile ; ou encore Ola, le « Uber indien ».

Défis et faiblesses structurelles

Derrière ces performances qui font la fierté de l'élite, l'Inde a toutefois encore d'énormes défis, pour l'essentiel structurels, à relever.

En dépit d'une croissance soutenue depuis plus d'une décennie, l'Inde reste un pays pauvre qui, avec un PIB/tête de 2 227 $, appartient à la catégorie des économies à revenu intermédiaire inférieur, à la différence de la Chine désormais dans la catégorie supérieure (12 500 $). Surtout, le degré d'industrialisation et de développement varie fortement d'un État à l'autre, et on peut décrire l'Inde comme une économie à deux vitesses, avec d'un côté des États très avancés avec un bon niveau d'éducation et un indice de fécondité très en dessous du seuil de renouvellement (Kerala, Tamil Nadu, Andhra Pradesh, Bengale-Occidental, Pendjab), et de l'autre des États moins avancés, comme le Bihar, l'Uttar Pradesh et le Rajasthan. Le niveau de vie varie de un à trois entre l'État le plus pauvre – le Bihar – et les États les plus riches – Delhi, Goa, et le Pendjab. Une faible mobilité ne permet en outre pas de réduire les écarts de croissance par des mouvements migratoires, et contraint l'État à mettre en œuvre une politique de péréquation des ressources. La population pauvre est d'autant plus vulnérable aux aléas conjoncturels, et a été durement frappée par la flambée des prix de l'énergie et de nombre de denrées alimentaires engendrée par le conflit en Ukraine.

Si des progrès incontestables ont été réalisés en matière d'infrastructures, l'amélioration a été inégale. Les avancées ont été plus nettes dans les secteurs bénéficiant de cadres réglementaires favorables à l'intervention privée et offrant un niveau de rentabilité satisfaisant pour les investisseurs (énergies renouvelables, infrastructures autoroutières, aéroportuaires et portuaires, ou encore télécommunications). À l'inverse, les projets d'infrastructures urbaines restent dans l'ensemble très dépendants des investissements publics et restent insuffisants, d'autant que peuvent se poser des problèmes de chevauchement de compétences entre État central, États fédérés, ou municipalités.

Le fondement du modèle de développement indien est aussi source de vulnérabilité. En s'appuyant d'abord sur les services (finances, assurances, immobilier, services aux entreprises, télécommunications et TICs) et non sur les activités manufacturières (la part de l'industrie manufacturière dans le PIB est de l'ordre de 14 %), alors que les premiers ne sont pas d'énormes pourvoyeurs d'emplois contrairement aux secondes, le modèle peine à créer des emplois en nombre suffisant et à absorber les quelque 12 millions de jeunes arrivant chaque année sur le marché du travail. Le chômage des jeunes s'élève à plus de 23 % selon la Banque mondiale, et ce chiffre serait encore plus élevé si le secteur informel (dont dépend 80 % de la population) était pris en compte. Pour l'ensemble de l'économie, le taux de chômage atteint les 7,45 %.

L'Inde a évolué vers un modèle économique dans lequel quelques grands conglomérats oligopolistiques privés contrôlent des pans entiers de l'ancienne économie. Si cette organisation a pu être bénéfique à l'économie, elle présente certains risques. Le principal est que ces grands conglomérats opèrent à l'abri de la concurrence et ont pu détourner les politiques à leur profit. Cette situation pèse sur le potentiel de croissance : d'une part, elle tend à étouffer l'innovation et tuer jeunes pousses et nouveaux venus dans des secteurs clés ; d'autre part, elle a transformé le projet *Make in India* en un programme protectionniste contre-productif. Le scandale Adani, qui a éclaté au début de l'année à la suite d'une manipulation des cours de la société, a mis en évidence les pratiques opaques des grands groupes qui dominent le paysage économique. Même si elle ne semble pas dépasser le conglomérat lui-même, l'affaire a pesé sur l'image du pays aux yeux des investisseurs étrangers.

Enfin, la résistance des pouvoirs publics à adhérer à des accords commerciaux régionaux entrave l'intégration de l'économie dans les chaînes de valeur et d'approvisionnement mondiales, et prive les autorités d'incitations à la poursuite des réformes. Bien qu'elle ait accepté de participer au Cadre économique pour l'Indo-Pacifique (*Indo-Pacific Economic Framework* – IPEF) lancé par les États-Unis, l'Inde a refusé de contribuer à son volet commercial. De même, bien que Delhi soit parvenu en 2022 à négocier deux accords commerciaux bilatéraux (avec l'Australie et les Émirats arabes unis), il continue de s'opposer à réintégrer le grand accord économique régional (*Regional Comprehensive Economic Partnership* – RCEP), et n'a pas permis la moindre avancée dans sa négociation avec l'Union européenne.

***

Depuis 2014, l'esprit pro-business insufflé par Narendra Modi et son équipe (cherchant à reproduire à l'échelle de la nation ce qu'il avait réussi, de 2001 à 2014, au Gujarat) a incontestablement contribué aux bons résultats de l'économie indienne, et à l'amorce de changement de la dernière décennie. Mais les inerties et facteurs de blocage demeurent nombreux et les défis conséquents. En particulier, plus qu'un atout, le facteur démographique pourrait constituer un frein en l'absence de réformes en profondeur du modèle économique. En outre, pour un investisseur, *a fortiori* étranger, l'Inde demeure un enfer administratif et bureaucratique, où le manque d'infrastructures et de connectivité limite encore les possibilités. Si l'économie indienne n'est pas dénuée d'atouts, le défi, pour l'administration Modi, reste de parvenir à en tirer le meilleur parti.

F. N.

Pour en savoir plus

- A. Kant, *Made in India: 75 Years of Business and Enterprise*, Delhi, Rupa Publications, 2023.
- A. Mody, *India Is Broken: A People Betrayed, Independence to Today*, Stanford, Stanford University Press, 2023.
- S. Rukmini, *Whole Numbers and Half Truths: What Data Can and Cannot Tell Us about Modern India*, New Delhi, Context, 2021.

Inde : une croissance sans développement ?

Le défi de l'emploi pour le pays le plus peuplé du monde

La croissance indienne ne crée pas assez d'emplois, face à une population en constante hausse. Le transfert de la population active du secteur agricole vers les secteurs à haute productivité est beaucoup trop lent. De plus, le niveau de qualification faible de la plupart des candidats à un emploi bride à la fois le développement du secteur manufacturier et une éventuelle hausse des revenus de la population. L'emploi et la hausse des revenus pouvant seuls, ensemble, définir un réel développement.

Le confinement imposé par les autorités indiennes lors de la crise du Covid-19 a jeté sur les routes des millions de travailleurs, alors sans emploi, cherchant à rentrer dans leurs villages pour retrouver le seul filet de sécurité dont disposent des millions d'Indiens : leurs familles. Cette crise a renvoyé sous le seuil de pauvreté 70 millions d'Indiens, jetant une lumière crue sur la précarité d'un emploi qui, ces dernières décennies, n'a cessé de devenir plus informel et irrégulier.

L'économie indienne est certes parvenue à réduire le taux de pauvreté ces trente dernières années, mais à un rythme inférieur à celui de ses voisins, en dépit d'une croissance soutenue. Environ 82 % de la population indienne et chinoise vivait avec moins de 3,20 dollars américains par jour en 1993. En 2011 – la dernière année où l'Inde a communiqué ses chiffres –, cette proportion était de 61,7 % en Inde et de 23,5 % en Chine[1]. Certes, l'expansion de l'économie indienne n'a pas été aussi soutenue et régulière que celle de la Chine, mais elle n'a permis qu'une amélioration modeste des conditions de vie et de travail. Sur la période plus récente, la création d'emplois a été si décevante que le progrès économique de ces deux dernières décennies a été décrit comme un temps de croissance sans développement.

1. Banque mondiale.

La croissance indienne ne crée pas assez d'emplois

L'emploi est un canal de transmission primordial de l'expansion économique vers l'amélioration des conditions de vie de la population. Or en Inde, le lien entre croissance et emploi est resté faible et a même eu tendance à se détériorer.

Une baisse tendancielle du contenu en emploi de la croissance

Pour évaluer le potentiel de création d'emplois d'une hausse de production, les économistes calculent l'élasticité-emploi de la croissance, qui mesure la variation en pourcentage du nombre d'emplois pour 1 % de croissance. Cette élasticité était de 0,44 dans les années 1970 et n'a cessé de baisser jusqu'à devenir négative en 2014. Plusieurs analystes ont eu tendance à qualifier l'expansion économique indienne de croissance sans emploi. Depuis, l'élasticité-emploi de la croissance est redevenue positive, mais plafonne à 0,2. La croissance indienne crée peu d'emplois, et dans tous les cas en nombre insuffisant.

Une forte hausse de la population active

Compte tenu de la transition démographique, environ 25 millions d'individus deviennent chaque année en âge de travailler, ce qui signifie que la population active croît de 10 millions d'individus par an, en supposant le taux de participation à la population active constant. Or, un taux de croissance de 7,5 % – valeur cible pour la période 2022-2023 – créerait 6 millions d'emplois[2], bien en deçà des besoins seulement liés à la dynamique démographique du pays, auxquels peuvent se joindre les individus en situation de sous-emploi chronique, les chômeurs, et le retour des individus sortis du marché du travail, mais pouvant souhaiter y revenir. En effet, le taux de participation au marché du travail est extrêmement bas en Inde (41,3 %), principalement du fait du retrait constant, depuis des décennies, des femmes du marché du travail, et de l'absence d'emplois convenables. Une femme indienne sur quatre travaille ou cherche un emploi. Ce taux, parmi les plus bas au monde, ne cesse de baisser depuis trente ans.

Les besoins en emplois sont donc colossaux, tandis que la croissance indienne peine à absorber la main-d'œuvre disponible. Or, l'expérience de développement de nations similaires a montré que seule une transformation structurelle de l'économie et le transfert de la main-d'œuvre excédentaire de l'agriculture vers d'autres secteurs à plus forte productivité permettaient le progrès des revenus et des conditions de vie, dans le monde agricole ou non agricole. Ce transfert est en Inde trop lent pour faire face au défi de la hausse de la main-d'œuvre, et ce pour trois raisons : 1) le besoin de partage du travail dans le monde agricole, qui maintient une main-d'œuvre excédentaire dans ce secteur ; 2) le développement du secteur manufacturier qui ne permet pas l'absorption d'une main-d'œuvre faiblement qualifiée mais abondante ; et 3) un contenu en emplois faible du secteur des services, désormais principal moteur de la croissance.

2. Center for Monitoring Indian Economy, 25 avril 2022.

Une main-d'œuvre agricole surnuméraire

Le marché du travail indien est dual. Il est caractérisé par, d'un côté, un secteur « traditionnel », où la productivité du travail est basse en raison d'une faible utilisation du capital, et où la production est intensive en travail ; et de l'autre, par un secteur « moderne », qui regroupe les activités utilisant un fort niveau de capital physique ou humain, et dans lequel la productivité du travail, et donc les salaires, sont plus élevés.

Une productivité du travail et des revenus faibles

Le secteur traditionnel peut être assimilé au secteur agricole, dans lequel la production est assurée par une main-d'œuvre abondante. La valeur de la production indienne, ramenée à la quantité d'heures employées dans le secteur agricole, est comparable à celle de la Sierra Leone ou du Bénin, trois fois inférieure à celle de la Chine et quatre fois inférieure à celle du Moyen-Orient/Maghreb[3]. Certes, l'Inde est un géant agricole en termes de niveau de production, mais la quantité de travail employée est également très élevée, ce qui signifie que les rémunérations dans ce secteur sont basses. La sur-représentation du secteur agricole dans l'emploi est un élément distinctif de l'économie indienne. L'agriculture contribue à environ 17 % du Produit intérieur brut (PIB) mais emploie 44 % de sa main-d'œuvre. À titre de comparaison, la contribution de l'agriculture au PIB du Brésil, de l'Indonésie et du Nigeria est similaire à celle de l'Inde mais les parts de la main-d'œuvre dans ce secteur sont respectivement de 11 %, 31 % et 25 %[4].

Le travail agricole comme assurance

La faible mécanisation, la taille relativement petite des parcelles et la faiblesse des infrastructures permettent d'expliquer le recours à autant de main-d'œuvre et une faible productivité du travail. Néanmoins, un autre facteur ne doit pas être négligé : l'agriculture reste une assurance pour des travailleurs qui ne bénéficient d'aucun filet de sécurité, et dont l'emploi est, pour quatre sur cinq d'entre eux, informel. Plus de 70 % des travailleurs ne bénéficient d'aucune couverture sociale : rester inactif n'est donc pas possible, et le travail occasionnel dans l'agriculture reste la solution de repli. Les mesures de confinement liées à l'épidémie de Covid-19 en 2020 se sont traduites par une hausse nette, inattendue et persistante, de la part de l'agriculture dans la main-d'œuvre, en dépit d'une baisse ininterrompue depuis plusieurs décennies.

Ce rôle d'assurance donne lieu à un partage du travail dans le secteur agricole, à un sous-emploi chronique, et à un surplus de main-d'œuvre. En d'autres termes, des unités de travail pourraient être retirées du secteur agricole sans que la production en soit foncièrement altérée. Ce sous-emploi est souvent qualifié dans la presse ou par les analystes de « chômage déguisé ». C'est un indicateur bien plus fiable de l'état du marché du travail que le taux de chômage, qui n'a de sens que pour les emplois réguliers et formels. Le taux de chômage tend à davantage capter le temps passé par les diplômés dans la file d'attente pour trouver un emploi stable, voire formel.

3. Banque mondiale.
4. *Ibid.*

Un transfert intersectoriel de main-d'œuvre lent mais essentiel

Ce partage du travail conduit nécessairement à des revenus faibles. L'amélioration des conditions de vie dans le secteur traditionnel nécessite soit une hausse de la production par travailleur, grâce à des investissements en capital par exemple – et compte tenu de la main-d'œuvre employée, cette hausse se doit d'être considérable –, soit le transfert de la main-d'œuvre vers les secteurs « modernes » : secondaires et tertiaires. Ce dernier permettrait de diminuer l'emploi dans le secteur traditionnel sans altérer la production, grâce au départ des travailleurs surnuméraires, et donc d'augmenter les rémunérations dans le secteur agricole. Or, ce transfert a lieu beaucoup plus lentement que dans des économies comparables, comme le montre la distribution intersectorielle de la main-d'œuvre et du PIB depuis 1991 pour l'Inde et pour le Vietnam, qui disposait dans les années 2000 d'une répartition de l'emploi et de la valeur ajoutée similaire à celle de l'Inde.

Premièrement, tandis que le poids de l'agriculture dans la valeur ajoutée était, en 1991, très supérieur au Vietnam, il y a plus rapidement reculé, et sa part dans l'emploi total a également reflué plus rapidement. En revanche, le poids de l'industrie dans l'emploi total ou dans la valeur ajoutée a progressé plus vite au Vietnam qu'en Inde. Enfin, tandis que les services représentent une part plus importante du PIB en Inde, ce secteur emploie une plus faible proportion de main-d'œuvre. C'est là un second trait saillant de l'économie indienne : dans la plupart des économies, la part de la main-d'œuvre dans les services correspond peu ou prou à son poids dans le PIB. En Inde, le premier est très inférieur au second.

Il existe en Inde une main-d'œuvre surnuméraire abondante dans le secteur primaire, et néanmoins, une brève comparaison entre le développement de l'Inde et celui du Vietnam suggère que le secteur non agricole, le secteur « moderne », ne parvient pas, en dépit de son poids croissant dans le PIB, à modifier la distribution intersectorielle de la main-d'œuvre. Or, l'emploi dans le secteur moderne est de meilleure qualité pour deux raisons. Premièrement, la productivité du travail y est plus élevée du fait de l'utilisation plus intensive de capital – le travail y est donc plus rémunérateur. Deuxièmement, le secteur moderne concentre l'emploi formel, ou à tout le moins des emplois salariés plus stables. L'augmentation de la part du secteur moderne dans l'emploi est donc vitale pour le développement de l'Inde, et pour garantir le contenu en emplois de la croissance.

Le secteur manufacturier crée peu d'emplois

Au sein de ce secteur moderne, le rôle du manufacturier est particulièrement important. L'expansion de l'industrie permet 1) de bénéficier de rendements d'échelle croissants, de sorte que la productivité croît en même temps que le niveau de production, 2) d'employer une main-d'œuvre faiblement qualifiée comme l'est, en moyenne, celle de l'Inde, et 3) de bénéficier de la forte élasticité-revenu de la demande pour des niveaux de revenus faibles. Or, l'expansion de l'industrie manufacturière en Inde a été freinée par, d'une part, des réglementations qui ont incité les unités de production à rester petites et, d'autre part, un manque de compétitivité au moment de l'ouverture de l'économie indienne à la concurrence mondiale. Contrairement à la Chine, l'industrie indienne n'a pas pu s'appuyer sur les exportations pour accroître la taille des unités de production. Ces deux phénomènes conjugués ont empêché les entreprises de bénéficier d'économies d'échelle.

À la suite des réformes de libéralisation des années 1990, les importations sont venues satisfaire la demande en biens de consommation, au prix d'un creusement net du déficit de la balance commerciale. L'exposition à la concurrence internationale a affaibli les petites unités de production, intensives en travail, et qui ont alors accru leur intensité capitalistique et cherché à augmenter la productivité du travail. Les unités plus modernes ont, quant à elles, eu largement recours au travail et créé de nombreux emplois. Néanmoins, à partir du milieu des années 1990, la croissance de l'emploi a décéléré tandis que la croissance de la productivité dans le secteur manufacturier s'accélérait. Entre 2011 et 2018, le secteur manufacturier a détruit 3,5 millions d'emplois, destruction aggravée par les années de pandémie. Récemment, le gouvernement a annoncé que le secteur avait à nouveau embauché en 2021-2022, mais rien n'indique que ce phénomène puisse être durable. En tout état de cause, le secteur n'est actuellement pas en mesure d'absorber de nouveaux entrants, au moment où la population active, souvent faiblement qualifiée, augmente et où la sortie des travailleurs de l'agriculture est la condition *sine qua non* de l'amélioration des conditions de vie.

Une spécialisation dans des services intensifs en compétences mais peu en emplois

Un autre trait saillant de la trajectoire de développement de l'Inde est l'essor précoce des services dans le processus de développement. L'afflux de capitaux étrangers, permis par la libéralisation des années 1990, a accompagné une hausse des inégalités. La part de la richesse nationale détenue par les 1 % les plus riches est passée de 6 % en 1983 à 22 % en 2014. Selon Ghose (2020), cette hausse des inégalités a stimulé la demande pour des services haut de gamme, sans lien avec l'industrie. Le développement des services dans d'autres pays asiatiques était lié au contraire à l'expansion de l'industrie, qui avait stimulé la demande pour des services plus intensifs en main-d'œuvre, tels, par exemple, le transport et la logistique. À partir des années 1990, les services qui se sont développés en Inde à la suite de la hausse des inégalités étaient des services destinés à une clientèle aisée (comme le commerce en ligne ou des centres d'achat) ou aux entreprises, mais dans tous les cas, peu intensifs en main-d'œuvre et nécessitant un fort niveau de compétences. Ceci explique pourquoi, contrairement à de nombreux pays, le secteur des services représente en Inde une part beaucoup plus grande du PIB que de la population active. Cela témoigne d'un faible contenu en emplois de la croissance des services, contenu qui baisse tendanciellement depuis les années 2000.

De plus, ce secteur demande des compétences élevées, dont la main-d'œuvre indienne dispose peu : 35 % des 25-64 ans n'ont pas reçu d'instruction élémentaire, 12 % ont terminé l'école primaire, et 78 % n'ont pas dépassé le secondaire. Seuls 12 % sont diplômés de l'enseignement supérieur, ce qui semble bien peu pour stimuler le développement de services à haute valeur ajoutée. Parmi les diplômés du supérieur, beaucoup sont, par ailleurs, jugés inemployables au sortir de leurs études en raison d'un cursus certes extrêmement sélectif, mais au contenu daté.

Le manque de compétences immédiatement disponibles est devenu un frein à la création d'emplois, et contribue à stimuler une croissance peu fondée sur l'emploi.

***

L'Inde manque cruellement d'opportunités en phase avec le niveau de qualifications de sa population, ce qui limite d'une part les capacités d'expansion de son économie, et d'autre part l'amélioration des conditions de vie de son immense population. Le contenu de la croissance indienne n'est à aucun point de vue satisfaisant. Une faible productivité maintient une agriculture peu rémunératrice, et un sous-emploi chronique, qui correspond à du chômage quand aucune protection sociale existe.

Le principal moteur de la croissance que constitue le secteur des services est, de par sa structure, faiblement générateur d'emplois mais gourmand en compétences, dont ne dispose qu'une mince portion de la main-d'œuvre disponible. Ainsi, le maintien dans l'agriculture à des niveaux de revenus faibles de 4 travailleurs sur 10, et le caractère circonscrit de la création d'emplois destinés à une main-d'œuvre hautement qualifiée, concourent à maintenir la dualité de l'économie indienne, soutenant la tendance à l'accroissement des inégalités. Seul le développement de l'industrie manufacturière permettrait d'absorber les 60 millions de travailleurs surnuméraires de l'agriculture, ainsi que les 10 millions de nouveaux entrants annuels sur le marché du travail.

Ces estimations ne prennent pas en compte une éventuelle hausse du taux de participation au marché du travail, qui ne cesse de baisser faute d'emplois de qualité acceptable. L'économie indienne est donc face à un double problème : celui d'employer son immense population, mais surtout à des niveaux de rémunération acceptables afin que sa croissance n'aille pas sans le développement dont le pays a besoin.

C. B.

Pour en savoir plus

- A. K. Ghose, *Employment in India*, New Delhi, Oxford University Press, 2020.
- A. Goyal, *A Concise Handbook of the Indian Economy in the 21st Century*, New Delhi, Oxford University Press, 2019.
- K. Sethi, Dr M. Roy, « A Study on Higher Education and Employability in India », *Journal of Critical Review*, vol. 8, n° 1, 2021.

La politique énergétique de l'Inde

État des lieux et diagnostic

L'Inde a fait ces dernières années des progrès considérables pour s'affranchir de sa dépendance des énergies fossiles, en privilégiant le recours aux énergies renouvelables ainsi que les réductions de consommation, tant pour son agriculture que pour les modes de transport ou la consommation générale.

La stratégie énergétique de l'Inde repose sur quatre éléments : diversification des sources d'énergie, renforcement de la prospection et de la production d'hydrocarbures, augmentation de la part du gaz naturel, et recours aux sources d'énergie alternatives.

De multiples mesures

L'adoption de carburants et de matières premières non polluants dans l'industrie est l'une des priorités du gouvernement. Avec de plus en plus de véhicules fonctionnant au gaz naturel, à l'électricité et au gaz naturel liquéfié, le secteur des transports tend à réduire ses émissions. Les véhicules à pile à combustible utilisant l'hydrogène (HFCV) sont en phase pilote, et leur intégration dans le secteur des transports est à l'ordre du jour des prochaines années.

Grâce à la promotion des mélanges à base d'éthanol (E20), le pays a haussé la proportion d'éthanol mêlé à l'essence – de 1,53 % en 2013-2014 à 10,17 % en 2022 –, prévoyant de la porter à 20 % en 2025. Le gouvernement pousse au développement du secteur des biogaz comprimés (BGC), avec un soutien financier tout au long de leur chaîne de valeur. Ces BGC devraient s'ajouter à la production nationale de gaz naturel et stimuler l'emploi local. En outre, des mesures ont été prises pour s'assurer que les engrais biologiques générés par la production de BGC viennent en soutien de l'agriculture biologique. Un encouragement de 1 500 roupies (18 dollars) est ainsi offert par tonne d'engrais biologique fermenté vendue sur le marché. Le gouvernement a affecté 2,5 milliards de dollars à la National Green Hydrogen Mission pour créer une capacité de production d'hydrogène d'origine renouvelable d'au moins 5 millions de tonnes métriques (MTM) par an. Il prévoit également d'accroître sa zone d'exploration à 0,5 million de kilomètres carrés (km^2) d'ici à 2025 et à 1 million de km^2 d'ici à 2030. Des politiques libérales d'exploration et de fixation des prix des hydrocarbures encouragent l'exploration et la production.

La politique énergétique de l'Inde a ainsi connu des évolutions significatives ces dernières décennies. La première politique énergétique du pays a été formulée en 1974, après le premier choc pétrolier. Elle visait à réduire la dépendance des importations de pétrole, et à encourager l'usage des ressources nationales. Depuis, plusieurs autres politiques ont été adoptées, dont la plus récente : la National Energy Policy (NEP) de 2017. Quatre domaines d'action prioritaires ont été identifiés : 1) l'accès à l'énergie ; 2) la sécurité énergétique ; 3) le coût abordable de l'énergie ; 4) la durabilité.

Ces priorités correspondent aux objectifs de développement du pays et aux Objectifs de développement durable (ODD) des Nations unies. Au fil des ans, l'Inde a adopté des programmes encourageant l'efficacité énergétique, qui ont entraîné de considérables réductions de la consommation d'énergie et donc des émissions de gaz à effets de serre (GES) : étiquetage de l'efficacité énergétique des appareils, codes d'éco-construction, classement des appareils... En outre, la National Mission for Enhanced Energy Efficiency (NMEEE) s'efforce de développer un marché de l'efficacité énergétique, avec un cadre législatif et réglementaire favorable. De nouveaux modèles commerciaux respectueux de l'environnement sont ainsi favorisés sur le marché de l'économie d'énergie.

Régulation de la demande : des initiatives stratégiques

En dehors de la NMEEE, le gouvernement a adopté différents programmes de régulation de la demande dans plusieurs secteurs énergivores. Ces initiatives visent à promouvoir le recours aux énergies renouvelables dans l'agriculture pour renforcer la durabilité du secteur. La National Solar Mission cherche à élargir le recours à l'énergie solaire dans divers secteurs, dont l'agriculture. Subventions et avantages sont promis aux agriculteurs pour l'installation de panneaux solaires sur leurs exploitations et l'utilisation de pompes solaires pour l'irrigation. Pradhan Mantri Kisan Urja Suraksha evam Utthaan Mahabhiyan (PM-KUSUM) facilite l'installation de pompes solaires et de centrales héliothermiques raccordées au réseau public dans les zones rurales, en particulier agricoles. Dans le cadre de ce projet, les agriculteurs peuvent installer des pompes solaires et vendre leur surplus d'énergie au réseau électrique. La Bioenergy Mission souhaite quant à elle promouvoir le recours aux biocarburants, comme le biogaz ou le bioéthanol, dans divers secteurs dont, aussi, l'agriculture. Les agriculteurs qui installent des centrales à biogaz sur leurs exploitations et l'utilisent pour cuisiner ou s'éclairer bénéficient également de subventions et de divers avantages.

Lancé en 2015, le programme Unnat Jyoti by Affordable LEDs for All (UJALA) encourage l'utilisation d'ampoules LED dans tout le pays. Son principal objectif est de réduire la consommation énergétique et les émissions de carbone, en promouvant un éclairage économe en énergie. Il a permis aux consommateurs d'acheter des ampoules LED de haute qualité au prix subventionné de 1 dollar l'unité, soit nettement moins cher que le prix du marché (5 dollars). Le programme propose également des tubes LED et des ventilateurs de plafond à tarif réduit. Il s'est avéré très fructueux : fin 2022, 370 millions d'ampoules LED avaient été distribuées à travers l'Inde. D'où de considérables économies d'énergie, une réduction des émissions de carbone, et des dépenses réduites pour les consommateurs.

Le National Electric Mobility Mission Plan (2013) visait le développement d'un écosystème complet de véhicules électriques, dont une infrastructure de chargement, la fabrication de batteries, et la recherche et développement. Le gouvernement a lancé toute une série de programmes pour promouvoir l'achat de véhicules électriques et de véhicules à hydrogène dans le pays. Le programme Faster Adoption and Manufacturing of Hybrid and Electric Vehicles (FAME) a été inauguré en 2015, puis remanié en 2019 sous le nom de FAME-II. Il a aidé à stimuler la fabrication et l'achat de véhicules électriques et hybrides : subventions et avantages offerts aux consommateurs pour l'achat de véhicules électriques, aide financière aux fabricants, ainsi qu'aux commerçants pour les infrastructures de chargement.

La National Green Hydrogen Mission (2023) cherche quant à elle à accélérer la chaîne de valeur de l'hydrogène d'origine renouvelable. Elle entend lever les obstacles, actuels et potentiels, qui entravent la production, le transport et l'adoption dans l'économie d'un hydrogène d'origine renouvelable. Le gouvernement propose ainsi des avantages pour développer et commercialiser des projets d'hydrogène d'origine renouvelable. La mission s'efforce également de créer un environnement favorable à l'adoption d'un hydrogène d'origine renouvelable dans l'industrie lourde pour les véhicules à pile à combustible fonctionnant à l'hydrogène, et de développer, pour 2030 dans les grandes villes du pays, des infrastructures de ravitaillement en hydrogène avec l'aide d'entreprises de raffinage de pétrole.

Politique énergétique : un diagnostic

L'approvisionnement énergétique de l'Inde est dominé par les combustibles fossiles. En février 2023, la capacité de production installée de l'Inde tournait autour de 412 GW, dont environ 50 % venant de centrales électriques alimentées au charbon, le reste étant généré par le lignite et le gaz naturel (7 %), et par les énergies renouvelables (43 %). L'Inde s'est fixé pour objectif d'atteindre 450 GW de capacité en énergies renouvelables d'ici à 2030, dont 280 GW en énergie solaire, 140 GW en énergie éolienne, 10 GW en bioénergie, et 5 GW provenant de petites centrales hydroélectriques.

Le pays a récemment fait des progrès considérables en matière d'énergies renouvelables. Le gouvernement a inauguré toute une série de missions comme la National Solar Mission, la National Green Hydrogen Mission et la National Wind Energy Mission pour encourager le développement et l'usage de ces énergies renouvelables.

De nombreuses mesures ont été destinées à améliorer l'efficacité énergétique du pays, à l'instar du Standards and Labelling Program, qui élabore des classements en matière d'efficacité énergétique pour appareils et équipements. Le programme Perform, Achieve and Trade vise également à améliorer l'efficacité énergétique des secteurs industriels énergivores.

Sa dépendance vis-à-vis des énergies fossiles rend l'Inde vulnérable aux fluctuations des prix sur le marché mondial, tout en posant un défi de taille aux efforts du pays pour combattre le changement climatique.

La capacité du pays en matière d'énergies renouvelables a rapidement augmenté mais le manque d'investissements en matière de stockage de l'énergie reste un problème important. Les technologies de stockage d'énergie sont en effet cruciales pour assurer une distribution stable et fiable de l'électricité en provenance des énergies renouvelables. Les énormes investissements nécessaires pour rendre le secteur des énergies renouvelables compétitif sont bien connus. Les institutions financières nationales ne pourront suffire au développement de ce secteur : un financement d'institutions financières multinationales sera nécessaire. Et le financement public ne suffira pas à remettre le secteur en mouvement : un financement privé ou un partenariat public-privé pourront seuls faire prospérer le marché des énergies renouvelables.

Les pistes d'amélioration

La politique énergétique de l'Inde a fait des progrès considérables au fil des ans, en se concentrant sur le développement des sources d'énergies renouvelables et la réduction de la dépendance des combustibles fossiles. Certains points restent pourtant à améliorer.

L'un d'eux est l'investissement – encore insuffisant – dans les mesures d'efficacité énergétique, réduisant la consommation et les coûts pour les consommateurs. Autre amélioration nécessaire : le renforcement d'un cadre réglementaire assurant des conditions de concurrence équitables à toutes les sources d'énergie, dont les énergies renouvelables. Une meilleure coordination serait également nécessaire entre les différentes agences gouvernementales pour garantir une approche plus solidaire et efficace. Enfin, la question de la pauvreté énergétique doit être abordée de face : elle touche des millions de personnes, et exige des politiques et des programmes ciblés pour améliorer l'accès à une énergie fiable et à un coût abordable.

***

La politique énergétique indienne, toujours plus tournée vers l'énergie solaire, l'énergie éolienne et l'hydrogène d'origine renouvelable, vise la transition vers des énergies durables pour atteindre la neutralité carbone d'ici à 2070.

Les ambitions de l'Inde en matière d'énergies renouvelables se heurtent à des obstacles, notamment pour le financement des projets, le développement des infrastructures, et l'adoption par les consommateurs des énergies durables. Pour faire face à ces défis, le gouvernement doit accélérer la transition en renforçant la production, la distribution et la consommation responsable d'énergies propres. Avec de bonnes politiques et de bons investissements, l'Inde peut devenir un exemple à l'échelle mondiale en matière d'énergies renouvelables, et atteindre ses objectifs de sécurité énergétique, tout en contribuant aux efforts internationaux contre le changement climatique.

Des mesures proactives en faveur des énergies renouvelables permettraient de répondre à des problèmes de sécurité énergétique, de pauvreté énergétique et d'inclusion sociale. En sus, la politique énergétique indépendante de l'Inde renforce sa croissance économique et son positionnement mondial.

S. K. K. et S. H.

Pour en savoir plus

- S. K. Kar, « India's Energy and Climate Policies Post COVID-19: Short Term Slowdown, Longer Term Boom in Renewables », *Études de l'Ifri*, Ifri, juillet 2021.
- S. Harichandan, S. K. Kar, P. K. Rai, « A Systematic and Critical Review of Green Hydrogen Economy in India », *International Journal of Hydrogen Energy*, mai 2023.
- « National Green Hydrogen Mission », gouvernement de l'Inde, ministère des Énergies nouvelles et renouvelables, janvier 2023.

Ébauches d’un nouveau monde

Un monde à géométrie variable

Vers un multilatéralisme d'intérêts

La Chine aspire à bâtir une communauté d'intérêts avec l'ancien tiers-monde pour s'opposer à l'influence occidentale, et à la dominance américaine dans le Pacifique. Mais le « Sud global » n'existe pas : les États s'y déterminent d'abord en fonction de leurs intérêts nationaux. C'est, pour l'essentiel, un multilatéralisme d'intérêts qui se met en place progressivement, et qu'il faudra organiser, par de nouveaux dialogues, et de nouveaux accords internationaux.

Présentant au Comité permanent de l'Assemblée nationale du peuple les acquis de la Conférence afro-asiatique réunie à Bandung en avril 1955, le Premier ministre Chou En-lai insistait sur le fait que la majorité des participants s'étaient dits opposés à la formation de blocs militaires à l'initiative d'une grande puissance. Il se référait alors au Pacte de Manille, associant depuis 1954 les Philippines et la Thaïlande aux États-Unis ainsi qu'à la France, au Royaume-Uni, à l'Australie, à la Nouvelle-Zélande et au Pakistan, et au Pacte de Bagdad regroupant, à l'initiative de Londres, la Turquie, le royaume d'Irak, l'État impérial d'Iran et le Pakistan. Il récusait ainsi l'installation de bases militaires, la nouvelle subordination de petits pays et les manœuvres inamicales autour de Taïwan.

Lors du forum de Boao sur l'Asie, en avril 2022, le président Xi Jinping mit en garde les participants contre le retour de la « mentalité de guerre froide », « car l'hégémonisme et la politique de puissance ne peuvent que mettre en péril la paix mondiale, et la confrontation des blocs ne peut qu'exacerber les problèmes de sécurité au XXIe siècle. Afin de promouvoir la sécurité pour tous dans le monde, la Chine aimerait proposer une initiative de sécurité mondiale ».

Ces éléments de langage sont répétés lors de chaque visite officielle à Pékin et dans les conférences internationales : G20 à Bali (novembre 2022), à propos de la politisation des relations commerciales et du protectionnisme américain ; entretiens avec le chancelier allemand et les dirigeants de Singapour et de la Malaisie (mars 2023), la présidente de la Commission européenne et le président français (avril 2023). Le communiqué chinois est alors explicite : « La Chine et la France doivent continuer de soutenir la multipolarisation du monde et la démocratisation des relations internationales, rejeter la logique de la guerre froide et la confrontation des blocs et relever ensemble toutes sortes de défis planétaires (…). La Chine considère toujours l'Europe en pôle indépendant dans un monde multipolaire, soutient les efforts de l'UE pour réaliser l'autonomie stratégique, et préconise que les relations sino-européennes ne visent aucune tierce partie, ne dépendent d'aucune tierce partie, ni ne se soumettent à aucune tierce partie. » Ce qui se conçoit bien s'énonce clairement… L'enjeu est donc, à nouveau, d'éviter la formation d'un front antichinois, ce qui a le mérite de la prévisibilité.

Continuité de la vision chinoise

La continuité politique et sémantique de la position chinoise est ainsi notable : il s'agit d'éloigner les forces militaires américaines d'une Asie orientale promise aux seuls Asiatiques – vus en tributaires de l'influence chinoise –, de bâtir une communauté d'intérêts avec l'ancien tiers-monde, renommé « Sud global », pour renverser, dans une approche néo-maoïste, l'ordre international dominé par le « Nord ». Il est question d'en prendre le contrôle, en faisant croire que la Chine est encore un pays en développement. Cette stratégie s'inscrit dans une rivalité générale avec l'influence occidentale, qualifiée à la fois d'hégémonique et de déclinante. La critique de l'unilatéralisme vise l'intention américaine de ralentir la croissance chinoise en contrôlant les transferts de technologies duales, en dépit de la formidable interdépendance des économies.

La stratégie américaine dite « indopacifique » – concept flottant[1] – est analysée en Chine comme la formation d'un « bloc » hostile, visant à la contention de ses ambitions de projection maritime vers les eaux internationales de trafic commercial à portée mondiale. Elle est un lointain écho du Pacte de Manille, et le président philippin Ferdinand Marcos Jr., adepte du « ami de tous, ennemi de personne » et du « juste équilibre », vient d'accepter (avril 2023) l'installation de quatre bases militaires américaines dans le nord de Luçon en face de Taïwan, et à l'ouest de Palawan sur les rives de la mer des Philippines occidentales, nommée à Pékin « mer de Chine du Sud ».

Comme en 1955, l'Asie de l'Est et du Sud-Est est le premier espace où se joue la rivalité. Mais la Chine est aujourd'hui devenue le numéro deux mondial, statut provisoire selon Xi Jinping qui lui a fixé la date de 2049 pour devenir numéro un : scénario inacceptable pour tout dirigeant américain. Et comme l'ont montré les recherches des historiens, les guerres sont souvent déclenchées moins pour des ressources ou des territoires que pour des questions de statut, de perte d'influence – Russie en 2022 – ou d'ambition de gain décisif. Pour asseoir son statut, la Chine fait circuler les mots et concepts de l'agenda international avec un vocabulaire ancien – blocs, guerre froide, confrontation. Que doit-on en penser ?

Le Sud global n'existe pas

L'abstention de 16 % des pays membres des Nations unies lors des deux premiers votes des résolutions condamnant l'agression russe (22 mars 2022 et 23 février 2023) a été remarquée, et pointée à l'excès comme preuve supplémentaire du recul euro-américain et de l'existence d'un ensemble cohérent « Grand Sud » : une carte mentale pourtant invalidée par le fait que 80 % des États les ont approuvées.

1. « Indo-Pacifique : un concept flottant ? », *Politique étrangère*, vol. 84, n° 3, 2019.

La réserve des pays les plus importants est pourtant notable, et obéit à des logiques propres.

Si, pour afficher une résistance anti-occidentale, la Chine soutient encore une Russie affaiblie, l'Inde est, elle, adepte du double jeu, parfois qualifiée de « pivot » (*swing state*), pratiquant un « multi-alignement », expressions peu convaincantes. Sa position transactionnelle a bien été résumée par Subrahmanyam Jaishankar, ministre des Affaires extérieures, ancien ambassadeur à Washington et membre du Bharatiya Janata Party (BJP), lors du forum Globsec de Bratislava en 2022 : « L'Europe doit se défaire d'un état d'esprit qui veut que ses problèmes sont des problèmes mondiaux, mais que ceux du monde ne sont pas les siens. » En clair, pourquoi vous soutenir sur l'Ukraine si vous êtes silencieux sur les attaques chinoises à la frontière himalayenne ?

La reconnaissance par les pays développés du « Nord » de l'égalité des conditions est un impératif de la réorganisation d'un ordre international partagé. Quant aux vingt-deux pays africains emmenés par l'Afrique du Sud et le Sénégal – qui préside la Commission de l'Union africaine –, la hausse des prix de l'énergie, des céréales et des engrais, pesa sans doute dans leur refus de prendre parti, mais leur choix signale d'abord la volonté de souveraineté qui les anime, et leur intention de sortir d'un tête-à-tête avec les anciennes métropoles coloniales. Bien des dirigeants africains entendent diversifier leurs partenariats et sont intéressés par la trajectoire chinoise et une assistance dénuée de conditionnalité politique, tout en restant conscients des risques de prédation des terres arables ainsi que des ressources minières, et d'endettement. Les formules européennes de l'État-nation importé trouvent ainsi leurs limites. La rivalité des modèles est une réalité dont les élites africaines savent tirer parti.

Quant aux pays de l'Association des États de l'Asie du Sud-Est (ASEAN), ils ont su, sous la houlette du Cambodge, de l'Indonésie et de la Thaïlande, prendre position en novembre 2022. Présidant l'ASEAN, le Cambodge invita le ministre ukrainien des Affaires étrangères, Dmytro Kuleba, pour signer un traité d'amitié et de coopération incluant des stipulations claires sur les principes de souveraineté nationale et d'intégrité territoriale, comme le refus de l'usage de la force et la non-interférence dans les affaires intérieures. Présidant le sommet du G20, l'Indonésie a renoué avec une diplomatie de neutralité « libre et active » (*bebas aktiv*), pour obtenir un accord sur une déclaration de 169 mots condamnant l'invasion russe dans les termes les plus vifs, à l'issue d'un intense travail diplomatique que d'aucuns jugeaient vain. Si une centaine d'heures de discussion furent nécessaires lors du sommet de l'APEC (Asia-Pacific Economic Cooperation) à Bangkok, un consensus n'en fut pas moins trouvé pour endosser la déclaration de Bali. Le résultat durable en est une réaffirmation du principe de « centralité » de l'ASEAN, qui est fondateur et implique que cet ensemble régional fixe son propre agenda dans un contexte international tendu. « Quand les historiens se pencheront sur les réunions de novembre 2022, ils les jugeront et s'en souviendront comme très significatives pour l'Asie du Sud-Est, car lorsque le sort du monde était en suspens, la région est intervenue en rappelant les règles », conclut Kavi Chongkittavorn, journaliste thaïlandais vétéran des affaires régionales.

Ce qui s'affirme dans le contexte de la guerre d'Ukraine, ce n'est donc pas le non-alignement des nouveaux pays indépendants, ou encore en lutte, réunis à Bandung en 1955, ni la prééminence de nouveaux « blocs » émergents décrits par la Chine, mais bien la volonté de souveraineté nationale, la recherche de l'autonomie stratégique et, dans les ensembles régionaux, le respect de règles communes, bref de principes d'organisation néowestphalienne du monde. Les pays qui le peuvent s'en tiendront à cette ligne pour se mouvoir dans un environnement surdéterminé par la rivalité sino-américaine.

Un monde de puissances moyennes westphaliennes

Un système multipolaire s'esquisse, moins sous l'impulsion de la Chine dont on comprend qu'elle vise à son tour à l'hégémonie, que par les choix de puissances moyennes ou de second rang, qui refusent tout alignement sur le jeu des puissances de premier rang et cherchent, si elles le peuvent, à ménager leurs marges de manœuvre. En Europe comme en Asie du Sud-Est et de l'Est ainsi que dans la péninsule arabique, on veille à combiner l'accès au marché chinois (import et export) et la garantie de sécurité américaine. La seule option est de réduire cette double dépendance, ce qui a commencé en Europe.

La diversification en cours des chaînes d'approvisionnement bénéficie à des pays comme le Vietnam, l'Indonésie, l'Inde, la Turquie ou les Émirats arabes unis. Pierre Grosser a montré qu'en Asie orientale, le *hedging*, méthode de couverture contre les risques issue du domaine financier et consistant à parier sur les deux parties d'une compétition, était devenu une pratique à la mode, à mi-chemin entre la recherche de l'équilibre et l'ancrage sur le plus fort. On l'a vu fonctionner récemment à Pékin entre Saoudiens et Iraniens. Si les États-Unis ne protègent plus les installations saoudiennes de raffinage contre les attaques iraniennes, mieux vaut se tourner vers la Chine, premier débouché des deux adversaires structurels. L'intérêt national de ces pays en quête de souveraineté et conscients des limites de la *pax americana* est de ne pas être tributaires de la rivalité sino-américaine, et de se mettre à l'abri de ses débordements. À cet égard, les risques de dérapage liés aux aléas de la politique intérieure américaine peuvent apparaître plus élevés, du fait de l'obsession chinoise régnant à Washington, contredite par les intérêts pour la Chine de Wall Street, de la Silicon Valley ou de Walmart.

Lignes de clivage : énergie, technologie, monnaie, normes et règles

Cette multipolarité naissante est déjà à géométrie variable, selon la nature des enjeux structurants. Thomas Gomart annonce une probable fragmentation du monde en blocs énergétiques stratégiques, qui placerait sans conteste les États-Unis en position de force vis-à-vis de leurs alliés européens et asiatiques, dès lors qu'ils combinent les ressources fossiles et les outils de la transition énergétique. La course à la maîtrise nationale des technologies critiques – semi-conducteurs, intelligence artificielle, informatique quantique, systèmes spatiaux, nouvelles fibres optiques sous-marines – met au premier plan les impératifs de sécurité nationale définis par les grands États, déjà conduits à soutenir par l'argent public le maintien à flot d'économies affectées par la pandémie : le capitalisme devient politique.

« À notre époque, l'expression "capitalisme politique" a suscité un intérêt croissant, impliquant divers phénomènes : l'utilisation politique du commerce, des finances et de la technologie ; la désignation d'industries stratégiques et d'entreprises "ennemies" par leur localisation géographique ou leur propriété ; la concurrence dans les organisations internationales de normalisation ; l'intrusion des bureaucraties de sécurité nationale dans les libertés économiques. Ces éléments, qui se situent à différents niveaux de domination et indiquent une profondeur différente par rapport au nationalisme économique, sont accentués dans les conflits, comme celui qui entoure les États-Unis et la Chine. Le fait essentiel du capitalisme politique ne concerne pas tant l'impact des entreprises contrôlées par l'État sur l'économie mondiale. (…) La vraie question est, en fin de chaîne, l'imbrication instrumentale et réelle des objectifs économiques et des exigences de sécurité nationale. C'est sur cette base que l'on peut lire les travaux des principales puissances : la Chine, les États-Unis et, enfin, l'Europe », souligne Alessandro Aresu, ancien conseiller du Premier ministre italien[2].

En avril 2023, le président brésilien Luiz Inácio Lula da Silva déclare à Pékin : « Toutes les nuits je me demande pourquoi tous les pays doivent commercer en dollars »… En réaction, et à propos d'un train de sanctions supplémentaires contre la Russie, la secrétaire au Trésor Janet Yellen reconnaît que la multiplication des sanctions américaines peut inciter à la recherche de monnaies alternatives pour les échanges internationaux, même si cette tendance ne doit pas être exagérée. Le billet vert est la monnaie de 60 % des réserves de change ; il est la référence du commerce international, des marchés de la dette. La forte demande pour la détention de dollars américains permet aux États-Unis d'emprunter à un coût moindre. Il ne sera pas facile de neutraliser ces effets de réseaux. Le renminbi ne pèse en revanche que 3 % des réserves des banques centrales, faute de confiance dans le respect des règles de droit. Mais la facturation des échanges régionaux en monnaies moins internationales est à l'étude en Asie du Sud-Est et en Afrique de l'Ouest. La France avait proposé que la monnaie mal nommée franc CFA – il ne s'agit pas d'un « franc », mais d'un moyen de paiement dont le Trésor français garantit la stabilité par son ancrage à l'euro – soit remplacée par une monnaie commune régionale : l'eco. Cette initiative attendue s'est heurtée au refus du Nigeria, géant économique de l'Afrique de l'Ouest, dont la monnaie, le naira, a perdu 260 fois sa valeur initiale… Ce qui décourage les autres pays, sans pour autant faire cesser les critiques contre la France.

La Chine a organisé une pénétration systématique des institutions internationales existantes afin d'infléchir les normes et de s'imposer en tant que puissance structurelle, tout en créant des institutions parallèles dans le domaine du financement des infrastructures. Le système-monde est donc plus divisé au plan économique entre des techno-démocraties et des techno-autoritarismes.

2. A. Aresu, « L'Europe doit apprendre le capitalisme politique », *Le Grand Continent*, 10 novembre 2020.

***

La France a beaucoup misé sur les institutions multilatérales et, forte d'une longue tradition juridique, sur le rôle des règles et du droit international. Ce multilatéralisme est en crise. Le Conseil de sécurité des Nations unies est bloqué par les vétos russes successifs. Il ne correspond plus à la réalité du monde, mais le projet franco-britannique d'élargissement à de nouveaux membres n'aboutit pas. Les formats du G7 et du G20 – deux initiatives françaises – essaient d'y suppléer. Toutefois – et c'est une excellente nouvelle –, l'Assemblée générale des Nations unies a adopté en 2023, en réaction devant l'inaction du Conseil de sécurité face à la guerre d'Ukraine, une résolution historique[3] qui oblige l'Assemblée à se réunir dans les dix jours à chaque fois qu'un véto est utilisé au Conseil de sécurité : les membres qui abusent du véto (la Fédération de Russie a usé 12 fois de son droit de véto en 2022), en se contentant de lever la main sans plus de justification, ne pourront donc plus échapper à l'obligation de rendre des comptes, sur instruction du secrétaire général.

La France doit changer de logiciel avec l'Afrique, dialoguer avec les acteurs émergents, dans des formats de coopération dits « mini-latéraux », tel celui signé en février 2023 avec les Émirats arabes unis et l'Inde sur des projets dans l'énergie, la technologie et la défense. Ce type d'accord pragmatique est une voie à suivre pour réduire le désordre du monde.

Dans un monde de brutes, il convient de rappeler le primat du droit international et des règles contre le recours à la force. C'est le rôle des Européens et de leurs alliés des pays démocratiques. Mais ceux-ci doivent se montrer plus attentifs aux acteurs du système multipolaire en construction, qui ne pensent pas comme nous et souhaitent être écoutés dans la promotion légitime de leurs intérêts nationaux. « Écouter, ne jamais être arrogant, être tout simplement poli » : ce fut le conseil de Talleyrand aux diplomates lors du congrès de Vienne de 1815, où fut inventé le principe de l'équilibre des puissances, et ce principe peut être demain l'une des conditions d'une multipolarité coopérative.

M. F.

Pour en savoir plus

- P. Grosser, *L'Autre guerre froide ? La confrontation États-Unis / Chine*, Paris, CNRS Éditions, 2023.
- M. Gourdault-Montagne, *Les autres ne pensent pas comme nous*, Paris, Bouquins, 2022.
- M. Foucher, *Ukraine, une guerre coloniale en Europe*, La Tour d'Aigues, L'Aube, 2022.

3. Document A/77/L.52, 26 avril 2023.

L'arsenalisation des interdépendances

Un nouveau monde de sanctions ?

La guerre d'Ukraine a mis en évidence les multiples trains de sanctions prises à l'encontre de Moscou par Washington et Bruxelles. Mais ces sanctions sont, plus largement, devenues un instrument ordinaire de politique étrangère, symboles des interdépendances créées par la mondialisation. Leur efficacité dépend du rapport des forces entre les différents acteurs : les États-Unis, principaux initiateurs des sanctions, s'efforcent à une réorganisation du monde susceptible de la maximiser.

En réponse à l'invasion de l'Ukraine, les États-Unis et leurs alliés ont pris des sanctions très sévères contre la Russie, incluant de larges interdictions d'exportation de produits technologiques, la déconnexion de la plateforme de communication financière SWIFT de la plupart des banques russes, et le gel des avoirs de la banque centrale. Des mesures similaires avaient été prises par le passé contre la Corée du Nord, le Venezuela et même l'Iran, mais leur application à la Russie témoigne d'un changement d'échelle : les sanctions économiques touchent au cœur des relations internationales. L'épisode est d'autant plus significatif que, loin d'être isolé, il prolonge une tendance qui a vu les relations économiques et financières être de plus en plus utilisées comme moyen de pression, voire de coercition.

La montée en puissance des sanctions économiques

Les sanctions économiques et commerciales sont aussi vieilles que les relations internationales et ont presque toujours constitué une dimension significative des affrontements. Au sortir de la Première Guerre mondiale, elles ont même été codifiées dans la charte de la Société des nations (article 16) comme outil de prévention des conflits, supposé dissuader les belligérants potentiels. Même si elles ont été efficaces pour éviter deux conflits frontaliers dans les Balkans (de la Yougoslavie contre l'Albanie en 1921, de la Grèce contre la Bulgarie en 1925), leur effet fut moins dissuasif pour les grandes puissances dans les années 1930 ; il s'est même avéré pervers, la recherche de l'autosuffisance contre cette « arme économique » alimentant l'expansionnisme allemand et japonais. Après guerre, la charte des Nations unies a repris le principe, construisant un système de sanctions plus fort, précis et rationalisé que celui de la Société des nations. Depuis 1966, le Conseil de sécurité a mis en place 31 régimes de sanctions économiques aux termes de l'art. 41, aux modalités et objectifs variés (règlement de conflit, lutte contre le terrorisme ou la prolifération nucléaire…). Quinze sont toujours en place, mais aucun n'a eu d'impact économique international majeur.

Les sanctions nationales ont été plus significatives, particulièrement celles mises en œuvre par les États-Unis depuis l'embargo contre la Corée du Nord en 1950, qui avait justifié la création de l'OFAC (*Office of Foreign Assets Control*). Ces sanctions ont pris progressivement plus d'importance, notamment contre Cuba, puis l'Iran après 1979. Elles ont pris une dimension extraterritoriale à la suite du *Helms Burton Act*, voté en 1996 pour étendre l'embargo américain et empêcher les entreprises étrangères d'échanger avec Cuba, ce qui a renforcé d'autant leur impact.

La rupture la plus marquante est ici cependant née de la lutte contre le financement du terrorisme, à la suite des attentats de septembre 2001. C'est à cette occasion que les États-Unis ont commencé à utiliser plus activement l'arme financière, pour couper leurs cibles des marchés financiers internationaux. La menace de se voir privées de l'accès au marché américain a amené les banques à appliquer, et à faire appliquer, les sanctions décidées par le gouvernement américain, pour leurs opérations dans le monde entier. Une fois l'efficacité éprouvée dans la lutte contre le terrorisme, l'outil a été étendu à la Corée du Nord, puis à la Libye, à l'Iran, et ainsi de suite. Le nombre de décrets présidentiels enjoignant le Trésor américain d'appliquer des sanctions financières est ainsi passé d'une vingtaine par an en 2000 à près de 100 en 2020, le nombre de pays touchés passant de 4 à 21. Au-delà des mesures d'importances très inégales, c'est l'évolution qualitative qui a donné une place beaucoup plus centrale aux sanctions économiques. Après la démonstration sur l'Iran de la force de contrainte qu'elles impliquent, leur application contre un pays du rang de la Russie montre que même les grandes puissances doivent désormais compter avec cette menace.

Au-delà des sanctions

L'instrumentalisation des interdépendances aux fins de contrainte politique – leur *arsenalisation*, pour reprendre la traduction de *weaponisation* – est loin de se résumer aux seules mesures formellement présentées comme des sanctions économiques.

Du côté des États-Unis, la dernière décennie a été marquée par l'utilisation croissante de mesures exceptionnelles contre la Chine. La guerre commerciale menée par l'administration Trump est difficile à caractériser de ce point de vue, combinant motivations protectionnistes et sécuritaires, avec des objectifs politiques qui n'ont jamais été clairement définis. L'essentiel des droits de douane exceptionnels décrétés en 2018 et 2019 étaient supposés être une réponse aux pratiques chinoises en matière de transferts de technologie, de propriété intellectuelle et d'innovation, sur la base de la section 301 de la loi sur le commerce extérieur de 1974. Mais ceux sur l'acier et l'aluminium étaient, eux, justifiés par la sécurité nationale, ce qui actait leur caractère politique. Ciblée strictement, en théorie, sur les produits d'usage dual, civil et militaire, la réforme des contrôles d'exportations de 2018 (*Export Control Reform Act*) était ambiguë en pratique : de fait, la volonté de ralentir voire d'affaiblir la Chine dans les domaines technologiquement les plus avancés est désormais explicite, si l'on en juge par les restrictions additionnelles d'octobre 2022, présentées par le conseiller à la Sécurité nationale Jake Sullivan comme s'inscrivant dans le cadre de la stratégie américaine de réponse à la rivalité géopolitique avec la Chine.

La Chine est également active dans ce domaine, mais d'une façon différente. Les mesures officielles – interdictions de visas, gels d'actifs, sanctions ciblant des individus ou des entités – ne sont que la partie émergée de pratiques souvent informelles et opaques, même si leurs motivations politiques sont claires et le plus souvent délimitées. On citera les mesures de boycott contre la Norvège suite à l'attribution en 2010 du prix Nobel de la paix à Liu Xiaobo ; le blocage des exportations de terres rares vers le Japon en 2010 en lien avec le conflit autour des îles Senkaku-Diaoyu ; les représailles commerciales contre la Corée (notamment les établissements du groupe Lotte en Chine) à la suite de l'installation en 2016 du système antimissiles américain THAAD ; les sanctions diplomatiques et commerciales informelles contre la Mongolie après la visite du dalaï-lama en 2016 ; les taxes douanières additionnelles (accompagnées de sanctions ciblant certains responsables et quelques entreprises) en réponse à celles de l'administration Trump à partir de 2018 ; le blocage des importations australiennes de plusieurs produits majeurs (charbon, acier, orge, vin…) en réponse à la demande d'une commission internationale d'enquête sur les origines de la pandémie de Covid-19 en mai 2020 ; enfin l'embargo informel contre la Lituanie suite à l'ouverture d'un bureau de représentation de Taïwan en 2021.

L'Union européenne (UE), quant à elle, maintient des régimes de sanctions qui concernaient mi-2023 plus de 30 pays, visant principalement la défense des droits de l'homme, la prévention de conflits ou la lutte contre la prolifération nucléaire, et plus de la moitié répondant à l'initiative des Nations unies. L'approche européenne des relations commerciales est beaucoup moins politique, ce qui s'explique en grande partie par le fait qu'elle n'est pas un État, et doit donc composer avec l'éventail des sensibilités et intérêts des États membres, en restant cohérente avec les principes de son organisation interne. Il reste que les pratiques des autres puissances poussent l'UE à se positionner, ce qu'elle a fait avec les sanctions contre la Russie, mais aussi en développant un instrument de lutte contre la coercition économique qui lui permet de prendre des mesures commerciales en réponse aux éventuelles instrumentalisations de ses partenaires.

Hors les trois grandes puissances, l'instrumentalisation politique des interdépendances économiques est moins visible, mais pas absente pour autant. L'utilisation par la Russie de l'arme du gaz contre l'UE en est une illustration très claire. Dans un registre différent, les pressions migratoires illustrent une autre interdépendance, dont l'instrumentalisation politique est courante comme en témoignent les relations de la Turquie avec l'UE, ou les manipulations de la Biélorussie en 2021. Autre exemple, les différends mémoriels entre Corée du Sud et Japon autour des réparations de guerre ont donné lieu à des sanctions commerciales réciproques entre 2019 et 2023. Sous des formes variées, l'instrumentalisation des interdépendances économiques à des fins politiques est donc désormais courante.

L'interdépendance dans un contexte de rivalités

Comment expliquer cette évolution ? On aurait pu penser que la montée des tensions géopolitiques se traduirait rapidement par une démondialisation. Cela n'a pas été le cas : les interdépendances économiques ont marqué le pas depuis la crise financière de 2007-2009, mais pas régressé systématiquement. En 2019, avant la crise du Covid-19, les flux internationaux de marchandises représentaient une proportion du revenu mondial supérieure à celle de 2005 ; quant au commerce international des services, il est resté caractérisé, la dernière décennie, par un grand dynamisme (qui n'est pas remis en cause par les problèmes de mesure).

Une situation nouvelle s'est donc dessinée : une interdépendance économique et financière très étroite, dans un contexte de fortes tensions politiques, y compris entre grandes puissances. Il n'y a pas de précédent historique : l'interdépendance d'avant la Première Guerre mondiale était beaucoup moins poussée ; la mondialisation sous la guerre froide s'est pour l'essentiel limitée aux États-Unis et à leurs alliés ; et l'après-guerre froide a été marqué par une hyper-domination américaine. Les quinze années qui ont précédé la crise financière mondiale ont été marquées par un enchevêtrement de plus en plus étroit des grandes économies, avec le développement massif de chaînes de valeur mondiales et de liens financiers complexes et étroits. Elles ont aussi vu la domination économique des États-Unis et de leurs alliés se réduire au profit des grands émergents, et notamment de la Chine, si bien que les quinze années qui ont suivi ont vu monter rivalités et tensions politiques.

Rivalités et tensions motivent des politiques d'influence, voire de coercition, qui trouvent un outil potentiellement puissant dans les interdépendances économiques. D'autant que le cadre multilatéral ne peut discipliner ces tentations, dès lors qu'elles concernent des enjeux jugés primordiaux par les parties concernées, surtout s'il s'agit des plus grandes puissances. La sécurité nationale avait d'ailleurs d'emblée été considérée comme justifiant une exception aux règles du commerce international (article XXI de l'Accord général sur les tarifs douaniers et le commerce – GATT) ; la pression des pairs permettait de favoriser une application raisonnée de ce principe, mais cette modération ne fonctionne pas pour les plus grandes puissances, sur lesquelles les autres pays ont peu de prise. Ajoutons que la transition écologique et la révolution numérique, en déstabilisant les positions acquises, ajoutent aux enjeux de la concurrence internationale, créant des incitations supplémentaires fortes aux interventions étatiques pour déformer à leur avantage les termes de la concurrence : vu l'importance des technologies en cause, les frontières entre motivations politiques et économiques sont largement brouillées.

Mécanique de l'instrumentalisation

Les interdépendances économiques sont généralement des relations internationales librement consenties parce que chacun y trouve un bénéfice. Leur instrumentalisation est donc délicate presque par définition : elle n'inflige pas seulement un coût à la cible, mais la plupart du temps aussi au pays qui s'y décide. Quand bien même ce dernier accepte de consacrer des ressources à une telle action, elle n'a de sens que si elle inflige au pays visé un coût qui leur est supérieur. En somme, l'instrumentalisation des interdépendances économiques n'a de sens que dans un contexte d'asymétrie marquée. Comme le soulignait déjà Albert Hirschman en 1945, une relation commerciale crée une dépendance, et donc une possibilité d'influence, lorsqu'il est difficile de s'en passer ou de la remplacer.

Si toute asymétrie économique peut être exploitée comme moyen de pression, certains domaines sont plus propices que d'autres, du fait de leurs singularités et de leur structure de contrôle. Beaucoup d'activités économiques s'appuient sur des réseaux complexes à grande échelle, qui ont tendance à produire des structures fortement asymétriques, où certains nœuds jouent un rôle critique. Comme l'ont souligné Farrell et Newman (2019), les États qui ont à la fois la capacité de contrôle de ces nœuds critiques et les institutions nécessaires pour les manipuler peuvent en tirer un profit stratégique de deux façons : la collecte d'informations sensibles et le contrôle de l'accès aux ressources stratégiques. C'est la logique qui sous-tend l'instrumentalisation croissante par les États-Unis de l'accès au réseau SWIFT, qui joue un rôle pivot dans les transactions financières internationales ; un mécanisme similaire s'appliquant à l'accès effectif au dollar (et plus largement à la place financière américaine), qui constitue de fait le pivot du système financier international.

Dans la sphère réelle, la haute technologie est sujette aux mêmes logiques : les activités ont également tendance à se structurer en réseaux complexes, s'appuyant sur des nœuds critiques, en l'occurrence droits de propriété intellectuelle sur des procédés, ou entreprises détenant des brevets, secrets industriels ou savoir-faire uniques. C'est ainsi qu'en dépit de l'immense complexité des chaînes d'approvisionnement dans l'informatique de pointe, où les entreprises ont fréquemment plusieurs milliers, voire dizaines de milliers, de fournisseurs, la réalisation de certaines étapes clés au plus haut niveau de performance est sujette à des quasi-monopoles, comme c'est le cas pour la fonderie (TSMC), les machines de gravure (ASML), la conception d'architecture de puces (ARM) ou les puces pour l'intelligence artificielle (Nvidia). Dans la plupart de ces cas, quelques entreprises sont proches du niveau du leader, mais elles se comptent sur les doigts d'une main. Cette configuration explique pourquoi les États-Unis ont fait de ce secteur un élément central de leur stratégie vis-à-vis de la Chine.

La question des sanctions secondaires

La capacité à associer d'autres États à l'application des sanctions est donc un élément clé de leur réussite, parce qu'elle permet de renforcer le degré d'asymétrie. C'est la raison pour laquelle les États-Unis ont dans plusieurs cas appliqué, outre les mesures directes, des sanctions secondaires, menaçant les entreprises de pays tiers qui enfreindraient les restrictions de les priver d'accès au marché américain. Cette dimension extraterritoriale est très contraignante pour les pays tiers, par exemple pour les Européens dans le cas des mesures contre l'Iran suite à la dénonciation de l'accord de Vienne par les Américains, ou celui des sanctions contre les entreprises participant à la construction du gazoduc *North Stream 2*. Même si le vecteur légal était différent, les sanctions financières suivaient une même logique, forçant les banques du monde entier à s'aligner sur les consignes américaines.

Si elles sont redoutablement efficaces en pratique, ces mesures sont très clivantes, et délétères pour les relations des États-Unis avec leurs alliés. D'où la nécessité de construire des intérêts et des objectifs partagés, pour dégager des approches communes, comme en attestent les nombreux projets de partenariat lancés récemment par les Américains, par exemple dans l'Indo-Pacifique (IPEF), au niveau transatlantique (TTC), ou sur le thème des semi-conducteurs (*Chips 4 Alliance*). La coordination est également importante dans les sanctions contre la Russie, mais elle s'est imposée de manière beaucoup plus spontanée. Somme toute, la démarche active consistant à rechercher, par menace ou négociation, un alignement de différents partenaires sur des objectifs d'instrumentalisation des dépendances est jusqu'ici restée pour l'essentiel l'apanage des États-Unis, sans doute parce qu'eux seuls peuvent espérer la mener à bien. La Chine, de son côté, n'a pas engagé activement de démarche comparable.

***

Même lorsque les asymétries sont marquées, cependant, il est difficile d'en tirer efficacement profit, les États ciblés développant toutes sortes de stratégies pour échapper aux mesures, les contourner, les contrer. L'efficacité de la démarche est difficile à jauger d'une façon générale, ses objectifs n'étant pas toujours bien définis, et les effets secondaires étant manifestes, qu'il s'agisse des tentatives de dé-dollarisation, des pertes commerciales encourues au profit des pays qui ne s'associent pas aux sanctions, ou des efforts redoublés de la Chine pour développer son propre écosystème en matière de semi-conducteurs. L'instrumentalisation des interdépendances à des fins politiques est désormais une réalité incontournable des relations économiques internationales, mais ses conséquences n'ont pas fini de se faire sentir : leur prise en compte, désormais intégrée dans l'analyse stratégique de la plupart des acteurs, modifie la perception des risques et opportunités. Une ère nouvelle qui s'ouvre dans la mondialisation.

S. J.

Pour en savoir plus

- H. Farrell, A. L. Newman, « Weaponized Interdependence: How Global Economic Networks Shape State Coercion », *International Security*, vol. 44, n° 1, 2019.
- D. McDowell, *Bucking the Buck: US Financial Sanctions and the International Backlash against the Dollar*, New York, Oxford University Press, 2023.
- N. Mulder, *The Economic Weapon*, New Haven, Yale University Press, 2022.

L'érosion du libéralisme

La fin des illusions

La grande ère du libéralisme de l'après-guerre froide, promettant à la fois développement, coopération, paix et démocratie, semble appartenir au passé. Les crises internationales et la croissance des inégalités internes dessinent un monde tenté par un nouveau protectionnisme. Le nouveau jeu des puissances s'exprime au premier chef à travers la rivalité Chine/États-Unis, et la remise en cause des chaînes d'interdépendance. Un retour à un protectionnisme généralisé serait cependant suicidaire.

La crise de 2007-2008 a-t-elle été le chant du cygne du libéralisme au profit de son vieil adversaire, le nationalisme ? À la suite de l'effondrement de Lehman Brothers, la vague protectionniste tant redoutée n'avait pas immédiatement déferlé : ce n'était qu'un répit. Dans les années 2010, les garde-fous du multilatéralisme d'après-guerre se sont fissurés, prêts à s'effondrer. La remise en cause du libre-échange et la marginalisation de l'Organisation mondiale du commerce (OMC) en témoignent.

Pour les libéraux, le commerce international est un jeu « gagnant-gagnant ». À la suite de Montesquieu, le « doux commerce », loin de créer des tensions, favoriserait la paix, sinon la démocratie. Du fait de son efficacité et de la rationalité des hommes, il pourrait même s'imposer spontanément ou, à défaut, bénéficier de règles multilatérales, reconnues de tous. La chute du mur de Berlin et l'effondrement de l'URSS ont laissé croire à l'avènement d'un libéralisme « post-hégémonique », voire à une « fin de l'histoire », mais ce nouveau monde résiste mal aux crises financières, sociales, sanitaires, climatiques et diplomatiques : le spectre des années 1930 se rapproche.

Le commerce est un combat

De nouveau, le commerce est vu comme un combat, voire comme une guerre. La concurrence n'est plus seulement économique, elle devient ou redevient politique. Il ne suffit plus que les partenaires soient gagnants, ils doivent l'être chacun plus que les autres, ce qui rend l'équation insoluble. Même les pertes deviennent acceptables, si les autres perdent plus que soi. C'est d'ailleurs ce qu'attendent les pays qui déclenchent une guerre, économique ou militaire. Peu importent les pertes immédiates, si elles conduisent à l'affaiblissement de l'adversaire et donc, peut-être, à des gains futurs.

Dans les années 2000, un peu partout le national-populisme a ravivé les nostalgies d'une grandeur passée à reconquérir. La plus grande surprise vient de leur étendue et de leur simultanéité. Elles ont ainsi atteint, sous des formes diverses, les cinq membres du Conseil de sécurité et une multitude de puissances moyennes ou régionales (Turquie, Inde, Brésil, Pologne, Hongrie, etc.).

En 2018, l'offensive protectionniste est venue des États-Unis avec pour témoin et justification le déficit commercial abyssal du pays, tout particulièrement avec la Chine. La libéralisation des échanges portée, jusqu'alors par l'hégémonie, aurait favorisé un déclin américain et la montée en puissance de rivaux. Amorcé par Barack Obama, amplifié par Donald Trump, précisé par Joe Biden, le ciblage sur la Chine n'a pas épargné le reste du monde, y compris les pays alliés.

Il aura donc fallu beaucoup de déceptions pour que la mondialisation heureuse des années 1980 devienne la mondialisation malheureuse des années 2010-2020…

Mondialisation et fragmentation sociale

Pour les pères fondateurs du libéralisme économique, la spécialisation des pays permet de produire plus à partir d'une quantité donnée de facteurs de production (travail, capital, terres, etc.), ce qui profite à tous les pays. Ce constat utilitariste n'implique pas qu'au sein des nations le sort de tous s'améliore. Les théories académiques du commerce international le reconnaissent : globalement les pays gagnent, mais à l'intérieur certains groupes sociaux peuvent perdre. Ainsi, dans les pays industriels, le sort des travailleurs les moins qualifiés, concurrencés par les travailleurs des pays en développement, se détériore quand celui des détenteurs de capital s'améliore. Les inégalités s'accroissent. Dès lors, la question du libre-échange devient politique : comment indemniser les perdants, alors même que le défi ne se limite pas à la baisse des salaires mais s'étend aux pertes d'emploi, au déclassement professionnel, à la désertification des territoires ?

Par chance, pendant les Trente Glorieuses la question avait pu être esquivée. La dynamique du commerce reposait moins sur une spécialisation ricardienne de type drap contre vin, que sur un échange international de type automobiles Renault contre automobiles Volkswagen. Le commerce international pouvait se développer, mais avec une spécialisation *a minima* bouleversant assez peu, et lentement, les structures de production. Elle préservait l'industrie et les travailleurs. C'était un commerce Nord-Nord entre pays économiquement proches.

À partir des années 1980, l'ouverture de la Chine et des pays en développement a tout remis en cause. Elle a accéléré une spécialisation plus traumatisante que celle des Trente Glorieuses. « Désindustrialisation » : le terme caractérise la mondialisation de la chaîne de valeur et le développement d'une sous-traitance internationale, c'est-à-dire la délocalisation des « tâches » intensives en travail peu qualifié (assemblage, tissage, etc.) dans des pays où le coût de la main-d'œuvre était dérisoire : Europe de l'Est, bassin méditerranéen, Chine et Sud-Est asiatique…

La mondialisation de la chaîne de valeur a ainsi créé une situation paradoxale, très inégalitaire. D'un côté, la mondialisation « heureuse » affichait des gains immédiatement perceptibles : baisse du prix des vêtements ou du matériel électronique, accès de tous à des produits de haute technologie. De l'autre, une mondialisation

« malheureuse » laissait sur le carreau les perdants dans les régions touchées par la délocalisation, avec une pression accrue sur l'emploi et les bas salaires.

Même si ces « pertes », telles que quantifiées par les économistes, apparaissent limitées, elles furent assez visibles pour fragiliser les systèmes sociaux existants et mettre en accusation la « mondialisation néolibérale ».

Ainsi l'ouverture aux échanges, associée à d'autres évolutions anxiogènes (immigration, changement climatique, numérisation, tensions géopolitiques, crise sanitaire, etc.), a-t-elle amplifié la remise en cause des systèmes politiques et l'attrait des politiques alternatives.

Dans les pays démocratiques, cette remise en cause de la mondialisation aurait dû profiter à une gauche censée représenter les « perdants » et plus disposée idéologiquement à mettre en place des mécanismes de transfert et de compensation. Elle a au contraire favorisé une droite nationaliste, populiste et « illibérale », incarnée aux États-Unis par Donald Trump et prolongée par le ralliement d'une grande partie des Républicains à un « national-conservatisme » (NatCon) avec, pour alternative, un isolationnisme qui rejette l'héritage multilatéral de l'après-guerre et… le néoconservatisme des précédentes administrations républicaines.

La déconstruction du multilatéralisme

Le désenchantement vis-à-vis de l'internationalisme et du multilatéralisme de la puissance hégémonique a ainsi conduit cette dernière à renouer avec des démons jamais vraiment extirpés : le protectionnisme et l'isolationnisme.

Le système international de l'après-guerre voulu par les États-Unis était un compromis entre un mercantilisme éclairé et un libéralisme pragmatique. Le désastre des années 1930 avait imposé l'idée que, dans un système international mal régulé, le point d'équilibre conduisait à une situation « perdant-perdant » mêlant protectionnisme et dévaluations compétitives. La victoire acquise, les États-Unis ont imposé un système coopératif dit « multilatéral », articulé autour de l'ONU et d'organisations internationales à finalités économiques – notamment les deux « sœurs » de Bretton Woods : le Fonds monétaire international (FMI) et la Banque mondiale.

Ce programme plaçait les États-Unis en rupture avec leur tradition isolationniste et protectionniste. Les administrations Roosevelt puis Truman durent convaincre le Congrès que leur pays serait le grand gagnant de ce jeu coopératif, insistant sur la perspective d'exportations massives, génératrices d'emplois et de bien-être. Le succès ne fut pas total. La Charte de La Havane, plus ambitieuse que le GATT (Accord général sur les tarifs et le commerce) qui l'a remplacée, n'avait pas été ratifiée, ce qui révélait déjà les limites d'un multilatéralisme rooseveltien qui n'avait pas anticipé la guerre froide.

À partir du milieu des années 1970, la balance commerciale américaine devient déficitaire. La rhétorique entretient alors le complexe du *nice guy* (« brave gars ») roulé par l'*unfair trade* (commerce déloyal) de ses partenaires. La *section 301* de la loi commerciale de 1974 permettra ainsi aux États-Unis d'imposer des sanctions aux pays qui ne respecteraient pas les lois commerciales américaines. Les années 1980 furent ainsi des années de fortes tensions protectionnistes, tout particulièrement avec le Japon.

La chute du mur de Berlin, l'effondrement de l'économie japonaise et l'ouverture des ex-pays socialistes, semblaient ouvrir une ère post-hégémonique libérale, régulée par les organisations internationales. L'OMC, créée en 1994 par les accords de Marrakech, absorbait l'ancien GATT avec un statut d'organisation internationale, de nouvelles compétences et une procédure crédible de règlement des différends. Rétrospectivement, il apparaît que la ratification de l'accord par le Congrès, n'avait été possible que grâce au court moment où l'Occident croyait ne plus avoir d'ennemis.

L'accession de la Chine à l'OMC en 2001 dut beaucoup à ce climat. Elle devait accélérer la conversion du pays aux valeurs libérales, ce qui par ailleurs faciliterait l'accès des firmes occidentales à un vaste marché et à une sous-traitance recherchée par des géants américains comme Apple. Jusqu'à l'arrivée au pouvoir de Xi Jinping, la Chine avait d'ailleurs adopté un profil bas dans les organisations internationales et tout particulièrement à l'OMC, laissant Brésil et Inde contester le leadership occidental.

L'espoir post-hégémonique fut vite douché par les attentats du 11 septembre 2001, les guerres d'Afghanistan, la seconde guerre d'Irak, les déconvenues du printemps arabe et le raidissement de la Russie. Avec l'administration Obama, la Chine devient une menace à la fois économique et politique, notamment dans la région indopacifique, vue comme la plus prometteuse du monde.

Donald Trump va plus loin, faisant glisser les États-Unis vers un isolationnisme visant non seulement la Chine, mais le monde entier. Il rejette même l'accord transpacifique (*Trans-Pacific Partnership* de 2016) hérité de son prédécesseur et qui avait pour objectif d'isoler la Chine. Il lance ensuite une guerre commerciale qui n'épargne pas ses alliés : hausse des droits de douane sur les importations d'acier et d'aluminium, renégociation de l'Accord de libre-échange nord-américain (ALENA).

Dans la doctrine « décliniste » qui avait déjà eu son heure de gloire dans les années 1980, l'hégémonie américaine aurait un coût trop élevé par rapport aux gains : financement de la sécurité européenne, concessions commerciales excessives, etc. Cette radicalisation conduit les États-Unis à se désengager du multilatéralisme. Le blocage de la nomination des juges de l'organe d'appel de l'OMC a ainsi paralysé une procédure de règlement des différends qui osait parfois condamner les États-Unis. Si, avec la guerre en Ukraine, le président Biden a réengagé les États-Unis en Europe, il n'a pas remis en cause l'unilatéralisme commercial de son prédécesseur. Non seulement il n'a pas débloqué la situation à l'OMC, mais il a fait adopter par le Congrès des mesures s'affranchissant de ses règles. L'IRA (*Inflation Reduction Act*) d'août 2022 vise certes à accélérer la transition écologique, ce qui est louable, mais en l'associant à des mesures protectionnistes qui le sont moins. En imposant aux voitures électriques importées des exigences en contenu local, la loi contrevient aux principes fondateurs du multilatéralisme : l'article III du GATT sur le traitement national et, en perspective, l'article I sur le principe fondateur de « la nation la plus favorisée ». Quand l'administration Biden suggère cyniquement à ses partenaires européens de faire la même chose, elle confirme qu'en matière de commerce international le temps du multilatéralisme est révolu, sans réelle perspective de refondation.

Les interdépendances asymétriques

« Chacun de nous a appris les gloires de l'indépendance. Que chacun de nous apprenne les gloires de l'interdépendance », affirmait Franklin D. Roosevelt en décembre 1936. En pleine guerre froide, l'avocat libéral Samuel Pisar proposait de promouvoir la détente par le développement de relations commerciales avec l'Est. C'est ainsi que la Chine est entrée à l'OMC en 2001.

L'argument est simple : le commerce crée des interdépendances qui, augmentant le coût des conflits, diminuent le risque de guerre. C'est oublier que les pays peuvent accepter de perdre à court terme en espérant un gain de long terme. La leçon des vingt dernières années est que l'interdépendance peut tout autant attiser les tensions politiques et commerciales.

Le commerce avec la Chine, loin de favoriser un « grand bond en avant » vers l'économie de marché et la démocratie, s'est accompagné d'un brutal retour en arrière antilibéral et nationaliste. Depuis l'arrivée au pouvoir de Xi Jinping en 2012, la Chine affiche sans complexe son ambition : bénéficier d'une maîtrise hégémonique de l'interdépendance. Ainsi les Nouvelles routes de la soie, qui visaient à interconnecter les marchés, ne se limitent plus à l'Eurasie, impliquant maintenant l'Afrique voire l'Amérique latine.

L'interdépendance comme arme ?

Les relations économiques peuvent être asymétriques et, dans ce cas, l'interdépendance s'analyse moins comme une dépendance réciproque que comme une dépendance du faible au fort. Le concept d'« interdépendance armée » (*weaponized interdependence*) de Farrell et Newman s'inscrit dans cette perspective. Il prend acte des nouvelles formes de domination, avérées ou potentielles, provoquées par la prolifération de réseaux internationaux complexes (internet, Swift, *clearing dollar*, etc.), dominées par une firme ou par un État et qui interconnectent les pays.

L'internationalisation des chaînes de valeur entre dans ce schéma. Elle insère le processus de production dans un réseau complexe et hautement internationalisé, où le blocage d'un nœud stratégique suffit à bloquer la chaîne de production. La pénurie qui en découle crée une surenchère entre les firmes et parfois entre les États. Ainsi, pendant la crise du Covid-19, les constructeurs automobiles ont été mis en rivalité pour se fournir en composants électroniques.

Dans ce domaine, les États-Unis, et dans une moindre mesure l'Europe, se situent le plus souvent aux stades amont, ceux de la conception et de l'équipement. À l'étape suivante, le Japon, Taiwan et la Corée du Sud fabriquent les semi-conducteurs, et la Chine les assemble pour les incorporer dans des produits finis ensuite exportés. Depuis 2018, les États-Unis ont pris une série de mesures d'embargo contre la Chine, justifiées par des raisons de sécurité mais aussi par une claire volonté de reconquérir les stades aval du processus de production. L'offensive engagée contre la firme chinoise ZTE a été poursuivie contre Huawei, et généralisée en 2022 avec l'interdiction non seulement de vendre des microprocesseurs à des firmes chinoises mais aussi à tout ce qui pourrait permettre leur fabrication, pour damer le pion au plan *Made in China 2025*. Les tensions sur Taiwan ne sont pas indépendantes du fait que l'île est devenue le plus grand producteur mondial de microprocesseurs.

Le *CHIPS and Science Act* de 2022 s'inscrit dans cette perspective : il vise à encourager la production de puces électroniques par un programme de subventions de 280 milliards de dollars, par ailleurs contraire aux règles de l'OMC. L'Alliance européenne pour l'Industrie de l'Union européenne vise, de son côté, à développer et autonomiser ses secteurs stratégiques, notamment pour les composants électroniques, le photovoltaïque ou les batteries électriques.

Une leçon peut d'ores et déjà être tirée de la guerre d'Ukraine : si les interdépendances n'empêchent pas les conflits, pouvant même les exacerber, les effets de leur asymétrie ne doivent pas être surestimés. La dépendance européenne vis-à-vis du gaz russe a laissé croire à Moscou qu'elle dissuaderait l'Union européenne de réagir à l'invasion de l'Ukraine. Il n'en fut rien. L'arme du gaz a été utilisée à la fois par les Européens et par les Russes. Si les premiers ont mieux surmonté que prévu boycotts et embargos, les seconds ont trouvé d'autres débouchés. Et l'exclusion de la Russie du réseau SWIFT, composante majeure de l'« interdépendance armée », a été assez facilement contournée. Les sanctions ont même eu pour effet de promouvoir le renminbi comme instrument de paiement international.

***

Si la « mondialisation heureuse » est vite devenue une « mondialisation malheureuse », il est difficile de croire à une rupture brutale nous ramenant à la quasi-autarcie des années 1930. Depuis 2010, les crises ont montré les fragilités de la fragmentation et de l'internationalisation des chaînes de valeurs, comme la transition écologique en souligne les limites. L'Occident n'est-il pas dépendant de la Chine pour les terres rares et les batteries électriques ? Si la réhabilitation des politiques industrielles implique une rationalisation et une sécurisation des chaînes de valeur, un recours généralisé au protectionnisme serait suicidaire. La revitalisation d'un multilatéralisme pragmatique, refondé autour d'objectifs climatiques et plus attentif aux écarts de richesse, reste un espoir mais surtout une nécessité.

J.-M. S.

Pour en savoir plus

- H. Farrell et A. Newman, *Underground Empire: How America Weaponized the World Economy,* New York, Henry Holt and Co., septembre 2023.
- M. Kandel, « Le national-conservatisme, quelle politique étrangère pour la "nouvelle droite" américaine ? », *Potomac Papers*, n° 47, Ifri, mars 2023.
- A. Posen, « America's Zero-Sum Economics Doesn't Add Up », *Foreign Policy*, Spring 2023.

Démographie : un monde « plurilatéral »

Des logiques hétérogènes

Les dynamiques démographiques ont des effets géopolitiques lourds, en grande partie parce qu'elles divergent d'un espace à l'autre. La scène internationale devra compter demain avec une population européenne en déclin, un poids politique croissant des diasporas, et une Inde qui pourra jouer de son « dividende démographique » quand la Chine devra gérer une population en décroissance. L'Afrique, quant à elle, saura-t-elle s'appuyer sur sa démographie en forte croissance pour son développement ?

Textes et figures dessinant un monde démographique devenant unilatéral, aux dynamiques identiques, ont été nombreux – jusqu'à inonder la quasi-totalité des livres scolaires présentant la transition démographique. C'est pourtant tout le contraire qui se déroule, soit une fragmentation démographique des populations du monde, avec une variété d'évolutions qui ébauche un nouveau monde, ou plus exactement des mondes différenciés.

Le rôle essentiel des paramètres démographiques

Adoptons tout d'abord une définition de la transition démographique communément acceptée par la plupart des démographes et enseignée aux étudiants, proposée en France par l'Institut national d'études démographiques (Ined) : « La transition démographique désigne le passage d'un régime traditionnel où la fécondité et la mortalité sont élevées et s'équilibrent à peu près, à un régime où la natalité et la mortalité sont faibles et s'équilibrent également. » Comme nous savons que la transition démographique a été parcourue par la majorité des pays du monde à la fin du XXe siècle, et pourrait se terminer au XXIe siècle pour les autres pays, cette définition donne l'impression d'une convergence de l'ensemble des pays vers un nouvel « équilibre » entre la natalité et la mortalité.

Cette définition contient deux lacunes. En premier lieu, elle décrit, pour la période avant la transition démographique, un « régime traditionnel où la fécondité et la mortalité sont élevées et s'équilibrent à peu près ». Pourtant, l'histoire des populations montre de nombreuses variations, tant en matière de natalité que de fécondité ou de mortalité. Le dépeuplement de l'Empire romain aux IVe et Ve siècles, ou celui consécutif à la Grande peste du XIVe siècle, sont attestés, du fait de périodes où la mortalité fut nettement plus élevée que la natalité. À l'inverse, des périodes où la natalité est bien plus élevée que la mortalité, comme dans la France des premiers siècles du deuxième millénaire, ont existé.

Fécondité et discordances dans l'Union européenne

En second lieu, la définition ci-dessus est tout aussi réductrice de la diversité pour les premières décennies du XXIe siècle que pour les suivantes. Les pays dont la transition démographique est terminée ne semblent nullement évoluer vers un équilibre entre natalité et mortalité, mais présentent des dynamiques démographiques naturelles fort différentes, en raison de « l'effet tir à l'arc » : le fait que de faibles écarts de fécondité entre deux pays, aux conséquences quantitatives limitées sur une courte période, creusent en perdurant des disparités importantes.

A priori, tous les pays de l'Union européenne (UE) paraissent avoir des dynamiques naturelles comparables, puisqu'ils ont tous une fécondité d'hiver démographique, donc inférieure au seuil de simple remplacement des générations, qui est de 2,1 enfants par femme dans cette région à haut état sanitaire. Mais les niveaux de fécondité enregistrent des écarts, par exemple entre ceux qui ont connu une fécondité aux environs de 1,5 enfant par femme pendant plusieurs décennies, et d'autres de 1,8 enfant par femme. Cela engendre rapidement pour les premiers des soldes naturels négatifs, avec des conséquences sur les politiques publiques : l'Allemagne se serait-elle montrée aussi ouverte, en 2015, à l'accueil massif de personnes se présentant avec un passeport syrien si la baisse de sa population active – consécutive à des décennies de basse fécondité – n'avait pas été aussi importante ? Ni la France ni le Royaume-Uni, dont la population active continuait alors d'augmenter, n'ont pris la même décision.

En additionnant solde naturel et solde migratoire, 11 pays de l'UE enregistrent, selon les données Eurostat de 2021, une baisse de leur population : Bulgarie, Grèce, Croatie, Italie, Lettonie, Hongrie, Pologne, Portugal, Roumanie, Slovénie et Slovaquie. Pour les décisions relevant dans l'UE d'une majorité qualifiée, leur nombre de votes au Conseil européen devrait donc diminuer, à l'inverse des autres, même si l'augmentation est exclusivement due pour ces derniers à des apports migratoires, comme en Allemagne.

À l'échelle de l'UE (à 27), et en dépit des apports migratoires, la population a diminué en 2020 et 2021, accentuant la baisse de son poids démographique relatif dans le monde. Et les ressources humaines de l'UE, sauf migrations massives, sont appelées à se raréfier avec un fort vieillissement de la population. Cela peut avoir des effets économiques, avec une croissance freinée notamment du fait de la réduction de la population active, mais aussi des effets géopolitiques, par la limitation des possibilités de *soft power* et une plus grande difficulté à concrétiser les efforts de réarmement annoncés depuis la guerre d'Ukraine.

Migrations et rôle croissant des diasporas

En Europe, un autre élément nouveau est l'importance croissante des diasporas : des personnes gardant un fort lien identitaire avec leur pays de naissance ou celui de leurs parents ou grands-parents, même si elles éprouvent également un attachement identitaire pour le pays où elles vivent. Ces diasporas, conséquences des flux migratoires des dernières décennies, sont vouées à croître, exerçant un rôle d'accueil pour d'autres personnes du même pays souche.

Les pays de l'Union européenne ne peuvent ignorer l'existence de ces diasporas dans leur positionnement géopolitique. L'Allemagne continue d'entretenir des relations particulières avec la Turquie parce qu'elle tient compte de la forte présence d'une diaspora turque conservant dans son ensemble des réflexes nationalistes d'attachement, constatés lors des élections présidentielles et législatives turques. D'où l'acceptation du principe de la double nationalité[1], ou la position de Berlin en mars 2016 lors de la négociation des « accords » avec la Turquie. La France sait aussi que le régime algérien exerce une influence sur sa diaspora, attestée par exemple, là aussi, par son vote lors des élections algériennes.

La guerre d'Ukraine illustre l'importance du phénomène diasporique. La Pologne était très motivée pour dénoncer l'agression russe. Mais la présence sur son sol, avant le 24 février 2022, d'une diaspora ukrainienne estimée à 1 million de personnes ne pouvait qu'appuyer ce choix géopolitique. Pour les autres pays européens, accueillir des réfugiés ukrainiens sous protection temporaire, c'est aussi souhaiter qu'ils puissent repartir dans leur pays, et donc se ranger derrière une Ukraine qui entend repousser la Russie pour recouvrer la paix sur son territoire.

Les États-Unis, un État-monde

De l'autre côté de l'Atlantique, le phénomène diasporique va continuer à peser. Pour souligner son importance, considérons un seul exemple : le vote des *latinos*, des Américains originaires d'Amérique latine qui, au fil des élections, privilégient le Parti démocrate. Ce n'est pourtant pas le cas des *latinos* originaires de Cuba, fort nombreux en Floride, majoritairement républicains. À la présidentielle de 2000, c'est le résultat de la Floride qui a emporté la décision, donnant une majorité à George W. Bush. C'est donc une diaspora qui a fait basculer le nombre de grands électeurs. Depuis, le vote républicain des *latinos* originaires de Cuba s'est confirmé ; et tout laisse penser que la Floride, dont l'actuel gouverneur s'est porté candidat aux primaires de 2024, continuera à voter républicain. La diaspora cubaine continue de croître, face à un régime cubain toujours aussi autoritaire et ne parvenant pas à développer son pays. D'autre part, une autre diaspora de même sensibilité prend une importance croissante, surtout depuis 2019 : la diaspora vénézuélienne, là aussi en raison d'un régime autoritaire répulsif.

En outre, sous l'effet d'une attractivité dopée depuis la suppression, après 1965, des quotas limitant l'arrivée des Asiatiques, les États-Unis deviennent un pays-monde, avec, selon la composition de l'électorat qui a élu le président, diverses évolutions de politique étrangère. Alors que Trump ne pouvait être qu'un fort soutien à Israël pour satisfaire son électorat évangéliste – ce qui s'est notamment traduit par un fort engagement pour parvenir aux accords d'Abraham –, Biden incline à prendre plus en compte la réalité des territoires palestiniens, l'électorat

1. Avant 2014, un Turc (ou un Français) qui voulait acquérir la nationalité allemande devait renoncer à sa nationalité d'origine. Comme la Turquie rend impossible cette renonciation, l'Allemagne a fini par accepter le principe de la double nationalité.

arabe ayant pris de l'importance aux États-Unis sous l'effet d'une diaspora croissante du Moyen-Orient et d'autres pays arabes.

L'Inde à la première place démographique

Un événement majeur, annoncé depuis de nombreuses années, est survenu en 2023 : l'Inde est devenue la première puissance démographique mondiale, reléguant la Chine au deuxième rang. Le changement n'est pas seulement symbolique. On pourrait considérer que ces deux pays affichent une population comparable. L'arrivée (pour longtemps) de l'Inde en tête des pays les plus peuplés du monde est pourtant révélatrice de phénomènes profonds.

Le premier touche à la géopolitique interne de ce pays : contrairement aux craintes formulées après l'indépendance de 1947, l'Inde est demeurée unie, en dépit de ses diversités, et les forces centrifuges ne l'ont pas emporté, comme – *ceteris paribus* – en Éthiopie, au Pakistan, au Soudan, en Tchécoslovaquie, en Yougoslavie ou en Indonésie. Et l'Inde a su évoluer dans la transition démographique, mettant fin à la politique coercitive de stérilisation engagée en 1976 par Indira Gandhi, tandis que la Chine déstabilisait sa composition par âge et par sexe (avec des décennies de surmasculinité des naissances) par sa politique dite de l'enfant unique.

Unie et pour l'essentiel en paix civile, ayant conservé une stabilité institutionnelle, l'Inde se trouve en capacité de valoriser son poids démographique, contrairement à d'autres pays comme le Nigeria, où mauvaise gouvernance et violences créent une instabilité obérant le développement. Dans le nouveau monde, l'Inde présente une population active en croissance, parfois bien formée et peu coûteuse.

Le bénéfice du « dividende démographique »

L'Inde peut donc bénéficier de ce qu'on appelle le « dividende démographique », ce temps de la pyramide des âges où, d'une part, la proportion de la population d'âge actif d'un pays est largement majoritaire par rapport à une population âgée en proportion encore faible[2], et où, d'autre part, le poids relatif des jeunes à éduquer diminue. Compte tenu de la baisse de la fécondité, désormais au seuil de simple remplacement au début des années 2020, le nombre des naissances diminue en Inde depuis un maximum enregistré en 2011.

Il devient dès lors quasi impossible de contester à l'Inde sa demande d'un siège permanent au Conseil de sécurité, et le nombre de pays soutenant cette demande devrait croître. Le poids géopolitique de l'Inde est également attesté par le fait que sa position abstentionniste sur la guerre d'Ukraine n'a eu aucun effet négatif sur ses relations avec les États-Unis.

La force de l'Inde tient aussi à ses diasporas. Après s'en être désintéressés, les gouvernements indiens ont commencé à considérer leur utilité dans les années 1990. En août 2000, un Haut Conseil de la diaspora indienne est installé. Deux ans plus tard, un rapport de ce Haut Conseil affiche sa volonté de « transformer les membres de la diaspora en ambassadeurs de l'Inde ». Depuis 2003, une journée des expatriés indiens, avec des délégués d'une dizaine de pays, est organisée le

2. 7 % de 65 ans ou plus en Inde en 2022, contre 14 % en Chine ou 21 % en France.

9 janvier, date de la commémoration du retour de Gandhi d'Afrique du Sud en Inde en 1915.

Aux États-Unis, la diaspora indienne s'est notamment déployée auprès du Congrès pour gommer certains aspects législatifs défavorables à l'Inde. En 2007, elle est intervenue auprès des sénateurs en faveur de la signature de l'accord sur le nucléaire civil avec New Delhi, ce qui lui a valu les remerciements du Premier ministre Manmohan Singh.

Cette diaspora américaine compte de nombreux membres qualifiés, mais l'Inde se valorise aussi par des ressortissants à faible qualification. Environ 3,3 millions d'Indiens travaillent aux Émirats arabes unis sous statut précaire et temporaire. Dubaï n'aurait pu se développer – et ne pourrait poursuivre son développement – sans cette main-d'œuvre, complétée il est vrai par d'autres étrangers. Dans ce contexte, le Premier ministre indien Modi a été reçu avec tous les honneurs en 2018 à Abou Dhabi et les partenariats entre les deux pays se développent.

Une Chine vieille avant d'être riche ?

Après avoir perdu son *leadership* démographique, la Chine reculera-t-elle sur le plan économique ? Certes, elle a réussi un développement remarquable et très en avance sur l'Inde, son ouverture économique ayant commencé une dizaine d'années avant (1979 en Chine, 1991 en Inde). Mais le dividende démographique de la Chine est derrière elle, et le vieillissement de sa population va s'accentuer. La fin de la politique de l'enfant unique ne peut mécaniquement avoir que des effets limités : le nombre de femmes en âge de procréer enregistre une diminution accentuée par l'important taux de masculinité des naissances, héritage des décennies d'application stricte de la politique de l'enfant unique.

La dépopulation[3] de la Chine va se poursuivre, et son dépeuplement commencé en 2022 semble acquis, son solde migratoire n'ayant pas de raison de devenir positif : la Chine n'est pas attractive et le sera sans doute encore moins pour les migrations entrepreneuriales, puisque Pékin semble considérer qu'elle a acquis les technologies et compétences dont étaient porteurs les cadres et ingénieurs notamment occidentaux qui ont travaillé en Chine. Les Chinois résidant à l'étranger, même non politisés, n'auront guère envie de rejoindre un pays à régime très fortement autoritaire.

L'élément démographique a beaucoup joué dans l'augmentation du PIB chinois. Si ce dernier est devenu proche de celui des États-Unis, c'est en partie du fait de sa croissance démographique : le PIB par habitant, en parité de pouvoir d'achat, y est encore aujourd'hui environ quatre fois inférieur à celui des États-Unis. Un déficit compensé par une population quatre fois plus importante. Avec un accroissement démographique devenu négatif, augmenter fortement le PIB supposerait des salaires beaucoup plus élevés, et donc la suppression du *hukou*, ce passeport intérieur limitant le coût de la main-d'œuvre de populations dites flottantes qui,

3. On parle de dépopulation quand le solde naturel est négatif, c'est-à-dire lorsque le nombre de décès est supérieur à celui des naissances. C'est seulement quand le solde démographique total, qui combine les naissances et décès aux immigrations et émigrations, est négatif que l'on parle de dépeuplement.

travaillant sur un territoire où elles n'ont pas le droit d'habiter, peuvent être mal rémunérées et mises à l'écart de nombre de services publics.

La masse chinoise va demeurer importante, mais sa seule croissance démographique sera celle de ses personnes âgées. Le pays risque d'être vieux avant d'être riche.

L'Afrique, le continent de tous les possibles

En 1950, l'Afrique comptait 8,3 % de la population du monde, et moins d'habitants que l'Amérique ou l'Europe. Au fil de sa transition démographique, l'Afrique devient en 1996 plus peuplée que l'Europe, et, en 2003, plus peuplée que l'Amérique. Selon la projection moyenne des Nations unies, à l'horizon 2050 l'Afrique compterait le quart des populations du monde, soit deux fois plus d'habitants que l'Amérique et 3,5 fois plus que l'Europe. Les évolutions projetées supposent une mortalité en décroissance et donc, notamment, le développement des capacités alimentaires (adaptées aux changements climatiques), sanitaires et hygiéniques.

Si les gouvernances se montrent enfin à la hauteur, l'Afrique sera le continent de tous les possibles, compte tenu de sa population active en croissance et de son potentiel économique. Le continent pèsera alors de tous ses poids lourds démographiques que sont – et seront encore plus – le Nigeria, la RDC, l'Éthiopie et l'Égypte. Mais si les gouvernances échouent à prendre en compte les atouts de la dynamique démographique naturelle, qui peut se traduire par une pression créatrice et permettre la rentabilité de nombreux investissements grâce à une densité augmentée, des surmortalités ne sont pas inimaginables et un exode des cerveaux africains vers d'autres continents pourrait enrayer le développement. La réalité pourrait aussi être contrastée, avec des pays africains bien gouvernés, parvenant à devenir des acteurs économiques internationaux, tandis que d'autres, en proie à l'instabilité politique, à la prédation économique, et potentiellement aux affrontements internes, verraient leur situation se dégrader sous un poids démographique encore plus insoutenable.

***

Ces dynamiques démographiques dessinent donc plus un monde « plurilatéral » qu'un monde « multilatéral » – le « multilatéral » supposant une organisation des relations interétatiques. La diversité des dynamiques démographiques, dépendantes des mouvements naturels et migratoires, génère des intérêts très différents selon les pays, et laisse mal concevoir l'instauration de règles communes, même si ces dernières peuvent être jugées souhaitables.

G.-F. D.

Pour en savoir plus

- G.-F. Dumont, *Géographie des populations. Concepts, dynamiques, prospectives*, Paris, Armand Colin, 2023.
- G.-F. Dumont, *Démographie politique. Les lois de la géopolitique des populations*, Paris, Ellipses, 2007.
- T. Garcin, « La Géopolitique mondiale en forte fragmentation », *Les Analyses de Population & avenir*, n° 37, 2021.

Les nouvelles dimensions du *soft power*

Un monde d'influences ?

Le *soft power*, qui veut affirmer l'influence au service de la puissance, ne disparaît pas quand réapparaît la force brute, ainsi que le montre la guerre d'Ukraine. Il reste que les moyens de l'influence sont aujourd'hui très diversifiés, notamment par la technique, dessinant un monde d'influences actives et croisées. L'Europe, et en particulier la France, se doivent de redéfinir leurs politiques dans ce domaine, avec les objectifs et les technologies que nous impose le monde global.

Des candidats chinois élus à la tête de quatre agences des Nations unies, des réseaux de soutien à la Russie sur l'Ukraine y compris dans les États occidentaux, un duo turco-qatari derrière des entreprises religieuses en Europe, mais aussi une nouvelle stratégie d'influence marocaine en Afrique subsaharienne… : en quelques années, ce qu'il était convenu d'appeler le *soft power* est devenu moins *soft*. Il ne s'agit plus simplement de faire rayonner sa culture, mais d'engranger des gains politiques.

Contrairement à ce qui est parfois avancé, l'influence n'est pas le contraire de la puissance. Ni le *soft power* l'opposé du *hard power*. Plus on est puissant et plus on est influent, même si l'on n'use pas de sa force. Comme l'expliquait joyeusement Jean-Paul Belmondo à Andréa Parisy sous signature de Michel Audiard (*Cent Mille Dollars au soleil*, 1964) : « Quand les types de 130 kilos disent certaines choses, ceux de 60 kilos les écoutent ». Ce qui vaut pour les États, et explique qu'aux Nations unies les propositions de Washington ou de Pékin sont plus étudiées que celles de Skopje ou de La Valette.

Le *soft power* a été théorisé principalement par Joseph S. Nye, dans trois ouvrages, notamment le dernier : *The Future of Power*[1]. Ses travaux traitent d'abord de l'Amérique et de sa capacité à exercer un pouvoir de séduction sur le monde, ses élites (avec un modèle de réussite professionnelle), aussi bien que sur ses masses (par la culture populaire). Ce qui lui aurait permis, selon Nye, de remporter la

1. Les deux autres étant *Bound to Lead : The Changing Nature of American Power*, New York, Basic Books, 1991 ; et *Soft Power: The Means to Success in World Politics*, New York, Public Affairs, 2005.

guerre froide contre l'autoritarisme de l'URSS. Mais de nouveaux joueurs ont, depuis, appris à bâtir des stratégies d'influence, leur consacrant d'importants moyens. Qu'appelle-t-on « influence » ou *soft power* dans le monde aujourd'hui ?

Avançons une définition : l'influence consiste à faire changer de comportement un acteur tiers, pour qu'il se comporte conformément à nos intérêts, et ce sans utiliser la force (ou la menace). Cette définition suscite trois questions. La première est d'actualité : l'invasion de l'Ukraine a-t-elle rendu caduques les considérations sur l'influence ou le *soft power*, pour rouvrir une ère du primat de la force ? Deuxième question : si les stratégies d'influence restent pertinentes, quels en sont les outils concrets, mobilisables par des politiques d'État ? Troisième question enfin : quelles sont aujourd'hui les puissances les plus avancées dans cette réflexion et dans sa mise en œuvre ? Existe-t-il une tête de peloton des stratégies d'influence, et où se situe l'Europe dans cette course ?

L'énigme ukrainienne

On pourrait estimer que, depuis février 2022, les « guerres d'influence » ont laissé place à la guerre tout court. L'offensive russe en Ukraine ressemble plus à la Première Guerre mondiale qu'au *soft power* moderne : guerre d'attrition, destructions à grande échelle, volonté de soumettre et de punir une population – et en aucun cas tentative de séduction de celle-ci. Mais en réalité, puissance et influence, *soft* et *hard power* sont les deux faces de la même stratégie.

Il y a une énigme dans l'affaire ukrainienne. Pourquoi un homme – Vladimir Poutine – qui a mis vingt ans à reconstruire pour son pays un outil d'influence efficace (avec des méthodes parfois peu recommandables) a-t-il décidé de tout miser sur l'invasion d'un pays voisin, au risque de perdre les gains accumulés ? La Russie de Poutine avait retrouvé une stratégie d'influence – ce qui était loin d'être acquis après la fin de l'Union soviétique en 1991. La reconstitution de réseaux de solidarité en Europe centrale et orientale et dans les Balkans, des médias controversés mais ayant trouvé leur public (*Russia Today* [RT] ou *Sputnik*), un activisme diplomatique au Moyen-Orient et paramilitaire en Afrique avaient permis à Moscou de redevenir un acteur reconnu ou craint, alors que semblait programmé son effacement derrière le duopole américano-chinois. Plus encore, là où Washington échouait dans l'usage de la force (Irak, Afghanistan, après la Somalie), Moscou évitait les pièges de l'enlisement. Son action militaire en Géorgie en 2008 puis en Syrie en 2015, sa guerre hybride lancée dès 2014 en Ukraine, donnaient à voir des stratégies plus subtiles. L'invasion massive du 24 février 2022 pouvait apparaître comme un étonnant revirement.

En réalité, Moscou attendait sans doute – attend peut-être encore – que son investissement antérieur dans l'action d'influence facilite son projet militaire. Le Kremlin comptait sur des relais favorables à Kiev et dans l'Ukraine russophone (ils avaient fonctionné en Crimée et dans l'est du pays après 2014) pour que le pouvoir ukrainien s'effondre rapidement. Et sur le soutien de réseaux russophiles en Europe, comme sur des opinions favorables au Sud, pour limiter son isolement éventuel après l'attaque. Le premier point n'a pas fonctionné. Le second obtient plus de résultats. On découvre ainsi avec la guerre ukrainienne que l'influence n'est pas le contraire de la puissance, mais qu'elle peut accompagner ou préparer celle-ci. Et que le *soft power* n'est pas un concept seulement américain, fondé sur une approche forcément démocratique et libérale. Il y a bien un pouvoir d'attraction russe, fondé sur le rejet de l'Occident, sur les vertus de l'ordre autoritaire, ou hérité de sphères d'influence considérées comme légitimes car historiques. Ce pouvoir d'attraction continue d'opérer ici ou là, en dépit des exactions russes.

Les outils de la conquête des esprits

Constater qu'existent de telles stratégies d'influence est une chose, en identifier les instruments et les mécanismes en est une autre. Qu'appelle-t-on exactement *soft power* ou politique d'influence aujourd'hui ? On peut distinguer trois domaines d'action distincts, renvoyant à trois savoir-faire administratifs différents. Appelons-les *nation branding*, présence institutionnelle, lutte contre les ingérences.

Le premier – baptisé *nation branding* par les anglophones[2] – consiste à construire une image positive d'un pays ou d'un gouvernement, et à associer son action, son mode de vie, à des valeurs positives. C'est la dimension la plus proche de ce que le langage courant de la géopolitique qualifie de *soft power*. En France, on attend beaucoup dans ce domaine des politiques culturelles, de la francophonie ou du tourisme. La Direction générale de la mondialisation supervise, au Quai d'Orsay, une large part d'une telle politique. Le deuxième domaine d'action consiste à placer ses ressortissants à des postes stratégiques (dans les organisations internationales notamment), ou à s'assurer la bienveillance de relais prêts à y soutenir notre politique. Ce serait – pour rester en France – le travail de la Délégation aux fonctionnaires internationaux du ministère des Affaires étrangères. Cela demande un travail de veille intense, tant sur les postes à pourvoir que sur le vivier des candidats. L'exemple déjà évoqué de la nomination de quatre responsables chinois à la tête d'agences clés des Nations unies[3] montre le savoir-faire croissant de Pékin en la matière. Enfin, le nouveau champ de bataille des ingérences, fausses informations, déstabilisations des opinions à coups de tweets, de trolls, de rumeurs, de cyber-attaques, de médias sponsorisés par des gouvernements en plusieurs langues (comme RT pour la Russie), constitue un autre front. Il s'agit là de se protéger d'actes malveillants, ce qui n'exclut pas la possession de capacités offensives, de contre-attaque, dans ces domaines.

De véritables politiques publiques

La mise en œuvre d'une politique d'influence ne consiste donc pas simplement pour un État à montrer qu'il a pris conscience du problème. Elle implique la mise en place d'une véritable politique publique, formulant objectifs et priorités, avec des moyens et des directions administratives spécifiques. Ce qui nécessite de convertir un certain nombre de politiques sectorielles à cet objectif. Ainsi les politiques culturelles ou de coopération (accueil d'étudiants étrangers, formation

---

2. M. Aronczyk, *Branding the Nation: The Global Business of National Identity*, Oxford, Oxford University Press, 2013. K. Dinnie, *Nation Branding: Concepts, Issues, Practice*, Londres, Routledge, 2022.
3. L'OACI (Organisation de l'aviation civile internationale), l'Organisation des Nations unies pour l'alimentation et l'agriculture (FAO), l'Organisation pour le développement industriel (ONUDI), et l'Union internationale des télécommunications (UIT).

de professionnels civils ou militaires internationaux...), l'aide au développement, devront-elles prendre en compte cette compétition pour l'influence. Le bras de fer entre Pékin et Washington autour de la présence d'instituts Confucius aux États-Unis – dont certains ont été fermés – témoigne du rattrapage des politiques de rayonnement culturel par les luttes d'influence. La suspension en novembre 2022 de l'aide française au développement à destination du Mali, désormais sous forte influence russe, montre qu'il en va de même dans ce domaine. On en trouve d'autres exemples dans l'enseignement supérieur (présence massive d'étudiants chinois dans certaines universités anglo-saxonnes), ou dans les affaires religieuses : rôle de la Turquie dans la structuration de l'islam européen à travers l'Administration des affaires religieuses (*Diyanet İşleri Başkanlığı* – DIB), ou du Qatar avec la Qatar Charity.

Il faut également compter avec les nouvelles technologies et les nouveaux loisirs, vecteurs importants de l'influence internationale d'un pays. Réseaux sociaux et « influenceurs » sont les terrains privilégiés de cette compétition. Les usines à trolls russes ne n'y sont pas trompées, pas plus que le Qatar avec le média en ligne *AJ+* (dérivé d'*Al Jazeera*), destiné aux jeunes. Les premières ont pour mission de noyer les informations gênantes pour la Russie dans un flot de rumeurs visant à relativiser toute vérité ou à déstabiliser les démocraties. Le second entretient une tonalité communautariste et complotiste virulente. Les films, et surtout, plus récemment, les séries télévisées touchant un vaste public, servent à diffuser des messages très politiques. Les séries turques qui connaissent le succès dans le monde arabe présentent la société turque sous un jour favorable, chantant la gloire de l'ancien empire ottoman (comme la série *Capitale Abdülhamid – Payitaht : Abdülhamid* en turc), ou de l'armée turque face aux ennemis kurdes ou à l'État islamique. Quant à la lutte d'influence pour le contrôle de l'intelligence artificielle et des réponses que celle-ci donnera aux requêtes de ses usagers, elle est au centre des attentions depuis l'irruption météorique de ChatGPT en novembre 2022.

Une stratégie d'influence ne se décrète pas. Elle exige un investissement long, coûteux, permettant de bâtir une relation de confiance discrète avec des acteurs extérieurs, un investissement qui peut ne porter ses fruits que sur le long terme. Décréter que l'on est devenu influent parce qu'on a créé une « direction de l'influence » est un non-sens. D'autant que les politiques d'influence les plus efficaces ont, généralement, le bon goût de ne pas s'auto-proclamer comme telles.

Nouvelle géopolitique du *soft power*

Les États-Unis, berceau du *soft power*, gardent une longue pratique de ces stratégies : agences d'information créées après la Seconde Guerre mondiale, médias dédiés à la lutte contre le communisme durant la guerre froide (*Voice of America*, *Radio Free Europe*, qui existent toujours), chaînes globales de référence (CNN), géants du Net (GAFAM) avec leurs applications populaires (Whatsapp, Instagram...), une stratégie pour attirer les élites dans les grandes universités ou entreprises américaines, une culture populaire diffusant une image favorable de l'Amérique depuis le jazz (*The Jazz Hour*, émission radiophonique très prisée derrière le Rideau de fer après 1955), jusqu'aux productions hollywoodiennes...

Si l'on a pu croire ce savoir-faire américain dépassé ou rattrapé par de nouveaux concurrents ces dernières années, la guerre ukrainienne a montré que l'Amérique savait encore convaincre. En rendant habilement publics des éléments de renseignements (comme la date de l'invasion russe ou les noms des personnes pressenties pour remplacer le président Zelensky), elle a fait une démonstration de force. En mobilisant son discours (en sus de ses moyens financiers et de son aide militaire) au service de l'Ukraine, elle a contribué à faire de ce pays le symbole de la résistance à l'oppression. En quelques semaines, l'Amérique a effacé les images négatives de son départ d'Afghanistan et réendossé ses habits de leader. Avec toutefois une limite importante. Dans ce qu'il est convenu d'appeler le « Sud global », le discours américain ne convainc plus. L'Occident n'y est plus un modèle. Si l'instrument d'influence américain est toujours là, son logiciel devra se renouveler pour atteindre à nouveau des pays qui constituent désormais l'immense majorité démographique de la planète, et jugent parfois les éléments de langage américains moralisateurs, autocentrés voire malhonnêtes.

Les concurrents autoritaires de l'Amérique font-ils mieux ? Le soutien à Moscou de plusieurs capitales du Sud (en espagnol, RT supplante CNN en Amérique du Sud), l'empreinte de plus en plus profonde de Pékin en Afrique (celle d'Ankara y est forte aussi) comme en Amérique latine, pourraient le laisser penser. Deux limites à cela, toutefois. D'une part, la mobilisation de l'Occident après l'invasion de l'Ukraine, la cohésion maintenue de ses membres (avec leurs alliés japonais ou coréens), ont montré que le *soft power* autoritaire n'était pas mûr pour une victoire totale. D'autre part, les régimes autoritaires sont plus à l'aise dans la déstabilisation de l'autre (le *sharp power* – ou puissance acérée : couteau remué dans la plaie des maux agitant les sociétés démocratiques) que dans sa séduction (le *soft power*), qui implique un dialogue, donc la tolérance d'une critique devenue consubstantielle au village global interconnecté. Moscou, Pékin et les autres sauront-ils convaincre à long terme, tout en muselant les objections à leurs politiques ? On se souvient de l'expression de « petite frappe » lancée sur Twitter par l'ambassade de Chine à Paris, à l'encontre d'un chercheur français critique de la politique de Pékin.

En Asie, des stratégies d'influence démocratiques prennent le relais de l'Amérique. La Corée du Sud affiche sa K-Pop, ses séries télévisées, sa cuisine, et l'image de prospérité donnée par ses grandes marques (LG, Samsung…). Taipei a consolidé son image de démocratie efficace (notamment dans la crise sanitaire de 2020), et obtient des soutiens face aux menaces chinoises. Le Japon, en dépit d'une image moins dynamique que dans les années 1980, garde son attractivité auprès des jeunes (mangas, J-Pop…), des cinéphiles et des démocrates.

Les autres géants du Sud sont toujours en quête d'un *soft power* efficace. Ni le Brésil, ni l'Indonésie, ni les grands Africains (Nigeria, Afrique du Sud…), ni même l'Inde qui tente de remédier au problème, ne semblent pouvoir développer une stratégie d'influence au-delà de leur sphère régionale (où ils demeurent structurants). En Afrique du Nord/Moyen-Orient, la carte religieuse reste privilégiée (Turquie, Qatar, Arabie, Iran…). Les tentatives de Riyad dans le domaine touristique, des Émirats dans les domaines culturel ou financier, de Doha dans les domaines médiatique, artistique ou sportif, devraient néanmoins finir par porter leurs fruits. Et l'influence d'Israël, souvent réduite par des observateurs à ses réseaux américains, bénéficie désormais d'une nouvelle image de *start-up* nation, et de percées notables dans le domaine du loisir (voir le succès de la série Fauda).

Et l'Europe ?

Il est donc plus que temps que l'Europe se réveille et se dote d'une véritable stratégie d'influence. Le Vieux Continent, qui a son propre pouvoir d'attraction avec son grand marché et ses normes démocratiques, n'aime pas ce mot d'influence, qui lui rappelle un concept de propagande associé à de sombres périodes. L'influence y est trop perçue comme synonyme de manipulation, incompatible avec l'ADN démocratique. Cette erreur d'appréciation peut finir par coûter cher. L'Europe compte pourtant de bons élèves : les grandes fondations allemandes et le rayonnement économique de Berlin, les grands *think tanks* (Chatham House, IISS, RUSI…) ou médias britanniques (BBC, *The Economist*, *Financial Times*…).

La France doit moderniser les atouts de son *nation branding* (francophonie, culture, tourisme…), se doter des moyens de rattraper ses retards en matière de présence institutionnelle internationale, cesser de croire que l'influence se décrète par la publication d'une « feuille de route », ou qu'elle repose entièrement sur la popularité d'un chef de l'État à l'étranger. Elle doit comprendre qu'une politique d'influence a un prix, et ne peut se développer « à moyens constants » (pour reprendre la formule consacrée). Ensemble, et à condition d'en assumer les exigences, l'Europe (il faut inclure ici le Royaume-Uni) peut encore devenir un acteur important de la compétition mondiale pour l'influence. Faute de quoi, elle risque bien de sortir de l'Histoire.

F. C.

Pour en savoir plus

- J. S. Nye, *The Future of Power*, New York, PublicAffairs, 2011.
- F. Charillon, *Guerres d'influence. Les États à la conquête des esprits*, Paris, Odile Jacob, 2022.
- P. Buhler, F. Charillon, « Influence et nuisance dans les relations internationales », *Politique étrangère*, vol. 87, n° 2, 2022.

Les nouvelles alliances technologiques

Un risque de fragmentation ?

La course technologique entre puissances, jointe à la volonté de restreindre les dépendances, pousse à dessiner un paysage de coopérations nouveau : focalisation des alliances traditionnelles sur les enjeux technologiques, développement de cadres spécifiques... L'Union européenne, avec sa culture propre, s'intègre désormais dans cette logique. La multiplicité des initiatives, bilatérales, minilatérales, multilatérales, risque cependant de conduire à la fragmentation d'un système mal gouvernable.

La technologie est au cœur de la compétition entre puissances, notamment de la rivalité économique et militaire sino-américaine, devenue en quelques années un élément structurant des relations internationales. La pandémie de Covid-19 et la guerre en Ukraine ont mis en lumière les risques liés aux dépendances vis-à-vis de fournisseurs étrangers uniques – dépendances vouées à devenir encore plus stratégiques à mesure que les besoins en composants et matières premières nécessaires à la transition numérique et écologique s'accroissent – et ont resserré les liens entre la Russie et la Chine, ainsi qu'entre l'Europe et les États-Unis.

Ainsi s'aggrave le risque d'une division du monde en différents écosystèmes technologiques. Si face à la pandémie, à la Chine ou à la Russie, les entreprises se pressent d'activer des chaînes d'approvisionnement alternatives pour maintenir leurs flux de production, pour les gouvernements la question de savoir avec quels pays établir des liens technologiques se fait de plus en plus politique.

Développements technologiques et mise à jour des alliances traditionnelles

Résultat de la centralité grandissante des technologies dans les relations internationales : les alliances militaires et autres accords « minilatéraux » traditionnels en matière de défense et de sécurité intègrent désormais les technologies numériques au cœur même de leurs préoccupations. Dans la mesure où ces technologies, certes de nature duale, sont très largement issues du monde civil (*start-up*, grandes entreprises), la frontière entre les intérêts économiques et militaires devient floue, et les intérêts poursuivis au sein des alliances se font multiples, comme le montrent les exemples de l'Organisation du traité de l'Atlantique nord (OTAN) et du Quad indopacifique.

La capacité à innover et à intégrer les technologies dans les forces armées est devenue le nerf de la guerre, ce qui n'est pas sans conséquence pour les alliances militaires. Afin de moderniser les forces armées des Alliés, l'OTAN s'est depuis plusieurs années intéressée à l'intelligence artificielle (IA), et s'est dotée en octobre 2021 d'une stratégie dans le domaine. Cette stratégie a pour objectifs de maintenir l'avance technologique de l'OTAN, d'encourager le développement et l'utilisation de l'IA de manière responsable, d'accélérer et généraliser l'adoption de l'IA dans le développement des capacités pour renforcer l'interopérabilité entre alliés, de se prémunir contre les menaces d'utilisation malveillante de l'IA, etc.

Mais l'organisation va désormais plus loin. L'OTAN a entériné lors de son sommet de juin 2021 deux initiatives d'engagement dans l'innovation. D'une part la création d'un « accélérateur » d'innovation, baptisé DIANA, visant à mettre l'innovation civile au service de la sécurité des Alliés, dans des domaines comme l'IA, le quantique, les biotechnologies et l'énergie ; et d'autre part, le lancement d'un fonds d'investissement en capital-risque, destiné à financier des *start-up* dans ces mêmes domaines. L'objectif est ici que ces entreprises proposent des innovations destinées à des usages aussi bien civils que militaires : une manière de prendre en compte la dualité qui ne simplifiera pas la distinction entre ce qui est de l'ordre des technologies stratégiques, et ce qui ne l'est pas.

Le Quad, dialogue quadrilatéral indopacifique qui réunit les États-Unis, l'Inde, le Japon et l'Australie, a été établi une première fois en 2007 avant d'être pérennisé en 2017. Il est d'abord apparu comme une alliance – certes moins formelle que l'OTAN, mais traditionnelle au sens où le groupe se concentrait sur l'organisation d'exercices militaires. Depuis mars 2021, le champ d'action du Quad s'est élargi, pour couvrir les questions relatives aux technologies critiques et émergentes. Des groupes de travail ont été établis pour faire converger les approches des participants sur les choix en matière d'équipements de télécommunications, la réorganisation des chaînes de valeur et l'approvisionnement en minéraux critiques – le tout en vue de diminuer les dépendances envers la Chine, et ce malgré la diversité des approches stratégiques et diplomatiques de ces quatre pays vis-à-vis de Pékin.

Une tendance similaire à l'intégration d'une variété de sujets relevant des technologies numériques – de la sécurité des chaînes d'approvisionnement à l'innovation, en passant par les contrôles exports et le déploiement des nouvelles technologies – peut être observée dans le cadre d'autres forums existants : des *Five Eyes* jusqu'au G7.

Au-delà de cette redéfinition des périmètres de coopération existants, on assiste à l'émergence de nombre de formats nouveaux et partenariats plus ou moins approfondis ayant pour but la coopération technologique. Ces partenariats, qui s'élaborent de fait sous leadership chinois, américain ou européen, ne sont pas aussi rigides que des alliances classiques. On peut au contraire y voir s'y affirmer une logique de multi-positionnement des États.

La Route de la soie numérique et les partenariats tissés par la Chine

La Chine affirme depuis plusieurs années de grandes ambitions de partenariats technologiques, en particulier avec les pays du « Sud global ». Dès 2015, dans le cadre de sa stratégie des Nouvelles routes de la soie, Pékin a dessiné le projet d'une Route de la soie numérique, composée d'un large ensemble de partenariats, investissements et projets d'infrastructures technologiques dans le monde. Présentée la même année que la stratégie *Made in China 2025*, qui vise sur le plan intérieur à développer les capacités chinoises dans les secteurs industriels et technologiques jugés stratégiques, la Route de la soie numérique peut être considérée comme son pendant extérieur. Elle devrait permettre à Pékin d'élargir son influence à l'extérieur, aux entreprises chinoises d'accroître leurs exportations, et aux deux de promouvoir l'utilisation de normes et standards à leur avantage (sur la 5G par exemple), ainsi que d'un modèle de développement digital « aux caractéristiques chinoises ».

Cette stratégie s'est traduite par la signature d'accords bilatéraux (*Memorandums of Understanding*, MOU) entre le gouvernement chinois et 17 pays partenaires pour la construction d'une Route de la soie numérique, ainsi que par de nombreux autres projets et mécanismes de coopération dans des secteurs variés, comme les télécoms ou l'e-commerce. Les médias officiels chinois indiquent ainsi que la Route de la soie numérique « favorise le développement du secteur des services numériques, tels que le commerce électronique transfrontalier, les villes intelligentes, la télémédecine et la finance sur internet, mais accélère également les progrès technologiques, notamment dans les domaines de l'informatique, du *big data*, de l'internet des objets, de l'IA, de la chaîne de blocs et de l'informatique quantique[1] ».

Sous la marque de cette stratégie, les géants chinois comme Huawei, ZTE, Alibaba ou Hengtong ont, avec des soutiens variables de l'État chinois, investi dans d'imposants projets d'infrastructures en matière de réseaux de téléphonie mobile, de câbles sous-marins et de villes intelligentes, dans de nombreux pays d'Afrique (Kenya, Nigeria, Zambie, Égypte, etc.), d'Amérique latine (Équateur, Venezuela, Pérou), d'Asie (Myanmar, Bangladesh, Malaisie, Pakistan, etc.) et d'Europe. Dans ce réseau de partenariats bilatéraux, le cas de la relation sino-russe doit être relevé : à la veille de l'invasion de l'Ukraine, une déclaration conjointe des présidents Xi et Poutine soulignait leur volonté de renforcer leur coopération technologique (dans les technologies de l'information et de la communication, l'économie digitale, l'IA ou les technologies vertes, notamment), volonté toujours assumée en dépit du conflit et des sanctions prises contre la Russie.

La stratégie américaine : faire contrepoids à la Chine

Face à une montée en puissance technologique, économique, diplomatique et militaire chinoise perçue comme de plus en plus menaçante, les États-Unis ont réagi en multipliant les formats pour tenter d'agréger le maximum de pays derrière eux, particulièrement sur les questions technologiques. Cette tendance s'illustre, outre l'évolution en ce sens déjà relevée des forums préexistants (G7, OTAN, Quad),

1. Y. Huang, « Construction of Digital Silk Road Lights Up BRI Cooperation », *People's Daily*, 24 avril 2019.

par la création sous l'administration Biden de nouveaux partenariats bilatéraux ou minilatéraux centrés sur des technologies militaires comme commerciales.

Sur le plan militaire, le pacte de sécurité trilatéral AUKUS conclu en septembre 2021 entre les États-Unis, l'Australie et le Royaume-Uni prévoit ainsi non seulement de fournir à l'Australie des sous-marins à propulsion nucléaire, mais aussi de développer la coopération dans le cyber, l'IA, les technologies quantiques et hypersoniques, dans le but de faire contrepoids au développement militaire chinois dans l'Indo-Pacifique.

L'alliance *Chip 4*, pour sa part, évoquée pour la première fois en mars 2022, illustre la volonté américaine de mieux coordonner les politiques concernant les technologies principalement commerciales : en l'occurrence les semi-conducteurs. Rassemblant quatre puissances majeures en matière de semi-conducteurs – États-Unis, Taïwan, Corée du Sud et Japon –, qui représentent à elles seules 85 % de l'industrie mondiale de ce secteur, cette alliance est toutefois loin d'être finalisée puisque aucun accord, ni feuille de route, ni objectif officiel n'ont pour l'heure encore été adoptés. Ceci s'explique par les réticences des acteurs publics et privés des pays partenaires des États-Unis. D'une part joue le souci de ne pas apparaître comme membres d'une alliance trop « anti-chinoise » pour éviter des représailles de Pékin ; et d'autre part nombre de différends subsistent au sein même du groupe. La relation entre le Japon et la Corée du Sud reste perturbée par des disputes historiques et commerciales, y compris sur la question des semi-conducteurs[2]. Et en matière économique, si au niveau national les quatre membres occupent des positions complémentaires sur la chaîne de valeur des semi-conducteurs, leurs entreprises sont, elles, en concurrence, et donc peu enclines à partager leurs technologies.

Cet exemple éclaire bien les difficultés auxquelles doit faire face Washington dans sa volonté de reconfigurer ses partenariats technologiques afin de répondre à la menace chinoise. Même entre alliés démocratiques aux « valeurs partagées », l'annonce de partenariats n'efface ni les divergences en matière de régulation des technologies, ni les différences de positionnement face à la Chine, ni la concurrence au sein du secteur privé. Ces mêmes freins expliquent les avancées pour l'heure limitées des nombreux autres partenariats plurilatéraux inaugurés sur ces sujets ces dernières années, telle la Structure économique de l'Indo-Pacifique pour la prospérité (*Indo-Pacific Economic Framework for Prosperity*, IPEF), lancée en mai 2022 par l'administration Biden et douze partenaires, qui inclut des objectifs technologiques (IA, e-commerce, économie numérique, etc.).

Au-delà des alliances plurilatérales, et notamment pour répondre aux difficultés de ce type de format, les États-Unis multiplient les partenariats technologiques bilatéraux, autour du même double objectif : « courir plus vite » (assurer l'approvisionnement et l'innovation de l'industrie américaine, diminuer la dépendance vis-à-vis de la Chine), et « ralentir l'adversaire » (réduire la domination et les progrès chinois dans certains secteurs).

2. En 2019, le Japon a par exemple imposé des contrôles – encore en place aujourd'hui – sur les exportations vers la Corée du Sud de certains matériaux *high-tech* importants pour l'industrie des semi-conducteurs coréenne.

Sur le premier volet, les (nombreux) exemples incluent les accords sur les minerais critiques (avec le Japon en mars 2023, bientôt avec l'Europe), ainsi que l'élévation du partenariat stratégique entre les États-Unis et l'Inde à travers l'Initiative sur les technologies critiques et émergentes (iCET). Annoncée en mai 2022, cette dernière Initiative inclut notamment un accord entre les deux agences scientifiques nationales pour coopérer sur l'IA et les technologies sans fil avancées, un engagement à produire et développer conjointement certaines technologies de défense, et la recherche de nouvelles collaborations pour la production de semi-conducteurs. Quant au freinage souhaité des progrès chinois dans les secteurs stratégiques, les États-Unis ont par exemple conclu des accords avec le Japon et les Pays-Bas afin que ceux-ci restreignent leurs exportations vers la Chine d'équipements nécessaires à la fabrication des semi-conducteurs avancés.

Europe : nouer des partenariats « fiables »

L'Union européenne (UE) n'est pas en reste pour le développement de nouveaux partenariats centrés sur les technologies – bien que ceux-ci n'aient pas été jusqu'à récemment intégrés dans une grande vision stratégique (à l'image des Nouvelles routes de la soie) ou articulés avec des alliances militaires (ainsi que l'ont voulu les États-Unis). Dans son périmètre institutionnel et sa tradition propre, l'UE a axé son approche des partenariats sur une perspective normative et régulatrice – n'adoptant que récemment une approche plus holistique de ses intérêts stratégiques dans le domaine.

Les intérêts de l'Europe – qui se rêve, appuyée sur son poids économique, en superpuissance de la régulation – doivent d'abord être portés auprès de Washington. Début 2020, alors que la présidence Trump n'était pas encore achevée, les diplomates américains et l'UE envisageaient la constitution d'un dialogue bilatéral institutionnalisé sur les nouvelles technologies, qui donnera finalement lieu en septembre 2021 à la création du Conseil du commerce et des technologies UE-États-Unis. Objectif implicite : ne pas laisser la Chine établir les règles du jeu dans le cyber, l'IA, ou la 5G. Pour ce faire, Bruxelles et Washington se sont engagés, dans la déclaration de Pittsburgh de septembre 2021, à promouvoir ensemble, et avec d'autres partenaires *like-minded* « des modèles démocratiques et durables de gouvernance numérique et économique ».

Au-delà des normes et de la régulation, c'est à présent dans le champ de la sécurité économique, dont la sécurisation des approvisionnements « stratégiques », que s'inscrivent les nouveaux partenariats de l'Europe. Au cœur de ces sujets figurent les matières premières, dont le lithium et les terres rares, qui, pour reprendre les termes d'Ursula von der Leyen, « seront bientôt plus importants encore que le pétrole et le gaz », en ce qu'elles sont nécessaires à la transition verte.

Jusqu'alors « embryonnaire »[3], la diplomatie européenne des matières premières est en passe de prendre quelque galon avec le *Critical Raw Materials Act*. L'un des piliers de cette approche consiste à développer l'extraction et le raffinage de matières premières en Europe. Mais c'est surtout le deuxième pilier qui a des chances d'être

3. G. Pitron, « Dépendance en matières premières critiques : l'Europe possède-t-elle une stratégie ? », Analyse, Iris, 20 février 2023.

effectif : il entend diversifier les fournisseurs, en nouant des partenariats avec des pays « fiables ». Le Canada, le Chili, le Mexique, la Nouvelle-Zélande, l'Australie, l'Inde, l'Afrique du Sud, ou encore la République démocratique du Congo gagnent en importance stratégique aux yeux de l'Europe dans son effort pour réduire ses dépendances à l'égard d'un fournisseur unique, et plus encore de la Chine ou de la Russie.

Consommatrice de matières premières et régulatrice sur les technologies, l'Europe se veut aussi exportatrice de solutions, à travers des partenariats bilatéraux. Les accords pour la « connectivité », signés avec de nombreux pays d'Asie, d'Afrique et d'Amérique latine, et à présent l'initiative plus holistique *Global Gateway* cherchent à exporter un modèle de société numérique (centré notamment sur la protection des données), mais aussi des solutions technologiques proprement européennes pour contrer la domination des acteurs américains et chinois.

***

Les appels à la création d'« alliances technologiques », portés notamment par d'influentes figures américaines[4], n'ont finalement été suivis que d'effets limités. Ces alliances se sont en réalité plutôt déclinées à travers des projets d'investissements privés, l'inclusion des questions technologiques dans les alliances plus traditionnelles, ou la création de nouveaux partenariats centrés sur des enjeux précis (comme les semi-conducteurs ou les matières premières critiques).

Même entre pays alliés et démocratiques, les annonces de partenariats comme le Conseil du commerce et des technologies UE-États-Unis, ou l'alliance *Chip 4* (USA, Japon, Corée du Sud, Taïwan) ne se concrétisent que lentement, freinées par les divergences en matière de régulation des technologies, la concurrence entre entreprises privées, et les différences de positionnement vis-à-vis des puissances dominantes.

Alors que tous les pays tentent d'équilibrer leurs relations avec les États-Unis, la Chine et l'UE, la multiplication des formats bi- ou minilatéraux crée un risque de fragmentation de l'écosystème numérique, auquel le multilatéralisme traditionnel semble incapable de répondre, comme l'illustre l'échec des négociations à l'ONU sur le spatial ou le cyber.

A. P. et M. V.

Pour en savoir plus

- J. Kurlantzick *et al.*, « Assessing China's Digital Silk Road Initiative: a Transformative Approach to Technology Financing or a Danger to Freedoms? », Council on Foreign Relations, 18 décembre 2020.
- A. Pannier (dir.), « Les politiques technologiques des puissances numériques moyennes », *Études de l'Ifri,* Ifri, février 2023.
- M. Velliet, « Convaincre et contraindre : les interférences américaines dans les échanges technologiques entre leurs alliés et la Chine », *Études de l'Ifri*, Ifri, février 2022.

4. J. Cohen, R. Fontaine, « Uniting the Techno-Democracies », *Foreign Affairs*, Vol. 99, N° 6, 2020.

Marchés d'armement : une dynamique nouvelle

Une géographie recomposée

Les marchés d'armement connaissent désormais un développement très rapide, encouragé par les recompositions mondiales de la puissance et par la guerre d'Ukraine. Cette dernière questionne nombre de choix stratégiques et industriels des pays européens, et elle laisse prévoir la percée de nouveaux acteurs. Les marchés d'armement se recomposent, témoins des vastes mutations du système des puissances, et de l'effet concret de l'usage des systèmes d'armes sur le champ de bataille.

Après une courte période de stagnation dans les années 1990, le marché de l'armement a renoué avec une croissance très rapide, jusqu'à doubler entre 2001 et 2013. Avant même le conflit en Ukraine, il bénéficiait d'une dynamique profonde de réarmement portée par le Moyen-Orient et l'Asie-Pacifique. Si les volumes échangés sont moindres qu'au plus fort de la guerre froide, la sophistication des systèmes démultiplie les coûts et contribue à la croissance globale des montants en cause.

La course technologique se conjugue à la réduction progressive des parcs militaires pour rendre l'export de plus en plus indispensable à la rentabilisation de programmes d'armement de plus en plus coûteux. Alors que de nouveaux acteurs comme la Corée du Sud ou la Turquie gagnent des parts de marché, la concurrence s'intensifie sur des segments de plus en plus pointus. La compétitivité d'une offre se juge donc plus à la valeur des compensations industrielles (*offsets*) et transferts de technologie qu'aux seules performances des systèmes.

Le conflit ukrainien est cependant venu nuancer ces tendances, soulignant que la qualité des armements ne pouvait l'emporter seule sur la quantité disponible, et en poussant certains pays – notamment en Europe – à privilégier la disponibilité sur étagère à la soutenabilité industrielle. Le conflit a aussi mis en évidence la faiblesse des capacités de production occidentales, calibrées pour répondre à des demandes nationales limitées, et la nécessité de pouvoir, au besoin, les accroître rapidement, les États prenant conscience de leur vulnérabilité. La demande en armements et munitions s'est ainsi considérablement accrue : une dynamique qui devrait se prolonger après la fin, ou le gel, des combats en Ukraine.

Les dynamiques de fond

Le marché de l'armement reste hiérarchisé entre acteurs traditionnels – aux poids inégaux – et nouveaux challengers qui ambitionnent d'y conquérir leur place en développant des stratégies qui donnent dès aujourd'hui leurs fruits.

Leader incontesté du marché, les États-Unis, qui cumulent 30 à 40 % des exportations d'armement, avec les cinq plus grandes entreprises du secteur, Lockheed Martin (aviation et électronique), Raytheon (missiles et munitions), Boeing (aviation civile et militaire), Northrop Grumman (aéronautique et espace) et General Dynamics (chars de combat, sous-marins, aéronautique). Ces entreprises bénéficient d'importantes commandes nationales pour soutenir leur effort de développement et de production, mais aussi du soutien de la diplomatie américaine pour faciliter leurs exportations vers des nations alliées *via* le système des Foreign Military Sales (FMS), par lequel Washington vend directement le matériel à des pays tiers.

Longtemps deuxième au classement, la Russie bénéficiait jusqu'à la guerre d'Ukraine d'importantes capacités de production et d'une clientèle héritée de l'époque soviétique et/ou faite d'États désireux d'éviter toute dépendance des États-Unis. Ses exportations, conséquentes en volume, couvrent des besoins en matériels essentiellement terrestres et, dans une moindre mesure, aériens, appréciés pour leur coût limité et leur réputation de fiabilité. Une partie des exportations russes est cependant constituée de matériels produits voici plusieurs décennies et modernisés, peu de nouveaux designs trouvant preneurs. Le chasseur léger *Su-75 Checkmate*, dévoilé en 2021 et destiné en priorité à une clientèle de puissance moyenne n'a toujours pas d'acquéreur, et le *Su-57*, présenté par Moscou comme un *game changer*, peine à convaincre depuis plus de dix ans : l'Inde, qui participait au développement du projet depuis 2010, en est sortie en 2019, préférant une plateforme nationale.

Seules deux entreprises russes figurent au classement 2020 des 100 plus grandes entreprises de défense : Almaz-Antey (défense antiaérienne, électronique, munitions, blindés, à la 17e place), et JSC Tactical Missiles Corporation (missiles et torpilles, 35e place). En matière terrestre, et en dépit de la réputation de ses blindés, la situation russe reste difficile, du fait d'une capacité de production trop importante pour la demande nationale, et d'un appareil productif pourtant vieillissant et de moins en moins performant : certaines usines de blindés ne survivent qu'en rénovant de vieux *T-34* de parade, alors que le taux de déchet industriel sur des produits simples comme les canons de 30 mm. dépasse les 60 %.

La vente de produits de haute technologie à forte valeur ajoutée permet à la France de se hisser au troisième rang des exportateurs, avec des acteurs industriels de pointe comme Thalès (électronique avancée, 14e au classement) ou Dassault Aviation (22e).

En dépit d'une progression importante, la Chine reste quatrième exportateur au classement mondial, sa Base industrielle et technologique de défense (BITD) restant concentrée sur la montée en gamme technologique de l'armée chinoise. Une fois cette dynamique complétée, l'industrie chinoise pourrait devenir un acteur majeur du marché de l'armement, avec d'ores et déjà trois entreprises en haut de classement en 2020 : AVIC (aviation, 6e), Norinco (matériels terrestres, 8e) et CASIC (aérospatial et communication, 11e).

Turquie et Corée, fortes de stratégies cohérentes et de long terme pour leurs BITD respectives, ont durablement ancré plusieurs entreprises dans le Top 100 de 2022, avec l'ambition de poursuivre leur ascension dans les décennies qui viennent : Aselsan (électronique, 49e), TAI (aéronautique, 67e) et Roketsan (missiles, 86e) pour la Turquie ; Hanwha (motorisation, 30e), KAI (aéronautique, 59e) et LIG Nex1 (missiles et électronique, 62e) pour la Corée du Sud.

De très importants contrats d'armement passés entre la Corée du Sud et la Pologne au printemps 2022 pourraient, en outre, faciliter l'émergence d'une industrie de défense polonaise dotée de très fortes capacités de production, et susceptibles de bouleverser les équilibres entre industries européennes d'ici à 2030.

Le classement ici évoqué donne un aperçu de la hiérarchie industrielle à un instant T, mais la très grande élasticité du marché de l'armement provoque d'importantes variations d'une année à l'autre. La commande exceptionnelle de 80 *Rafale* à Dassault fin 2021 aura, par exemple, fait remonter temporairement l'entreprise au classement, lui permettant de se rapprocher, pour un temps, d'entreprises beaucoup plus importantes.

Du côté des importateurs

Si l'Ukraine est devenue en 2022 le troisième importateur d'armes, l'Inde et le Qatar gardent leur place en tête de classement, bien que ce dernier se trouve, selon les années, en concurrence avec l'Arabie Saoudite. L'Inde poursuit une stratégie d'autonomisation d'une BITD encore immature, et chaque importation indienne est soumise à des exigences drastiques de transferts de technologies, de production locale et de compensations industrielles. La France reste d'ailleurs un de ses tout premiers fournisseurs, comme elle l'est pour le Qatar. Pour Doha, petit pays entouré de puissances régionales comme l'Iran et l'Arabie Saoudite – avec laquelle les relations restent contrastées –, l'achat massif d'armements est un moyen de se garantir le soutien de puissances extérieures face à des voisins incertains. La construction d'une véritable armée reste secondaire dans une telle stratégie.

De son côté, l'Europe a doublé le volume de ses importations, l'accroissement étant notable avant même le début de la guerre d'Ukraine, combinant modernisation de certaines capacités, remplacement de vieux matériels et réarmement partiel. Les importations africaines d'armements ont baissé de manière significative entre 2018 et 2022, tandis que la crainte inspirée par la montée en puissance de la Chine fait de l'Asie et de l'Océanie la première région importatrice de matériels militaires, autour de l'Inde et des puissances moyennes de l'Indo-Pacifique.

La guerre d'Ukraine et ses conséquences

Si le retour à une conflictualité de haute intensité était évoqué depuis plusieurs années dans les cercles militaires et industriels, le conflit ukrainien est venu bousculer le cadre défini depuis plusieurs décennies pour en souligner les graves insuffisances.

Les questions liées à la production de munitions, de pièces détachées, voire de systèmes entiers, destinés à compenser les pertes au combat, avaient été largement éclipsées par trente années de paix et de conflits en basse intensité. Les industries de défense occidentales se sont ainsi adaptées à des commandes nationales de plus en plus réduites, servant de mètre-étalon pour dimensionner des capacités minimales de production, le surplus étant destiné aux éventuelles commandes à l'export. Ce modèle industriel, taillé sur mesure pour optimiser les coûts, s'est en outre développé de pair avec un processus de privatisation rapide des industries de défense, introduisant l'enjeu de la rentabilité financière dans une équation déjà complexe. La consolidation des industries de défense nationales des pays d'Europe, fusionnant une grande partie des industriels de chaque domaine en un seul, créait, en outre, des structures plus importantes et plus coûteuses, accroissant d'autant l'impératif de rentabilité, mais aussi l'importance de chaque acteur : une faillite du dernier industriel terrestre, aérien ou naval garantissant une perte durable, voire irrémédiable, des compétences industrielles dans ce domaine. Dans cette situation, il est difficile d'élargir rapidement les capacités de production, alors même que les volumes de matériels consommés chaque semaine en Ukraine peuvent représenter la production industrielle d'une année, notamment pour les munitions d'artillerie.

La prise de conscience des insuffisances de ce modèle entraîne déjà un accroissement notable des demandes, la plupart des États – notamment en Europe orientale – ayant lancé d'importantes commandes sur l'ensemble du spectre. Cette évolution pourrait avoir des conséquences durables sur le marché de l'armement. Le temps que les capacités de production locales se renforcent, les industries étrangères profitent de la hausse de la demande pour prendre pied sur le continent européen. Si l'exemple coréen est parlant, c'est aussi le cas pour l'industrie israélienne, qui profite des importants délais d'attente exigés pour les *Himars* de Lockheed Martin pour proposer ses propres systèmes – le lance-roquettes multiple *Puls* produit par Elbit Systems –, notamment aux Pays-Bas ou à l'Allemagne.

L'envol spectaculaire de la demande a aussi causé des pénuries temporaires sur des composants de base des chaînes de valeur de la BITD, comme la poudre noire. À l'image du paracétamol lors de la crise du Covid-19, la poudre explosive était vue comme une matière à faible valeur ajoutée, et l'essentiel de la production avait été délocalisée au fil des ans vers la Pologne ou le Pakistan : il serait toujours possible de leur en acheter en cas de crise… La crise advenant, tous les acteurs sollicitèrent les mêmes producteurs, entraînant une montée en flèche des prix, voire une pénurie problématique. La France et d'autres pays en Europe relocalisent en conséquence une partie de la production pour disposer d'un minimum de marge en cas de crise.

L'effet vitrine du conflit : négatif et positif

Alors que des États comme l'Allemagne étaient connus pour leurs fortes contraintes vis-à-vis des exportations d'armement, le conflit ukrainien est venu bousculer ces positions, avec de possibles conséquences politiques. Plusieurs pays, comme la Pologne, se proposaient de fournir des chars de fabrication allemande à l'Ukraine. Le refus, puis les hésitations, du chancelier Scholz ont certainement eu un coût diplomatique important, notamment auprès de sa clientèle d'Europe de l'Est. Il en va de même pour la Suisse qui a choisi de maintenir son refus d'autoriser la livraison à l'Ukraine, par des États tiers, de munitions antiaériennes de 35 mm. produites par l'entreprise helvète Oerlikon. Outre son effet sur l'image du pays, cet entêtement a également un coût industriel, puisque la firme allemande Rheinmetall a finalement produit elle-même les munitions en question, privant l'industriel suisse d'un marché sur lequel il était bien implanté.

Non seulement ces tergiversations dégradent la réputation de pays taxés de prendre fait et cause pour l'agresseur au prétexte d'arguments éthiques ou politiques, mais ces mêmes pays apparaissent aussi comme des acteurs peu fiables : quelle confiance accorder à un producteur d'armes refusant de fournir des pièces/munitions pour ne pas se brouiller avec un des belligérants, *a fortiori* l'agresseur ? Alors qu'un regain massif d'intérêt se profile pour les canons antiaériens face à la multiplication des menaces aériennes (par exemple des drones), Oerlikon, reconnu comme un des tout premiers spécialistes en la matière, pourrait ne pas en bénéficier, compromettant son implantation sur ce marché renaissant.

Autre conséquence du conflit ukrainien : l'affaiblissement de la part de la Russie sur le marché mondial de l'armement, passée de 22 % en 2013 et 2017 à 16 % en 2022. Cette tendance devrait se prolonger, voire s'amplifier : d'abord parce que la Russie privilégie l'approvisionnement de ses propres forces au détriment de l'export face aux importantes pertes subies, mais aussi parce que les contre-performances des forces russes en Ukraine affecteront très probablement l'image de leurs matériels. Il est en outre avéré que des parcs de chars *T-90S* destinés à l'Inde, et déjà payés par New Delhi, ont été détournés vers les forces russes, plusieurs exemplaires ayant été détruits ou capturés après janvier 2023. Enfin, les sanctions occidentales devraient également rendre l'importation de matériel militaire russe de plus en plus coûteux politiquement, en dépit des déclarations politiques sur un « Sud global » censé être solidaire du combat russe face à « l'Occident collectif ». Si une mise à l'écart durable de la Russie sur le marché de l'armement semble peu probable, tous ces facteurs contribueront à y réduire sensiblement sa présence.

Les marchés ayant horreur du vide, une possible éclipse de la Russie pourrait profiter à de nouveaux acteurs. L'importante clientèle africaine de l'armement russe pourrait notamment se tourner vers une industrie turque expansionniste et fortement soutenue par le gouvernement d'Ankara, qui a fait de sa BITD un élément moteur de son économie. Les drones tactiques *TB2 Bayraktar* sont déjà présents dans un nombre croissant de pays du Sahel, et pourraient ouvrir la voie à de nouvelles acquisitions, notamment de véhicules terrestres. Un reflux de la présence industrielle russe en Asie-Pacifique pourrait aussi bénéficier à la BITD coréenne, qui renforce depuis plus d'une décennie sa pénétration des marchés de la région. L'achèvement prochain du développement du chasseur léger *KF-21 Boramae* en partenariat avec l'Indonésie pourrait ouvrir de prometteuses opportunités à une industrie coréenne déjà engagée en Pologne, et qui démontre sa capacité à délivrer ses matériels rapidement et en nombre, grâce à ses liens avec les forces armées de la République de Corée.

Toute guerre constitue, en outre, un temps majeur d'observation des performances des différents matériels sur le terrain : les systèmes ayant connu le feu et démontré leurs capacités gagnent en popularité sur le marché de l'armement. Ce constat peut être fait pour le *Rafale* et pour bien d'autres systèmes d'armement. L'envoi massif de matériel occidental, ancien mais aussi moderne, aux forces ukrainiennes crée une vitrine qui n'a pratiquement pas de précédent ces 30 dernières années. Les succès ou contre-performances éventuelles des armements envoyés auront sans doute une influence sensible sur les chances d'exportations futures. La manœuvre ukrainienne est fortement soutenue par les chars, les systèmes d'artillerie et tous blindés occidentaux, engagés souvent pour la première fois dans une situation de combat en haute intensité. Le marché des armements des dix prochaines années pourrait donc être substantiellement affecté par la réussite, ou l'échec, des mouvements ukrainiens, et les multiples représentations – en particulier vidéos – qui en ressortiront.

***

Sur le marché de l'armement, la France maintient son rang, en misant sur des matériels complexes à très forte valeur ajoutée comme les avions *Rafale* de Dassault, ou l'électronique avancée de Thalès. Elle a cependant perdu, au fil des années, un certain nombre de compétences (petites armes, canons de marine, véhicules chenillés…), qui la contraignent à se reposer sur des coopérations internationales, ou sur des achats sur étagère. La BITD française peine cependant à se maintenir sur des produits plus simples, notamment en matière de véhicules terrestres – un secteur qui fut pourtant porteur pendant des décennies. L'irruption de nouveaux acteurs, comme la Turquie ou la Chine, sur ces secteurs où la montée en compétences est plus aisée, rend difficile de se démarquer sur un marché désormais quasi saturé, alors que la grande qualité des produits français s'accompagne de prix à l'avenant…

À court et moyen termes, la relocalisation en France de segments stratégiques de la chaîne de valeur, allant de la production de poudre noire à celle de turbines d'hélicoptères de combat, pourrait générer un surcoût pour les matériels à l'export, surcoût pourtant acceptable si l'on entend renforcer la résilience de la BITD, comme celle des forces, face à une potentielle crise.

L. P.-P.

Pour en savoir plus

- *SIPRI Yearbook 2023*, Oxford, Oxford University Press, 2023.
- *Rapport au Parlement sur les exportations d'armement de la France 2022*, Analyses et références, ministère des Armées, septembre 2022.
- L. Béraud-Sudreau, H. Meijer, « Enjeux stratégiques et économiques des politiques d'exportation d'armement. Une comparaison franco-américaine », *Revue internationale de politique comparée*, vol. 23, 2016.

Gangstérisation et criminalisation du monde

Une nouvelle scène criminelle internationale

La scène « mondialisée » de l'après-guerre froide a fait une place plus large aux activités criminelles d'individus ou de groupes privés, mais aussi à la complicité d'autorités publiques et à l'usage brutal de la violence de la part des États. Les activités délinquantes se multiplient, leurs moyens se diversifient. Face à elles, le droit, interne ou international, semble n'avoir qu'une efficacité limitée. C'est en particulier le cas pour la Cour pénale internationale, impuissante à traduire son ambition en actes.

Comment qualifier le nouveau cours des relations internationales, *grosso modo* depuis le début du XXIe siècle ? Dans un océan de concepts flottants, pourquoi ne pas interroger la gangstérisation du monde, à laquelle s'efforce de répondre sa criminalisation, au sens d'une définition des comportements criminels et des mécanismes de leur répression, interne ou internationale ? Le modèle du *Parrain*, saga-opéra filmée de la fin du XXe siècle, n'est-il pas prémonitoire et ne peut-on y voir une préfiguration des relations internationales actuelles, avec une multiplication de crimes organisés, de violences systématiques dans un contexte de mépris des lois et d'impuissance des institutions ?

Qu'entendre par « gangstérisation » ? On la définira comme la transgression volontaire et organisée, par des acteurs internationaux, étatiques ou non étatiques, de règles internes ou internationales, à des fins de domination ou de prédation. Il faut la distinguer de la montée de la violence civile interne dans un grand nombre de pays, celle-ci étant le plus souvent individuelle et ne mettant pas en cause des réseaux constitués.

La gangstérisation couvre un arc de comportements très vaste, violents ou non, allant par exemple de la cybercriminalité aux attentats terroristes. Elle s'applique aussi à des violations conscientes du droit international par les États, qu'il s'agisse d'actes d'agression ou d'atteintes au droit humanitaire, pour ne citer que les plus visibles et les plus graves. Voilà qui n'a rien de récent : Churchill, observateur lucide et cynique, déclarait que les grandes nations se sont toujours comportées comme des gangsters et les petites nations comme des prostituées… Le fait nouveau est peut-être que les petites nations imitent désormais les grandes – ainsi dans le domaine du trafic de drogue, où les complicités plus ou moins occultes de certains narco-États sont décisives, ou encore pour la pratique des paradis fiscaux. Et combien d'autorités publiques sont corruptibles, points de rencontre entre gangstérismes privé et public ?

Retenir ainsi la gangstérisation comme caractéristique importante des relations internationales actuelles expose au risque de dériver vers le complotisme. Celui-ci découvre volontiers des réseaux cachés, occultes, comme ressorts des grands événements, réalité derrière la façade des pouvoirs officiels, dont les pouvoirs démocratiques. Cette tentation quelque peu infantile séduit nombre d'esprits simples prétendant découvrir des activités clandestines comme réalité des rapports humains collectifs de tous types. On se souvient des Protocoles des Sages de Sion, on pourrait évoquer des exemples plus récents. Il est commode de remplacer le hasard, les erreurs d'analyse et de comportement des acteurs, parfois leur légèreté, leur ignorance ou leur mauvaise perception des priorités, par un dessein complotiste organisé. Les complots existent certes, ils participent de la gangstérisation, mais ils sont multiples, limités et contradictoires. On ne saurait en tirer d'explication générale unifiante. Le complotisme surestime l'importance des activités occultes, dont il convient de relativiser les conséquences. Cependant, en fonction des circonstances, la gangstérisation peut jouer un rôle plus ou moins important. Et force est de constater qu'actuellement elle galope, tandis que sa criminalisation – la lutte contre elle, sa répression – boitille. Pourquoi, comment ?

La gangstérisation galope

On peut ici distinguer, bien qu'elles soient souvent enchevêtrées en pratique, la gansgstérisation des acteurs non étatiques de celle qui implique les autorités publiques, la corruption étant en quelque sorte leur patrimoine commun.

Pour ce qui est des comportements transgressifs des acteurs non étatiques, ils couvrent une très large gamme, des activités non violentes, rusées, aux comportements violents reposant sur la force. Au fond, toutes les entreprises humaines comportent leurs zones d'ombre, les détournements cachés qui les parasitent, sans que l'honnêteté de leur versant transparent soit en cause. Il s'agit par exemple de tromperies qui attirent des esprits cupides par la promesse de rendements mirifiques, de blanchiment bancaire d'argent sale, de fausse monnaie, d'évasion ou fraude fiscales, de réseaux de prostitution qui impliquent souvent la contrainte, de trafics d'armes, de trafic d'organes, de médicaments, d'œuvres d'art, de la vaste panoplie qui infiltre internet, sans oublier le halo transgressif qui accompagne la plupart des sports de haut niveau… C'est là un double fruit de la mondialisation et des privatisations, de l'ouverture des frontières à des échanges de toute sorte, de la circulation de sollicitations et promesses multiples. Tous les pays sont concernés, même si les pays développés offrent des proies plus tentantes que les pays en développement, eux-mêmes vulnérables parce que moins protégés sur le plan interne. Quant à la violence privée, elle se développe fortement avec le trafic de drogue, sorte de pont entre pays développés et pays en développement, ou avec le terrorisme.

La corruption, on l'a dit, est fréquemment à l'intersection entre le public et le privé. Elle est omniprésente, contagieuse et dissimulée. Elle consiste à substituer des intérêts privés à des intérêts publics. Elle peut être active ou passive. Elle couvre des transgressions illégales d'apparences légales – ainsi le blanchiment d'argent, ou la fraude fiscale souvent présentée comme une optimisation fiscale, le détournement de fonds publics… Elle est par définition difficile à connaître, et son ampleur difficile à mesurer. Il existe toutefois des *think tanks* ou des ONG qui s'attachent à la mettre à jour, pour la rendre transparente et la combattre – par exemple Transparency International, ou sur un plan opératoire, Anticor. La corruption est par définition masquée, et il faut disposer d'indices tels que les signes extérieurs de richesse de ses bénéficiaires, ou les indiscrétions de hackeurs – nombre d'enquêtes internationales ont été conduites sur la base de telles divulgations. On aboutit ainsi à des classements annuels des différents pays en fonction de leur degré de corruption supposée, ou de sa perception. Les démocraties nordiques sont les plus vertueuses, les pays africains les plus pauvres figurant parmi les plus corrompus. Un pays comme la France n'est pas parmi les moins corrompus, le plus inquiétant étant peut-être sur ce plan la relative tolérance de l'opinion en la matière. Le parquet national financier s'est ainsi heurté aux critiques de divers partis politiques.

Si l'on se tourne du côté des États, c'est-à-dire des autorités publiques, on peut sommairement distinguer d'un côté plusieurs types de situations, de l'autre les transgressions violentes des non violentes. Trafics d'influence, conflits d'intérêts, financements obscurs des partis politiques, lobbyisme à des fins privées, sont monnaie courante, et les complicités avec des trafics internationaux, notamment en matière de drogue, tendent à s'accroître – on va même jusqu'à parler de « narco-États ». On peut y ajouter pavillons de complaisance, paradis fiscaux, trafics d'immunités diplomatiques, de passeports, de marchés publics, partenariats public-privé… Les démocraties prétendues vertueuses ne sont pas épargnées. Certaines, dont le Royaume-Uni et le Luxembourg, sont même des paradis fiscaux et des experts en blanchiment. Pour les régimes autoritaires, notamment ceux qui se sont convertis à l'économie de marché en rupture avec le modèle soviétique, l'enrichissement des oligarques repose souvent sur une logique de clans qui contrôlent l'État. En Chine, le pouvoir laisse prospérer toute une catégorie d'entrepreneurs, quitte à les éliminer s'ils deviennent trop puissants, ou pour en faire un exemple. Les pays en développement sont les plus affectés. La culture du service public reste rudimentaire dans beaucoup d'États récents – on y confond parfois pouvoir public et enrichissement personnel. Ils sont aussi victimes, puisque cibles de multiples trafics internationaux, attisés par la compétition pour les matières premières, mais ces trafics ne peuvent prospérer que grâce à la complicité d'autorités locales.

La violence des États

Restent les transgressions étatiques violentes, qui affectent le droit international. La Charte des Nations unies réglemente étroitement le recours des États à la force armée. Il n'en demeure pas moins, sinon ordinaire, du moins trop fréquent. Il se couvre alors d'argumentations juridiques plus ou moins convaincantes – légitime défense, responsabilité de protéger, défense d'un gouvernement à sa demande… –, mais il peut aussi s'agir d'agressions armées radicalement interdites.

On songe à l'agression russe de l'Ukraine, mais les pays occidentaux ne sont pas en reste. L'intervention au Kosovo en 1999 n'avait guère de fondement légal, et l'intervention américano-britannique contre l'Irak en 2003, fondée sur des mensonges, était clairement une agression. Ce qui n'empêche pas lesdits pays d'administrer des leçons en la matière en diabolisant la Russie, alors que, lorsque la France a refusé l'agression contre l'Irak, c'est contre elle que la propagande américaine s'est déchaînée… Rien d'étonnant à ce que cette contradiction soit négativement ressentie par les pays tiers, regroupés plus ou moins artificiellement sous l'expression de « Sud global ». S'y ajoutent, de façon diffuse, les meurtres extrajudiciaires commis à l'étranger pour se débarrasser d'opposants ou d'indésirables, ou la complicité avec le terrorisme.

À côté des violations du *jus ad bellum*, on ne saurait oublier celles du *jus in bello*, c'est-à-dire du droit humanitaire. Les droits de l'homme ne sont universels que sur le papier. Le droit humanitaire est en revanche reconnu et proclamé par tous. Il doit être appliqué en toutes circonstances. Il impose en un mot de respecter l'intégrité physique et morale de la personne, dès lors qu'elle n'est pas, ou plus, combattante. Sont ainsi prohibés le génocide, les crimes contre l'humanité, les crimes de guerre. Un droit de l'occupation interdit aux puissances occupantes d'annexer des territoires occupés et les oblige à maintenir certains droits civils. Le droit humanitaire comprend les obligations les plus absolues du droit international. Or, ses violations sont multiples, graves, parfois massives, parfois mais pas toujours documentées et médiatisées. Elles proviennent de belligérants dans le cadre de conflits internationaux, mais aussi de gouvernements contre leur propre population, ou de groupes terroristes en lutte contre des gouvernements, ou de mercenaires. Le droit humanitaire a été à la base des tribunaux de Nuremberg et de Tokyo à l'issue de la Seconde Guerre mondiale. Il a entraîné, plus récemment, la constitution de tribunaux internationaux pénaux par le Conseil de sécurité, puis de la Cour pénale internationale, par traité. Avec cette criminalisation internationale, nous entrons dans les ripostes à la gangstérisation.

La criminalisation boitille

Les manifestations de la gangstérisation n'ont rien de nouveau. Elles semblent toutefois avoir connu de nouveaux développements et une plus forte intensité dans les années récentes. Au minimum, elles sont davantage médiatisées grâce à des transgressions spectaculaires, à la multiplication des fuites et des lanceurs d'alerte. C'est un problème général de la criminalité : on ne connaît que celle que l'on découvre, la criminalité réelle est sans doute beaucoup plus importante, et on ne peut que l'estimer. Cependant, on trouve quelques explications de sa croissance réelle. Elles tiennent pour une part à des raisons internes, pour une autre à des raisons internationales.

Pour les facteurs internes : de façon générale, l'affaiblissement de l'emprise des États sur la vie publique. Pour les démocraties libérales, il s'agit d'un retrait volontaire avec le triomphe du libéralisme économique, la privatisation de nombre de services publics, une certaine impuissance fiscale. Pour les pays socialistes récemment convertis à l'économie libérale, la puissance des oligarques qui ont su s'emparer des biens publics et les privatiser. Pour les États défaillants et nombre de pays du Sud global, c'est l'absence d'une culture de l'État, une féodalisation voire une tribalisation de pays en butte à la compétition de clans. On a parfois évoqué un crime de « capture d'État » pour désigner cette appropriation de biens publics.

Quant aux raisons internationales, elles reposent sur l'ouverture des frontières, sur la libre circulation des personnes et des biens, sur la réduction des contrôles douaniers, policiers, fiscaux. Les ripostes, la criminalisation des transgressions, est toujours tardive et aléatoire, autant sur le plan interne que sur le plan international.

- *Obstacles à la criminalisation interne*. Elle est de droit commun. Elle relève des compétences régaliennes de l'État dans la mesure où les activités criminelles de toute nature sont contraires à son code pénal. Il est cependant difficile à cette compétence de prospérer face à une délinquance internationale qui déborde des frontières, dont les auteurs ne sont pas sur le territoire national, ou dont les activités coupables s'exercent en dehors de lui – fraude fiscale dans des paradis fiscaux, par exemple. La compétence ne fait pas défaut, puisqu'un État peut étendre sa juridiction pénale comme il le souhaite, mais sans lien des responsables avec son territoire son exercice est très difficile. Il faut d'abord connaître les infractions, ce qui peut résulter du piratage et de la publication, parfois systématiquement réalisée par des consortiums de presse, de *leaks* de plus en plus fréquents – *Panama leaks*, parmi d'autres. Il faut ensuite être en mesure d'enquêter sur ces indiscrétions, ce qui se heurte à de multiples obstacles, dont le secret bancaire n'est pas le moindre : il n'est levé que difficilement, et pas pour ni par tous les États.

  Il existe certes un droit pénal international, avec une coopération des juridictions de différents pays. Elle rencontre également nombre de verrous. Verrous techniques, avec les délais que suppose l'action judiciaire, toujours encombrée et procéduralement complexe. Verrous politiques surtout, dès lors que les pays sollicités bénéficient de la criminalité poursuivie, voire en sont complices. On le sait, la corruption affecte nombre d'autorités publiques dans un grand nombre d'États. Un pays comme la Suisse a longuement résisté à la levée du secret bancaire, et n'a cédé qu'aux pressions américaines, sans étendre sa coopération aux autres, y compris à ses proches voisins. Et l'extradition des délinquants recherchés n'est pas de droit commun. Il y faut des accords spéciaux, ou alors recourir à une procédure interne qui donne des droits importants à la défense. Même dans le cadre de l'Union européenne, où l'on pourrait escompter une coopération pénale étroite, la création d'un mandat d'arrêt européen et d'un parquet européen n'a que partiellement accéléré les poursuites – sans parler d'une juridiction pénale européenne qui reste à inventer.

- *Caractère embryonnaire de la criminalisation internationale*. Il a existé, et il existe, quelques juridictions internationales pénales, mais elles se limitent aux atteintes au droit humanitaire dans un cadre conflictuel. Des tribunaux pénaux spéciaux ont été institués par le Conseil de sécurité pour l'ex-Yougoslavie et le Rwanda, avant la création d'une juridiction pénale permanente, la Cour pénale internationale (CPI), fruit du Statut de Rome de 1998. Outre qu'elle n'est pas acceptée universellement, et notamment pas par les plus grandes puissances, sa compétence matérielle est limitée à un ensemble de crimes violents et ne s'exerce que de façon marginale. L'importance des efforts déployés pour la faire vivre et son coût d'un côté, son efficacité de l'autre sont très disproportionnés. En fait, elle ne dispose ni des moyens d'enquête ni des moyens coercitifs qui lui permettraient d'exercer sa juridiction. Elle dépend de la bonne volonté des États et sa compétence n'est que subsidiaire. Son activité se limite le plus souvent à l'accusation. Elle est pour l'instant un échec, une sorte de SDN bis, un mauvais outil pour une bonne idée.

***

Si l'on milite pour une criminalisation internationale des multiples formes de délinquance que recouvre la gangstérisation du monde, il faudrait donner à la juridiction en cause plusieurs traits, que l'on ne peut qu'esquisser. Un accord universel à sa base, des moyens d'enquête et de poursuite effectifs, un code pénal international incorporant sous des définitions communes les crimes internationaux, violents ou non – fraude fiscale, trafics multiples, atteintes à l'environnement, cyberattaques… Le trafic de stupéfiants serait mieux réprimé dans un tel cadre.

Il existe aussi d'autres formules que la voie pénale pour lutter contre la criminalité. C'est ainsi que la Commission européenne a saisi, contre Malte, la Cour de justice de l'Union européenne pour trafic de passeports. La voie sécuritaire est une autre possibilité, elle a été utilisée avec plus de succès dans la lutte contre le terrorisme international. Le trafic de stupéfiants est aujourd'hui une menace plus présente et plus universelle. L'approche sécuritaire peut impliquer, à la limite, l'emploi de la force armée. Elle peut aussi passer par des sanctions internationales contre les États complices ou récalcitrants. C'est ainsi que, récemment, l'Union européenne a pris des sanctions contre la Syrie au sujet du trafic de Captagon.

S. Su.

Pour en savoir plus

- A.-L. Chaumette et R. Parizot (dir.), *Les Nouvelles Formes de criminalité internationale*, Paris, Pedone, 2021.
- J. Fernandez, *Droit international pénal*, Paris, LGDJ, 2022.
- R. Van Ruymbeke, *OffShore : Dans les coulisses édifiantes des paradis fiscaux*, Paris, Les liens qui libèrent, 2022.

Partie 3

Le monde en questions

Les sanctions occidentales et l'économie russe

Évaluer l'efficacité à plusieurs échelles

L'efficacité des sanctions occidentales s'apprécie à divers niveaux : restrictions individuelles, barrages technologiques, effets structurels sur l'économie russe. C'est la pression sur la rente pétrolière qui peut avoir à terme la plus grande efficacité, accompagnée par la réduction éventuelle de la consommation européenne.

Fin mai 2023, quarante pays imposaient un régime de sanctions économiques à la Russie[1]. Ces sanctions permettent d'utiliser le levier de la puissance économique, pertinent pour l'UE et les États-Unis, qui peuvent user de l'asymétrie économique à leur profit contre les régimes sanctionnés. Elles manifestent également la solidarité des pays « sanctionneurs » à l'égard de l'Ukraine. Mais par leur centralité même dans la politique des démocraties occidentales, elles peuvent être instrumentalisées dans la guerre de l'information et devenir la cible de critiques politiques, notamment sur leur efficacité.

Impacts microéconomiques : les sanctions individuelles

L'objectif des sanctions individuelles est de faire peser un coût sur les oligarques et les membres des cercles qui ont soutenu l'invasion de l'Ukraine. Le plus souvent de nature économique – gel d'avoirs… –, ce coût peut aussi toucher à la liberté d'aller et venir, *via* la non-délivrance de visas. En dépit du nombre élevé de personnalités concernées, l'impact de ces sanctions n'est guère perceptible au-delà de l'individu visé et de ses proches. Toutefois, si elles peuvent encore voyager dans certains pays et si la majeure partie de leur fortune demeure à l'abri des sanctions, les personnalités sanctionnées ne peuvent plus jouir d'une partie de leur patrimoine, ni se déplacer dans des pays qu'elles fréquentaient ordinairement. L'impact négatif des sanctions sur leur mode de vie est donc indéniable et sensible.

1. Les 27 membres de l'Union européenne, les États-Unis, l'Australie, le Canada, la Confédération helvétique, la Corée du Sud, l'Islande, le Japon, le Liechtenstein, la Norvège, la Nouvelle-Zélande, le Royaume-Uni, Singapour, Taïwan.

Impacts méso-économiques : les sanctions technologiques

Tout comme celles de 2014, certaines sanctions décidées après le 24 février 2022 visaient à brider les capacités russes de produire certains armements létaux, ou de les employer sur le théâtre des opérations. Les premières pénuries apparues en Russie en mars et avril 2022 sur le marché des biens de consommation courante ne doivent pas être imputées aux sanctions occidentales, mais à la guerre. En élevant radicalement le niveau d'incertitude géopolitique, la décision d'envahir l'Ukraine a poussé les entreprises à geler leurs décisions d'investissement ou d'approvisionnement, interrompant des flux de produits et d'intrants. La même incertitude conduisant également à un retour, chez certains ménages, de comportements de « stockage hystérique » (J. Kornai), alors que certains distributeurs pratiquaient un stockage spéculatif. La conjonction de ces phénomènes explique les pénuries sporadiques observées initialement sur l'ensemble du territoire de la Russie, qui ont fini par s'estomper pour les produits de consommation courante. Avec la chute du rouble, cette conjonction explique aussi le pic inflationniste des mois de mars et avril 2022.

Face aux sanctions technologiques, les acteurs économiques russes ont trois voies d'adaptation : remplacer le produit manquant par une production russe ; par une production d'un pays tiers ; ou encore utiliser les « importations parallèles », c'est-à-dire continuer d'importer le produit « interdit » en usant de canaux illégaux du point de vue des juridictions occidentales. La légalisation des importations parallèles par la Douma, en juin 2022, a incité les entreprises russes à utiliser ce dernier canal. On a ainsi tenté d'évaluer l'ampleur de ces importations parallèles, notamment en matière de composants électroniques et de semi-conducteurs. Ont été mis en évidence le rôle de la Turquie comme plate-forme de réexportation de produits européens vers la Russie *via* le Caucase ou l'Asie centrale, mais également celui de la Chine comme fournisseur de substitution pour les composants électroniques.

Des enquêtes menées auprès des entreprises russes corroborent ce diagnostic : en décembre 2022, les deux tiers des entreprises russes interrogées affirmaient avoir trouvé auprès de fournisseurs chinois des substituts aux équipements productifs jusqu'alors importés de l'Union européenne. Il faut se garder toutefois de surinterpréter cette donnée. Les difficiles conditions dans lesquelles la substitution doit être réalisée – contraction de la demande intérieure, retrait des investisseurs étrangers, contraintes logistiques accrues, perte d'accès aux financements occidentaux, problèmes de compatibilité avec les équipements existants, de qualité, etc. – suggèrent la prudence dans l'appréciation de son efficacité. De même, la croissance spectaculaire des exportations d'équipements des pays d'Asie centrale vers la Russie doit être modulée par la modestie de leurs montants : leur ordre de grandeur reste le million d'euros.

Soucieuses de limiter le contournement des sanctions, les autorités occidentales cherchent à intensifier la lutte contre les importations parallèles. L'enjeu de l'année 2023 est, de l'avis général, celui des sanctions secondaires, visant les entreprises de pays tiers aidant la Russie à contrevenir aux sanctions occidentales. Mobilisant leur réseau diplomatique pour faire pression sur les pays concernés, les États-Unis ont pris une longueur d'avance sur l'Union européenne, mais cette dernière envisage aussi d'utiliser cet outil.

Impacts macroéconomiques : les sanctions financières et énergétiques

De prime abord, l'on pourrait penser que les sanctions sur les secteurs financier et énergétique relèvent, comme les sanctions technologiques, de l'analyse sectorielle. Mais le modèle structurel de croissance de l'économie russe et sa régulation dépendent centralement de l'articulation entre secteur financier et secteur énergétique. Les perturbations qui les affectent ont donc d'emblée un impact macroéconomique.

Les sanctions financières en sont l'illustration : en coupant les grandes banques des flux de capitaux occidentaux, puis en restreignant l'accès de la Banque centrale à ses avoirs en devises situés dans les juridictions occidentales, elles ont précipité les comportements de fuite devant le rouble qui émergeaient déjà à l'approche de la guerre. Au premier trimestre 2022, les fuites de capitaux hors de Russie ont atteint un rythme inégalé en plus de vingt ans, provoquant une plongée du rouble et une accélération inédite de l'inflation – 140 % en rythme annuel en mars. Le système financier menaçait de s'effondrer, entraînant avec lui des pans entiers de l'industrie russe qu'il finançait.

Si le krach n'a pas eu lieu, c'est avant tout du fait de la réaction des autorités financières, en particulier de la Banque centrale de Russie. En fermant plusieurs semaines les marchés boursiers et le marché des changes, en haussant le taux directeur à 20 %, et surtout en instaurant un contrôle des changes restrictif et efficace, elles ont stoppé les sorties de capitaux et le glissement du taux de change. Cette première ligne de défense a été relayée par un autre phénomène, exogène mais lié au secteur énergétique, deuxième pilier du régime d'accumulation russe. Accélérée par l'invasion de l'Ukraine, la hausse des prix internationaux du gaz et du pétrole a en effet permis aux exportateurs d'hydrocarbures non sanctionnés de continuer d'engranger des recettes d'exportation considérables. Dans le même temps, le repli de l'économie intérieure réduisait les importations. L'augmentation de l'excédent du compte courant qui en a résulté a accompagné le redressement du taux de change du rouble, et éloigné les risques de dérapage hyperinflationniste. Au mois de juin 2022, la crise financière provoquée par l'entrée en guerre et les sanctions était surmontée.

Le recours au yuan pour les échanges avec la Chine ou aux compensations pour les échanges avec d'autres partenaires a permis à la Russie de maintenir ouverts des canaux commerciaux essentiels, tandis que d'autres entrées de devises, épargnées par les sanctions, continuaient d'affluer. Le financement de l'économie s'est ainsi poursuivi, en régime dégradé mais suffisant pour assurer la continuité des opérations essentielles. Les recettes de l'État se sont réduites mais pas effondrées, aidées par une ponction exceptionnelle sur le résultat de Gazprom. Ces évolutions ont permis au gouvernement de soutenir des domaines fragilisés ou particulièrement sollicités (retraites, complexe militaro-industriel). Au lieu de croître de 3,5 % comme attendu en début d'année, l'économie a connu la récession (- 2,1 % en 2022), mais pas la dépression cumulative attendue par certains.

Frapper la rente pétrolière

Dans ce contexte, les sanctions prises par l'Union européenne en novembre 2022 et janvier 2023 représentent un nouveau tournant. Visant une économie distordue par l'effort de guerre, largement déconnectée des flux internationaux de capitaux, et dont les finances publiques, saines en apparence, restent structurellement vulnérables à la conjoncture énergétique, elles frappent le cœur du modèle structurel de croissance russe : la rente pétrolière. En fixant des prix plafonds aux transactions avec les fournisseurs russes sur le pétrole et les produits pétroliers, elles n'assèchent pas brutalement le marché mondial, tout en instaurant une pression théoriquement ajustable sur les recettes en devises de la Russie. Elles ouvrent la possibilité d'abaisser par étapes le prix plafond de ces produits, réduisant ainsi la rente pétrolière et son apport à l'effort de guerre. Or tant que la guerre durera, il sera difficile pour le gouvernement de couper dans ses dépenses, une économie en guerre ayant structurellement tendance à s'étatiser.

Avec un cours moyen de 58 dollars le baril, le pétrole brut acheté par l'Europe à la Russie paraît avoir respecté, au premier trimestre 2023, le plafond établi par les sanctions (60 dollars), en dépit des nombreux mécanismes d'évasion déjà en place. La chute des recettes fiscales russes et le déficit budgétaire record enregistré pour la même période peuvent être reliés à la faiblesse des recettes pétrolières. Entre janvier et mars, en dépit de la réorientation des exportations russes vers des clients non occidentaux, la baisse estimée de la production de pétrole est de 2 %, celle de la production de gaz (non directement concernée par les sanctions) atteignant 14 %. Dans le même temps, la conjoncture macroéconomique de la Russie continue de montrer des signes de faiblesse. La baisse estimée du PIB pour le premier trimestre 2023 serait de 2,2 % par rapport à la même période de 2022.

La mise en œuvre effective des sanctions énergétiques conditionne leur efficacité. Compte tenu de leur caractère stratégique, c'est dans ce domaine que les efforts de contournement des acteurs russes seront les plus soutenus, comme l'ont montré les relations nouées avec l'Inde et la Chine. À plus long terme, une réduction significative et structurelle de la consommation d'hydrocarbures de l'Union européenne aurait des effets plus puissants encore que les sanctions : elle affecterait la formation des prix mondiaux. Du fait de la financiarisation de leurs marchés, ceux-ci sont volatils et sur-réagissent aux désajustements offre-demande. Au-delà des sanctions, la décarbonation du modèle de croissance de l'Union européenne peut donc jouer un rôle important dans l'assèchement progressif de la rente russe.

J. V.

Pour en savoir plus

- A. David, S. Stewart, M. Reid, D. Alperovitch, « Russia Shifting Import Sources amid U.S. and Allied Export Restrictions », WITA, janvier 2023.
- M. Chupilkin, B. Javorcik, A. Plekhanov, « The Eurasian Roundabout: Trade Flows into Russia through the Caucasus and Central Asia », EBRD, Working Papers n° 76, février 2023.
- J. Vercueil, *Économie politique de la Russie 1918-2018*, Paris, Le Seuil, 2019.

Logiques et perspectives du partenariat russo-chinois

Unis contre l'Occident, jusqu'où ?

À partir d'héritages historiques différents, mais d'intérêts ponctuels partiellement communs, Pékin et Moscou se rapprochent sur une perspective pour l'essentiel anti-occidentale. Il reste que ce partenariat est fragile, son avenir dépendant du rapport de forces que déterminera l'issue de la guerre d'Ukraine.

Les présidents russe et chinois se sont récemment rencontrés à Moscou. En dépit des sanctions politiques et économiques décidées par l'Occident à l'encontre de la Russie, Pékin ne renonce pas à son partenariat avec Moscou. La Chine semble au contraire confirmer son soutien à la Russie et à Vladimir Poutine, contre qui la Cour pénale internationale (CPI) a émis un mandat d'arrêt, transformant un peu plus la Russie en État paria. Jusqu'où « l'amitié sans limites » proclamée dans une déclaration conjointe avant l'invasion de l'Ukraine peut-elle aller ?

Logiques communes, ennemi commun

Pékin et Moscou ont une histoire, une géographie et des modèles socio-économiques différents. Leurs intérêts divergent et leur rivalité, active à l'époque soviétique, pourrait sembler naturelle à bien des égards. La Russie a les yeux rivés sur l'Europe depuis des siècles, et a plutôt utilisé la Chine comme un levier pour peser face à l'Occident. Depuis plusieurs années cependant, Moscou voit Pékin comme un atout de poids dans sa tentative assumée de détruire l'architecture de sécurité européenne, de déconnecter l'Europe des États-Unis, et de modifier le prétendu ordre mondial unipolaire. Plus qu'à une affaire de rapport de force, le rapprochement entre Moscou et Pékin tient à des logiques communes qui poussent les deux capitales à contester, et même à s'opposer à l'Occident en général et aux États-Unis en particulier.

Les croyances séculaires des élites politico-militaires russes dirigent encore le pays, dessinant un schéma similaire à celui de l'époque soviétique : la Russie, puissance unique et vertueuse, est assiégée par un Occident malfaisant, omnipotent, dégénéré mais déclinant, dont la « régénération » (ou la destruction) par

Moscou déterminera l'avènement d'un monde meilleur. Si la Chine a le souvenir du « Siècle de l'humiliation », les racines de l'hostilité anti-occidentale de Pékin ne sont pas aussi profondes. La concurrence civilisationnelle entre la Chine et l'Occident joue sans doute un rôle, mais Pékin est d'abord et avant tout le représentant et l'héritier de l'idéologie marxiste-léniniste et de son expérience maoïste. Sa politique étrangère est largement déterminée par celle du Parti communiste chinois – désireux de préserver son monopole politique en Chine – qui, comme dans tout régime léniniste, est à la fois omnipotent et fragile.

Comme les élites politico-militaires russes, les dirigeants chinois – en particulier Xi Jinping – accordent à la chute de l'Union soviétique une place centrale dans leur mémoire historique. Pour Pékin, les réformes de Gorbatchev ont désarmé le Parti communiste de l'Union soviétique (PCUS), niant l'idéologie théorique et pratique qui sous-tendait sa légitimité. Autrement dit, toute concession sur le monopole du Parti mènerait à la destruction de l'édifice entier ; il n'y a pas d'équilibre politique nouveau ni de réforme possibles. La libéralisation contrôlée de l'économie ne s'envisage que si le Parti maintient sa suprématie : l'URSS (avec la nouvelle économie politique [NEP]) comme la Chine (depuis Deng Xiaoping) l'ont fait, mais une « NEP politique » reviendrait à se saborder. Cela étant, même une libéralisation contrôlée et une augmentation des richesses personnelles peuvent entraîner un accroissement du pouvoir des individus, et donc menacer le monopole du Parti, qui doit dès lors « serrer la vis ».

La dynamique ouverture/fermeture est centrale pour comprendre la politique chinoise ; la survie du Parti y est en cause. La Russie de Poutine, pourtant sortie du communisme, connaît une dynamique analogue : la nécessité de survie du régime poutinien est une clé de compréhension essentielle de la politique russe.

La Chine a essayé de profiter de la mondialisation et du libéralisme pour attirer les investissements directs étrangers et favoriser une dépendance vis-à-vis de l'économie chinoise, mais en contrôlant tout ce qui, autour des échanges économiques et technologiques, était susceptible de perturber le système politique. La Russie a, elle, une expérience historique en la matière : l'ouverture du pays à l'Occident y est, depuis des siècles, relativement hermétique aux dimensions politiques, intellectuelles, philosophiques ; seuls les bénéfices économiques, techniques et matériels sont durablement acceptés. Les deux régimes craignent le modèle démocratique occidental, et se sont empressés, contre toute logique économique ou politique de long terme, de sanctionner les alternatives démocratiques pouvant défier leur monopole, y compris à Hong Kong pour Pékin, en Géorgie ou en Ukraine pour Moscou.

Enfin, élites russes et dirigeants chinois croient au déclin manifeste des États-Unis et à la faiblesse de l'Occident d'un côté, et à leur hégémonie, leur omnipotence de l'autre. Un paradoxe qui se trouve au fondement de l'affirmation du partenariat russo-chinois depuis le 24 février 2022.

Réalités et perspectives du partenariat russo-chinois

La Chine et la Russie s'accordent sur la nécessité d'amender l'ordre mondial, prétendument unipolaire et injuste. La Chine entend y parvenir au mépris d'un des principes cardinaux de sa politique extérieure : celui de l'équilibre en faveur de la paix. Si elle tente de maintenir l'illusion qu'elle applique toujours ce principe face à une Ukraine injustement et illégalement agressée par la Russie, elle est, de fait, globalement d'accord avec Moscou. La « proposition de paix » récente de Pékin ne diffère guère de la précédente, et ne constitue pas un « plan de paix ». Surtout, elle ne vise ni l'Ukraine ou la Russie, ni les États-Unis, mais bien le « Sud global » (en atteste la position de Lula) et l'Europe, qu'elle souhaiterait – comme la Russie – déconnecter de Washington. L'appel de Xi Jinping à Zelensky constitue une tentative de maintenir cette illusion d'équilibre et d'impartialité auprès des pays du « Sud global », où cette réputation procure des avantages stratégiques et diplomatiques.

La Russie ne pâtit nullement des gestes chinois envers Kiev ; les bénéfices matériels et symboliques qu'elle tire du soutien chinois sont profonds et, surtout, soutenus par une dimension idéologique. Le commerce entre la Chine et la Russie a ainsi considérablement augmenté depuis le 24 février 2022 : alors que la Chine a accru ses importations d'énergies fossiles russes (pétrole, gaz, charbon), la Russie a pu acheter des produits manufacturés (machines, smartphones, composants électroniques, voitures…) pour remplacer les fournisseurs occidentaux, et utilise le yuan (non sans frictions avec la Chine) pour stabiliser le rouble et ses marchés financiers. Pour l'heure, la Chine ne livre pas directement et ouvertement d'armements à l'armée russe enlisée en Ukraine. Mais rien ne prouve que des accords n'aient pas été conclus pour y procéder discrètement ; Xi Jinping n'a d'ailleurs jamais évacué cette possibilité.

La dernière rencontre au sommet de mars, compte tenu de la présence de nombreux hauts responsables russes de la défense, pourrait laisser penser que des accords ont été passés, quitte à ne les divulguer (au bon moment, et essentiellement au bénéfice de la Russie) que plusieurs mois plus tard, comme ce fut le cas en 2014. À cette heure, la Chine se contenterait d'honorer des contrats d'armement préexistants à l'invasion (aéronautique) et de vendre des fusils d'assaut et des pièces détachées de drones à la Russie *via* la Turquie et les Émirats arabes unis, refusant ainsi – pour le moment – de s'exposer aux sanctions occidentales et donc de sacrifier son commerce avec l'Occident (sept fois plus important qu'avec la Russie). Tant que les échecs russes en Ukraine ne menacent pas la Russie de « démocratisation », et tant que la Chine craint de perdre son commerce avec l'Occident, il n'y a pas de raison objective pour que Pékin fournisse une aide militaire directe à Moscou.

Liés et en partie conduits par leur anti-américanisme – et, plus anecdotiquement, par de bonnes relations personnelles –, Xi Jinping et Vladimir Poutine ont fini par sacrifier les avantages réels et potentiels dont ils bénéficiaient en maintenant une position ambiguë vis-à-vis de l'Occident. Son obsession anti-occidentale a d'ailleurs poussé la Russie à se saborder une seconde fois, en aggravant sa dépendance vis-à-vis de la Chine. Depuis le 24 février 2022, Pékin est pour Moscou moins un levier qu'une bouée de sauvetage.

La Chine bénéficie certes d'une progressive mise sous tutelle économique et financière d'une Russie isolée – énergie à bas prix, transferts de technologies militaires, alignement en politique étrangère, etc. –, mais la réputation de Pékin souffre (en particulier en Europe) de son soutien à la Russie. L'Occident, lui, s'est rassemblé et son soutien à l'Ukraine a remis en cause l'avantageuse politique d'équilibre chinoise. « La Chine, écrit Paul Poast[1], est susceptible de faire tapis avec son soutien à la Russie. » Pékin, en appuyant Moscou, a choisi d'assumer ouvertement une politique anti-occidentale, irrationnelle mais active, et fondée sur des illusions idéologiques et des stéréotypes, telle la supposée incapacité de l'Occident à supporter douleur et privations. La réaffirmation progressive de l'idéologie, couplée aux exigences de survie du régime, pourrait conduire Pékin, comme Moscou et malgré son exemple, à se saborder également : Taïwan pourrait ainsi devenir l'Ukraine de la Chine – une expérience aventureuse et très coûteuse.

***

La Chine pourrait renoncer au partenariat privilégié avec Moscou si celui-ci menaçait la stabilité et le monopole du Parti. En outre, que ferait la Chine si la Russie devait perdre la guerre en Ukraine ? Pékin pourrait certes en tirer bénéfice, en vassalisant un peu plus Moscou (en obtenant un soutien russe dans l'Arctique par exemple), mais serait contraint en même temps au rôle d'acteur principal de la confrontation avec l'Occident. Son espoir de soumettre Taïwan pourrait ainsi s'évanouir. Par ailleurs, la subordination de la Russie ne serait probablement que partielle, instable et temporaire : non seulement la possibilité d'une « re-démocratisation » d'un pays qui a une histoire européenne et une expérience démocratique (même modeste) demeurerait, mais les élites politico-militaires russes, aujourd'hui en phase avec la Chine, pourraient raviver les craintes sérieuses qu'elles exprimaient dans les années 2000-2010 face aux prétentions hégémoniques chinoises.

L'exemple de la résistance de l'Ukraine face à une grande puissance constitue une autre donnée, que les dirigeants chinois seront bien obligés de prendre en compte dans la perspective d'une éventuelle sujétion de Taïwan – bien qu'ils cherchent avec constance à dissocier publiquement les deux cas. Mais comme l'histoire de la Russie l'a montré jusqu'à récemment, et eu égard aux logiques similaires qui sous-tendent les actions des deux pays, les dirigeants chinois pourraient entreprendre des actions très contreproductives, y compris pour la stabilité de leur régime.

D. M.

Pour en savoir plus

- E. A. Feigenbaum, « Beijing's Lean Into Moscow », Carnegie, 20 mars 2023.
- A. Gabuev, « What's Really Going on Between Russia and China », *Foreign Affairs*, 12 avril 2023.
- S. Kotkin, interviewé par N. Welch et J. Schneider, « Kotkin on China: Communism's Achilles' Heel, Deterrence, and Learning from the USSR », *ChinaTalk*, 20 mars 2023.

1. P. Poast, « Xi's Moscow Visit Was More Than a Symbolic Victory for Putin », *World Politics Review*, 31 mars 2023.

La société ukrainienne face à la guerre

Dynamiques et défis pour la démocratie

L'invasion russe a confronté la société ukrainienne à un défi existentiel, mais elle a aussi accéléré ou lancé nombre de dynamiques qui influeront sur le développement de la démocratie, sur la participation de la société aux décisions publiques, et sur la viabilité des institutions de l'après-guerre.

La société ukrainienne d'avant 2022 se caractérisait par la défiance vis-à-vis de l'État et des institutions publiques. Après l'occupation de la Crimée, seule l'armée ukrainienne bénéficiait d'une confiance sans équivoque. Un an après son élection de 2019, le président Zelensky jouissait d'une balance positive dans l'opinion ; mais, comme après chaque présidentielle, la confiance allait progressivement décliner… L'invasion russe a considérablement modifié les relations entre la société ukrainienne et ses autorités.

Confiance dans l'État et les institutions

Les études réalisées quelques mois après l'invasion ont montré que toutes les institutions clés progressaient en confiance dans la population. Par rapport à 2021, les plus grands progrès, mi-2022, bénéficient au président (+ 92 %) et aux structures de sécurité intérieure et extérieure : ministère de l'Intérieur, Garde nationale, Conseil de sécurité et de défense nationales, Police nationale, service de sécurité, gardes-frontières[1]. Les forces armées étant en tête du classement, avec un taux de confiance de 94 % – contre 3 %. Gouvernement et Parlement gagnaient également en confiance – plus lentement pour le Parlement.

Le renforcement de la confiance dans les institutions peut traduire en temps de guerre une évidente cohésion sociale, tout en annonçant de fortes attentes pour l'après-guerre. Pour l'heure, la confiance populaire a plusieurs implications pour le fonctionnement même du système politique.

1. « Trust in the State: How to Save National Unity for the Victory », Democratic Initiatives Foundation, août 2022.

La légitimité des décisions de niveau national s'en trouve renforcée, en un temps où les procédures normales sont affectées par les exigences du temps de guerre. Le renforcement de la confiance politique contribue plus généralement à la cohésion d'une société qui s'attache aux conditions de sa survie plus qu'aux luttes politiques traditionnelles. Cela ne signifie pas que gouvernement et institutions bénéficieront après guerre des mêmes soutiens. Le retour aux processus politiques réguliers changera les critères de satisfaction et de confiance : la durée de la guerre et les conditions de la sortie de guerre auront à cet égard un poids décisif.

Autre élément significatif : c'est immédiatement après l'échec de la première attaque russe de février 2022 que s'est imposé dans la population le sentiment que les développements actuels allaient pour le pays dans la bonne direction : 70 à 80 % des personnes interrogées partagent aujourd'hui toujours cette opinion.

Une fois encore, c'est là un état de fait sans précédent : dans les dix années précédentes, l'idée que le pays allait dans le bon sens n'a jamais été si partagée, même si la « révolution de la dignité » de 2014, ou la courte période suivant la présidentielle de 2019, avaient connu une montée des jugements positifs.

C'est l'image générale de l'État ukrainien qui change significativement avec l'état de guerre. Fin 2021, une image négative dominait. En 2022, plus de la moitié des personnes interrogées affichaient un jugement positif. Résilience et résistance ont été le fait de la société, mais aussi des acteurs et institutions publics. L'État ukrainien s'est montré beaucoup plus résistant et fonctionnel qu'on pouvait le penser avant l'agression russe.

Ces tendances – confiance dans les institutions, idée que le pays suit un chemin positif, changement d'image de l'État – sont évidemment interdépendantes. Elles constituent la base même des relations fonctionnelles entre société et État en temps de guerre. Mais elles signalent aussi la nécessité de préserver les mécanismes de transparence et de contrôle sur les autorités, même en temps de guerre. La stabilité intérieure du pays, les rapports entre société et autorités étatiques dans l'après-guerre dépendront directement de la restauration des procédures démocratiques.

Un défi pour la démocratie ?

En dépit de cette évidente consolidation sociétale, on pourrait arguer que les conditions du temps de guerre auront inévitablement un impact sur le temps de reconstruction de l'après-guerre. Nombre de procédures démocratiques sont profondément affectées par les exigences du temps de guerre qui permettent au président, soutenu par une majorité formée de son seul parti, de concentrer les pouvoirs. Bien que les changements imposés par la loi martiale concernent principalement l'administration interne du pays, ils ne constituent pas en eux-mêmes une menace sur la démocratie.

La loi martiale n'efface pas les autres ordres juridiques

Tout d'abord, la législation sur la loi martiale elle-même permet l'adaptation au seul temps de guerre. Pour l'essentiel, ses dispositions touchent aux procédures administratives. Tous les niveaux administratifs (provinces, districts, villes, collectivités locales) deviennent militaires. Ce qui n'annule pas leur responsabilité devant le pouvoir exécutif civil. Dans la mesure où l'état-major général des armées est responsable de la coordination et du contrôle des administrations, ses compétences concernent la défense, la sécurité, l'ordre public, et le respect des dispositions de la loi martiale. Les autres domaines de compétence des collectivités publiques demeurent coordonnés par le Conseil des ministres, ou les administrations régionales. Ce dispositif vise à rendre cohérente l'organisation de la défense dans tout le pays, les autres domaines de la vie des collectivités locales dépendant des autorités civiles compétentes.

Cet élément est d'une importance cruciale pour assurer un plein retour futur à la décentralisation : elle s'est ouverte avec la réforme de 2014, considérée comme l'une des plus réussies dans le pays, et qui dote les collectivités des moyens d'une certaine autosuffisance, avec une moindre dépendance des niveaux administratifs supérieurs.

Un soutien conforté à la démocratie

L'opinion publique est désormais stable à considérer la démocratie comme le mode de gouvernance le plus souhaitable. Ce soutien à la démocratie – par opposition à un « pouvoir fort » – s'est remarquablement renforcé depuis l'invasion russe. À la mi-2022, la démocratie apparaissait comme le meilleur mode de gouvernement pour 64 % des personnes interrogées, soit 10 % de plus qu'un an plus tôt. Un gouvernement autoritaire étant considéré comme préférable, dans certaines circonstances, par seulement 14 %[2].

La mesure des préférences pour la démocratie ou un pouvoir autoritaire est déjà ancienne en Ukraine. La préférence démocratique a toujours dominé, mais jamais été si haute que depuis le début de la guerre. La préférence autoritaire a chuté en 2022, non seulement par rapport à 2021 (19,5 %), mais par rapport au milieu des années 2000 (autour de 23 %).

La dichotomie est pourtant toujours là. Selon la perspective adoptée, on soulignera les avantages de l'action de leaders forts sur les discussions juridiques… La même opinion se trouvant au demeurant parfois écartelée entre sa tension vers la liberté et son aspiration à l'abondance. Presque un tiers des personnes interrogées en 2022 se déclaraient prêtes à troquer certaines libertés contre un meilleur bien-être. Mais au même moment, 47 % des sondés disaient être prêts à supporter quelques difficultés économiques pour conforter leurs droits et libertés. Cette dernière tendance s'étant renforcée depuis 2021, comme le soutien à la démocratie.

De plus, la société civile ukrainienne, avec non seulement ses organisations non gouvernementales (ONG) et ses *think tanks*, mais aussi nombre d'initiatives récemment apparues de volontaires (institutionnalisées ou informelles) jouent pleinement leur rôle de « chien de garde », suivant les processus politiques, enquêtant et dénonçant les cas de mauvaise gestion ou de corruption, exigeant des réactions de droit des autorités.

2. « Ukraine's Independence Day: What Unites Ukrainians and How We See Victory in the Sixth Month of the War », Democratic Initiatives Foundation et Razumkov Centre, août 2002.

Le poids des partenaires extérieurs

L'impact actuel et futur de la coopération avec les partenaires extérieurs est d'une grande importance. L'ouverture attendue des négociations pour l'accession à l'Union européenne (UE), la préparation à une future intégration à l'Organisation du traité de l'Atlantique nord (OTAN), et les programmes à venir de reconstruction constituent autant d'éléments qui aident à renforcer la transparence, le règne du droit, la réforme judiciaire, et le maintien des procédures démocratiques à la fois sous la loi martiale et à son échéance. Toutes ces coopérations avec les partenaires supposent l'avancée dans les réformes, et la restauration, dès la fin de la guerre, d'un fonctionnement régulier des pouvoirs publics.

Historiquement, les réformes ont toujours été considérées en Ukraine comme étroitement liées à l'avancée vers l'UE. Fin 2022, 60 % des personnes interrogées pensaient que le gouvernement ukrainien devait suivre les exigences de l'UE, qui devaient aider à une future adhésion[3].

En dépit du cadre imposé par la loi martiale, évolutions internes et facteurs externes se rejoignent donc pour assurer la pérennité des procédures démocratiques, à la fois pendant la guerre, et quand la paix sera de retour.

***

Le temps de guerre impose des changements fondamentaux à la société ukrainienne. La construction nationale a ainsi connu une forte accélération, même si elle n'est pas encore achevée. Les dynamiques qu'on a ici citées ne sont pas seules en cause, mais elles sont essentielles, pour le temps de la guerre mais aussi pour la réorganisation de la société dans l'après-guerre.

La cohésion sociétale, l'adhésion à la démocratie, une confiance inédite dans les institutions de l'État ont certes renforcé la capacité de résistance à l'agression. Mais elles constituent aussi les meilleures garanties, tout comme les plus grands défis, pour l'après-guerre. Le crédit positif des autorités aura à se confronter aux conditions de l'après-guerre. 95 % des Ukrainiens croient aujourd'hui à la victoire contre la Russie, et que l'État et ses institutions les y emmènent. La guerre ne les a pas poussés vers une logique de gouvernement autoritaire. C'est donc la démocratie qui organisera le retour à un gouvernement pleinement civil quand s'ouvrira le temps de la reconstruction.

M. Z.

Pour en savoir plus

- K. Zarembo, « The Resilience and Trauma of Ukraine's Civil Society », Carnegie Europe, juin 2023.
- O. Haran, P. Burkovskyi, « Liberté, Union européenne, OTAN : la société ukrainienne a fait son choix », *Politique étrangère*, vol. 88, n° 1, 2023.
- « How the War Changed Me and the Country. Summary Of the Year », Sociological Group Rating, février 2023.

3. « Results 2022: Under the Blue-Yellow Flag of Freedom », Democratic Initiatives Foundation et Razumkov Centre, décembre 2022.

Le test sud-caucasien de la Russie

Un nouveau carrefour stratégique

Champ traditionnel de l'impérialisme russe, le Caucase du Sud revêt une importance nouvelle avec la guerre d'Ukraine. La Russie tente d'y consolider son influence entre la Géorgie, l'Arménie et l'Azerbaïdjan, et les puissances extérieures se redéploient dans ce qui reste un carrefour stratégique essentiel.

Jamais, depuis la chute de l'URSS en 1991, la place de la Russie dans le Caucase du Sud n'a autant été mise à l'épreuve que depuis la guerre d'agression contre Kiev. L'expérience sud-caucasienne a valeur de test pour Moscou, qui, englué entre victoire et défaite, nourrit le débat stratégique sur sa propre place dans cet isthme eurasien.

Depuis 2020, Moscou a ouvert un chantier entre les mers Noire et Caspienne, affichant de nouvelles ambitions planétaires ; et cette renaissance d'une Russie néo-impériale se heurte à des rivalités de puissances qui peuvent déboucher, à terme, sur une nouvelle configuration de sécurité en Europe, et la segmentation de certains espaces, dont le Caucase du Sud.

Vieille ambition, nouveau paradoxe

Depuis l'arrivée de Vladimir Poutine au pouvoir en 2000, la stratégie de la Russie se fonde sur le maintien du Caucase du Sud dans ce qu'elle appelle sa zone d'influence. Le Kremlin a ainsi repris la main sur cette ancienne périphérie soviétique par l'usage de la force (Géorgie), par l'intimidation (Arménie), ou par la convergence entre régimes autocratiques (Azerbaïdjan). Jusqu'à la guerre du Karabakh de 2020, la Russie s'est contentée de gérer les conflits post-soviétiques par de longs processus diplomatiques et une clientélisation des relations économiques avec ces trois Républiques, tout en combattant toute révolution de couleur vue comme une menace pour ses intérêts.

Le plan russe du « 3+3 »

Depuis la victoire militaire de Bakou en 2020, la Russie a redéployé une vieille ambition impériale : être une puissance globale dans un monde post-occidental, en usant du Caucase du Sud comme d'un espace de transit vers le sud. Cette stratégie, qui s'inscrit dans le projet de Nouvelle Russie, vise à désoccidentaliser la région par la création d'un format inédit de coopération, le « 3+3 » (Russie, Turquie, Iran et Arménie, Azerbaïdjan, Géorgie). Si la Turquie et l'Iran y adhèrent au nom d'intérêts souvent complémentaires, parfois divergents, les trois États sud-caucasiens l'abordent différemment. La Géorgie s'y oppose parce que l'Occident en est exclu. L'Azerbaïdjan y souscrit dans l'espoir de devenir le dépositaire de la confluence néo-impériale. L'Arménie, convalescente, laisse le temps faire les choses dans un sens ou dans l'autre. Aujourd'hui, hors quelques réunions multilatérales, le projet « 3+3 » frappe par son engourdissement. Les déboires russes en Ukraine ont changé la donne.

Un renversement régional ?

Avant le 24 février 2022, la Russie avance suivant un ordre bien établi : l'alliance Russie-Arménie place la région sous observation de l'Organisation du traité de sécurité collective (OTSC), bras armé de la Communauté des États indépendants (CEI). L'Arménie, devenue satellite de la Russie, est vouée à s'inscrire dans le rapprochement Moscou/Ankara ; et Vladimir Poutine prend acte de l'accession au pouvoir de Nikol Pachinyan en 2018, à la faveur d'une révolution de velours. Comme le nationalisme des forces d'ancien régime gêne le rapprochement avec Ankara, le Kremlin favorise, surtout depuis la défaite arménienne de 2020 à laquelle il a largement contribué, sa relation avec le nouveau pouvoir en place. En Azerbaïdjan, vainqueur de la guerre de revanche, Ilham Aliev se place sous parrainage de la Russie et de la Turquie, co-gérantes de la victoire de 2020, et consolide ses positions dans le Karabakh en cherchant une victoire politique passant par la suppression de toute référence à la « République du Haut-Karabakh », la création d'un couloir en Arménie reliant Bakou au Nakhitchevan, et la fin de la mission d'interposition russe dans le Karabakh. En Géorgie, c'est le *statu quo* depuis la victoire, en 2012, du parti Rêve géorgien de l'oligarque pro-russe Ivanichvili qui, retraité politique, continue en coulisses de diriger le pays. Si Tbilissi voit officiellement son avenir dans l'espace euro-atlantique, sa priorité est d'abord à l'apaisement avec Moscou.

Dès les premières difficultés en Ukraine, les positions russes ont été durement mises à l'épreuve à Tbilissi, Erevan et Bakou. Côté géorgien, solidaire de Kiev du fait d'intérêts communs, le gouvernement se trouve sous pression d'une opposition hostile à la mainmise de la Russie sur le pays et en colère après la décision de Bruxelles de ne pas intégrer le pays parmi les États ex-soviétiques (Ukraine, Moldavie) dont la candidature à l'UE a été retenue en juin 2022 – Bruxelles conditionnant la candidature géorgienne à des réformes structurelles et à la libération de l'ancien président Mikheïl Saakachvili détenu depuis octobre 2021. L'opposition est descendue dans les rues de Tbilissi pour protester contre le projet de loi « sur les agents de l'étranger », inspirée du modèle russe. La Géorgie est aujourd'hui divisée, avec une cohabitation au sommet de l'État entre la présidente Salomé Zourabichvili, proche des manifestants, et le Premier ministre Irakli Garibachvili, accusé de dérive autoritaire pro-russe et contraint de retirer le texte controversé de l'ordre du jour du Parlement.

En Arménie, dont une partie du territoire est occupée par l'Azerbaïdjan depuis 2021, le gouvernement s'interroge sur son adhésion à l'OTSC, après le refus d'intervention de cette organisation de sécurité collective – selon l'art. 4 de sa charte – face à l'agression azerbaïdjanaise de septembre 2022. Confronté au silence de Moscou, le pays refuse de signer une déclaration commune des États membres à l'issue du sommet d'Erevan en novembre 2022, et d'organiser sur son territoire les exercices conjoints annuels de l'OTSC en 2023. Alors que Moscou cherche à rallier des alliés à sa cause contre l'Ukraine, Erevan a fait invalider tout texte ne condamnant pas l'agression de Bakou. Il n'est pas pour autant question à Erevan de quitter l'OTSC, mais de la démonétiser de l'intérieur.

Bakou maintient l'Arménie et le Karabakh sous pression, en tentant de modifier la ligne de front dans la province disputée sans tenir compte du déploiement du contingent russe, au point de provoquer des incidents armés avec des soldats russes. Privé de victoire politique, le président Aliev multiplie les violations du cessez-le-feu et organise depuis début décembre 2022 un blocus du Karabakh, où vivent 120 000 Arméniens coupés de l'extérieur. En dépit des appels russes à la levée du blocus, et de la décision de la Cour internationale de justice favorable à la réouverture sans condition du corridor de Latchine, l'Azerbaïdjan continue à agir en violation des conventions sur la protection des personnes et des droits de l'homme. Ce qui donne l'impression que la Russie n'est plus entendue à Bakou, voire est discréditée dans son rôle de médiateur codifié par la déclaration du 9 novembre 2020 mettant fin à la guerre.

Si d'aucuns veulent voir là un reflux russe, d'autres, plus circonspects, y voient un paradoxe sud-caucasien : la Géorgie se rapproche de son ancien ennemi russe contre une rue pro-occidentale ; l'Arménie prend ses distances avec l'allié traditionnel russe quand l'Azerbaïdjan multiplie les signes de compromis avec Moscou. Ni reflux, ni afflux russe : un mouvement paradoxal qui s'épaissit au fil de la poussée des Occidentaux dans la région et de la stratégie défensive du Kremlin.

Vieilles rivalités, nouveaux risques

Un retour de l'Occident ?

Américains et Européens arpentent de nouveau les montagnes du Caucase. Avec Bakou, l'UE signe une déclaration de principe sur un doublement des livraisons de gaz afin de diversifier les approvisionnements européens et de stopper toute coopération avec Moscou. À Tbilissi, les Européens encouragent l'opposition. Avec Erevan, l'UE met en place une mission d'observation de deux ans (2023-2025) en territoire arménien, le long de la frontière avec l'Azerbaïdjan, pour faire respecter l'intégrité territoriale du pays. À ce dispositif diplomatico-économique, les États-Unis joignent un volet stratégique. Washington profite de l'agression azerbaïdjanaise de septembre 2022 et de la crise de confiance entre Erevan et Moscou pour introduire un pied dans les relations russo-arméniennes. Washington multiplie les signes de coopération stratégique avec l'Arménie. Les Américains assurent à Bakou la formation de pilotes de chasse, dans le cadre du bras de fer avec l'Iran. Mais Washington participe en avril 2023 aux exercices militaires de l'Organisation du traité de l'Atlantique nord (OTAN) *Defender 23*, en présence de 26 pays dont la Géorgie et… l'Arménie.

Washington et Bruxelles recherchent ainsi un triple avantage : distendre la relation Arménie/Russie, rassurer l'Azerbaïdjan sur son intégrité territoriale contre l'arrêt de ses attaques contre l'Arménie, et priver la Russie du levier azerbaïdjanais pour intimider Erevan.

La riposte russe

Cela contraint la Russie à riposter, de deux manières. D'une part, en privilégiant ses liens avec l'Iran et la Turquie. Moscou et Téhéran collaborent militairement en Ukraine, en échange entre autres de tout refus de changement de frontière dans le Caucase du Sud. Moscou et Ankara collaborent économiquement en poussant la Turquie et l'Arménie à normaliser leur relation bilatérale avec, dans l'idéal, la création d'un axe routier *via* l'Azerbaïdjan et l'Arménie (sous contrôle du FSB).

D'autre part, la Russie poursuit sa politique néo-impériale dans le Caucase du Sud. Moscou ménage l'Azerbaïdjan depuis que Bakou dissimule aux Européens la vente de gaz russe dans ses livraisons, reversant à Moscou sa part au prix fort. La Russie joue avec les nerfs de l'Arménie : elle rejette le projet d'un couloir du Zanguezour sous contrôle de Bakou car elle ne peut plus prendre le risque de sacrifier ce qui lui reste de l'allié arménien dans la région ; elle conditionne la levée du blocus du couloir de Latchine à l'approbation par Erevan de son approche de résolution du conflit : respect de l'intégrité territoriale des deux États, examen du statut du Karabakh après signature d'un accord arméno-azerbaïdjanais, et déploiement d'une mission de l'OTSC sur la frontière entre les deux pays. Mais comme Nikol Pachinyan semble préférer l'approche occidentale (respect de l'intégrité des deux États, aucun statut pour le Karabakh, pas de route sous contrôle étranger en Arménie), Moscou maintient sa pression sur Erevan, qui tergiverse à propos d'un déploiement sur son territoire de la mission de l'OTSC.

Cette redistribution des cartes a pour toile de fond la domination du Caucase du Sud : entre Américains et Européens d'un côté et de l'autre les puissances favorables à un monde post-occidental. Ces rivalités pourraient déboucher sur la victoire de l'un des deux camps, ou sur un partage du Caucase du Sud en « zones d'influence », ou encore sur de nouvelles guerres et d'éventuels découpages territoriaux, le véritable enjeu géopolitique restant la domination des nouvelles routes mondiales à partir de l'isthme caucasien. La Russie soutient le corridor Nord-Sud *via* l'Azerbaïdjan, l'Iran et l'Inde. Mais elle fait son possible pour empêcher l'Inde et l'Iran d'ouvrir une seconde route stratégique *via* l'Arménie et la Géorgie à destination des marchés européens.

***

Du fait de ses difficultés en Ukraine et de ses intérêts néo-impérialistes, la stratégie russe se trouve à la croisée des chemins, et chacune des trois Républiques du Caucase du Sud compte des forces russes sur son territoire. L'Arménie pourrait même abriter, si Pachingan cède aux Russes, une double mission d'observation : celle de l'Union européenne et celle de l'OTSC, deux organisations rivales en Ukraine. Le Caucase du Sud serait-il dès lors une extension du conflit en Ukraine, ou le laboratoire des politiques de convergence visant à apaiser les tensions entre l'Occident et la Russie ? La paix sud-caucasienne passe par l'avenir des relations entre l'UE et l'OTSC. Et inversement.

G. M.

Pour en savoir plus

- I. Facon (dir.), *Russie, Turquie, un défi à l'Occident ?*, Paris, Passés Composés, 2022.
- F. Hill, O. Taspinar, « La Russie et la Turquie au Caucase : se rapprocher pour préserver le statu quo ? », *Russie.NEI.Visions*, n° 8, Ifri, janvier 2006.
- « Political Transitions and Conflicts in the South Caucasus », *Journal of Conflict Transformation*, Caucasus Edition, vol. 3, n° 2, 2018.

La Bundeswehr et le « changement d'époque »

Trop peu, trop lentement...

Après une année 2022 difficile, la capacité du gouvernement allemand à conduire la modernisation de la Bundeswehr, en respectant la nécessaire cohérence des choix et le calendrier fixé, aura valeur de test pour ses partenaires de l'OTAN et de l'Union européenne. Le pari annoncé n'apparaît pas encore gagné.

Le débat sur le « changement d'époque », que le chancelier Scholz a solennellement lancé devant le Bundestag quelques jours après l'agression russe contre l'Ukraine, interroge en réalité la capacité de l'Allemagne à adapter son modèle militaire à un environnement international marqué par le retour des jeux de puissance, et à restaurer une posture crédible fondée sur la défense du territoire et la sécurité collective.

Plus d'un an après le début de la guerre en février 2022 et la mise en place par le chancelier Scholz d'un Fonds spécial de 100 milliards d'euros pour l'achat d'équipements militaires, la Bundeswehr est engagée dans une modernisation de grande ampleur, qui devrait concerner non seulement les trois armées à travers leurs niveaux de forces, leurs structures et leurs équipements, mais aussi la base industrielle.

L'accumulation de difficultés de tous ordres qui a marqué cette première année du « changement d'époque » conduit toutefois à se demander si les autorités allemandes ont bien pris la mesure du défi à relever, et si les objectifs annoncés pourront être tenus dans les délais prévus.

2022 : année perdue dans la montée en puissance de la Bundeswehr ?

L'année 2022 a tout d'abord été marquée par les difficultés rencontrées par la ministre de la Défense, Christine Lambrecht, pour s'imposer à son poste. Fortement décriée dans la presse allemande pour une série de gaffes, et une certaine forme de dilettantisme dans l'exercice de ses fonctions, la ministre devait être remplacée début 2023 par Boris Pistorius, jusqu'alors ministre de l'Intérieur social-démocrate du land de Basse-Saxe.

De surcroît, si l'Allemagne a fourni en 2022 de nombreux équipements militaires à l'Ukraine, certains de ces équipements – comme les chars *Léopard 2* ou les obusiers automoteurs – ont dû être prélevés dans des unités d'active, ce qui a affaibli le potentiel de la Bundeswehr dans son ensemble. Le chef d'état-major de l'armée de Terre allemande, le général Alfons Mais, a souligné l'importance qu'il attache au remplacement rapide des équipements transférés à l'Ukraine, afin de ne pas hypothéquer l'effort de montée en puissance globale des unités, et donc la cohérence d'ensemble du processus de modernisation de la Bundeswehr. Il s'agit bien de bannir le recours à la « cannibalisation », devenue pratique courante ces dernières années afin de pouvoir aligner des unités pouvant être engagées par rotation sur des théâtres d'opération extérieurs comme l'Afghanistan ou le Mali.

Par ailleurs, comme l'a souligné la députée Eva Högl dans son rapport annuel au Bundestag sur l'état de la Bundeswehr, l'argent mobilisé dans le cadre du Fonds spécial ne s'est toujours pas traduit en commandes pour l'industrie, et les unités de la Bundeswehr n'en perçoivent pas l'impact dans leur quotidien. Les premières dépenses planifiées sur le Fonds spécial sont en effet prévues, pour 2023, à hauteur de 8,5 milliards d'euros. Le passif est lourd si l'on s'en réfère aux déficits constatés ces dernières années, qu'il s'agisse de fournir des vêtements chauds aux personnels ou même d'assurer la maintenance ordinaire des matériels, afin de maintenir un niveau élevé de disponibilité opérationnelle au sein des unités. La série de pannes qui a affecté les blindés de combat d'infanterie de type *Puma* fin 2022[1] a souligné l'importance du problème.

Il apparaît enfin que les décisions concrètes prises par le gouvernement allemand sont, en l'état, insuffisantes et ne correspondent pas aux annonces faites par le chancelier Scholz dans son discours du « changement d'époque » du 27 février 2022. Les prévisions budgétaires du gouvernement fédéral, qui fixent le montant du budget de la défense à 50,1 milliards d'euros pour la période 2023-2026, restent en effet bien en deçà de l'objectif de porter le budget de la défense à 2 % du PIB. De plus, dans son examen du projet de loi relatif au Fonds spécial de la Bundeswehr, la Cour fédérale des comptes a relevé des lacunes importantes concernant le projet de budget. D'une part les dépenses totales envisagées pour le financement des projets retenus par le budget dépassaient le cadre financier du Fonds spécial ; d'autre part, certaines charges étaient sous-évaluées. Le paiement des intérêts de la dette, évalué à 13 milliards d'euros, hypothèque de manière significative la capacité de financement globale du Fonds. Ce constat a conduit le président de la Cour fédérale des comptes à recommander au ministère de la Défense de fixer des priorités claires pour une dépense efficace.

Pour respecter le cadre budgétaire, le ministère de la Défense a été contraint de supprimer plusieurs projets d'armement de la liste. En l'état actuel des arbitrages, l'armée de l'Air se taille la part du lion, avec 41 % des dépenses, notamment pour l'achat de 35 chasseurs *F-35* de fabrication américaine, alors que la Marine et l'armée de Terre se trouvent moins bien dotées, avec respectivement 19 et 17 % des crédits.

1. B. Kohler, « Pannenpanzer Puma, peinlich für Deutschland », *Frankfurter Allgemeine Zeitung*, 19 décembre 2022.

Des objectifs de défense ambitieux

Avec le début de la guerre d'Ukraine, l'Allemagne a pris conscience que l'Europe entrait dans une période d'instabilité géopolitique, et du fait qu'en raison de sa taille, de sa position géographique et de son poids économique, Berlin devait contribuer de façon plus importante à la sécurité du continent. Dans un discours prononcé devant les cadres de la Bundeswehr, le chancelier Scholz a ainsi déclaré que l'Allemagne se tenait prête à assumer la responsabilité principale de la sécurité en Europe, et qu'à cet effet la Bundeswehr devait devenir l'armée la mieux équipée du continent.

De cette ambition politique devrait découler une réorganisation de la structure et des missions de la Bundeswehr, avec l'objectif de se recentrer sur la défense du territoire et la sécurité collective, qui constituent son cœur de métier. Après avoir mis l'accent pendant près de vingt ans sur les engagements extérieurs, la Bundeswehr devrait désormais se concentrer sur un nouvel objectif : conduire des engagements de haute intensité avec des unités mobiles et autonomes dans l'espace centre-européen, afin d'assurer la sécurité du territoire allemand et de celui des alliés de l'Organisation du traité de l'Atlantique nord (OTAN). La question est donc celle de la capacité de la Bundeswehr à conduire une véritable réforme, inscrite dans la durée, et qui lui permette de couvrir tout l'éventail de ses nouvelles missions.

Une trajectoire capacitaire, conforme au modèle de forces de l'Alliance, a été définie pour l'horizon 2032. L'armée de Terre allemande devra aligner à cette date trois divisions blindées complètement équipées, chacune susceptible de commander jusqu'à cinq brigades blindées, incluant des unités mises à disposition par des pays alliés. L'Allemagne fournira pour sa part huit brigades et les moyens organiques correspondants (commandement, logistique, appuis, renseignement), soit une force d'environ 50 000 combattants. Un calendrier de montée en puissance – très ambitieux – prévoit d'aligner une première division complète en 2025, et une brigade supplémentaire en 2026.

Le déploiement de la division prévue pour être opérationnelle en 2025 marquera une étape importante. Elle constituera la maquette de référence pour le développement à moyen et long termes de la Bundeswehr. Et la mise à disposition de cette « Division 2025 » établira également un test décisif pour mesurer le rôle possible de l'Allemagne comme nation-cadre. Cet objectif capacitaire n'est en effet pas seulement un objectif national, mais un engagement de l'Allemagne vis-à-vis de l'OTAN. À la suite de l'annexion de la Crimée par la Russie en 2014, l'Allemagne a voulu se positionner comme un pays leader et intégrateur dans l'Alliance, capable d'assurer toutes les fonctions prévues au sein d'une grande unité – division ou corps d'armée –, comme le commandement et les communications, le renseignement, les appuis et le soutien, au bénéfice d'alliés ne disposant pas de la même palette de moyens. C'est déjà le cas depuis fin mars 2023, avec l'intégration permanente des trois brigades de l'armée de Terre néerlandaise dans la Bundeswehr.

La montée en puissance capacitaire s'accompagnera d'une hausse des effectifs de la Bundeswehr, qui devrait atteindre l'objectif de 203 000 personnels en 2031, contre 183 000 en 2022. Pour cela, il faudra significativement renforcer les efforts en matière de recrutement et d'attractivité des carrières, pour attirer des candidats à un niveau correspondant aux besoins. Ce point n'est pas négligeable si l'on considère qu'en 2021 le nombre de candidats au recrutement s'est réduit de 11 %, et qu'un nombre important de postes ne peuvent être pourvus dans la structure actuelle.

Le débat reste ouvert sur la portée du « changement d'époque »

Dans un contexte marqué par la poursuite de la guerre en Ukraine et la fourniture par l'Allemagne d'une aide substantielle à cette dernière en équipements et munitions, le chancelier Scholz doit convaincre ses partenaires internationaux de sa détermination à réaliser le changement d'époque annoncé dans le domaine de la défense.

Le débat relatif au volume de l'effort financier nécessaire pour moderniser la Bundeswehr est loin d'être clos. En l'absence d'une programmation financière de moyen terme, et d'une augmentation substantielle du budget de la défense – ne serait-ce que pour compenser les effets de l'inflation –, les besoins d'équipement exprimés par les armées seront difficiles à atteindre. Certains experts considèrent que le besoin de financement réel de la Bundeswehr est de l'ordre de 300 milliards d'euros. Dans l'état actuel et annoncé des choses, c'est-à-dire en tenant compte à la fois des prévisions budgétaires et de l'emploi des crédits du Fonds spécial, les dépenses de défense allemandes pour 2023 seront légèrement supérieures à 1,5 % du PIB, et ne devraient atteindre les 2 % qu'en 2024 et 2025, pour retomber par la suite à 1,7 % du PIB[2]. Pour les partenaires de l'OTAN, la question du respect de l'engagement hautement symbolique des 2 % a pourtant valeur de test.

***

La capacité de l'institution à se réformer dans ses structures et sa culture d'armée de temps de paix pose une autre question. Il s'agit bien d'effacer les effets de 25 ans de politiques d'économies forcées, et d'adapter la Bundeswehr aux exigences de sa mission de défense du territoire et de sécurité collective, conformément aux exigences du modèle de forces de l'OTAN. En 2025, une division complète devrait donc pouvoir être déployée dans un délai de 30 jours, avec tous ses moyens organiques. Pour répondre à ces exigences, les unités doivent disposer de leurs dotations complètes, et notamment d'une réserve en munitions pour 30 jours, ce qui est loin d'être le cas aujourd'hui. Compte tenu de l'état des stocks existants dans la Bundeswehr, le coût global de leur mise à niveau est estimé à 20 milliards d'euros, à condition de trouver les industriels capables de les fabriquer et sans tenir compte des prélèvements éventuellement effectués au profit de l'Ukraine. On mesure l'ampleur du défi…

É.-A. M.

Pour en savoir plus

- É.-A. Martin, « La modernisation de la Bundeswehr : un retour aux fondamentaux ? », *Notes du Cerfa*, n° 171, Ifri, octobre 2022.
- K. Naumann, « Realitätsschock Ukrainekrieg, wie die Neuaufstellung der Bundeswehr gelingen kann », *Blätter für deutsche und internationale Politik*, février 2023.
- O. Scholz, « The global Zeitenwende », *Foreign Affairs*, janvier/février 2023.

2. H. Bardt, K.-H. Röhl, « Bundeswehr und Inflation : was bleibt von der Zeitenwende? », Institut der deutschen Wirtschaft, *IW- Kurzbericht*, n° 94, 5 décembre 2022.

Allemagne : vers une nouvelle assise internationale

Une stratégie de Sécurité et une stratégie Chine

La guerre d'Ukraine, la découverte de l'échec des stratégies purement diplomatiques, de la dépendance vis-à-vis de la Russie, de l'ambiguïté de la position chinoise, obligent l'Allemagne, dans une conjoncture politique complexe, à redéfinir les fondamentaux de sa politique extérieure et de sa politique de sécurité.

En 2021, le contrat de coalition du gouvernement allemand « feu tricolore » prévoyait l'élaboration d'une Stratégie nationale de sécurité (SNS), annonce inédite devenue urgente avec l'agression russe contre l'Ukraine. L'annexion de la Crimée en 2014 avait déjà provoqué des réflexions dans ce sens, et un Livre blanc sur la politique de sécurité et l'avenir de la *Bundeswehr* avait été publié en 2016. Les Verts se sont ensuite emparés du sujet, souhaitant en faire le marqueur d'une nouvelle politique étrangère fondée sur les valeurs et une plus grande prise de distance vis-à-vis de la Chine. Si cette SNS se veut multidimensionnelle, dépassant le militaire pour inclure les dimensions énergétiques, économiques, les infrastructures critiques, les défis migratoires, environnementaux, technologiques, son élaboration même oblige Berlin à réfléchir sur son rapport à la Russie et à la Chine – cela, dans un contexte de polarisation sino-américaine croissante qui réduit ses marges de manœuvre.

La SNS – dont dérivera une « Stratégie Chine » (SC) – est un exercice délicat : il implique un nombre important de parties prenantes, et met en évidence la réticence de l'Allemagne à s'affirmer sur le plan international. La discussion sur ces stratégies est marquée par les rivalités et désaccords dans la coalition, le consensus politique nécessaire pour réussir l'exercice interministériel faisant défaut. La SNS était attendue avant fin 2022 – comme le prévoyait le contrat de coalition –, puis pour février 2023. Or, le retard de publication a révélé des hésitations que les formulations souvent vagues et attendues du texte, présenté en juin 2023, ne parviennent pas à dissiper.

Dépasser les inhibitions à l'international

Avec le déclenchement de la guerre en Ukraine, l'Allemagne prend conscience que l'ordre mondial qui a fait sa prospérité et garanti sa stabilité a cessé d'exister, et qu'elle doit mettre en œuvre les moyens d'assurer son rétablissement. Dans la déclaration gouvernementale du 27 février 2022, Olaf Scholz a annoncé que face au changement d'époque (*Zeitenwende*) que représentait l'agression russe, l'Allemagne apporterait sa « contribution solidaire ». Le retour de la guerre de haute intensité sur le Vieux Continent, l'ébranlement de son architecture de sécurité, mettent à découvert la vulnérabilité du pays en matière de défense, appelant une redéfinition des priorités : défense du territoire national et de l'Alliance. Si la politique étrangère de l'Allemagne s'est longtemps caractérisée par une réticence devant des positions trop affirmées, Berlin est désormais conscient qu'il doit prendre des responsabilités proportionnelles à son poids démographique et économique, y compris pour répondre aux attentes de ses principaux partenaires de l'Union européenne (UE) et de l'Organisation du traité de l'Atlantique nord (OTAN).

La question d'une défense européenne, intervenant en complémentarité de l'OTAN, où l'Allemagne aurait toute sa place, est abondamment discutée. Tout comme l'engagement à porter les dépenses de défense à 2 % du produit intérieur brut, et la création d'un fonds spécial de modernisation de la *Bundeswehr*. La SNS s'aligne sur le Concept stratégique de l'OTAN et la Boussole stratégique de l'UE adoptés en début d'année 2022, notamment sur une réévaluation des relations avec la Russie. Ces deux stratégies voient la Russie comme « la menace la plus importante » pour la sécurité, la paix et la stabilité dans la zone euro-atlantique.

Quelques points critiques

Un changement de mentalité doit nécessairement accompagner la définition de la SNS, qui entraîne l'Allemagne loin de sa zone de confort. Jusqu'alors, elle limitait son rôle à la diplomatie et à la négociation. Face au retour de la *realpolitik*, ce positionnement timoré ne suffit plus. De plus, s'impose la prise de conscience des limites d'une politique étrangère fortement influencée par des intérêts économiques. La meilleure illustration en est la dépendance de l'Allemagne vis-à-vis des hydrocarbures russes, avec notamment le gazoduc Nordstream 2, considéré longtemps à travers le seul prisme économique et énergétique, et dont elle refusait de mesurer la portée géopolitique. Avec la guerre en Ukraine, Berlin fait face à de nouvelles et décisives attentes sur sa capacité à s'affirmer sur le plan international.

La première étape du nouveau cheminement est donc l'élaboration d'une SNS, sous la houlette du ministère des Affaires étrangères, mais impliquant différents acteurs. Le processus se veut inclusif, et doit ainsi tenir compte des différents échelons de responsabilité : il associe donc les *länder*, des *think tanks*, les citoyens, mais aussi des États partenaires comme la France. Dans la phase finale de l'adoption de la SNS, des consultations se sont tenues entre différents ministères pour aboutir à la version finale du document. Ces consultations diverses reflètent pourtant aussi des rivalités au sein du gouvernement, notamment autour de la création d'un Conseil national de sécurité (CNS) qui devrait avoir pour objectif de mieux anticiper les situations de crise, et de réagir plus rapidement lorsqu'elles surviennent. Certains, comme les libéraux, considéraient la création d'un CNS comme un prérequis pour l'existence d'une SNS, tandis que la chancellerie et le MAE étaient prêts à le sacrifier en raison de l'incapacité de se mettre d'accord sur le ressort auquel il appartiendrait, chacun le réclamant pour soi.

Le défi de la Chine

Une des principales vulnérabilités de l'Allemagne résulte de ses chaînes de valeurs internationalisées, qui s'illustrent à travers l'exposition de l'économie allemande à la Chine. Berlin souhaite à présent rompre avec l'« ère Merkel », jugée particulièrement conciliante à l'égard de cette dépendance.

Réduction des dépendances et prise en compte de la dimension de sécurité

Les leçons tirées de la guerre d'Ukraine et de la dépendance de l'Allemagne vis-à-vis de la Russie impliquent une vigilance accrue envers d'autres régimes autoritaires comme la Chine. Ce, d'autant plus que les liens économiques sino-allemands sont plus développés que les liens russo-allemands, et rendraient donc l'Allemagne plus vulnérable en cas de rupture des relations avec Pékin. Les dépendances à l'égard de la Chine ont ainsi été identifiées, et pour réduire l'exposition de sa base industrielle et de ses entreprises, l'Allemagne entend notamment miser sur la diversification.

La SC est également censée refléter les ambitions de l'Allemagne sur le plan international, au regard de la rivalité systémique identifiée entre la Chine et l'UE. Celle-ci se manifeste notamment dans l'Indo-Pacifique, où la Chine représente un défi de plus en plus présent pour ses voisins. Le positionnement de l'Allemagne à l'égard de la Chine est aussi susceptible d'être influencé par la vision américaine : plus les États-Unis viendront en aide à l'Ukraine contre la Russie en soutien à leurs alliés européens, plus ils seront tentés d'augmenter la pression sur ces mêmes alliés pour qu'ils clarifient leurs relations avec la Chine. Reste à savoir jusqu'où l'Allemagne se laissera influencer par la position américaine : jusqu'ici, Berlin a bien pris soin de rappeler qu'un « découplage » d'avec la Chine n'était ni souhaitable ni envisageable. Le scénario du pire est cependant anticipé : celui d'un recours à la force de la Chine contre Taïwan, qui contraindrait l'Allemagne à prendre des sanctions contre Pékin. Il s'agit dès lors d'identifier ses leviers et ses vulnérabilités.

Un positionnement plus affirmé par rapport à la Chine

La SC a fait l'objet de différents allers-retours entre ministères et chancellerie, à la recherche du message adéquat. Une version de cette stratégie mettant l'accent sur la Chine comme « concurrent » et « rival systémique » avait fuité auprès du *Spiegel* fin 2022. On y reconnaissait la touche du ministère des Affaires étrangères ; la chancellerie se voulant, elle, plus pragmatique.

Plus la publication de cette stratégie tarde, et plus les tiraillements et dissensions au sein même du gouvernement deviennent apparents, plus les contre-propositions foisonnent. De plus en plus, le débat public s'empare du sujet. Lorsque Olaf Scholz s'est rendu en Chine fin 2022, il a tenté de justifier son voyage dans un éditorial de la *Frankfurter Allgemeine Zeitung*. D'aucuns estimaient alors qu'il aurait dû faire montre de plus d'unité européenne ou qu'il n'aurait pas dû se rendre en Chine accompagné d'une délégation d'entrepreneurs. Peu avant ce déplacement, le feu vert d'Olaf Scholz à l'armateur chinois Cosco pour le rachat de 24,9 % d'un terminal à containers sur le port de Hambourg, en dépit des avis contraires de six ministères et des services de renseignements, avait également suscité l'incompréhension. D'autres encore regrettaient que le chancelier n'ait pas attendu la publication de la stratégie allemande avant sa visite d'État en Chine, discréditant par-là même cette stratégie avant qu'elle ne fût présentée. Pour faire taire les critiques, l'Allemagne, au retour du chancelier de Chine, empêchait le rachat de deux entreprises de semi-conducteurs par une entreprise suédoise appartenant à un groupe chinois – et c'est à présent le subventionnement d'entreprises chinoises établies en Europe et l'adoption d'un instrument de filtrage des investissements sortants qui questionnent.

***

L'élaboration d'une SNS oblige l'Allemagne à une réflexion sur ses fondamentaux en matière de sécurité et de défense. Mais l'exercice est contraint, le chancelier et son parti étant soucieux de ne pas hypothéquer les relations avec la Chine dans le contexte de découplage d'avec la Russie ; de ne pas laisser le ministère des Affaires étrangères s'imposer sur ces dossiers ; et de ne pas se lier les mains avec un document pouvant s'avérer compromettant, alors que les libéraux cherchent eux-mêmes à imposer leur position. Au total, le message risque d'en sortir édulcoré au gré des négociations intra-gouvernementales. Sans oublier que, pour que lui soit conférée une portée pratique, cette stratégie devra s'accompagner d'une dimension opérationnelle, ce à quoi aurait pu contribuer la création d'un Conseil national de sécurité.

On ne peut séparer l'exercice de la définition d'une SNS et d'une SC d'un contexte géopolitique et géoéconomique marqué par la rivalité sino-américaine et la guerre en Ukraine. L'Allemagne a d'abord été contrainte de revoir sa politique à l'égard de la Russie. Le resserrement du lien transatlantique pour faire face au retour de la guerre de haute intensité en Europe et l'ambiguïté de la position chinoise par rapport à la Russie auront sans nul doute des répercussions sur les relations sino-allemandes. Reste à voir si l'Allemagne choisira de préciser son positionnement dans l'Indo-Pacifique (par exemple par une présence militaire avec la participation à des exercices conjoints), ce qui matérialiserait une véritable approche globale.

Mais la dimension européenne ne peut non plus être perdue de vue. La Stratégie Chine allemande aura un impact sur les 26 autres États membres de l'UE, qui ne resteront pas imperméables aux évolutions des relations de la plus grande économie européenne avec la deuxième économie mondiale. Pour toutes ces raisons, l'Allemagne se propose d'associer les autres États membres de l'Union à ses consultations gouvernementales avec la Chine.

M. K.

Pour en savoir plus

- L. Fix et T. Benner, « Germany's Unlearned Lessons », *Foreign Affairs*, 15 décembre 2022.
- O. Scholz, « The Global Zeitenwende », *Foreign Affairs*, janvier/février 2023.
- *Bridging the Gap: Priorities for Transatlantic China Policy*, Aspen Strategy Group, Mercator Institute for China Studies et Munich Security Conference, février 2023.

Le Royaume-Uni face à la guerre d'Ukraine

Une relance diplomatique ?

Le Royaume-Uni a mis à jour ses choix stratégiques sans vraiment les infléchir : priorité à l'Europe du Nord, articulation stratégique entre l'Atlantique et le Pacifique, valorisation des partenariats. Le rapprochement vis-à-vis de l'Union européenne est notable. Reste à mesurer le poids militaire proprement dit du pays.

L'invasion russe de l'Ukraine a fortement impacté les problématiques de sécurité, en Europe et au-delà. L'échelle et le rythme du défi dessinent sur le continent européen le plus grand changement en matière de défense et de sécurité depuis la fin de la guerre froide. En réponse à l'événement, le Royaume-Uni a « rafraîchi » la Revue intégrée de Sécurité, défense, développement et politique étrangère de 2021 (IR2021), pour « s'assurer que l'architecture diplomatique, militaire et de sécurité du Royaume-Uni reste en phase avec la menace évolutive imposée par des nations hostiles ». La Revue intégrée révisée 2023 (IRR2023), publiée le 13 mars 2023, met à jour les ambitions et la stratégie du pays.

Le discours du *Global Britain* et du « faire tout seul » est mis de côté. Le nouveau texte insiste, au contraire, sur la coopération et les partenariats, et tout particulièrement sur les partenariats « Atlantique-Pacifique », nécessaires pour protéger un ordre international basé sur les règles des nombreuses menaces qui pèsent sur lui. Le monde est donc décrit en « aires stratégiques se chevauchant », avec une insistance sur deux zones : l'aire Atlantique, première priorité, et l'aire Pacifique, deuxième priorité, pour lesquelles les exigences de prospérité et de sécurité sont présentées comme indivisibles.

En dépit de l'impact majeur de la guerre d'Ukraine, on n'assiste pas à un changement fondamental de politique, mais plutôt à une accélération de tendances préexistantes. Il s'agit toujours d'affirmer l'importance des alliés et des alliances, du travail avec les partenaires, et du leadership là où le pays est le mieux placé pour l'exercer. D'où une approche plus collaborative vis-à-vis des partenaires européens, qu'il s'agit de maintenir et d'améliorer.

L'Ukraine : son importance pour la sécurité euro-atlantique

Pour Londres, la priorité demeure euro-atlantique, et dans cette aire la Russie est la menace majeure. L'Organisation du traité de l'Atlantique nord (OTAN) reste la pierre angulaire de la sécurité euro-atlantique, et son concept stratégique de 2022 a significativement renforcé un dispositif voué à « défendre chaque pouce du territoire allié ». Dans la zone couverte par l'OTAN, le Royaume-Uni privilégie désormais l'espace nord-européen, la protection de la liberté de navigation dans l'Atlantique nord, et les capacités d'opérer dans le Grand Nord. C'est là une simple confirmation d'une politique existante : l'Arctique et le Grand Nord sont les seules zones à avoir fait l'objet de documents politiques spécifiques depuis l'IR2021, et la contribution britannique va croissant dans ces espaces nord, avec le Corps expéditionnaire conjoint (*Joint Expeditionary Force*) et des coopérations bilatérales renforcées dans la région.

Il reste que la guerre d'Ukraine et ses conséquences dominent désormais la réflexion stratégique britannique : « La priorité en matière de politique étrangère et de sécurité pour le court et le moyen termes est de répondre à la menace que fait peser la Russie sur la sécurité européenne. Il est vital, à cet égard, de soutenir l'Ukraine pour qu'elle puisse réaffirmer sa souveraineté, et de dénier à la Russie tout bénéfice stratégique pour son invasion. »

Surtout, le Royaume-Uni figure en deuxième position – derrière les États-Unis – en matière d'aide militaire, économique, humanitaire à l'Ukraine, avec 2,3 milliards de dollars en 2022 – montant reconduit pour 2023. Londres a soutenu militairement l'Ukraine depuis 2015 avec l'opération Orbital, et a mis en place depuis l'été dernier un programme d'entraînement pour l'infanterie – l'opération Interflex – avec des alliés et partenaires, dont nombre d'Européens. À l'intérieur, le soutien à l'Ukraine bénéficie d'une large approbation inter-partis, et ces orientations constituent un cadre fort et cohérent qui sera sans doute maintenu la décennie durant.

Plus significatif encore, le soutien à l'Ukraine a eu pour effet de rapprocher Londres et l'Union européenne (UE), en ouvrant des champs de coopération qui montrent les bénéfices mutuels du pragmatisme. Le Royaume-Uni a ainsi gagné en influence sur d'autres pays d'Europe, par exemple pour fournir à l'Ukraine des matériels militaires plus décisifs, plus lourds – fait reconnu par un courrier récent des 27 ambassadeurs de l'UE. Le 19 janvier 2023, l'engagement de Tallinn a ainsi confirmé : « Ensemble, nous continuerons à soutenir l'Ukraine pour qu'elle passe de la résistance à l'expulsion des forces russes de son territoire » – une déclaration annonçant un net approfondissement du soutien militaire européen pour élargir les chances d'une offensive ukrainienne de printemps.

Vers un renforcement de la coopération en matière de défense et sécurité ?

Les coopérations concrètes sur l'Ukraine ont créé les conditions d'un rapprochement politique sur le Protocole nord-irlandais (NIP), à travers le Cadre de Windsor (*Windsor Framework*). Les relations Royaume-Uni/UE ont désormais de nouvelles perspectives. D'abord, celle d'une coordination pratique sur les sanctions à l'encontre de la Russie. Londres a, de plus, décidé de rejoindre le projet de Coopération structurée permanente (CSP) sur la mobilité militaire. Enfin, le Royaume-Uni a rejoint la première réunion de la Communauté politique européenne (CPE) en septembre 2022, et offert d'accueillir sa quatrième réunion à

Londres : la CPE n'est pas une institution de l'Union, mais la participation de Londres constitue néanmoins un pas positif dans ses relations avec les Européens.

À partir de ces coopérations pratiques, le discours sur l'UE évolue dans l'IRR2023 : « Le Royaume-Uni se réjouit de l'évolution positive de nos relations post-Brexit avec l'UE et nos partenaires européens. » Le Cadre de Windsor a montré qu'une approche pragmatique peut réussir, en interne et au niveau international, et déboucher rapidement sur une amélioration significative des relations Londres/Bruxelles.

La guerre a élargi les scénarios de coopération de défense et de sécurité UK/UE : menaces hybrides, énergie, protection des infrastructures critiques, sanctions – ceci, surtout parce qu'une Russie affaiblie sera plus tentée d'user de tels moyens pour atteindre ses objectifs politiques. La revitalisation de l'OTAN a également confirmé la complémentarité avec l'UE, confirmée par la signature de la troisième déclaration commune OTAN/UE. Une situation de moindre compétition entre l'OTAN et l'UE permet au Royaume-Uni de progresser dans ses propres coopérations avec l'UE, dans des domaines qui intéressent les deux parties.

L'engagement indopacifique et la coopération européenne

L'Indo-Pacifique est désormais un « pilier permanent » de la politique étrangère britannique, pour l'heure avec des moyens non militaires – « diplomatie, commerce, développement, échanges technologiques, engagement dans les organisations régionales » – et « seulement un progrès modeste de notre présence militaire dans la région ».

Les partenariats sont centraux dans cet engagement, particulièrement avec les « puissances intermédiaires » – identifiées comme le « Sud global » –, qui sont aussi les objectifs majeurs des politiques d'influence russe et chinoise. Ces partenariats incluent les pays européens et l'UE, et spécialement les pays qui ont publié des stratégies pour l'Indo-Pacifique : France, Allemagne ou Pays-Bas. Signe de progrès dans leur relation politique, Paris et Londres, lors de leur premier sommet bilatéral en cinq ans, ont accepté en mars 2023 de coordonner les déploiements de leurs groupes aéronavals dans la région, pour y assurer une présence maritime européenne pérenne.

Le Royaume-Uni a choisi d'établir des partenariats technologiques de défense, nouveaux et approfondis, avec l'AUKUS – comprenant les États-Unis et l'Australie –, et avec le Japon et l'Italie sur le *Global Combat Air Programme* (GCAP). Ce dernier, particulièrement important, crée un partenariat de défense durable, réunissant deux régions de priorité stratégique, à l'exemple des partenariats Atlantique-Pacifique dont Londres se veut le moteur.

Le Royaume-Uni considère désormais la prospérité de la zone euro-atlantique et de l'Indo-Pacifique comme indivisible, une certitude vouée à se renforcer au moins pour deux raisons. Tout d'abord, le partenariat Chine/Russie s'organise, créant un bloc autoritaire qui fait peser sur les deux zones une menace militaire directe. De plus, le changement climatique va rapidement rendre praticable l'été la route maritime du Nord (*Northern Sea Route*, NSR) ; et la route maritime transpolaire (TSR) pourra sans doute être utilisée vers 2050, permettant d'éviter les contraintes politiques (Russie) et physiques (eaux peu profondes) de la route du Nord. Ces changements auront des effets capitaux sur la sécurité du Royaume-Uni, en reliant directement deux zones stratégiques : c'est là une des explications de l'investissement de Londres en Europe du Nord.

La liaison établie entre ces deux zones fait naître une aire globale de responsabilité, pourtant fort difficile à gérer avec des ressources matérielles finies. Dire que la priorité est partout, c'est s'assurer qu'elle ne soit nulle part. Dans un cadre de ressources contraint, le Royaume-Uni dépendra donc largement, pour ses objectifs, de ses partenariats.

***

Face à la guerre d'Ukraine, Londres s'est donc adapté, sans fondamentalement changer d'approche. Le *leadership* de défense et sécurité affirmé face aux événements a restauré une capacité d'entraînement en Europe qui avait été mise à mal par le Brexit. La guerre n'a pas changé les ambitions de défense du pays, qui maintient une vision globale. Mais la guerre a exposé les déficiences des capacités militaires européennes, et le Royaume-Uni n'y fait pas exception, ses forces étant accusées d'être dérisoires face aux exigences de la guerre concrète. Londres maintient un format d'armée complet, mais certaines vulnérabilités apparaissent bien critiques, surtout dans les forces terrestres : manque de munitions, défaut de défense anti-aérienne ou d'artillerie longue portée. L'IRR2023 s'est contentée d'annoncer une modeste progression du budget militaire – 5 milliards de dollars pour cette législature, avec l'espoir d'atteindre un niveau de 2,5 % du PNB en 2025, en cas d'engagement de l'OTAN dans ce sens.

La guerre en Ukraine est loin d'être terminée. Elle n'a changé ni les ambitions ni les stratégies britanniques, mais elle a joué un rôle de catalyseur, accélérant la mise en œuvre des choix de l'IR2021, tout en poussant à se reposer plus sur les partenaires, pour les mêmes objectifs. Reste à savoir si le pays pourra maintenir ces choix dans un contexte géopolitique si mouvant, et alors que d'autres pays européens, Allemagne, Pologne, ou France, haussent significativement leurs dépenses de défense. La guerre et les réponses apportées par les Européens et au-delà auront sans doute à terme un effet plus profond sur la stratégie britannique, qui débouchera sur de nouvelles priorités, et de nouveaux choix.

E. A.

Pour en savoir plus

- *Integrated Review Refresh 2023: Responding to a more contested and volatile world*, gouvernement britannique, mars 2023.
- L. O'Carroll, « EU Ambassadors Set Out Hopes for Post-Brexit Relations with Britain », *The Guardian*, 8 mai 2023.
- *Joint Statement – the Tallinn Pledge*, gouvernement britannique, ministère de la Défense, 19 janvier 2023.

La neutralité autrichienne au fil du temps

Face aux conséquences de la guerre d'Ukraine

Héritière des conséquences de la Seconde Guerre mondiale, la neutralité autrichienne a pourtant concrètement évolué depuis 1955, particulièrement depuis l'adhésion de Vienne à l'Union européenne. La guerre d'Ukraine est sans doute l'occasion de repenser une politique de neutralité plus adaptée.

Comme ailleurs, l'agression russe contre l'Ukraine a suscité en Autriche des appels en faveur d'une nouvelle politique de sécurité. Dans deux lettres ouvertes, plus de 100 personnalités publiques ont ainsi appelé à un débat sans tabous sur le « mythe » de la neutralité autrichienne. Le chancelier Karl Nehammer a en revanche déclaré en mars 2022 : « L'Autriche a été neutre, elle est neutre et elle restera neutre. » Il n'est au demeurant pas contestable que la Loi constitutionnelle du 26 octobre 1955 sur la « neutralité perpétuelle » de l'Autriche est toujours en vigueur ; que la neutralité est systématiquement soutenue par plus de 70 % de la population autrichienne selon toutes les enquêtes dont nous disposons ; qu'à part le parti libéral NEOS, aucun mouvement politique représenté au Parlement autrichien ne remet en cause ce *statu quo*. La neutralité autrichienne de 2023 diffère pourtant de celle de 1955 à bien des égards.

Un héritage constitutionnel

La neutralité de l'Autriche est un enfant du conflit Est-Ouest. Elle trouve ses origines politiques dans le mémorandum de Moscou d'avril 1955. En promettant une neutralité calquée sur le modèle suisse, le gouvernement autrichien obtient alors le feu vert de l'Union soviétique pour le traité d'État du 15 mai 1955, qui rend à l'Autriche son indépendance et sa pleine souveraineté.

Dans le traité d'État lui-même, rien n'est dit sur la neutralité. Le Parlement autrichien n'adopta la Loi constitutionnelle déjà citée qu'après que le dernier soldat des forces d'occupation eut quitté le pays. D'un point de vue purement juridique, il s'agit donc d'une décision unilatérale, que l'Autriche serait en droit de modifier à tout moment, et de la même manière. Dès 1955, le chancelier autrichien d'alors, Julius Raab, souligna également qu'il s'agissait d'un statut qui « ne crée aucune obligation de neutralité idéologique ».

En devenant membre des Nations unies, l'Autriche s'est néanmoins écartée du modèle suisse dès décembre 1955 ; une étape que Berne ne devait franchir que 47 ans plus tard. Il est vrai que le grand spécialiste autrichien de droit international Alfred Verdross a longtemps défendu la thèse selon laquelle les obligations d'un pays neutre primeraient même celles découlant du système de sécurité collective des Nations unies. La guerre du Golfe de 1990-1991 a clos ce débat une fois pour toutes : le gouvernement autrichien a alors admis qu'il ne pouvait y avoir de neutralité vis-à-vis d'une opération autorisée par le Conseil de sécurité contre un transgresseur. L'Autriche a alors donné aux participants à la « coalition » de l'époque des milliers d'autorisations de survol et de transit.

L'adhésion à l'Union européenne

Plus frappants encore sont les effets sur sa neutralité de l'adhésion de l'Autriche à l'Union européenne (UE). Comme la Finlande, la Suède et la Suisse, l'Autriche a considéré, presque jusqu'à la fin de la guerre froide, qu'une adhésion à la Communauté européenne serait incompatible avec ses obligations de neutralité. À partir de 1987 cependant, vu le développement du marché intérieur européen, l'Autriche a manifesté un intérêt croissant pour une candidature à l'entrée dans la Communauté. Dans un premier temps, elle tenta d'adhérer sous « réserve de neutralité ». Elle exigea ainsi la garantie de pouvoir remplir, même comme membre de la Communauté, les obligations juridiques d'un État neutre, et de poursuivre sa politique de neutralité « en tant que contribution spécifique au maintien de la paix et de la sécurité en Europe ».

Cette exigence était inacceptable pour la Communauté, d'autant que celle-ci évoluait, avec le traité de Maastricht, vers une UE dotée de sa propre Politique étrangère et de sécurité commune (PESC). Dans une déclaration faite à l'occasion de la signature de l'acte d'adhésion, les États membres de l'Union, et l'Autriche, la Suède et la Finlande, déclarèrent ainsi conjointement que les candidats « seront, au moment de leur adhésion, disposés à participer pleinement et activement à la Politique étrangère et de sécurité commune, telle que définie dans le traité sur l'UE, et qu'ils seront en mesure de le faire ».

Cet engagement fut facilité pour l'Autriche par le fait que le traité de Maastricht comprenait la « clause irlandaise », aux termes de laquelle la politique étrangère et de sécurité de l'UE « n'affecte pas le caractère spécifique de la politique de sécurité et de défense de certains États membres ». Depuis 1999, les États membres de l'UE ont, de plus, obtenu la possibilité d'opter pour une « abstention constructive » lors de la prise de décision dans le cadre de la PESC. Dans ces conditions, l'Autriche conclut qu'elle pouvait rejoindre l'UE sans avoir à renoncer complètement à sa neutralité. À la suite des négociations d'adhésion de 1993, l'Autriche décida cependant de restreindre sa neutralité à son « essence juridique », c'est-à-dire aux trois éléments suivants : pas de participation à une guerre ; pas d'adhésion à une alliance militaire ; pas de stationnement de troupes étrangères sur le sol autrichien.

Du point de vue de l'Autriche, une telle neutralité « redimensionnée » était compatible avec les dispositions de politique étrangère et de sécurité du traité de l'UE. Pour éliminer tout doute, une nouvelle disposition fut incluse dans la Constitution autrichienne lors de l'adhésion à l'UE, stipulant explicitement que

« l'Autriche participe à la Politique étrangère et de sécurité commune de l'Union européenne ».

Du fait de cette *lex specialis*, les obligations contractées par l'Autriche dans le cadre de la PESC jouissent d'une priorité constitutionnelle sur le droit classique de la neutralité. La disposition constitutionnelle en question mentionne comme exemples la participation de l'Autriche aux sanctions de l'UE ainsi qu'aux mesures militaires de gestion des crises de l'UE, jusqu'aux « missions de forces de combat pour la gestion des crises, y compris les missions de rétablissement de la paix ».

C'est d'ailleurs sur cette base que l'Autriche a, depuis février 2022, pris part aux décisions de l'Union en faveur de l'Ukraine, en les soutenant, dans la mesure du possible, par ses propres moyens. Cela s'applique aussi et surtout à la décision autrichienne d'autoriser le transit terrestre et aérien de matériel de guerre destiné à l'Ukraine.

À la lumière de l'invasion russe de l'Ukraine, le débat autrichien sur la politique de sécurité s'est aussi porté, ces derniers mois, sur un autre élément de la politique de sécurité et de défense commune de l'UE : l'article 42-7, du Traité sur le fonctionnement de l'UE, soit la clause d'assistance mutuelle : « Au cas où un État membre serait l'objet d'une agression armée sur son territoire, les autres États membres lui doivent aide et assistance par tous les moyens en leur pouvoir, conformément à l'article 51 de la charte des Nations unies ». Lors de leur réunion à Versailles en mars 2022, les chefs d'État et de gouvernement de l'UE ont expressément souligné que cette disposition exprimait « la solidarité entre les États membres ». À la suite du sommet, le chancelier Nehammer précisa que cela s'appliquait aussi aux relations entre États de l'UE membres de l'Organisation du traité de l'Atlantique nord (OTAN) et non membres de l'Alliance, comme l'Autriche.

Un débat renouvelé

La neutralité autrichienne est donc interprétée et mise en œuvre de manière beaucoup plus souple aujourd'hui qu'elle ne l'était en 1955. Pourquoi ne pas l'abroger ? Les raisons sont ici avant tout émotionnelles. En 1955, on voyait la neutralité comme le « prix » que le pays avait dû « payer » pour se libérer de l'occupation russe. Mais le chancelier Bruno Kreisky a réussi, durant ses 13 années aux affaires (1970-1983), à donner à ce statut, avec sa « politique de neutralité active », un nouveau visage. Ses efforts de médiateur au Moyen-Orient, et ses efforts pour accueillir à Vienne de nombreuses organisations internationales ont joué un rôle central. Aujourd'hui encore, un large public voit cette époque comme « l'âge d'or » de la politique étrangère autrichienne, convaincu que la « politique active de neutralité » fut, durant la guerre froide, l'une des garanties les plus efficaces de la sécurité du pays. Le fait qu'alors il n'y aurait pas eu de sécurité pour l'Europe occidentale y compris l'Autriche sans défense commune dans le cadre de l'OTAN – dont l'Autriche a profité sans avoir à apporter sa propre contribution – reste largement ignoré jusqu'à aujourd'hui.

De même, il n'y a jamais eu de réél débat sur les effets de l'adhésion à l'UE sur la neutralité de l'Autriche. Le Parlement a voté les changements constitutionnels requis, sans véritable discussion publique. Et beaucoup en Autriche, près de

30 ans plus tard, ne savent toujours pas que l'Autriche peut soutenir les mesures de solidarité de l'Union en faveur de l'Ukraine dans le cadre de sa Constitution.

Les responsables autrichiens justifient le fait que l'Autriche a réagi à la guerre d'Ukraine, sur le plan de sa politique de sécurité, de manière très différente de la Finlande et de la Suède, par sa situation géographique particulière. Mais à la lumière des développements actuels, existe aussi en Autriche, pour la première fois, un large consensus sur le fait que le budget de défense devrait passer de 2,7 milliards d'euros en 2022 à 4,7 milliards en 2026. Comment l'Autriche entend-elle utiliser ces fonds supplémentaires considérables ? Dans un cas concret, voudrait-elle se défendre seule ou en s'associant avec d'autres ? Dans le second cas : avec quelles capacités militaires l'Autriche viendrait-elle en aide à ses partenaires européens – la solidarité européenne ne pouvant pas demeurer à sens unique ?

Pour répondre à ces questions, l'Autriche pourrait s'inspirer des discussions en cours dans un pays voisin neutre, qui n'a pas l'intention de rejoindre l'OTAN et n'est pas membre de l'Union européenne. En Suisse aussi, la guerre contre l'Ukraine a déclenché de profondes réflexions. En septembre 2022, le gouvernement suisse a approuvé un rapport comprenant entre autres les éléments suivants : 1) La stratégie de défense de la Suisse vise à avoir la capacité de se protéger et de se défendre dans la mesure du possible de manière autonome, tout en ayant la possibilité de se défendre en collaboration avec d'autres États, si nécessaire. 2) La Suisse doit être disposée à apporter des contributions substantielles à la sécurité de ses partenaires. 3) L'adhésion à l'OTAN n'est pas une option pour la Suisse. Mais faire totalement cavalier seul en politique de sécurité sans coopération internationale, et viser une autonomie complète en matière de défense n'est pas non plus envisageable.

Ces conclusions sont pertinentes pour l'Autriche – Vienne devant, en sus, prendre en compte la dimension européenne avec ses obligations de solidarité spécifiques, dont l'obligation d'assistance mutuelle. Il serait souhaitable que l'Autriche s'engage dans un débat comparable. Elle serait ainsi en mesure de poursuivre et d'approfondir la politique pragmatique qu'elle mène en vérité depuis son adhésion à l'UE, tout en agissant de façon plus cohérente, et transparente, que ce ne fut souvent le cas dans le passé.

T. M.-H.

Pour en savoir plus

- F. Cede, « Austria's Neutrality – Myths versus Reality », *in* M. Kramer, A. Makko, P. Ruggentaler (éd.), *The Soviet Union and Cold War Neutrality and Nonalignment in Europe*, Londres, Lexington Books, 2021.
- M. Scheich, Tabubruch – *Österreichs Entscheidung für die Europäische Union*, Vienne, Böhlau, 2005.
- A. Verdross, *Die immerwährende Neutralität Österreichs*, Vienne, Verlag für Geschichte und Politik, 1977.

Les Balkans occidentaux dans la tourmente

Une nouvelle géopolitique des élargissements ?

La guerre d'Ukraine affaiblit économiquement les pays des Balkans occidentaux, et les divise politiquement. Elle pose, plus largement, la question d'une refonte du processus d'élargissement de l'Union européenne, pour articuler les candidatures des Balkans occidentaux et celles des pays d'Europe centrale.

Les répercussions de la guerre ouverte par la Russie en Ukraine se font sentir avec force dans les Balkans occidentaux. Sur le plan économique, cette guerre suspend les espoirs de relance post-crise sanitaire. Elle brise le rebond économique observé en 2021, dans une région exsangue ne disposant pas des marges de manœuvre fiscales des pays de l'Union européenne (UE). L'inflation – de 10 à 15 % dans la plupart des pays de la région – touche les plus pauvres *via* les dépenses pour l'énergie, le logement ou l'alimentation (+ 25 % en 2022 en Bosnie-Herzégovine). La Banque mondiale estime que le nombre de personnes touchées par la pauvreté dans la région pourrait augmenter de 13 % en 2023. Le risque de tomber dans la pauvreté était déjà deux fois plus élevé dans les Balkans que dans l'UE.

L'aggravation de ces difficultés socio-économiques se traduit par un regain d'émigration. Toutes les deux minutes, une personne quitte la région à la recherche d'un meilleur avenir dans l'UE, d'où le vieillissement d'une population atrophiée de ses forces vives et un étiolement des perspectives de développement économique et politique.

La guerre en Ukraine intervient alors que se développe depuis plusieurs années un travail de sape anti-démocratie, particulièrement en Serbie. La guerre en Ukraine renforce les dérives intervenues depuis 2014 : les attaques contre la liberté de la presse et les quelques figures de l'opposition se sont multipliées depuis février 2022 au prétexte de lutter contre les « traîtres de la nation » et « ennemis de l'État ». Il en va de même en Republika Srpska, entité serbe de Bosnie-Herzégovine, où se réduisent encore les espaces de contestation. Sous l'emprise mafieuse de Milorad Dodik, l'entité serbe prévoit d'adopter, comme en Russie, une loi obligeant les organisations non gouvernementales financées par l'étranger à s'enregistrer et à déclarer la provenance de leurs fonds.

Vis-à-vis de la Russie, le positionnement de la Serbie et de la Republika Srpska, à contre-pied de celui de l'UE, inquiète et exacerbe les antagonismes ethno-nationaux. D'un côté, l'Albanie, le Kosovo, la Macédoine du Nord et le Monténégro se positionnent aux côtés de l'UE et de l'Ukraine ; leur alignement en matière de politique étrangère constitue d'ailleurs la clé de voûte du nouveau groupe formé en mars 2023 : le Western Balkans Quad. De l'autre, figurent la Serbie et une Bosnie-Herzégovine bloquée par la Republika Srpska. Ni l'une ni l'autre n'applique les sanctions de l'UE à l'encontre de la Russie. Leur refus de condamner l'agression russe est vecteur de tensions et détonne passablement avec les objectifs d'intégration européenne et de coopération régionale, amplifiant les craintes suscitées par l'idée de « monde serbe » (*srpski svet*) promue par des nationalistes donnant écho au « monde russe » (*russkiy mir*).

Le « monde serbe » sous influence russe

Ces craintes sont justifiées, au vu des leviers dont dispose le Kremlin. Serbie et Russie ont noué un partenariat stratégique en 2009 – quelques mois après la déclaration d'indépendance du Kosovo –, étendu en mai 2013 aux coopérations géostratégiques et militaires. Dans la foulée, le président serbe Aleksandar Vučić a enchaîné les visites à Moscou. Son parti entretient des liens étroits avec celui de Vladimir Poutine, et les deux États ont signé en septembre 2022 un accord approfondissant les consultations en matière de politique étrangère. Alors que l'UE se fermait au gaz russe, la Serbie concluait avec le Kremlin un accord assurant son approvisionnement en gaz à tarif avantageux sur les trois prochaines années. Elle envisage désormais la construction d'un pipeline vers la Hongrie de Viktor Orban, premier soutien d'Aleksandar Vučić dans l'UE.

En Republika Srpska, l'influence russe n'a pas plus faibli. Milorad Dodik, sous le coup de sanctions internationales, a décerné en janvier 2023 la plus haute distinction de l'entité à Vladimir Poutine. Tant en Serbie qu'en Republika Srpska, la plupart des médias, sous influence gouvernementale, dépeignent Vladimir Poutine en allié puissant et naturel ; exacerbent rancœurs, revanchisme et tensions interethniques ; critiquent la posture hégémonique de l'Occident et dénigrent l'UE, qu'ils rendent responsable de la guerre avec les États-Unis. Leurs narratifs font écho aux médias russes qui opèrent encore sur place (Spoutnik, Russia Today, etc.). Des études de mi-2022 créditent la Russie de 60 % d'opinions positives en Serbie (+ 20 % par rapport à 2013), contre 27 % pour l'UE. En Republika Srpska, cette popularité de la Russie – synonyme d'irrédentisme – atteint les 89 %.

L'UE cherche à reprendre la main

L'UE a redoublé d'efforts ces derniers mois pour que s'opère une relance de la dynamique européenne dans la région. La tâche est ardue tant sa crédibilité s'est érodée depuis le sommet de Thessalonique de 2003. Les dernières tentatives (Processus de Berlin en 2014, nouvelle méthodologie en 2020) n'ont connu qu'un succès mitigé : une part importante des citoyens dans la région (28 %), *a fortiori* en Serbie (41 %), ne croient plus en l'élargissement de l'UE.

L'UE a pourtant cherché à accélérer. Sous présidence française du Conseil, elle a poussé à un accord entre Skopje et Sofia, afin que s'ouvrent les négociations d'adhésion avec la Macédoine du Nord et l'Albanie, bloquées par la Grèce (2009-2018), la France (2018-2020) et enfin la Bulgarie. L'accord de juillet 2022, sur des questions historiographiques et linguistiques, répond aux exigences de la Bulgarie ; mais il risque de légitimer le recours abusif au droit de véto. Si l'accord profite à l'Albanie, du fait du couplage des processus, la Macédoine du Nord reste, elle, à la merci de la Bulgarie et doit parachever une difficile réforme constitutionnelle avant d'avancer… jusqu'au nouveau blocage.

Sous présidence tchèque, l'UE a entériné la libéralisation des visas pour le Kosovo, bloquée par la France et les Pays-Bas depuis 2019, tranchant une anomalie qui refusait au Kosovo ce que l'UE avait concédé à tous les pays d'Europe, à Taïwan, au Paraguay ou à Brunei. La mesure prendra effet en 2024.

L'UE a en outre validé le statut de candidat de la Bosnie-Herzégovine. Mais loin de susciter l'enthousiasme, cette avancée s'est heurtée à l'incompréhension : la décision européenne, en principe fondée sur le mérite, n'était accompagnée d'aucun progrès sur le terrain. Pis, elle intervenait alors qu'une réforme électorale, imposée par le haut représentant Christian Schmidt et soutenue par les États-Unis, permettait aux forces nationalistes serbes et croates de consolider leur représentation dans les institutions d'État. Une réforme prônée par la Croatie et la Hongrie, et perçue par de nombreux Bosniens comme hypothéquant l'avenir du pays.

Sous l'impulsion de Paris et de Berlin, l'UE a enfin rehaussé son niveau d'engagement dans le dialogue entre Belgrade et Pristina. L'effacement passé, écho de la division de l'UE sur la reconnaissance du Kosovo, a fait place à la volonté de régler enfin le différend entre les deux pays. Une proposition a ainsi été négociée et adoptée en mars 2023, prévoyant une normalisation des relations entre Serbie et Kosovo sur le principe de l'égalité souveraine, et l'octroi aux Serbes du Kosovo d'une certaine forme d'autonomie. L'accord remet à l'agenda la résolution effective du contentieux, mais les écueils restent nombreux et sa mise en œuvre est déjà contestée. Belgrade refuse d'admettre son caractère contraignant, assure que la Serbie ne reconnaîtra jamais le Kosovo et exige une feuille de route plaçant le Kosovo dans une situation précaire. La prudence, dès lors, est de mise à Pristina : il faut éviter que ne se constitue une entité serbe dans le nord du Kosovo, instrumentalisée par Belgrade, et à même de déstabiliser l'État kosovar.

Une relance de l'élargissement est-elle possible ?

L'UE tente de consolider son ancrage dans la région, mais c'est l'ensemble de la politique d'adhésion qu'il faut repenser. L'octroi du statut de candidat à l'Ukraine et à la Moldavie au Conseil européen de juin 2022 a en effet changé la donne. L'UE a pour l'heure exclu que l'Ukraine bénéficie d'une procédure accélérée. Elle entend conserver un cadre cohérent, et traiter également des perspectives d'adhésion de l'Ukraine et, par exemple, du Monténégro. Dans cette logique, le processus d'adhésion applicable aux Balkans occidentaux doit être étendu aux pays d'Europe orientale. Mais ce processus est dysfonctionnel…

Sur le plan économique, la reconstruction de l'Ukraine pose la question de l'appui financier de l'UE pour une adhésion réussie. Le plan économique et d'investissements adopté en 2020 pour les Balkans (jusqu'à 9 milliards d'euros au titre de l'IPA3), et les cadres financiers actuels pour les futurs États membres ne garantissent pas une convergence effective. Pour réaliser leurs projets d'infrastructures, les pays font trop souvent appel à la Chine, quitte à développer de nouvelles vulnérabilités. Déjà fragilisé par des créances chinoises, le Monténégro a ainsi approuvé en mai 2023 la construction par Pékin d'un nouveau tronçon autoroutier, mais financé cette fois-ci par les Européens. Pour l'UE, le défi est double : aborder les adhésions futures par le prisme d'une nouvelle politique de cohésion territoriale, en ouvrant l'accès aux fonds structurels ; et conditionner stratégiquement l'accès à ces fonds, pour protéger les intérêts de l'UE.

Sur le plan politique, la relance de la dynamique européenne passe par une approche plus différenciée de l'adhésion. L'introduction d'étapes intermédiaires (notamment – mais pas uniquement – par un accès anticipé au marché unique) permettrait aux futurs membres de matérialiser leur cheminement vers l'adhésion, et donc de renforcer le caractère incitatif du processus. Il faut là encore poser les bonnes conditions, sans perdre de vue l'objectif stratégique de l'adhésion pleine. C'est dans les interstices de l'intégration différenciée, dans ces espaces ambigus aux marges de l'Union, que couveront les futures vulnérabilités européennes.

Ici s'impose la réflexion sur la temporalité d'un processus dont les horizons politiques se sont peu à peu effacés. Un effacement qui témoigne des limites du modèle actuel, avec des critères d'adhésion sans cesse durcis, et du cynisme d'États membres qui n'hésitent plus à s'appuyer sur l'UE pour imposer leurs agendas nationaux. En rattachant l'objectif d'adhésion pleine et entière à un horizon temporel, l'UE se montrerait à la hauteur de ses ambitions. Elle pourrait le faire en avançant deux dates : l'une pour les Balkans occidentaux, l'autre pour les pays d'Europe orientale. Elles engageraient les futurs États membres, pour lesquels il conviendrait de redéfinir les critères d'adhésion (en insistant sur la solidarité en matière de politique étrangère et de démocratie), et les États membres eux-mêmes, qui par leurs positions strictement nationales sapent trop souvent la cohésion de l'Union. La perspective d'une majorité qualifiée, en dépit des obstacles politiques et légaux, est prometteuse, comme le serait un renforcement des mécanismes de contrôle post-adhésion.

Cette relance de la dynamique européenne ne peut faire l'économie d'une réflexion sur la place de l'élargissement de l'UE dans l'imaginaire européen. Les discours d'Emmanuel Macron à la Sorbonne (septembre 2017), Olaf Scholz à Prague (août 2022) et Mateusz Morawiecki à Heidelberg (mars 2023) offrent des visions très différentes de l'Union dont seront demain membres les pays des Balkans et d'Europe orientale. Le chemin n'est donc pas seulement celui de l'adhésion mais celui du renforcement d'un projet politique dont les contours restent à tracer.

F. M.

Pour en savoir plus

- D. Bechev, *Hedging its Bets: Serbia between Russia and the EU*, Carnegie Europe, janvier 2023.
- L. Macek, « Pour une adhésion graduelle à l'Union européenne », Institut Jacques Delors, *Policy Papers*, n° 290, mai 2023.
- P. Mirel, « Union européenne-Balkans occidentaux : les illusions perdues ? », *Politique étrangère*, vol. 87, n° 4, 2022.

États-Unis : la campagne se met en place

Vers un *remake* de 2020 ?

La campagne pour 2024 semble se mettre en place autour des candidats de 2020 : un Joe Biden peu crédité par l'opinion d'une politique économique profitant pourtant aux ménages américains, un Donald Trump bénéficiant des multiples candidatures de son camp et d'un certain confusionnisme idéologique républicain.

La campagne pour la présidentielle de 2024 ne s'ouvrira qu'au printemps 2024, avec les primaires et les caucus dans les États de l'Union. Elle a en réalité débuté bien plus tôt, avec la déclaration de candidature du champion de chaque camp : Donald Trump le 15 novembre 2022, Joe Biden le 25 avril 2023.

Si deux candidatures incarnent les évolutions idéologiques du pays, elles restent néanmoins problématiques. Il n'est plus nécessaire de rappeler à quel point la personnalité de Trump est toxique ; tandis que l'âge de Joe Biden le fragilise de jour en jour. On ne voit pourtant pas ce qui pourrait dévier les trajectoires ainsi engagées.

La présidence transformationnelle de Joe Biden

En tant que président en place, le candidat Joe Biden ne devrait pas avoir de challenger sérieux pour les primaires démocrates de 2024. Les seuls autres candidats démocrates déclarés fin juin 2023 sont Robert F. Kennedy Jr., neveu de John Kennedy et militant antivax notoire, ainsi que Marianne Williamson, autrice de livres de développement personnel et ex-conseillère spirituelle d'Oprah Winfrey… Biden n'aura donc pas à mener une première campagne auprès des électeurs démocrates, au grand soulagement de ses équipes, soucieuses de lui épargner toute fatigue. Qui plus est, il aura toute latitude pour présenter depuis la Maison-Blanche un bilan conséquent.

Son administration a en effet lancé depuis 2021 un certain nombre de politiques interventionnistes et sociales qui semblent clore le cycle de libéralisme économique ouvert par Reagan dans les années 1980, et sont à ce titre véritablement transformationnelles. L'*American Rescue Plan* de mars 2021 s'est ajouté aux deux grandes lois de relance post-Covid-19 votées sous Trump pour injecter pas moins de 5 200 milliards de dollars dans l'économie américaine à travers les ménages. Les États-Unis auront ainsi connu entre 2020 et aujourd'hui une redistribution sociale massive.

L'*Infrastructure Investment and Jobs Act* de novembre 2021, l'*Inflation Reduction Act* (IRA) et le *Chips Act* de l'été 2022 dessinent pour leur part une politique industrielle volontariste sans équivalent depuis les lois du New Deal des années 1930. Avec 1 200 milliards de dollars, la première loi investit, pour la première fois depuis les années 1980, dans la rénovation à grande échelle des infrastructures du pays. Avec 430 milliards, la deuxième organise l'installation d'usines de batteries électriques aux États-Unis. Avec 280 milliards, la troisième finance la R&D dans de multiples domaines, dont surtout les semi-conducteurs. Ces lois dessinent trois objectifs ambitieux :

- Le retour de l'emploi industriel aux États-Unis, dans des secteurs d'avenir, fournira des emplois de qualité aux classes moyennes. Cet effet est peut-être le tout premier recherché par Joe Biden. Le renouveau de la prospérité familiale doit en effet détourner les « cols bleus » américains des mirages du populisme de droite et restaurer leur foi dans les institutions du pays (et si possible dans le Parti démocrate…).
- Le soutien aux filières de batteries électriques et de semi-conducteurs, et à l'innovation technologique en général, doit permettre d'entraver la croissance de la puissance technologique chinoise. Il est associé à un ensemble de mesures protectionnistes très assumées, dans la continuité des guerres tarifaires lancées par Trump.
- Cette politique industrielle constitue enfin un vaste plan de lutte contre le changement climatique, autour de nombreuses mesures dont la plus importante est le passage du consommateur américain à la voiture électrique. Une évolution qui reposera sur des incitations fiscales à la production de batteries électriques aux États-Unis et sur des aides à l'achat de voitures électriques pour les ménages, si elles sont au moins partiellement produites aux États-Unis.

Même si Biden se présente comme un modéré, ces lois représentent un tournant à gauche de la politique économique du pays. Le courant radical du Parti démocrate lui en sait-il gré ? Le caucus progressiste du Congrès – qui compte un record de 102 membres – reste critique. À ses yeux, la redistribution sociale n'est pas assez généreuse et les progrès sociétaux pas assez marqués. Mais à la différence des courants ultra de la droite du Parti républicain, la gauche du Parti démocrate n'est pas jusqu'au-boutiste, et annonce qu'elle se montrera pragmatique en ralliant le candidat Biden.

À cette tranquillité sur le front démocrate s'ajoutent des résultats économiques plutôt rassurants : le chômage était au plus bas, à 3,7 % en mai 2023, tandis que l'inflation semblait avoir été maîtrisée, avec des prévisions de 3,5 % pour le deuxième trimestre de l'année[1].

Les démocrates ont-ils un plan B ?

Pourtant, à l'été 2023, les sondages sont mauvais pour Joe Biden. Selon l'agrégateur *FiveThirtyEight*, 55 % des personnes interrogées désapprouvent son action, contre 40 % seulement qui l'approuvent. Dans une enquête parue début mai, deux tiers des Américains interrogés jugeaient le président trop âgé pour se représenter. Né en novembre 1942, Biden aura 82 ans fin 2024 : un accident de santé ou une détérioration

1. Source : *Congressional Budget Office*.

de ses capacités cognitives est plus que possible. La sénilité supposée du président est déjà régulièrement dénoncée par les médias républicains, qui retransmettent avec délices les vidéos de ses balbutiements ou de ses chutes (Biden est tombé de vélo en juin 2022, puis a de nouveau chuté lors d'une cérémonie militaire le 1er juin 2023…).

Les observateurs se demandent donc pourquoi le Parti démocrate n'a pas réussi à faire émerger une nouvelle personnalité pour remplacer l'actuel président. Cette incapacité date en réalité de la défaite de Hillary Clinton en 2016, puisque Joe Biden était déjà en 2020 un choix par défaut. Le parti avait alors surmonté la difficulté en faisant de Kamala Harris la candidate à la vice-présidence. L'ex-sénatrice de Californie devait à la fois remplacer le président en cas d'incapacité et surtout se présenter après lui en 2024. Las, elle n'a pas su faire ses preuves. Le poste de vice-président est certes ingrat en termes de visibilité, mais on peut aussi blâmer le flou du positionnement politique de Harris, et son manque de charisme.

Si Biden venait à connaître un problème de santé dans les mois à venir, le Parti démocrate devrait nommer dans l'urgence un nouveau candidat. Les noms qui circulent aux côtés de celui de Kamala Harris traduisent des profils plutôt centristes : la secrétaire au Commerce Gina Raimondo, le secrétaire aux Transports Pete Buttigieg, la sénatrice du Minnesota Amy Klobuchar. Nombre de gouverneurs seraient également considérés : Roy Cooper (Caroline du Nord), Gavin Newsom (Californie), Jared Polis (Colorado), Gretchen Whitmer (Michigan), Josh Shapiro (Pennsylvanie), J. B. Pritzker (Illinois)…

Avant même de savoir si une telle candidature respecterait le tournant post-libéral de l'administration Biden, il faudrait qu'elle puisse battre le candidat républicain…

Primaires républicaines : trop de candidats contre Trump

Côté républicain, les primaires du printemps 2024 devraient voir de nombreux candidats affronter le favori populiste Donald Trump. Leurs programmes correspondent à différentes versions du « fusionnisme », c'est-à-dire de la pensée politique républicaine classique telle que théorisée par Frank Meyer dans les années 1950, qui allie conservatisme sociétal et libéralisme économique à une politique étrangère affirmée – conçue alors contre le communisme.

Le gouverneur de Floride Ron DeSantis, qui fait figure d'adversaire principal de Trump – seul à émerger derrière lui dans les sondages –, privilégie ainsi la défense d'un strict conservatisme moral. Il fonde sa campagne sur la lutte contre le « wokisme », thème relevant des guerres culturelles, très efficace auprès de l'électorat de la droite chrétienne. Également candidat, l'ex-vice-président de Trump Mike Pence compte faire campagne sur le même terrain. Outre leur manque de charisme évident, ces deux hommes devraient pâtir de leur positionnement intraitable sur la question de l'avortement. À la suite des résultats mitigés des élections de mi-mandat 2022 pour les républicains, un nombre croissant d'élus du parti expliquent en effet que les électeurs modérés attendent une position plus souple, plus compatissante, sur la question.

L'ex-gouverneure de Caroline du Sud et ambassadrice de Trump à l'ONU Nikki Haley, et l'ex-gouverneur du New Jersey Chris Christie vont faire campagne de leur côté sur une image de républicains modérés, raisonnables, convoquant avant tout des propositions économiques de type libéral. Restent encore cinq candidats, peu connus : Asa Hutchinson, ancien gouverneur de l'Arkansas ; Larry Elder, animateur d'émissions de radio conservatrices ; Vivek Ramaswamy, entrepreneur de 37 ans se présentant comme « anti-woke » ; Doug Burgum, gouverneur du Dakota du Nord ; et Tim Scott, sénateur de Caroline du Sud. Un dernier candidat pourrait se déclarer : le maire de Miami Francis Suarez.

La multiplication des candidatures est une bonne nouvelle pour Donald Trump. Dans les sondages du début de l'été 2023, les petits candidats ne récupèrent chacun que quelques points, Trump disposant ainsi d'une avance d'environ 30 points sur DeSantis. Comment l'investiture républicaine pourrait-elle lui échapper ?

L'inconnue judiciaire

Sa campagne pourrait cependant être impactée par ses multiples affaires judiciaires. En décembre 2022, le procès pour fraude fiscale intenté par l'État de New York à la Trump Organization s'est déjà soldé par une amende de 250 millions de dollars pour la famille Trump. Début avril 2023, l'ex-président a été inculpé dans le même État pour violation de la loi sur le financement de la vie politique, en lien avec l'achat du silence de l'actrice de films X Stormy Daniels pendant la campagne de 2016. Un tribunal d'Atlanta poursuit son enquête en vue d'un possible procès lié aux pressions exercées en janvier 2021 sur certains responsables de Géorgie, exigeant de ces derniers qu'ils renversent les résultats électoraux de l'État. Enfin, deux enquêtes fédérales sont menées par le département de la Justice et son conseiller spécial Jack Smith. La première, sur les documents classifiés non restitués à l'issue de son mandat, a mené à une nouvelle inculpation de l'ex-président le 13 juin 2023.

La seconde, qui porte sur la responsabilité de Trump dans l'assaut contre le Capitole du 6 janvier 2021, est la seule affaire qui pourrait lui interdire de se présenter. En effet, l'ex-président pourrait être accusé d'insurrection ou de rébellion contre les États-Unis, ce qui, aux termes du 14e amendement à la Constitution, interdit d'exercer une charge publique. Ces nombreuses poursuites judiciaires sont certes légitimes, mais elles permettent aussi à Trump de renforcer son image de victime d'un complot des élites de l'État profond.

Il est donc fort probable que 2024 voie se rejouer le match de 2020. Les sondages, peu crédibles à ce stade et compte tenu du suffrage indirect en vigueur aux États-Unis, laissent aujourd'hui espérer une victoire, à quelques points, du démocrate. À suivre…

L. N.

Pour en savoir plus

- P. Noor, « Republicans Reject Abortion Bans as "Campaign-Enders" in Warning to Party », *The Guardian,* 4 mai 2023.
- L. Nardon, « Quels défis pour Joe Biden en 2023 ? », *New Deal,* Ifri-Slate-TTSO, 5 janvier 2023.
- H. C. Richardson, *Democracy Awakening: Notes on the State of America,* New York, Viking, septembre 2023.

États-Unis : le bilan économique sera décisif

Relancer l'économie et réduire les fractures

Avec ses plans successifs de relance, Joe Biden a réussi à retrouver la croissance. Il s'attaque en même temps aux problèmes climatiques et aux fractures sociales les plus criantes. La relance keynésienne semble jouer à plein, même si les conséquences inflationnistes sont mal prévisibles à terme.

En lançant sa campagne pour l'élection présidentielle de novembre 2024, Joe Biden a annoncé vouloir « finir le travail », « protéger les libertés » et « guérir l'âme de la nation ».

Relance keynésienne et retour au plein emploi

Dès son arrivée à la Maison-Blanche, en janvier 2021, Joe Biden est confronté à la pandémie. Le président fixe une feuille de route visant à injecter 100 millions de doses de vaccins durant les 100 premiers jours de son administration – objectif atteint mi-mars 2021.

La crise sanitaire en voie de résolution, l'urgence est de remettre l'économie en marche. Pour cela, Joe Biden va accentuer la ligne keynésienne de ses prédécesseurs.

Le premier plan de relance budgétaire présenté au Congrès en mars 2021 porte sur un montant sans précédent de 1 900 milliards de dollars sur dix ans. Le président fait revaloriser les allocations de chômage et envoyer un chèque de 1 400 dollars à chaque adulte américain. De nombreuses mesures sont aussi destinées à soutenir l'emploi, la santé, la petite enfance, les infrastructures, et les régions les plus touchées. Les inquiétudes sur l'impact inflationniste du plan de relance sont ignorées.

Quelques mois plus tard, Joe Biden soumet au Congrès un deuxième plan prévoyant de dépenser 1 200 milliards de dollars sur dix ans pour réparer les infrastructures notoirement défectueuses du pays – routes, ponts, aéroports, rail, transport public, eau, et internet. Nombre d'économistes font l'éloge de cette focalisation sur les infrastructures, mais les inquiétudes sur l'inflation s'amplifient, le rythme de hausse des prix approchant déjà 7 % : le président écarte ces inquiétudes, déclarant que « l'inflation sera temporaire ».

Avec une telle impulsion budgétaire, l'activité rebondit vigoureusement. La croissance du PIB atteint 5,7 % fin 2021. Dans la foulée, les créations d'emploi se multiplient et le taux de chômage chute vers 3,5 % – proche des plus bas niveaux des pays du G7. Avec un marché du travail au plein emploi, les employeurs ont des difficultés de recrutement croissantes et doivent revaloriser les salaires. Les goulets d'étranglement prolifèrent dans l'approvisionnement des centres commerciaux, avec des milliers de porte-conteneurs en provenance de Chine et d'Asie du Sud-Est bloqués dans les grands ports de Los Angeles et de Long Beach, faute de dockers, manutentionnaires, et conducteurs de poids lourds. Les voyageurs reprennent le chemin des aéroports, mais c'est le chaos qui y règne par manque de personnel de sécurité et de bagagistes. La demande dépasse l'offre.

Choc inflationniste

L'invasion de l'Ukraine par la Russie ajoute ses effets spectaculaires sur les prix de l'énergie et des matières premières. L'inflation ne cesse de s'aggraver jusqu'à atteindre 9,1 % en juin 2022, et devient le thème central des élections de mi-mandat au Congrès.

Joe Biden finit par reconnaître le danger, et un troisième plan de relance est alors abandonné, remplacé par l'*Inflation Reduction Act* (IRA), qui comporte de nouvelles dépenses mais aussi de nouvelles recettes, et vise à réduire le déficit budgétaire et à tempérer les tensions inflationnistes.

Jerome Powell, confirmé à la tête de la Réserve fédérale, n'hésite pas à relever les taux d'intérêt brutalement pour juguler l'inflation : le taux directeur effectif de la banque centrale passe de 0,1 % à 5,1 % en seulement 14 mois – un resserrement monétaire d'une rapidité jamais observée depuis 1988. La décision s'avérera judicieuse : l'inflation reflue rapidement sous la barre des 5 % en avril 2023.

Cette stratégie n'est toutefois pas sans risque. Plusieurs banques de taille moyenne sont prises dans l'étau de la hausse des taux d'intérêt et doivent être secourues au printemps 2023. Le durcissement des conditions de crédit provoque un repli du marché immobilier, avec une chute des prix des maisons sur la côte ouest. La dette publique redevient un sujet de préoccupation du fait de la hausse des taux de long terme, et la Chambre des représentants républicaine demande des coupures drastiques dans les dépenses publiques. Les risques ont été contenus jusqu'à présent, mais il n'est pas exclu qu'ils finissent par provoquer une récession, avec des conséquences néfastes pour l'emploi et la confiance des ménages.

Déchirures sociales, raciales et géographiques

Donald Trump avait laissé un pays divisé socialement, racialement, et géographiquement. Pour attaquer ces divisions, le gouvernement Biden adopte des mesures en faveur des communautés touchées par la désindustrialisation, notamment dans le Midwest. Des décrets sont aussi signés par la Maison-Blanche pour réduire les iniquités raciales, résorber les inégalités femmes-hommes, soutenir les régions minières, aider les populations autochtones, protéger les groupes LGBTQIA+… L'exclusion sociale étant souvent liée au surendettement, la présidence Biden obtient du Congrès l'annulation des emprunts contractés par les étudiants pendant leurs études – jusqu'à 20 000 dollars, ce qui devrait profiter à 43 millions de personnes. Pour favoriser la justice environnementale, des aides à l'achat de véhicules électriques et de pompes à chaleur sont offertes à la classe moyenne.

C'est la revalorisation des bas salaires qui contribue le plus à réduire les inégalités. Les fortes tensions sur le marché du travail ont profité aux salaires les plus modestes. Le président n'a pas obtenu l'accord du Congrès pour revaloriser le salaire minimum fédéral – 7,25 dollars de l'heure –, mais les employeurs montent les salaires pour attirer la main-d'œuvre. Walmart paie un salaire minimum de 14 dollars au printemps 2023, ce qui bénéficie à ses 1,6 million de collaborateurs aux États-Unis. Pour les personnes travaillant dans les entrepôts d'Amazon, le salaire minimum est monté à 16 dollars de l'heure. De telles hausses, même en partie effacées par l'inflation, constituent une nette amélioration après des décennies de stagnation des revenus.

Un pays encore énergivore

Joe Biden restera dans l'histoire des États-Unis comme le premier président à avoir adopté un plan ambitieux en faveur des énergies renouvelables. Dès son arrivée à la Maison-Blanche, il décide de réintégrer l'accord de Paris sur le climat. En avril 2021, Joe Biden annonce que le pays visera la neutralité carbone en 2050. Ce changement de cap reflète l'inquiétude croissante de l'opinion publique face à la multiplication des désastres météorologiques : feux de forêt en Californie, méga-sécheresses dans le Sud-Ouest, érosion de la ligne côtière sur l'Atlantique, vagues de chaleur extrême dans tout le pays.

Mais le climato-scepticisme reste bien ancré, et les États-Unis demeurent un des pays les plus énergivores de la planète. Le plan de Joe Biden fait donc appel à des mesures incitatives et non à des mesures punitives. Pas de taxe carbone, pas de marché national des droits d'émission, nouveaux forages pétroliers et gaziers autorisés, et réglementation environnementale négociée avec l'industrie.

Les mesures climatiques de l'IRA d'août 2022 reflètent ce choix. Des crédits d'impôt généreux sont offerts aux ménages pour l'achat de véhicules électriques et de pompes à chaleur. Les entreprises reçoivent des subventions pour les investissements en panneaux solaires, turbines éoliennes, hydrogène vert, capture du carbone, batteries de stockage, et pour la rénovation des centrales nucléaires. L'approche est astucieusement politique : la manne budgétaire est distribuée à tous les groupes socioéconomiques. Les mesures incitatives bénéficient donc d'un large consensus.

Réindustrialiser le pays

Autres sujets de consensus : la réindustrialisation du pays et la souveraineté économique. Autrefois critiquée comme inefficace, voire nuisible, la politique industrielle est désormais revendiquée par la Maison-Blanche. Joe Biden approuve d'énormes lignes budgétaires pour stimuler l'investissement privé dans des secteurs considérés comme stratégiques : semi-conducteurs, super-ordinateurs, batteries, et énergies renouvelables.

La politique industrielle de Joe Biden est souvent comparée à celle de Donald Trump, mais est en fait fondamentalement différente. Trump agissait de façon défensive pour affaiblir la Chine avec des barrières commerciales, des tarifs douaniers, et l'interdiction d'exporter des technologies sophistiquées. Joe Biden agit de façon proactive pour stimuler l'investissement américain dans les technologies de pointe. La loi

CHIPS and Science Act d'août 2022 offre ainsi 280 milliards de dollars pour financer la construction d'usines de semi-conducteurs sur le sol américain, et des efforts de recherche. Attirés par les subventions, les grands fabricants de semi-conducteurs – Samsung, Intel, Texas Instrument, TSMC – ont immédiatement annoncé de nouveaux investissements aux États-Unis. Le *Financial Times* dénombre pas moins de 75 investissements massifs en avril 2023 dans les semi-conducteurs et les nouvelles énergies grâce aux subventions promises par le président.

Les outils de cette politique industrielle ne se limitent pas aux aides financières. Biden n'hésite pas à revendiquer une forme de protectionnisme – l'approche *Buy American*. Pour la première fois, les États-Unis exigent un contenu local minimum pour les équipements subventionnés par le gouvernement fédéral – en contradiction directe avec les règles de l'Organisation mondiale du commerce. Les véhicules électriques bénéficiant de crédits d'impôt devront par exemple être assemblés par des salariés nord-américains.

Ces subventions massives pour attirer l'investissement aux États-Unis provoquent d'abord de vives protestations, notamment en Europe. Puis la politique de Joe Biden fait des émules : la Commission européenne adopte le Plan industrie net zéro, qui reprend l'idée de soutien financier aux industries stratégiques. Emmanuel Macron emboîte le pas, avec un vaste plan de réindustrialisation de la France basé sur un « crédit d'impôt industrie verte », un bonus écologique fléché vers les véhicules propres produits en Europe, et des « clauses miroirs » dans les accords de libre-échange. Le nouveau paradigme américain sert de modèle aux stratégies de réindustrialisation.

Alors qu'il entre en campagne pour 2024, Joe Biden compte sur un bilan économique flatteur. Le taux de chômage – 3,5 % – est au plus bas depuis 40 ans, le taux d'inflation reflue, les bas salaires profitent de fortes hausses, l'activité économique est en croissance. En prenant un net virage sur les déchirures sociales et raciales, en adoptant une politique climatique ambitieuse, Joe Biden commence à corriger deux insuffisances notoires outre-Atlantique. Son pari est compréhensible face aux déchirures internes du pays et aux graves tensions géopolitiques mondiales. Mais rien ne dit que ce regain de politique industrielle et de protectionnisme sera couronné de succès – ou s'il sera un prix cher payé pour rassembler le pays.

P. L.

Pour en savoir plus

- J. Bistline, N. R. Mehrotra, et C. Wolfram, « Economic Implications of the Climate Provisions of the Inflation Reduction Act », *Brookings Papers on Economic Activity*, avril 2023.
- O. Blanchard, A. Domash, et L.H. Summers, « Bad News for the Fed from the Beveridge Space », Policy Brief, Petersen Institute for International Economics, juillet 2023.
- L. Nardon, « États-Unis : la perception des questions environnementales est le reflet de divisions politiques, religieuses et sociales », *in Une planète mobilisée ? L'opinion mondiale face au changement climatique*, Observatoire international climat et opinions publiques, avril 2023.

La compétition sino-américaine : stratégique, économique et à impact global

Un affrontement d'abord économique

La compétition sino-américaine se précise dans le domaine militaire, autour de Taïwan, mais elle revêt des formes avant tout économiques. La volonté américaine de rompre les chaînes de dépendance pourrait conduire à un risque de fragmentation du système international des économies, qui aurait des effets bien au-delà du couple Pékin/Washington.

Dans leur Stratégie de sécurité nationale (NSS), les États-Unis définissent la Chine comme le défi géopolitique le plus substantiel, ainsi que le seul challengeur, en même temps décidé à et capable de redéfinir l'ordre international. À la lumière de ce constat, Washington articule sa politique étrangère sur les volets sécuritaire, économique et technologique, de manière à dissuader Pékin de tout changement de l'ordre international par la force, ainsi qu'à garder la Chine à distance dans la compétition stratégique des grandes puissances (*outcompete China*) en termes économiques et capacitaires.

Dans un contexte caractérisé par les tensions aggravées par la guerre d'Ukraine, le rapprochement entre Pékin et Moscou, et des derniers développements autour du détroit de Taïwan, l'impact de la compétition sino-américaine se fera sentir non seulement sur l'échiquier international mais encore dans les dynamiques économiques internes un peu partout dans le monde.

La dimension sécuritaire

Dès son installation à la Maison-Blanche, le président Biden a souhaité mettre l'accent sur l'aspect sécuritaire de la compétition avec la Chine, en renforçant la coopération de défense avec des partenaires régionaux qui revêtent une importance essentielle pour la sécurité globale de l'Indo-Pacifique. Au nombre des initiatives américaines figurent le lancement du partenariat AUKUS avec l'Australie et le Royaume Uni, le renforcement du Quad (qui regroupe États-Unis, Australie, Japon et Inde), ainsi que le renforcement de la coopération militaire avec le Japon.

Face aux événements d'Ukraine qui ont manifestement brisé le tabou de l'inviolabilité des frontières, et à une posture chinoise politiquement et militairement de plus en plus agressive, ce renforcement s'est accompagné de prises de position politiques plus marquées concernant la défense de Taïwan. Les déclarations de Joe Biden sur la possibilité d'un engagement militaire américain (cependant démenties par les porte-parole de la Maison-Blanche) manifestaient la volonté de concilier la stratégie traditionnelle américaine d'ambiguïté stratégique avec un objectif plus clair de dissuasion vis-à-vis de Pékin.

Parallèlement, la sécurité de l'île et une réponse ferme à opposer à l'agressivité chinoise sur l'ensemble du théâtre asiatique sont désormais devenues des thèmes de débat bipartisan et de compétition de politique intérieure. Viennent le confirmer plusieurs événements politiques récents, comme la visite de Nancy Pelosi – alors *speaker* de la Chambre des représentants – à Taïwan, la rencontre entre la présidente taïwanaise et l'actuel *speaker* Kevin McCarty à Los Angeles, ou l'épisode du ballon-espion chinois, qui a suscité quelques critiques contre une administration accusée de réaction tardive à ce qui fut perçu comme une menace à la sécurité nationale.

Par ailleurs, les tournées asiatiques de potentiels candidats aux primaires républicaines (le gouverneur de Virginie Glenn Youngkin, l'ancien conseiller à la Sécurité nationale John Bolton à Taïwan, le gouverneur de Floride Ron De Santis au Japon et en Corée…) montrent que le théâtre asiatique est bien vu comme une étape nécessaire à l'établissement d'une légitimité politique et électorale.

En parallèle et plus généralement, semble se dégager un consensus assez large entre anciens et nouveaux conseillers – ainsi que dans certaines déclarations officielles, comme celle du directeur de la Central Intelligence Agency (CIA) William Bruns – sur un constat : la Chine pourrait attaquer Taïwan d'ici à 2027, avec une fenêtre d'opportunité particulièrement dangereuse à la fin de 2024 : année d'élections présidentielles, tant aux États-Unis qu'à Taïwan.

Pour autant, alors que Washington définit la République populaire de Chine comme un *pacing challenge* – le défi devant étalonner l'engagement militaire américain –, l'élément de préoccupation majeure demeure l'absence, entre les deux acteurs, de canaux de déconfliction militaire, et le refus de la Chine de s'engager dans cette direction en-dessous du niveau de la présidence et son entourage proche : un état de fait qui rend plus préoccupant le risque d'accident ou de malentendu.

La dimension économique

Plus encore qu'au niveau des préoccupations sécuritaires, la compétition avec la Chine s'enracine dans des sujets de politique économique et industrielle, susceptibles d'impacter plus directement encore les comportements électoraux américains.

Le sentiment de frustration antisystème de l'électorat des régions désindustrialisées s'est révélé déterminant dans l'élection de Donald Trump, critique du libre-échange et de la globalisation, mais aussi des pratiques déloyales chinoises. Durant son mandat, Trump a lancé une véritable guerre tarifaire, avec l'idée de réduire le déficit commercial des États-Unis vis-à-vis de la Chine, et mis en place une série d'incitations fiscales censées favoriser la relocalisation des entreprises aux États-Unis. L'accord *Phase One*, qui aurait dû être suivi par un *Phase Two*, a organisé une solution temporaire à la guerre commerciale, sans pour autant prendre en compte les déterminants structurels du déséquilibre commercial entre Pékin et Washington.

Quatre ans plus tard, et dans le cadre de préoccupations sur les interdépendances aggravées par la pandémie de Covid-19 et l'assertivité chinoise, Joe Biden a opté pour une approche plus structurelle, visant à préserver, voire accroître, l'avantage compétitif de Washington sur Pékin (*outcompete China*) dans plusieurs domaines. D'un côté, et en ligne avec l'aile progressiste du Parti démocrate et une partie de l'électorat de la *rust belt*, l'administration Biden investit dans les projets d'infrastructures, d'industrialisation et de redistribution, avec la loi sur la réduction de l'inflation (*Inflation Reduction Act*, IRA) qui vise à renforcer le potentiel manufacturier des États-Unis en matière d'énergies renouvelables, tout en garantissant les droits des ouvriers américains, aux conditions de travail souvent précaires.

D'un autre côté, l'équipe présidentielle a entamé des démarches concrètes pour faire face aux vulnérabilités des chaînes de valeur et aux enjeux sécuritaires qui en dépendent. Le *CHIPS and Science Act* vise à réduire la dépendance des États-Unis en matière de semi-conducteurs produits à Taïwan, *via* un soutien économique d'ampleur historique à l'industrie américaine de ce secteur – laquelle est aussi poussée à respecter des critères stricts en matière de traitement des travailleurs américains. Parallèlement, Washington a pris des initiatives quant à la recherche de métaux critiques (notamment le lithium, dont la Chine est le troisième producteur au monde), avec des pays partenaires. De même, les États-Unis ont mis en place des mesures de contrôle des exportations en direction de la Chine, qui visent à empêcher le transfert de technologies sensibles et susceptibles d'être utilisées dans le domaine militaire.

Un impact mondial

Une confrontation militaire sino-américaine dans le détroit de Taïwan aurait des conséquences dramatiques (peut-être aggravées par une conjonction avec les événements d'un front toujours ouvert en Ukraine). Mais ces conséquences seraient capitales dans le domaine économique, en cas de blocus naval par exemple vu l'énorme volume du commerce mondial transitant par le détroit de Taïwan, et le rôle clé de l'île dans la production globale de semi-conducteurs.

Pour l'heure, l'impact des mesures économiques décidées par Washington inquiète plusieurs pays dans le monde, qui craignent un découplage économique (lignes de production, règlementations, flux commerciaux, standards technologiques, flux financiers) entre Washington et Pékin, qui les contraindrait à choisir l'un ou l'autre partenaire commercial. Sur ce point, la secrétaire au Trésor Janet Yellen s'est récemment exprimée, précisant que les États-Unis ne souhaitaient pas en arriver à un découplage, qu'ils cherchaient à établir une relation constructive avec la Chine, sans interdire à Pékin de remporter ses propres succès économiques, et en essayant de coopérer sur les défis globaux. En revanche, Washington souhaite investir massivement au profit de sa propre résilience industrielle, et considère possible que le découplage se limite aux aspects technologiques et de sécurité des chaînes de valeur. Cela, même si plusieurs économistes soulignent les multiples conséquences que pourrait avoir ce découplage partiel sur différents secteurs, qui nuiraient aussi aux consommateurs américains.

Par ailleurs, dans un contexte de débats politiques internes plutôt hostiles aux accords de libre-échange, la politique étrangère de Washington vis-à-vis de la Chine apparaît dépourvue d'un outil important de compétitivité susceptible de jouer au profit de l'industrie américaine, dans l'espace indopacifique et ailleurs, là où la Chine est prête à jouer. L'abandon du projet de *Comprehensive and Progressive Agreement for Trans-Pacific Partnership* (CPTPP) – la Chine en fait désormais partie – a constitué une occasion ratée, que l'initiative de Biden de l'*Indopacific Economic Framework* ne pourra rattraper.

Pour l'heure et en dépit de leurs déclarations, les dirigeants américains semblent assumer l'impossibilité d'obtenir de Pékin que la Chine se conforme aux règles du commerce international, et à la réciprocité nécessaire. Vu l'importance que revêt cette compétition pour la sécurité nationale, l'administration Biden (et le Parti démocrate) n'hésite pas elle-même à s'affranchir des règles de l'Organisation mondiale du commerce (OMC), avec des mesures comme l'IRA, ou en continuant de bloquer la nomination des juges de l'organe d'appel de l'OMC. Au niveau bilatéral, vu la taille de l'économie américaine, les effets pourraient être négligeables, mais ces décisions ont pour effet un incontestable affaiblissement de mécanismes que nombre de partenaires des États-Unis, dont les Européens, pourraient utiliser pour renvoyer la Chine à ses responsabilités en matière de politique commerciale.

***

Quel que soit le résultat de l'élection présidentielle de 2024, la Chine demeurera un dossier essentiel, prioritaire, pour les républicains comme pour les démocrates, en matière de politique intérieure, et de politique étrangère, avec certes des nuances dans les voies choisies pour atteindre les objectifs fixés. Si l'on peut imaginer un camp républicain très centré sur l'axe commercial, souhaitant encore plus de restrictions dans le commerce des États-Unis (et de leurs partenaires) avec la Chine, on pourrait envisager dans le camp démocrate une approche plus sélective, centrée sur la préservation des chaînes de valeurs et un renforcement des axes directement sécuritaires, alors qu'on tenterait de relancer les canaux de déconfliction.

Pour autant, les relations avec Pékin continueront à occuper une place encombrante dans la relation transatlantique. L'extraterritorialité des mesures de contrôle des exportations et technologies sensibles, et plus généralement l'impact politique des relations économiques, ou les conséquences d'une escalade à Taïwan – et ses éventuels effets en Europe et précisément en Ukraine : tous ces thèmes figurent au premier rang des sujets incontournables des années à venir.

G. d. M.

Pour en savoir plus

- R. Doshi, *The Long Game: China's Grand Strategy to Displace American order*, New York, Oxford University Press, 2021.
- J. Sullivan, « Remarks by National Security Advisor Jake Sullivan on Renewing American Economic Leadership at the Brookings Institution », Maison-Blanche, 27 avril 2023.
- J. Carafano, M. Pillsbury, J. Smith, A. Harding, « Winning the new Cold War: A Plan for Countering China », The Heritage Foundation, 28 mars 2023.

Amérique latine : une difficile lutte contre les injustices

L'économique et le social contre la croissance ?

En Amérique latine, les injustices sociales sont héritées d'une longue histoire. Elles brident un peu partout la croissance par la concentration des richesses et l'inégale répartition des investissements. Une profonde réforme de la fiscalité s'impose, qui ne recueille pourtant que peu de soutien politique et social.

L'Amérique latine est notoirement le continent des inégalités. La World Inequality Database (WID) donne une idée de la concentration des revenus, et surtout du patrimoine, en Amérique latine, avec deux constats principaux :

- La concentration des revenus y est plus forte que dans la plupart des autres pays émergents, à niveau de développement comparable, et apparaît dans la part des revenus captée par les 10 % les plus aisés (jusqu'à 64 % du total au Mexique, *vs.* 40 à 50 % dans l'échantillon[1]), et dans la faiblesse de la part des 50 % les moins favorisés (6 % au Mexique et au Pérou, *vs.* 15 à 25 % dans l'échantillon). En revanche, la concentration des patrimoines est du même ordre en Amérique latine que dans les pays de l'échantillon.
- Les situations y sont diverses. La concentration des revenus et des patrimoines est extrême au Mexique, au Chili, au Pérou et au Brésil (et dans une partie de l'Amérique centrale). Elle est bien moindre en Uruguay ou en Argentine. Quelques pays (Colombie, Rép. dominicaine) étant dans une situation intermédiaire.

Au mot « inégalités » on préférera celui d'« injustices ». Les « inégalités » sont plus faciles à quantifier que les « injustices », qui relèvent en partie d'un point de vue moral. Mais ce que certaines politiques économiques tentent de corriger – en Amérique latine, mollement et sans grand succès –, ce sont bien les injustices : revenus trop faibles pour assurer une vie décente, accès difficile à l'éducation ou à la santé, minorités marginalisées… Des injustices qui sont une des causes de la médiocrité persistante des performances économiques de la région. On se limite ici à un état des lieux des injustices économiques et sociales ; les injustices

1. Indonésie, Iran, Malaisie, Maurice, Philippines, Pologne, Rép. tchèque, Serbie, Thaïlande, Turquie, Vietnam.

politiques (processus électoraux dévoyés, traitement des minorités indiennes ou afro-américaines, lois défavorables aux femmes...) n'étant abordées que dans la mesure où elles confortent les premières.

Les origines des injustices économiques et sociales

Les origines de ces injustices peuvent d'abord être cherchées dans l'histoire. Après l'invasion espagnole, la plus grande partie de la population indigène tombe dans le statut de l'*encomienda*, à peine plus enviable que l'esclavage, quand les conquérants, et plus tard les fonctionnaires envoyés de métropole, se partagent terres, mines, et *Indios encomendados* (les « Indiens confiés » aux colons). Au Brésil, les Portugais réduisent directement une partie des indigènes en esclavage. Dans les deux cas, la main-d'œuvre servile autochtone est renforcée par des esclaves africains. Les indépendances finissent par accorder la liberté aux esclaves (en 1888 seulement au Brésil) mais elles n'améliorent pas le sort des Indiens, qui voient leurs terres, jusque-là préservées (les *resguardos*), ouvertes à la colonisation des créoles. Une classe moyenne, souvent métisse mais parfois issue de l'immigration européenne (Argentine, Brésil, Chili, Uruguay), finit cependant par émerger avec l'industrialisation et certaines cultures commerciales (le café au Brésil et en Colombie). Mais cette classe moyenne se range souvent aux côtés de l'oligarchie traditionnelle pour figer les structures sociales, à quelques exceptions près (Uruguay, Argentine et Chili dans une certaine mesure).

Les structures politiques reflètent ces structures sociales. Les partis ne sont souvent que l'expression des sensibilités culturelles diverses du groupe dominant (la question religieuse jouant un rôle important), et leurs ambitions réformistes sont modestes. Les tensions sociales se dénouent parfois lors de révolutions d'où émergent une nouvelle oligarchie (Mexique, Venezuela), ou d'élections remportées par une gauche qui se heurte aux contraintes financières, et dans nombre de pays à l'armée, qui longtemps n'a pas hésité à se saisir du pouvoir (Cône Sud, Brésil, Venezuela, Amérique centrale). À l'exception notable de l'Uruguay et dans une moindre mesure de l'Argentine, les forces conservatrices ont presque partout réussi, par la force si nécessaire, à maintenir l'« ordre naturel » issu de la colonisation et des indépendances.

Les injustices économiques et sociales contre la croissance

« La reproduction sociale passe avant la production économique », écrit Alain Rouquié (*À l'ombre des dictatures. La démocratie en Amérique latine*, Paris, Albin Michel, 2010). Le Fonds monétaire international (FMI) et la Banque mondiale s'obstinent à chercher dans des réformes techniques une accélération de la croissance, de plus en plus faible et depuis 12 ans nettement inférieure à celle des autres régions. Beaucoup de ces réformes sont utiles (elles le seraient plus encore si le FMI avait insisté sur les réformes fiscales autant que sur l'ouverture des comptes de capitaux) mais n'abordent pas le point central relevé par Rouquié : les élites et une large partie de la classe moyenne ne souhaitent pas une croissance qui remettrait en cause les structures sociales ; or ces élites contrôlent les institutions et comme l'a montré Douglass North : « *Institutions matter* ». Sauf exception, la priorité des pouvoirs latino-américains n'est pas, quoi qu'ils en disent, la recherche de la croissance économique et d'une plus grande justice sociale. Et les institutions – notamment, et ce n'est pas un hasard, les administrations fiscales – sont peu efficaces.

Le poids des secteurs « informels » peut être estimé par la part des employés ne contribuant pas à un système de prévoyance : 58 % sur la région, mais 68 % au Mexique et 83 % au Guatemala. Il traduit une injustice : la marginalisation économique persistante d'une grande partie de la population, souvent faute de niveau suffisant d'éducation, mais aussi conséquence du désintérêt des pouvoirs publics. Avec un impact négatif direct sur la croissance : la productivité du secteur informel étant beaucoup plus faible que celle des entreprises du secteur formel.

La concentration de 55 à 60 % des revenus en faveur des 10 % les plus aisés, et le maintien en situation de pauvreté de 31 % de la population (chiffre CEPAL de 2019, avant la pandémie de Covid-19) ont aussi pour effet de maintenir la taille du marché intérieur très au-dessous de ce qu'il pourrait être si la répartition des revenus était plus égale. Ce qui produit une dés-incitation à l'investissement, domestique ou étranger (seuls deux grands pays, Brésil et Mexique, échappent à cette contrainte), et nuit à l'émergence d'entreprises locales capables de se développer, ensuite, à l'international.

Enfin, tous les pays de la région, à l'exception du Mexique, sont restés essentiellement des producteurs de produits primaires (pétrole, minéraux, produits agricoles), un état de fait aggravé par la re-primarisation des 20 dernières années. Ce qui a un impact négatif à la fois sur la justice sociale et sur le potentiel de croissance. Sur la justice sociale : les revenus de la vente de ces produits sont concentrés sur une petite partie de la population (à l'exception de quelques produits comme le café), c'est-à-dire les propriétaires des actifs produisant ces biens, et parfois une partie de leurs salariés (dans le pétrole). Sur le potentiel de croissance : ces secteurs (auxquels on peut ajouter le secteur financier) ont une productivité nettement plus élevée que le reste de l'économie, notamment de celle de l'industrie manufacturière, ce qui handicape doublement celle-ci, en poussant vers le haut les salaires mais aussi le taux de change d'équilibre. L'ensemble de la région souffre ainsi d'une « maladie hollandaise », au profit d'une petite partie de sa population. Ajoutons que ces secteurs sont en général imposés à des taux inférieurs à ceux du reste de l'économie, pour « favoriser l'investissement », par faiblesse des administrations fiscales, par décision politique, ou les trois à la fois (ainsi en Argentine avec l'objectif de Mauricio Macri en 2016 d'éliminer les *retenciones*, une taxe sur les exportations agricoles).

La lutte contre les injustices est-elle possible en Amérique latine ?

Pourrait-on réduire les injustices économiques et sociales en Amérique latine, et ainsi mettre en place un contexte plus favorable à la croissance ? La clé se situe clairement dans la fiscalité, qui permet à la fois de réduire directement les inégalités de revenus en taxant plus fortement les revenus les plus élevés et en finançant des transferts monétaires, et qui, au-delà des transferts directs, donne à l'État les moyens d'améliorer l'« égalité des chances » en développant des meilleurs systèmes éducatif et de santé.

Or, les fiscalités latino-américaines ne jouent pas ce rôle : elles sont faibles (en moyenne 17,6 % du PIB – nettement moins sans le Brésil et l'Argentine –, contre

20,3 % dans l'OCDE – et bien plus en Europe), et surtout ne taxent que peu les revenus, l'impôt sur le revenu des personnes ne représentant que 2,2 % du PIB contre 5,6 % dans l'OCDE. En revanche, l'impôt régressif qu'est la TVA (payée par les plus pauvres sur la totalité de leurs revenus, à la différence des plus aisés) y représente 5,7 % du PIB. L'impôt sur les successions est faible (Brésil, Chili), symbolique (Équateur, Rép. dominicaine), ou inexistant (partout ailleurs).

On ne peut bien sûr compter sur les gouvernements conservateurs pour réformer en profondeur la fiscalité. Ils tentent plutôt d'en aggraver l'injustice (voir l'exemple argentin, ou la réforme fiscale avortée d'Iván Duque en Colombie en 2021). À cet égard, Andrés Manuel López Obrador au Mexique, qui s'était engagé pendant sa campagne électorale à ne pas faire de réforme fiscale, peut être rangé parmi ces conservateurs. Deux exemples récents peuvent être sources d'optimisme, ou de pessimisme. En Colombie, le gouvernement de Gustavo Petro a réussi, à faire voter par le Congrès une réforme fiscale peu révolutionnaire (elle apportera 1 % du PIB) mais visant explicitement les hauts revenus et les gros patrimoines. En revanche, Gabriel Boric vient d'échouer à faire approuver par les députés chiliens une réforme pourtant modeste.

***

Les résistances sont en effet fortes. Celle des plus aisés est presque unanime : ils sont convaincus que la préservation d'une société « décente » exige le maintien en l'état des structures sociales. Ils sont souvent rejoints par la classe moyenne, pour de bonnes ou mauvaises raisons. Parmi les mauvaises, la crainte de perdre les privilèges apportés par des revenus souvent largement supérieurs à ceux d'une grande partie de la population. Parmi les bonnes, la conviction qu'ils seront les « payeurs » d'une éventuelle réforme fiscale : la faiblesse des administrations fiscales conduit en effet souvent celles-ci à ne taxer que les revenus facilement fiscalisables, c'est-à-dire les salaires moyens et élevés. Et aussi le sentiment qu'en échange de leurs impôts, l'État ne leur apporte que très peu : ni services éducatifs ou de santé convenables – ce qui les conduit à se tourner vers un secteur privé payant –, ni même souvent de sécurité physique.

Le soutien des classes populaires aux réformes est lui-même inconstant : il peut être freiné par des facteurs culturels (ainsi le rôle des églises évangéliques au Brésil), ou par des transferts monétaires massifs en période électorale (le Brésil encore). Enfin, certaines gauches latino-américaines fournissent, par leurs échecs, un épouvantail bien utile aux droites régionales : Cuba a longtemps joué ce rôle, dans lequel le Venezuela s'avère encore plus opportun, et efficace.

J.-L. M.

Pour en savoir plus

- D. Acemoğlu et J. A. Robinson, *Why Nations Fail: The Origins of Power, Prosperity, and Poverty*, New York, Crown Business, 2012.
- A. O. Hirschman, *Exit, Voice, and Loyalty: Responses to Decline in Firms, Organizations, and States*, Cambridge, Harvard University Press, 1970.
- D. Rodrik, « Goodbye Washington Consensus, Hello Washington Confusion? », *Journal of Economic Literature*, vol. XLIV, janvier 2006.

Retour de Lula : un mandat risqué

Défis internes et externes

Les difficultés économiques du Brésil l'incitent à resserrer ses liens avec la Chine, tout en tentant de préserver ses relations avec ses grands partenaires occidentaux. La transition écologique et la stabilisation sociale et économique d'un pays divisé restent les grands défis d'une présidence à risque.

Le retour au pouvoir du président Lula da Silva pour un troisième mandat semblait impossible après sa condamnation à neuf ans de prison en 2018. Deux ans plus tard, après 500 jours derrière les barreaux, blanchi en mars 2021 par le Tribunal suprême fédéral, il est candidat à la présidentielle de 2022 et l'emporte avec une faible marge, à peine 2 millions de voix d'avance, sur le président sortant Jair Bolsonaro. Le pays est divisé entre « lulistes » et « bolsonaristes », entre des projets opposés, l'un social et environnemental, l'autre libéral, conservateur et sécuritaire, tous les deux « pour un grand Brésil ».

Sur le plan intérieur, tandis que Lula trouve ses soutiens inconditionnels dans les classes les plus pauvres – moins de deux salaires minimum –, Bolsonaro est le candidat de la « nouvelle classe moyenne », partisane de l'ordre et aux revenus un peu plus élevés. Le premier pourra-t-il donner priorité aux progrès sociaux, réactivant la croissance d'une économie exportatrice et permettant au Brésil de conforter son rang sur la scène internationale ? En renforçant les liens avec la Chine, ou en cultivant le partenariat stratégique avec les États-Unis et l'Europe ?

Les défis internes et externes sont immenses. Comment reprendre le fil du modèle de développement des années 2000 en même temps qu'une politique non alignée dans un contexte mondial désormais tendu ? Le président Lula affiche pour cela une double priorité : la défense de la démocratie et celle de la biodiversité amazonienne.

Infléchir la politique étrangère ?

Des initiatives d'intégration au niveau régional et international existent depuis deux décennies, d'abord économiques, puis plus politiques avec l'UNASUR – Union des nations de l'Amérique du Sud –, enfin avec les BRICS (les grands émergents : Brésil, Russie, Inde, Chine, et Afrique du Sud depuis 2011). En début de mandat, le président Lula recherche une difficile position d'équilibre entre les blocs.

D'un côté, préserver l'alliance des BRICS en maintenant des relations prioritaires avec la Chine et en ne condamnant pas l'agression contre l'Ukraine (le Brésil ne participe ainsi pas aux sanctions). De l'autre, ne pas perdre le partenariat avec les États-Unis, ni le rôle de leader en Amérique latine pour la défense du monde occidental. Pourtant, lors de son premier déplacement à Washington, Lula n'a pas obtenu les appuis financiers qu'il espérait ; et les parlementaires américains questionnent son rapprochement avec Pékin.

En avril 2023, le président Lula s'est en effet rendu avec une importante délégation en Chine, afin de signer des accords commerciaux mais aussi technologiques et scientifiques (5G de Huawei) et de se positionner dans la compétition mondiale. Ainsi, dans le domaine aérospatial, le Brésil s'efforce de rester en bonnes relations tant avec les États-Unis qu'avec la Chine, notamment en louant à cette dernière sa base de lancement d'Alcantara (2° au sud de l'équateur) en échange de technologies spatiales.

Un puissant Conseil entrepreneurial Brésil-Chine (CEBC) s'emploie à faciliter les transactions, ainsi qu'à formuler une vision de coopération de long terme – l'entreprise chinoise State Grid a ainsi investi au Brésil dans la construction de lignes de transmission électriques –, ce d'autant que le marché chinois absorbe près du tiers des exportations brésiliennes avec, en 2022, un solde positif de 30 milliards de dollars. Premier partenaire commercial, la Chine achète en 2022 au Brésil des matières peu transformées : 70 % du soja (pour 32 milliards de dollars), 67 % du minerai de fer (pour 18 milliards de dollars), du pétrole (pour 16 milliards de dollars) ainsi que des viandes et du bois. Le Brésil reçoit, quant à lui, 47 % des investissements chinois en Amérique latine, soit un stock cumulé de 66 milliards de dollars entre 2007 et 2020. Grâce à ces échanges, Brasília espère améliorer ses voies de communication, mieux transformer ses produits d'exportation, et progresser en technologie numérique.

Lula est également accueilli à Shanghai pour l'intronisation de Dilma Rousseff comme présidente de la banque de développement des BRICS. Cette NBD, créée en 2015 avec un capital de 50 milliards de dollars, sert à financer des travaux d'infrastructures et de développement durable. Le discours de Lula plaît aux dirigeants chinois : il faut changer le système de gouvernance global en combattant l'hégémonie américaine et le trop puissant dollar ; changer aussi le fonctionnement de l'ONU et des banques internationales qui asphyxient des pays comme l'Argentine.

Le Brésil peut-il garder une telle position d'équilibre ? En période de croissance cela semble possible, mais en période de récession économique et de tension géopolitique, la dépendance des achats de la Chine questionne. S'il existe un courant prochinois dans le pays, un alignement sur la politique chinoise semble en revanche hasardeux, dans une nation où les références culturelles et économiques restent fondamentalement nord-américaines, en dépit de la petite musique anticapitaliste qu'entretient la gauche brésilienne. Une nouvelle page des relations internationales s'ouvrirait-elle, dans laquelle le non-alignement reviendrait à approfondir des partenariats avec des régimes dictatoriaux ?

Confirmer la transition écologique

Fort en énergies renouvelables (biocarburants, hydroélectricité), le Brésil entend montrer au monde qu'il déploie les moyens d'agir sur les différents fronts de la durabilité, un thème mis en avant pour sa présidence du G20 en 2024. Il s'agit d'abord de combattre le point noir des incendies : l'objectif fort ambitieux d'une

« déforestation zéro » en Amazonie a été fixé pour 2030. La lutte contre la déforestation permet au demeurant de solliciter des subventions internationales. Le chancelier Olaf Scholz, reçu dès janvier 2023 à Brasília, a renouvelé la participation allemande au fonds d'investissement pour l'Amazonie, gelé les années précédentes.

Le ministère des Finances, confié à Paulo Haddad – économiste, candidat malheureux du Parti des travailleurs aux présidentielles de 2018 –, prépare un plan de transition écologique basé sur un usage durable des ressources naturelles et une réindustrialisation, afin de rééquilibrer socialement et spatialement les fruits de la richesse. Le vice-président Geraldo Alckmin, de centre droit, exerce aussi la fonction de ministre de l'Industrie, du Commerce et des Services, afin de rallier l'élite industrielle de São Paulo au projet.

Comment le Brésil, champion du socio-environnementalisme, redeviendra-t-il une référence en matière de défense de l'environnement, des droits des peuples indigènes et des extractivistes ? Un ministère des Peuples indigènes a été créé, et le premier déplacement du président Lula a été pour le Roraima, où se déroule une opération de secours aux Yanomami, envahis par les orpailleurs. La sénatrice Marina Silva a retrouvé le ministère de l'Environnement, poste qu'elle a occupé de 2003 à 2008, en obtenant que les questions écologiques soient traitées de manière transversale. Elle reconstitue ses équipes, rétablissant la police environnementale et les droits des populations locales. Le sommet des pays amazoniens d'août 2023 devait permettre au Brésil de retrouver sa place de leader, avec la perspective d'organiser la Conférence sur le climat de l'ONU – Cop 30 – à Belém en 2025. Une nouvelle phase du socio-environnementalisme est ainsi lancée.

Ces orientations, affirmées dès 2006 et aujourd'hui reprises, exigent de puissants moyens et une volonté nationale forte. Signifient-elles pour autant que le pays est véritablement sur la voie d'un capitalisme vert basé sur la biotechnologie ?

Mobiliser des soutiens en interne

En interne, le président Lula devra négocier sans relâche. Au Congrès où domine la droite institutionnelle et extrême, l'opposition est constante et les réformes rejetées ; or, l'économie a besoin de croître et de redistribuer. En 2010, son économie était florissante, et le Brésil émergeait au nombre des premières puissances mondiales. La classe moyenne s'élargissait, le président Lula jouissait d'une popularité record de 87 %. L'économie est entrée en récession en 2015 et la croissance du PIB demeure faible. Le pays pointe aujourd'hui à la 12e place des économies du monde, et avec 7 500 livres sterling, à la 80e place pour le PIB par tête.

De plus, pour satisfaire les soutiens politiques il a fallu multiplier les nominations : 37 ministres composent le gouvernement[1], avec des aires de compétences à redéfinir ; ainsi quatre portefeuilles figurent dans le gouvernement de Lula pour l'Agriculture, contre un seul chez Bolsonaro.

La question agricole revêt, en effet, une importance particulière dans ce pays où 25 % du PIB vient de l'agronégoce, et où l'agriculture familiale (4 millions d'exploitations)

1. 26 hommes et 11 femmes, 10 d'entre eux appartenant au PT – dont l'important ministère de l'Éducation –, contre 23 ministres sous Bolsonaro.

fournit l'essentiel de l'alimentation quotidienne des Brésiliens. Le ministère de l'Agriculture, dirigé par un sénateur du Mato Grosso, représente l'agronégoce, seul secteur florissant de l'économie brésilienne, très capitalistique et mis aux normes de la mondialisation. Parallèlement, le ministère du Développement agraire, confié à un fidèle du PT, relance les lotissements de réforme agraire et le dialogue avec les mouvements sociaux comme le Mouvement des sans-terre (MST), qui milite contre l'agronégoce copié sur le modèle nord-américain, et promeut la coopération avec la Chine pour une réforme agraire, et l'appui aux petites entreprises rurales. Le MST reprend donc de polémiques occupations de terres, tout en promouvant l'agro-écologie ainsi qu'un alignement sur le modèle chinois.

Parmi les autres ministères essentiels, celui des Mines et Énergie est chargé de la transition énergétique, de la politique des prix et de la gouvernance des entreprises publiques, telles Eletrobras, la première en production électrique de l'Amérique latine, ou encore Petrobras (sujet délicat, qui fit hier chuter Lula). Le président s'oppose à leur privatisation : « Il faut arrêter de vendre notre patrimoine. » Les gisements pétrolifères du pré-sal en eaux ultra-profondes (2,2 millions de barils/jour) assurent une autosuffisance nationale, ainsi que des exportations ; leur exploitation a exigé de lourds investissements.

Le gouvernement promet également des ressources aux États et aux municipalités pour assurer la sécurité publique, lutter contre la violence, le crime organisé et faire régner l'ordre dans les favelas. Mais sa position reste fragile, tant auprès des parlementaires que des militaires : le renseignement militaire est accusé de n'avoir pas su empêcher les attaques du 8 janvier sur les lieux de pouvoir de Brasília, et les trois-quarts des forces armées sont supposées être bolsonaristes. Les militaires avaient, sous Bolsonaro, occupé par milliers des fonctions dans les ministères ; ils ont dû regagner les casernes, avec interdiction de s'affilier à un parti. Le président Lula promet cependant d'investir dans les Armées. Il annonce aussi plus de ressources pour la recherche et la défense des droits de l'homme : beaucoup de promesses qui seront difficiles à tenir avec une croissance en berne – à peine 1 %, selon la prévision du FMI pour 2023.

Pour retrouver une plus large popularité, le président Lula devra déployer toutes ses qualités de négociateur pour, à la fois, rallier la classe moyenne à ses réformes socio-environnementales, relancer la croissance grâce au grand client chinois, et continuer à coopérer avec ses partenaires occidentaux.

M. D.

Pour en savoir plus

- M. Droulers, C. Broggio, « Les barrages hydroélectriques amazoniens, un enjeu de géopolitique interne », *Hérodote*, n° 165, 2017.
- N. Søndergaard, A. F. Barros-Platiau, H. Park, « When Only China Wants to Play: Institutional Turmoil and Chinese Investment in Brazil », *Revista Brasileira de Política Internacional*, décembre 2022.
- C. A Peres, J. Campos-Silva, C. Duarte Ritter, « Environmental Policy at a Critical Junction in the Brazilian Amazon », *Trends in Ecology & Evolution*, vol. 38, n° 2, février 2023.

Chine : tout changer pour que rien ne bouge ?

vidéo

http://dunod.link/2uft00s

Nouvelle équipe, ouverture post-Covid-19, vieilles recettes idéologiques

Le XXe Congrès du Parti communiste chinois a confirmé le pouvoir de Xi Jinping, sans affecter ses grands choix diplomatiques. Le dialogue avec Washington reste limité et hésitant. Pékin ne joue aucun rôle réel de médiation dans la guerre d'Ukraine. Il reste aux Européens à préciser des politiques fluctuantes face à la Chine.

En octobre 2022, le xxe Congrès du Parti communiste chinois a, sans surprise, reconduit Xi Jinping pour un troisième mandat de cinq ans à la tête du Parti et de l'armée : une première depuis la mort de Mao, la règle tacite depuis Deng Xiaoping étant de laisser place à une nouvelle génération de dirigeants après deux mandats, et passé l'âge de 68 ans.

En mars 2023, l'Assemblée nationale populaire l'a à son tour réélu à l'unanimité président de la République populaire de Chine. La nouvelle équipe dirigeante – en particulier le Comité permanent du Bureau politique du Parti et le Conseil d'État – a pour caractéristique d'être composée exclusivement de cadres proches de Xi Jinping. La Ligue de la jeunesse communiste a été complètement marginalisée, et son chef de file, l'ancien secrétaire général Hu Jintao, sorti du Congrès *manu militari*.

Un troisième mandat verrouillé

Ce troisième mandat s'ouvre donc sous les auspices d'un pouvoir verrouillé. Après dix années au pouvoir et une politique axée sur l'idéologie, la discipline et la surveillance, on peut penser que le secrétaire général poursuivra dans cette direction. Les réformes économiques restent en suspens dans un contexte de ralentissement de la croissance, de hausse de la dette et du chômage des jeunes, de crises immobilière et démographique. La Chine ne manque pas de talents face à ces défis – notamment le nouveau Premier ministre Li Qiang et le directeur de la Commission centrale des affaires économiques et financières He Lifeng. Mais une question persiste dans les cercles politiques et des affaires : le pragmatisme économique peut-il reprendre le pas sur l'idéologie dans un système dominé par Xi Jinping ?

L'abolition précipitée de la politique zéro Covid fin novembre 2022 a fait sortir la Chine de trois ans d'enfermement, au prix d'un lourd coût humain. Début 2023, le pays a progressivement rouvert ses frontières, mais la radicalité du gouvernement dans la gestion de la crise sanitaire (confinements draconiens, fermeture aux vaccins étrangers pourtant plus efficaces) a laissé ses stigmates sur la population (descendue dans la rue en novembre) et les acteurs économiques étrangers, certains s'étant repliés à Singapour.

La réouverture a également permis le grand retour de la Chine sur la scène diplomatique. En novembre, Xi Jinping s'est rendu à Bangkok pour le sommet de la Coopération économique pour l'Asie-Pacifique (APEC), puis à Bali pour le sommet du G20, où il a pu s'entretenir avec Joe Biden, Fumio Kishida, Emmanuel Macron, Anthony Albanese… En mars, victoire diplomatique pour la Chine : l'Iran et l'Arabie Saoudite renouent officiellement leurs relations sous les auspices de Pékin. Ce retour diplomatique a pu laisser penser à un assouplissement de la politique étrangère agressive déployée depuis 2020 avec la « diplomatie des loups guerriers ». Pour autant, dans son environnement immédiat et son rapport à l'Occident, l'approche de Pékin reste musclée. Les manœuvres militaires dans le détroit de Taïwan sont quotidiennes, et Xi Jinping accuse explicitement « les pays occidentaux menés par les États-Unis en tête » de vouloir encercler et contenir la Chine.

États-Unis-Chine : une succession d'occasions manquées

La rivalité sino-américaine continue de s'accentuer : Pékin a répondu à la visite de la présidente de la Chambre des représentants américaine Nancy Pelosi à Taipei en août 2022 par quatre jours d'exercices militaires de grande envergure. En matière technologique, nerf de la guerre, Washington a pris des mesures draconiennes en octobre, interdisant l'exportation et la réexportation de technologies liées à la production de semi-conducteurs haut de gamme vers la Chine. Après les sanctions contre Huawei et consorts sur la 5G, Washington ne fait plus mystère de sa volonté d'entraver les capacités d'innovation chinoises. Pour les Américains, il s'agit de « rivaliser vigoureusement » dans les domaines de l'économie et de la technologie, sans toutefois verser dans la confrontation[1]. Reste à voir si Pékin consent à distinguer la rivalité économique de la rivalité stratégique.

Signal encourageant, Washington et Pékin se montrent le plus souvent volontaires pour dialoguer afin de gérer leur rivalité. Mais les crises se multiplient plus vite que les rencontres. Après celle des deux chefs d'État en novembre à Bali, le secrétaire d'État américain Antony Blinken devait se rendre à Pékin début 2023. Sa visite a été brusquement annulée quand un ballon chinois a survolé le territoire américain, avant d'être abattu au-dessus de l'Atlantique, provoquant une nouvelle crise diplomatique avec Pékin et une vaste controverse aux États-Unis.

Une rencontre de haut niveau a pourtant pu avoir lieu début mai en terrain neutre, à Vienne. Jake Sullivan, conseiller à la Sécurité nationale du président américain, a échangé deux jours durant avec Wang Yi, directeur du Bureau de la Commission centrale pour les Affaires étrangères. Finalement, Antony Blinken s'est rendu à Pékin en juin 2023, suivi par la secrétaire au Trésor Janet Yellen en juillet, mais pour des avancées peu probantes.

1. Interview de Jake Sullivan, conseiller à la Sécurité nationale, « Are the US and China Stumbling into Conflict? », CNN, 5 juin 2023.

Ces signaux positifs sont toutefois modérés par des tensions toujours aiguës sur le plan militaire. Le ministre chinois de la Défense, Li Shangfu, sous le coup de sanctions américaines, a refusé de s'entretenir avec son homologue américain Lloyd Austin au Shangri-La Dialogue de début juin. Les Américains ont appelé à maintes reprises la Chine à rouvrir les canaux de communication entre les deux armées, après les manœuvres hostiles et dangereuses de l'armée chinoise dans les airs et sur mer. Le 26 mai, au-dessus de la mer de Chine méridionale, un chasseur *J-16* chinois a ainsi coupé la route d'un avion de reconnaissance américain *RC-135*. Le 3 juin dans le détroit de Taïwan, un destroyer chinois *Type 052D* a coupé la route à moins de 150 mètres de la proue du destroyer américain *USS Chung-Hoon*, suivi par la frégate canadienne *HMCS Montréal*, forçant le navire américain à adapter son allure et son cap pour éviter la collision.

La récurrence de ce genre d'incidents fait peser des risques d'escalade importants, *a fortiori* en l'absence de communication étroite entre forces américaines et chinoises.

Chine-Ukraine : une médiation rhétorique

Nombre de dirigeants européens ont vu dans la Chine un acteur pouvant jouer un rôle de médiateur entre belligérants de la guerre d'Ukraine. La publication le 24 février 2023 de la position gouvernementale en 12 points « pour un règlement politique de la crise ukrainienne », présentée dans les médias européens comme un « plan de paix », a renforcé cette idée. Force est de constater que la position en 12 points n'offre aucune proposition concrète, se contentant de rappeler des positions de politique étrangère générales.

Lors de la visite d'État de Xi Jinping à Moscou en mars, les deux chefs d'État ont une nouvelle fois affiché l'étroitesse de leur partenariat. Pékin maintient donc sa neutralité de façade, et une position ambiguë sur l'Ukraine : il ne reconnaît ni l'agression russe, ni la violation de l'intégrité territoriale de l'Ukraine, pas plus que les Républiques autoproclamées du Donbass.

Pour Pékin, l'utilité du partenaire russe dépasse l'Ukraine, qui n'est pas une priorité. L'objectif est la lutte contre les États-Unis et les démocraties libérales, et la révision de l'ordre international. Confidence mise en scène devant les caméras à Moscou, Xi confie à Poutine : « Nous assistons aujourd'hui à des changements que l'on n'avait pas observés depuis un siècle, et c'est nous qui menons ce changement ensemble[2]. »

En mai, la tournée en Europe du Représentant spécial du gouvernement chinois pour l'Eurasie Li Hui, ne semble pas avoir plus convaincu les Européens. À Kiev et Moscou, il s'est entretenu avec des ministres, mais à Paris, Berlin, Bruxelles et Varsovie il n'a rencontré que des officiels de second rang. Li Hui est venu en Europe sans autres propositions que l'appel au cessez-le-feu et aux pourparlers, et l'arrêt des fournitures d'armes. Mais pour les Ukrainiens et la majorité des Européens, il n'y a pas de processus de paix possible sans retrait préalable des troupes russes.

2. S. Yan, J. Kilner, « Xi Jinping and "Dear Friend" Putin Agree that "Change is Coming" in Final Exchange in Moscow », *The Telegraph*, 22 mars 2023.

Et l'Europe dans tout ça ?

Face à l'accentuation de la rivalité sino-américaine, l'Union européenne (UE) peine à s'affirmer, et présente souvent un paysage fragmenté. Olaf Scholz a été le premier Européen à se rendre à Pékin immédiatement après le xxe Congrès, et juste après l'annonce de la cession d'un quart des parts du port de Hambourg à l'entreprise d'État chinoise COSCO, créant la controverse en Allemagne et dans le reste de l'UE. En décembre ce fut le tour de Charles Michel, puis de Pedro Sanchez en mars, d'Emmanuel Macron en avril accompagné d'Ursula von der Leyen, suivis d'Annalena Baerbock en mai.

La visite d'État du président français a fait couler le plus d'encre en Europe et dans le monde. Entièrement axée sur un « agenda positif » (commerce, investissement, coopération), la partie française semble avoir ignoré nombre de préoccupations européennes liées aux tensions dans le détroit de Taïwan, aux droits de l'homme, aux interférences politiques, à l'excès de dépendance en matière d'approvisionnements critiques, à l'absence de réciprocité dans les échanges. Ce sont les propos du président tenus à des journalistes dans le vol retour qui ont défrayé la chronique : « La pire des choses serait de penser que nous, Européens, devrions être suivistes sur ce sujet et nous adapter au rythme américain et à une sur-réaction chinoise[3]. » Emmanuel Macron semblait suggérer que les États-Unis étaient responsables des tensions dans le détroit de Taïwan. Or, pour la plupart des États d'Asie de l'Est et de l'Indo-Pacifique, comme pour les Européens, il est clair que ce sont les manœuvres quotidiennes de l'armée chinoise dans le détroit, niant la ligne médiane du *statu quo*, qui font monter les tensions et le risque d'escalade.

En dépit de ces controverses, il semble que certains consensus se renforcent en Europe. Dans un discours remarqué, Ursula von der Leyen a promu en mars le concept de « *de-risking*» (réduction des risques) vis-à-vis de la Chine[4]. Posture moins offensive et plus réaliste que le « découplage », le *de-risking* vise à réduire les dépendances à l'égard de Pékin tout en continuant de coopérer dans des domaines utiles et sans risque. Ainsi, l'idée qu'il faut réduire les dépendances vis-à-vis de la Chine et renforcer la souveraineté européenne gagne du terrain. Si le *de-risking* fait de plus en plus consensus, en Europe et outre-Atlantique, reste toutefois à définir plus précisément le concept, à élaborer une méthode et une feuille de route.

M. J.

Pour en savoir plus

- T. Gomart, M. Hecker (dir.), « Chine/États-Unis : l'Europe en déséquilibre », *Études de l'Ifri*, Ifri, avril 2023.
- M. Julienne, « Guerre d'Ukraine : un embarras pour Pékin », *Politique étrangère*, vol. 87, n° 3, 2022.
- *Recalibrating Europe-China Relations: Balancing National Approaches and EU Leadership*, European Think-tank Network on China, juillet 2023.

3. N. Barré, « Emmanuel Macron : "L'autonomie stratégique doit être le combat de l'Europe" », *Les Echos*, 9 avril 2023.
4. « Speech by President von der Leyen on EU-China Relations to the Mercator Institute for China Studies and the European Policy Centre », Commission européenne, 30 mars 2023.

Taïwan : la petite grande puissance

Émergence d'une puissance et transformations internes

En dépit de la pression de Pékin, Taïwan émerge comme un acteur incontournable de la scène internationale, en raison de sa centralité dans les chaînes de valeur de haute technologie, parce que l'identité nationale progresse – et parce que la guerre d'Ukraine a conduit à un renforcement sensible des défenses de l'île.

Depuis la pandémie de Covid-19, Taïwan a émergé sur la scène internationale comme un acteur et un partenaire nécessaire, quoique sensible dans la mesure où ses relations extérieures sont scrutées et sanctionnées par Pékin, qui considère ce territoire comme partie inaliénable de sa souveraineté.

Le centre du monde de la technologie

Taïwan occupe une place centrale dans la chaîne de valeur mondialisée des semi-conducteurs. Le pays produit plus de 90 % des puces les plus performantes, et ne cesse de progresser dans le domaine. Les États-Unis, l'Europe, tout comme la République populaire de Chine, sont ainsi dépendants du savoir-faire et des approvisionnements venant de Taïwan, pour la plupart de leurs industries de haute technologie d'aujourd'hui et de demain.

Cette situation en matière de semi-conducteurs explique largement l'intérêt de nombreux États à vouloir coopérer avec Taïwan, et leur crainte d'une offensive chinoise qui aurait pour premier effet de bouleverser l'ensemble des chaînes d'approvisionnement mondiales.

Taïwan est, par ailleurs, un partenaire avéré ou potentiel dans d'autres domaines. L'île dispose, par exemple, d'un savoir-faire de pointe en matière de batteries solides, pour véhicules électriques notamment. Ce savoir-faire est convoité par l'industrie automobile européenne, et l'entreprise ProLogium a choisi la France (Dunkerque) pour l'implantation d'une « *giga-factory* » – avec à la clé un investissement de plus 5 milliards d'euros.

Taïwan est également à la recherche de partenaires étrangers dans des domaines moins maîtrisés. L'énergie constitue en particulier un secteur de grande vulnérabilité pour une île presque entièrement dépendante des approvisionnements extérieurs en pétrole, en charbon, ou en gaz naturel. Avec la fermeture annoncée de la troisième et dernière centrale nucléaire en 2025, les besoins énergétiques, et en particulier de capacités de production locales résilientes, sont colossaux. L'éolien, l'hydrolien, le solaire et la géothermie sont des solutions plébiscitées par les autorités, mais l'expertise locale est pour l'heure limitée.

Taïwan nourrit également des ambitions dans l'espace. En 2021, le Yuan législatif a voté la loi pour le développement spatial, et en 2023, l'agence spatiale nationale a été rebaptisée *Taiwan Space Agency* – TASA. Le gouvernement taïwanais cherche à capitaliser sur le savoir-faire technologique et industriel dans les technologies de l'information et de la communication (TIC) pour se développer dans le spatial. L'objectif est d'abord de s'intégrer aux chaînes de valeur globales d'une industrie en pleine expansion, et de se doter de capacités propres en matière de production, de lancement, et de gestion d'infrastructures spatiales de télécommunication et d'observation. Très soucieux de la « résilience des communications », le gouvernement taïwanais cherche à se doter de solutions telles que celles que peuvent offrir les constellations de satellites en orbite basse pour l'internet mobile haut débit. Ce type de système, à l'image de la constellation *Starlink* d'Elon Musk, a fait ses preuves en Ukraine après l'attaque russe. L'écosystème industriel taïwanais du spatial, bien qu'encore balbutiant, est très dynamique et fortement soutenu par les autorités gouvernementales.

Présidentielle de janvier 2024 : la relation avec Pékin toujours au centre du jeu

En janvier 2024, Taïwan connaîtra une nouvelle élection présidentielle. La présidente Tsai Ing-wen, du Parti démocrate progressiste (DPP), qui achèvera son second mandat, ne pourra se représenter.

Cette élection à venir est intéressante à plus d'un titre. Tout d'abord, même si la relation avec la Chine demeure l'épicentre du débat, le clivage politique s'est resserré entre les deux principaux partis. Alors que le Parti démocrate progressiste a historiquement milité en faveur de l'indépendance, cette revendication n'est plus un sujet aujourd'hui. Le parti considère Taïwan comme *de facto* indépendant, et qu'il n'est donc pas nécessaire pour l'heure de revendiquer cette indépendance, et de modifier le nom du pays, ce qui constituerait un *casus belli* aux yeux de Pékin.

De son côté, le parti fondateur de la République de Chine, le Kuomintang (KMT), qui a gouverné Taïwan sans discontinuité de 1947 à 2000, affichait pour objectif la réunification avec la Chine continentale. Avec la brutale reprise en main de Hong Kong en 2019-2020, et les pressions militaires constantes exercées sur Taïwan, la réunification est devenue une question politiquement obsolète. D'après les sondages, près de 90 % des personnes interrogées soutiennent le *statu quo* (pour un plus ou moins long terme allant soit vers l'unification soit vers l'indépendance). Seulement 1,2 % des sondés se prononcent en faveur d'une unification dès que possible, 5,6 % favorisant l'indépendance au plus vite[1].

1. « Taiwan Independence vs. Unification with the Mainland (1994/12~2022/12) », Election Study Center, National Chengchi University, 13 janvier 2023

Autre ligne de fracture s'émoussant : la question de l'identité. Alors que le DPP promouvait hier l'identité taïwanaise et que le KMT défendait l'identité chinoise du peuple de Taïwan, le débat s'est aujourd'hui évanoui. L'identité taïwanaise est une réalité pour près de 94 % des Taïwanais interrogés. Parmi ces 94 %, dont 33 % se considèrent néanmoins à la fois comme taïwanais et chinois, ce qui suggère que l'identité chinoise ne peut être totalement rejetée par le DPP : le patrimoine linguistique, culturel, religieux, commun avec le continent, demeure substantiel. La seule identité chinoise ne peut plus constituer, en revanche, un cheval de bataille pour le Kuomintang, puisque 2,7 % seulement de la population s'en revendiquent exclusivement[2].

Alors que l'unification, l'indépendance et l'identité taïwanaise ont disparu des lignes de clivage, les partis politiques redéfinissent de nouvelles oppositions. Ainsi, le KMT présente-t-il la prochaine élection présidentielle comme constituant un choix entre la paix (qu'il garantirait) et la guerre (que provoquerait le DPP) ; tandis que le DPP la présente comme un choix entre la démocratie (qu'il défendrait) et la dictature (à laquelle le KMT se soumettrait).

Pour la première fois de l'histoire de la jeune démocratie, l'élection ne met pas seulement en scène un affrontement entre les deux principaux partis et quelques autres partis satellites. Au printemps 2023, le Parti populaire taïwanais (TPP) a pris la deuxième position dans les sondages, devant le KMT. Fondé en 2019 par Ko Wen-je, ancien maire de Taipei (2014-2022), il ne dispose actuellement que de cinq sièges au Yuan législatif, mais se présente comme une alternative « centriste », entre le KMT et le DPP.

La campagne présidentielle est également marquée par la vague *#MeToo*. Cette dernière a touché la scène politique taïwanaise après la diffusion de la série Netflix *Wave Makers*, qui aborde ces questions et dont l'intrigue se déroule sur l'île durant une campagne électorale…

L'enjeu de la défense nationale

En matière de défense, l'armée taïwanaise connaît des difficultés d'adaptation à des menaces nouvelles. En 2017, la nouvelle doctrine mettait en place une stratégie de défense asymétrique, aussi dénommée « stratégie du porc-épic ». Dans une logique de guerre d'attrition, celle-ci entendait privilégier les systèmes d'armes légers, peu coûteux et produits en masse (missiles anti-navires et anti-aériens, mines navales, drones…), plutôt que des plateformes imposantes, onéreuses, longues à produire et vulnérables en cas de conflit (sous-marins, destroyers, avions de combats, drones MALE…). Toutefois, en raison de son héritage historique et idéologique, l'armée a opposé à ce nouveau cours de fortes résistances.

En effet, de la défaite de 1949 face aux communistes de Mao jusqu'aux années 1970, la mission essentielle fixée à l'armée fut la reconquête du continent – un objectif qui orientait les programmes d'armement vers des systèmes lourds et nombreux privilégiant les capacités terrestres et amphibies. Avec l'entrée de la République populaire de Chine (RPC) dans l'Organisation des Nations unies en 1971, et sa reconnaissance

2. « Taiwanese/Chinese Identity (1992/06~2022/12) », Election Study Center, National Chengchi University, 13 janvier 2023.

par les États-Unis en 1979, la mission de l'armée a évolué vers une stratégie de défense territoriale de l'île principale et des archipels du détroit. Ce processus est devenu irréversible, d'une part avec la démocratisation, et d'autre part avec la montée en puissance fulgurante de l'économie et des moyens militaires de la RPC.

Au service d'un État-parti dictatorial (la République de Chine et le Kuomintang) durant 40 ans, l'armée a eu quelque difficulté culturelle et idéologique à s'adapter à la démocratisation à compter de la fin des années 1980, ainsi qu'à la première alternance politique en 2000 : elle n'était désormais plus censée servir un parti unique, mais le pays tout entier, et obéir à son gouvernement, quel qu'il soit.

L'armée taïwanaise demeure aujourd'hui encore très conservatrice, et continue d'entretenir une culture de programmes d'armement de grande envergure et de haute technologie, alors même que l'adéquation de ces derniers aux menaces que fait peser la RPC fait débat à Taïwan (ainsi qu'aux États-Unis). Un argument convaincant en faveur des positions de l'armée est que Taïwan ne peut ni ne doit se reposer sur le soutien militaire américain, qui demeure hypothétique. Or des capacités militaires seulement asymétriques ne suffiraient pas à repousser un assaut chinois.

Il reste que ces programmes d'armement mobilisent beaucoup de budget, et de temps, dans des ressources limitées pour le gouvernement taïwanais. Des capacités asymétriques, appuyées sur des armements nombreux et facilement produits, correspondraient sans doute mieux aux impératifs stratégiques et budgétaires du pays, indépendamment du parti au pouvoir.

Les leçons de la guerre d'Ukraine

En dépit du conservatisme structurel régnant dans les armées, la réflexion sur la défense nationale a connu un véritable bond en avant depuis le déclenchement de la guerre d'Ukraine. Le budget de défense a connu en 2023 sa plus forte hausse, pour atteindre près de 19 milliards de dollars – soit une croissance de 13,9 %. En outre, le rôle pris par la société ukrainienne dans la résistance à l'envahisseur russe a profondément marqué le gouvernement et la population taïwanais. C'est ainsi que, en moins d'un an, Taïwan a réformé son service militaire obligatoire, en le faisant passer de quatre à douze mois à compter de janvier 2024, et renforcer son système de réserves, tandis que des initiatives publiques et privées de « défense civile » émergent çà ou là. Ces réformes sont, d'après un sondage réalisé en avril 2023[3], largement soutenues (à 85 %) par la population.

M. J.

Pour en savoir plus

- M. Julienne, J. Seaman, « Pékin : pire et meilleur ennemi de Taïwan », *Politique étrangère*, vol. 86, n° 2, 2021.
- M. Julienne, « Taïwan : la prochaine Ukraine ? », *L'Éléphant*, hors-série, juillet 2022.
- C. Vest, A. Kratz, R. Goujon, « The Global Economic Disruptions from a Taiwan Conflict », Rhodium Group, 14 décembre 2022.

3. « Taiwan Opinion Poll Finds Majority Support Longer Conscription », *Taiwan News*, 19 avril 2023.

Japon : le changement d'époque

Un virage politique, diplomatique et stratégique

L'assassinat de Shinzo Abe n'a pas marqué un changement fondamental de politique. C'est l'environnement international qui a lourdement pesé sur les décisions japonaises de renforcement de la défense, et de positionnement diplomatique, avec le succès du sommet du G7 réuni à Hiroshima.

Le Parti libéral-démocrate (PLD) du Premier ministre Fumio Kishida conserve sa majorité relative à la Chambre haute après les élections partielles de juillet 2022, marquées par l'assassinat de l'ancien chef du gouvernement Shinzo Abe. Une disparition qui marque, dramatiquement et symboliquement, la fin de l'ère Abe au Japon, même si ses successeurs – Yoshihide Suga dès septembre 2020, puis Fumio Kishida, depuis septembre 2021 – ont largement maintenu sa ligne diplomatique et de défense.

Prenant acte de la dégradation de son environnement de sécurité, et du risque de conflit ouvert par le retour de la guerre en Europe, le Premier ministre Kishida a infléchi significativement la posture de défense japonaise.

En accueillant le sommet des pays du G7 à Hiroshima en mai 2023, le gouvernement Kishida est parvenu à accompagner la gestation du nouvel ordre mondial, ouvrant le sommet aux pays du « Sud global » tout en réaffirmant l'importance cruciale du maintien d'un ordre international basé sur des règles, et en cherchant à construire un *modus vivendi* avec la Chine.

L'assassinat de Shinzo Abe : la fin d'une époque

L'assassinat par balle d'une figure politique centrale de la politique japonaise a provoqué la stupéfaction, et une immense émotion, dans l'archipel. Bien que controversé pour ses positionnements idéologiques, Shinzo Abe, qui avait exercé le plus long mandat de l'après-guerre à la tête de l'exécutif (2012-2020), était une figure charismatique du Japon contemporain. Le choc était d'autant plus fort que, si une série d'assassinats visant des hommes d'État a perturbé les années 1930, ces attentats sont devenus extrêmement rares après 1945, les règlements de compte par arme à feu impliquant essentiellement les gangs mafieux. Le dernier cas remontait à 2007, quand le maire de Nagasaki avait été abattu par un membre de la pègre.

Cette fois, le meurtrier de Shinzo Abe s'en serait pris à l'ancien Premier ministre à la suite d'un drame familial, pour dénoncer ses liens avec la secte Moon…

Après sa démission de septembre 2020 pour raisons de santé, Shinzo Abe était resté un acteur très important de la scène politique japonaise, tirant nombre de ficelles au sein même du PLD, et gardant un rôle de conseiller politique et diplomatique auprès de ses successeurs. On peut à juste titre parler au Japon d'une « ère Abe », tant ses idées ont imprégné la classe politique, et même, à travers le grand récit stratégique de l'« Indo-Pacifique libre et ouvert », la scène internationale. Le Japon s'est donc inquiété de la potentielle apparition d'une génération de « loups solitaires », après que le Premier ministre Kishida a, à son tour, été pris pour cible d'une attaque en avril 2023. Le gouvernement a pris des mesures de sécurité drastiques pour garantir la sécurité des dirigeants présents au sommet du G7 à Hiroshima en mai dernier.

Un tournant stratégique dans la posture de défense

Le Japon a entériné un changement d'ère dans sa posture de sécurité et de défense, à l'instar du *Zeitenwende* engagé par l'Allemagne après l'invasion de l'Ukraine par la Russie. L'environnement de sécurité nippon s'est en effet largement dégradé. La Chine est désormais clairement identifiée à Tokyo comme le risque de sécurité numéro un : les gardes-côtes chinois patrouillent de manière quasi permanente dans les eaux contiguës des îles Senkaku revendiquées par Pékin, et des missiles chinois se sont abîmés dans la zone économique exclusive de l'archipel nippon en août 2022. En outre, les frictions dans le détroit de Taïwan menacent directement la sécurité du pays. La Corée du Nord, désormais État nucléaire *de facto*, et dont les missiles survolent régulièrement le Japon, reste une « menace imminente », et la Russie, agresseur de l'Ukraine et de plus en plus proche de Pékin, n'est plus considérée comme un pays ami mais identifiée comme emportant une « forte préoccupation de sécurité ».

La guerre en Ukraine a, par ailleurs, fait sauter un verrou psychologique : le risque d'un conflit de haute intensité, désormais beaucoup plus tangible, a fini de convaincre l'opinion publique nippone de soutenir un effort significatif de défense. Les termes du Premier ministre Kishida, évoquant une situation en Europe « qui peut être celle de l'Asie orientale demain » ont été repris à l'envi afin de signifier le caractère désormais indivisible de la sécurité internationale. Le Japon doit donc adapter ses moyens à la nouvelle intensité des menaces, afin de mieux se protéger, de renforcer la coopération avec son allié américain dans une démarche de dissuasion intégrée, mais aussi pour nourrir des partenariats de sécurité plus diversifiés, en premier lieu avec l'Australie, l'Inde et le Royaume-Uni.

Le *Zeitenwende* japonais se manifeste ainsi par l'annonce d'une augmentation substantielle du budget de défense – de 1 à 2 % du produit intérieur brut (PIB) à l'horizon 2027 –, de l'acquisition d'une capacité de contre-attaque, et de mesures de renforcement de l'industrie de défense.

En 2020, Pékin a investi quatre fois plus que Tokyo dans sa défense. Le gouvernement Kishida a donc décidé de s'affranchir d'une convention politique de 1976 qui plafonnait le budget de défense à 1 % du PIB. S'alignant sur les références de l'Organisation du traité de l'Atlantique nord (OTAN), Tokyo s'est engagé à atteindre les 2 % du PIB dans les cinq ans. Pour autant, il ne s'agit pas d'un doublement des crédits de défense *stricto sensu*. Le gouvernement va élargir l'assiette du calcul, en y intégrant les lignes budgétaires dédiées aux gardes-côtes, les pensions de retraite, et les dépenses des différents ministères et agences contribuant à l'effort de défense. Mais Tokyo va aussi investir lourdement pour atteindre 1 000 milliards de yens (76,4 milliards d'euros) en 2027 – soit un chiffre représentant le troisième budget de défense dans le monde.

Avec ses 300 missiles de croisière et plus de 1 000 missiles balistiques, la Chine détient aujourd'hui les moyens de saturer le système de défense antimissiles nippon mis en place dans les années 2000. Dans le cadre inchangé d'une posture défensive, la possibilité de procéder à des contre-attaques est désormais identifiée comme une des capacités minimales pour assurer la sécurité de l'archipel. Tokyo entend tripler son arsenal d'interception et de frappe, en allongeant la portée de ses missiles sol-mer de type 12 (de 200 kilomètres actuellement jusqu'à 1 200), en faisant l'acquisition, dans les cinq prochaines années, de près de 500 missiles américains *Tomahawk*, et en se dotant dans l'avenir de missiles hypersoniques.

La pérennité de la base industrielle et technologique de défense japonaise doit également être assurée par un nouvel assouplissement des conditions d'exportation des équipements et technologies de défense. Cet assouplissement facilitera également les projets de développements conjoints, comme celui, annoncé en décembre 2022, d'un avion de chasse de nouvelle génération avec les Britanniques et les Italiens.

Le G7 à Hiroshima : le Japon dans le nouvel ordre mondial

La réunion du sommet du G7 à Hiroshima en mai 2023 a témoigné de la capacité du Japon à rassembler et à agir dans le contexte d'un ordre international fragmenté. La ville de Hiroshima, autrefois dévastée par la première frappe atomique, a constitué la toile de fond d'un vibrant plaidoyer en faveur d'un monde dénucléarisé, condamnant sans équivoque l'usage ou la menace d'usage d'armes nucléaires, y compris par la Russie. Le gouvernement japonais a, par ailleurs, dans un vaste effort d'inclusion, invité au sommet des chefs d'État de pays partenaires (Australie, République de Corée) et de nations influentes du « Sud global » tels le Brésil, l'Inde, l'Indonésie ou le Vietnam, ainsi que des représentants de l'Union africaine et du Forum des îles du Pacifique. Unique membre asiatique du G7, le Japon a également réussi à placer la Chine au premier plan des discussions et du communiqué final, ce dernier soulignant l'importance de Taïwan pour la sécurité et la prospérité internationales, et exhortant la Chine à « ne pas se livrer à des activités d'ingérence ».

Pour autant, Tokyo a travaillé en étroite collaboration avec ses partenaires européens pour promouvoir auprès de Washington une approche moins confrontationnelle vis-à-vis de Pékin. La stratégie plurielle du Japon face à la Chine, incluant une coopération sous conditions, une politique de contrepoids, et une posture de dissuasion, présente de nombreuses similitudes avec une position européenne qui considère la Chine à la fois comme un partenaire, un concurrent et un rival systémique. Japonais et Européens ont donc placé la réduction des risques face à la Chine (*de-risking*), plutôt que le découplage (*decoupling*), au cœur de la stratégie de sécurité économique adoptée par le G7.

Enfin, en dépit de sa préférence pour la planification précoce des événements, le gouvernement japonais a réussi à gérer la visite de dernière minute du président ukrainien Volodymyr Zelensky, et à organiser avec succès, à la suite du G7, le sommet du Quad, initialement prévu à Sydney.

Les défis à venir

Le défi du financement en premier : les contraintes économiques, combinées à un déclin démographique, compliquent les arbitrages liés aux investissements pour la sécurité et la défense. Le financement d'un effort budgétaire de cette ampleur fait débat, alors que la dette nationale atteint 260 % du PIB, et que les fondamentaux de l'économie restent médiocres. Une hausse des taxes sur le tabac et des impôts sur les revenus des ménages et sur les sociétés ont été annoncés, mais la décision finale sur son ampleur et sur la clé de répartition a été reportée à 2024. Ce qui accroît encore l'incertitude sur le dispositif à déployer, notamment en cas d'instabilité gouvernementale, la décision restant encore pour l'heure impopulaire.

Le défi des ressources humaines, ensuite : les forces d'autodéfense japonaises rencontrent beaucoup de difficultés à recruter. Même si le ministère de la Défense investit, pour compenser, dans les drones et les systèmes autonomes, la montée en puissance annoncée requiert du personnel dédié, notamment sur les problématiques cyber.

La question de la pérennité du leadership politique, enfin : début juin 2023, les perspectives d'élections législatives anticipées à l'été se renforcent. Le Premier ministre Kishida a bénéficié du succès de l'organisation du sommet du G7, et sa cote de popularité est remontée autour de 45 % d'appréciations positives, alors qu'il avait connu un hiver difficile qui laissait envisager une possible démission sous la pression de ses collègues du PLD. Les élections locales d'avril ont conforté la position dominante du PLD, mais ont aussi révélé la percée du parti populiste *Nippon Ishin no Kai* (Parti pour la restauration du Japon), qui pourrait devenir le premier parti d'opposition s'il parvenait à transformer l'essai aux élections nationales. Si Kishida optait pour la dissolution de la Diète, en convoquant des élections anticipées dans l'espoir de consolider le soutien du public à son administration pour les années à venir, il pourrait également courir le risque de renforcer au Japon la vague populiste qui a déjà gagné la plupart des grandes démocraties.

C. P.

Pour en savoir plus

- D. Akimoto, *Japanese Prime Ministers and Their Peace Philosophy: 1945 to the Present,* Singapour, Palgrave MacMillan, 2023.
- G. Delamotte, *Le Japon, un leader discret,* Paris, Éditions Eyrolles, 2023.
- Y. Koshino, R. Ward, *Japan's Effectiveness as a Geo-Economic Actor – Navigating Great-Power Competition*, Abingdon, Routledge, IISS, Adelphi Papers, 2022.

L'ASEAN dans l'Indo-Pacifique

À la peine, mais nécessaire

Les prises de position diplomatiques de l'ASEAN – en particulier face à la guerre d'Ukraine – peuvent paraître décevantes, tout comme ses efforts pour développer les échanges économiques entre ses membres. Mais l'association préserve pour ces États une marge de manœuvre qu'aucune autre structure ne peut aujourd'hui remplacer.

Alors que l'Asie du Sud-Est, région politique et géostratégique centrale dans les équilibres mondiaux, se trouve confrontée à des défis systémiques, alors que les pays de la région traversent des difficultés qui marquent encore plus les clivages régionaux, l'ASEAN – l'Association des nations de l'Asie du Sud-Est – se trouve paralysée par sa propre incapacité et les attentes très diversifiées de ses membres : son mode opératoire et l'absence d'outils fonctionnels pénalisent son action. Au point qu'elle est frappée d'attentisme, voire d'impuissance, apparemment incapable de contribuer au règlement des tensions qui l'affaiblissent.

La présidence indonésienne sera-t-elle capable d'engager un processus de réforme qui paraît s'imposer ? Dans quelle mesure les partenaires extérieurs (Chine, États-Unis, Japon, Europe) pourront-ils contribuer à cette transformation ?

L'Asie du Sud-Est dans les équilibres mondiaux

Espace incontournable des circulations mondiales, l'Asie du Sud-Est est impactée à la fois par un duel sino-américain qui se manifeste sur tous les terrains, par la guerre en Ukraine qui se transforme en guerre contre l'Occident, et par les poussées chinoises dans la région.

La guerre d'Ukraine pousse ses vagues jusqu'en Asie du Sud-Est. D'abord parce que la région entretient des liens plus ou moins étroits avec les deux protagonistes. La Russie est un partenaire de dialogue ancien de l'ASEAN (1996), et l'Ukraine est devenue, en novembre 2022, le 50e pays à adhérer au Traité d'amitié et de coopération (TAC), après une procédure dont la rapidité (quelques mois) a été symbolique. Le TAC consacre les principes des relations amicales et pacifiques entre les États, comme celui du respect de leur souveraineté et de leur intégrité territoriale.

Au-delà de ses conséquences très concrètes sur l'inflation (pour l'énergie et des produits de base) qui n'a pas épargné la région, l'opération militaire russe a défié l'ordre international, et constitue de plus une initiative susceptible de donner des idées à Pékin, qui entretient plusieurs litiges frontaliers en mer de Chine du Sud. Confrontés aux incessantes pressions de Pékin, qui y poursuit la militarisation des îles et atolls, éprouvés par des négociations qui traînent depuis plus de vingt ans sur le sujet, les pays de la région louvoient.

Des dissensions internes et des clivages géopolitiques compliquent, en outre, les choix collectifs : seuls trois pays ont officiellement condamné l'offensive russe (Singapour, Brunei et Philippines), et Singapour a été l'unique membre à décider des sanctions contre la Russie. Le Vietnam, en revanche, demeure un allié fiable de Moscou dans la région, tout en dénonçant les prétentions irrédentistes chinoises en mer de Chine du Sud… Vietnam et Birmanie importent massivement des armes de Russie ; Malaisie, Indonésie et Vietnam sont équipés en avions de combat *Sukhoi*.

Incapable de produire le moindre consensus, l'ASEAN voit donc sa crédibilité internationale entamée par des déclarations insipides appelant « toutes les parties impliquées à faire preuve de retenue et à poursuivre le dialogue » (février 2022), ou à « cesser immédiatement les hostilités et à créer un environnement propice à un règlement pacifique » (mai 2023)…

Dans ce contexte, et face aux risques d'escalade, les États-Unis continuent à fournir un soutien militaire dissuasif. Leur coopération avec les Philippines a été réactivée (visite du président Marcos à Washington, mai 2023), comme avec le Vietnam (visite d'Anthony Blinken à Hanoi, avril 2023), Singapour (Lee Hsien Loong à la Maison-Blanche en mars 2022) ou l'Indonésie (rencontre entre le président Biden et son homologue indonésien en marge du G20 à Bali, novembre 2022). L'approche des États-Unis est devenue plus lisible. Des documents stratégiques ont été publiés, et Washington a élevé la coopération avec l'ASEAN au rang de partenariat stratégique global – une décision approuvée par le Congrès en mars 2023 (la Chine avait, la première, élevé les relations sino-ASEAN au statut de partenariat stratégique global en novembre 2021, quand l'Union européenne avait établi un partenariat stratégique en décembre 2020).

Le risque, pour l'Asie du Sud-Est et l'ASEAN, serait de s'enfermer dans un paradoxe infernal : une dépendance de plus en plus lourde vis-à-vis des circuits économiques chinois, et un recours encore plus net à la sécurité américaine. L'aire couverte par l'ASEAN devient *de facto* un des terrains privilégiés des tensions entre Washington et Pékin, qui continue à multiplier les propositions de coopération militaire avec la région. L'ASEAN peut difficilement être associée à un mécanisme pour construire la confiance et la paix dans la région. À l'inverse, la méfiance l'emporte alors même qu'un découplage économique reste une option improbable.

Sur tous les sujets de sécurité sensibles (Taïwan, Corée du Nord, mer de Chine méridionale, stratégies dans l'Indo-Pacifique), l'ASEAN demeure dans une position attentiste, répétant en boucle sa « centralité », sa neutralité et son non-alignement. À la fois sollicitée, impuissante et précieuse, l'ASEAN choisit de camper dans l'indécision, voire l'inaction, pour ne pas avoir à choisir. Son impuissance à convaincre affaiblit cependant ses ambitions à figurer dans une position centrale dans l'Indo-Pacifique, et ouvre la voie à des partenariats extérieurs, comme le Quad ou l'alliance trilatérale AUKUS, qui contournent l'ASEAN.

Les contradictions internes

Les contradictions ne manquent pas. C'est d'abord le dossier ultrasensible de la Birmanie qui encombre l'Association depuis fort longtemps. Naypyidaw pose en effet à l'ASEAN une question de fond : comment agir quand un État membre – ou, plus justement, son gouvernement car la population est, en grande majorité, largement favorable à une coopération renforcée avec l'ASEAN – refuse toute coopération ? Le raidissement de la junte au pouvoir et son absence des réunions de l'Association n'aident pas à la mise en place du Plan en cinq points élaboré par cette dernière lors d'un sommet *ad hoc* (avril 2021) : un véritable camouflet, qui illustre la difficulté à gérer les relations entre membres.

Les violences perdurent (3 500 morts), les arrestations arbitraires se poursuivent (18 000 détenus), les déplacements de populations inquiètent (1,5 million dont 75 000 dans les pays voisins), et la junte qualifie les membres de l'opposition démocratique de « terroristes » : quatre militants ont ainsi été exécutés à la veille d'une rencontre des ministres des Affaires étrangères en juillet 2022. L'ASEAN sous la présidence indonésienne ne parvient pas à fendre l'armure des généraux. Pire : le 7 mai 2023, un convoi humanitaire organisé par l'Association et encadré par des diplomates indonésiens et singapouriens a été attaqué dans l'État Shan. Clairement, la patience, la flexibilité, voire la créativité diplomatique ne fonctionnent pas, et l'ASEAN se décrédibilise sur la scène internationale, en même temps qu'elle retarde et complique le déjà si complexe processus communautaire.

L'intégration du Timor-Oriental constitue un autre pari sur l'avenir, nombre de diplomates de la région craignant une possible instabilité dans ce petit État indépendant depuis mai 2002 – qui a formulé sa demande d'intégration en mars 2011 et bénéficie d'un statut d'observateur depuis 2015. En novembre 2022, au sommet de Phnom Penh, un accord de principe a été donné, et au sommet de mai 2023, l'ASEAN a adopté une feuille de route pour l'adhésion complète du onzième membre. De quoi satisfaire le président José Ramos-Horta, qui avait assuré au lendemain de son élection de mai 2022 en faire une priorité. À court terme, ce petit pays de 1,3 million d'habitants, tout juste sorti de l'extrême pauvreté, travaille à améliorer la compatibilité de ses normes avec la nomenclature ASEAN, et investit dans « la socialisation adéquate » de sa diplomatie.

Autre dossier délicat : celui du ralentissement de l'intégration économique, qui passe au second plan alors que les sujets stratégiques et diplomatiques dominent. Djakarta a pourtant fait de ce thème un objectif de sa présidence, dont le *motto* est : « L'ASEAN compte : épicentre de la croissance ». Dans les faits, l'intégration extérieure a progressé plus vite que l'intégration régionale. Depuis l'origine, les pays membres de l'ASEAN commercent plus avec leurs partenaires extérieurs, étant plus pro-actifs à signer de multiples accords commerciaux avec ces derniers qu'entre eux. Sur la période 2012-2021, le commerce de marchandises intra-ASEAN a augmenté de 17,3 %, contre 40,2 % pour le commerce extra-ASEAN, et sa part dans le commerce total a chuté de 24,4 % à 21,3 %. Le commerce intra-ASEAN des services a chuté de 18,8 % à 11,7 %, et les investissements directs étrangers (IDE) intra-ASEAN ont chuté de 20,4 % à 13,1 % du total.

Cela signifie que toutes les initiatives prises par l'ASEAN (accord sur le commerce des marchandises 2010, multiples versions de l'accord-cadre sur les services, accord-cadre sur le commerce électronique, accord global sur l'investissement…) n'ont pas servi à grand-chose pour renforcer l'attractivité régionale aux yeux des membres. La Chine a réussi son entreprise de séduction, en passant à plus de 20 % du commerce ASEAN (11 % pour les États-Unis et 8 % pour l'Union européenne), avec de belles perspectives depuis la signature du RCEP (Partenariat économique régional global) en 2020 : en 2022, les exportations chinoises vers l'ASEAN ont augmenté de 16 %, et les importations depuis la région de 5,5 %. Les investissements chinois progressent également, pour atteindre 8 % en 2021 (22,6 % pour les États-Unis et 14,8 % pour l'Union européenne).

Pour relancer un projet régional, les 10 ont décidé d'investir dans un système de véhicules électriques ; de même, pour stimuler l'économie numérique, un mécanisme de paiement régional favorisant l'utilisation de monnaies locales est également en cours d'élaboration.

***

Nombre d'experts pointent du doigt les faiblesses et dysfonctionnements de l'ASEAN, en même temps qu'ils affirment qu'une Asie du Sud-Est sans l'ASEAN serait plus instable. Cela semble signifier que l'Association, par sa seule existence, contribue à définir la région et, *de facto*, à renforcer une identité chahutée et un processus communautaire qui s'est, dès l'origine, distingué du processus européen.

Après 56 ans de fonctionnement, il est évident que la qualité des relations entre les pays fondateurs s'est sensiblement améliorée et que, même imparfaite, sa couverture diplomatique et ses outils économiques ont permis aux États membres de valoriser leur exposition aux flux mondialisés. Face à des pressions excessivement déstabilisantes, et alors qu'elle est écartelée devant une rivalité qu'elle ne contrôle pas, l'ASEAN permet à ses pays membres de mieux résister, et de préserver une petite marge d'autonomie.

En proclamant qu'ils ne souhaitent pas être emportés dans des jeux de puissance contre leur gré, en réaffirmant que leur priorité reste le développement économique, les pays de l'ASEAN se font ensemble le porte-parole des pays du Sud. À ce titre seulement, à ce titre au moins, l'ASEAN doit survivre.

S. B. d. R.

Pour en savoir plus

- T. Chairil, R. Putri, S. Pertiwi, « Road to ASEAN Political Security Community Vision 2025: Understanding Convergence and Divergence in ASEAN Voting Behaviors in the UNGA », *Journal of Asean Studies*, vol. 10, n° 2, 2023.
- C. J. Ian, « Herding Cats: Coordination Challenges in ASEAN's Approach to China », *China review*, vol. 23, n° 1, 2023.
- L. Southgate, « Indonesia's ASEAN Chairmanship: Promoting ASEAN Relevance in 2023? », *The Diplomat*, 19 janvier 2023.

Péninsule coréenne : tensions nucléaires

Face aux provocations de Pyongyang

Le régime nord-coréen multiplie les essais et démonstrations d'armes, exhibant son statut d'État nucléaire. Visée au premier chef, la Corée du Sud s'efforce de stabiliser son environnement régional et de renforcer la garantie américaine. Pourra-t-elle éviter le débat sur sa propre nucléarisation ?

Le 8 février 2023, pour le 75e anniversaire de l'armée nord-coréenne, un important défilé militaire nocturne fait parader à Pyongyang pas moins de 12 lanceurs mobiles de missiles intercontinentaux (ICBM) *Hwasong-17* : jamais autant de vecteurs de ce type n'avaient été montrés ensemble. Depuis 2022, avec l'arrêt de toute négociation de dénucléarisation, Pyongyang s'est engagé dans une nouvelle affirmation de sa puissance militaire et nucléaire, et une rhétorique agressive accompagne l'accélération du rythme des essais de missiles.

Balistique et nucléaire : une progression accélérée

En 2020, la Corée du Nord a conduit quatre tests de missiles, un chiffre doublé en 2021. En 2022, elle en a lancé environ 68, dont 23 en une seule journée de novembre. Un volume annuel représentant plus d'un quart de l'ensemble des missiles lancés depuis 1984. En 2023, l'accélération se poursuit, avec 26 lancements sur les trois premiers mois. Les essais de missiles intercontinentaux (ICBM) *Hwasong-15* ou *17*, en novembre 2022, puis en février et mars 2023, ont particulièrement attiré l'attention. Le 13 avril 2023, la Corée du Nord a annoncé avoir testé un nouveau modèle d'ICBM, cette fois à propulsion solide, le *Hwasong-18*. Il s'agirait d'un saut important : les ICBM à combustible solide peuvent être tirés plus rapidement que ceux à propulsion liquide, réduisant ainsi la probabilité de détection des préparatifs de lancement.

Concernant l'arme nucléaire, les progrès paraissent aussi notables. Jusqu'à présent, la Corée du Nord a procédé à six essais nucléaires, et semble prête pour un septième. Elle continuerait à produire des matières fissiles (plutonium et uranium hautement enrichi). Elle a notamment redémarré certaines de ses installations de production de plutonium et exploite des usines d'enrichissement de l'uranium par centrifugation, notamment dans le complexe nucléaire de Yongbyon. Les experts estiment que la Corée du Nord aurait aujourd'hui entre 20 et 30 têtes nucléaires, et qu'elle disposerait de suffisamment de matière fissile pour 100 armes.

En septembre 2022, le pays a publié une nouvelle loi affirmant sa volonté inébranlable de demeurer un État nucléaire « tant que l'impérialisme existera sur Terre ». Cette loi codifie les deux missions de l'arsenal nucléaire : dissuader une attaque et en repousser une si la dissuasion échouait. Outre ces deux missions, le texte énumère, assez vaguement, d'autres circonstances dans lesquelles le pays pourrait user de ses armes nucléaires. Est mentionné, par exemple, leur emploi si une attaque militaire contre des intérêts stratégiques importants était jugée probable, ou s'il était nécessaire pour « prendre l'initiative de la guerre ». Ces déclarations ambiguës laissent à penser que Pyongyang pourrait utiliser en premier des armes nucléaires contre un État non doté, ou recourir à une frappe nucléaire préventive.

Sur le plan technique, dans un discours du 1er janvier 2023 lors d'une réunion plénière du Parti des travailleurs, Kim Jong-un a annoncé que la Corée du Nord allait produire en masse des ogives nucléaires tactiques et développer un nouvel ICBM, donnant au pays une capacité de « contre-attaque nucléaire rapide » – probablement une annonce du *Hwasong-18*. Une avancée nécessaire, selon ce discours, pour contrer les « préparatifs de guerre » de la Corée du Sud et les « manœuvres militaires inquiétantes » des États-Unis et autres forces hostiles. Enfin, le 28 mars 2023, les médias d'État nord-coréens ont montré Kim Jong-un inspectant une ogive nucléaire *Hwasan-31* qui serait assez miniaturisée pour être montée sur des missiles tactiques.

Provocations ?

La séquence enclenchée depuis 2022 relève de plusieurs explications, qui ne peuvent se réduire au terme de « provocation », trop souvent employé et simplificateur. Les essais de missiles ont un intérêt pour progresser techniquement, et entraîner les unités dédiées. Ils permettent d'autre part au régime de réaffirmer sa force auprès des Nord-Coréens alors que le pays, même s'il semble connaître un léger rebond en 2023, se trouve toujours en grande difficulté économique, l'insécurité alimentaire s'étant aggravée avec la crise du Covid-19, les sanctions et une mauvaise gestion locale (la production de céréales aurait baissé de 3,8 % entre 2021 et 2022 alors qu'elle était déjà insuffisante de 1 million de tonnes). Dans un même registre, il pourrait s'agir, après l'échec des négociations de 2019, de redorer le prestige de Kim Jong-un. On peut aussi y voir une volonté de dissuasion, en direction des États-Unis et de la Corée du Sud, cette dernière ayant connu une alternance politique avec l'élection en mai 2022 d'un président conservateur moins enclin à l'apaisement.

Détenir des missiles intercontinentaux en nombre renforce la crédibilité de la force nord-coréenne et donc de la dissuasion. Kim Jong-un peut en outre poursuivre l'objectif de découpler l'alliance américano-sud-coréenne, en menaçant de frapper une ville américaine en cas d'intervention de Washington dans un conflit avec Séoul – avec l'espoir que cela pousse les États-Unis à l'abstention. Les essais de missiles et les violations répétées de l'accord militaire intercoréen de 2018 peuvent également être vus comme des tests : jusqu'où les provocations peuvent-elles aller sans déclencher de réaction américaine ? Ce qui, en regard, peut exacerber les doutes de Séoul sur la crédibilité de la protection de Washington. Début 2023, le président sud-coréen Yoon Seok-yeol a exprimé ses inquiétudes, faisant remarquer qu'il « est difficile de convaincre notre peuple avec la seule idée d'un parapluie nucléaire américain ».

Impossible normalisation ?

Le but visé depuis les années 1990 – une normalisation des relations avec les États-Unis à partir d'un travail sur la dénucléarisation – a été abandonné en 2022 face à l'impasse des négociations, à la non-levée des sanctions ou encore à la reprise des exercices américano-sud-coréens. Ce renoncement peut aussi résulter à Pyongyang d'une confiance accrue dans une capacité à faire face à l'environnement sécuritaire grâce à l'arme nucléaire et à l'aide reçue de la Russie et de la Chine. Ces deux pays ont notamment, en mai 2022 et pour la première fois depuis 2006, opposé leur véto à une résolution introduite par Washington au Conseil de sécurité pour renforcer les sanctions. De son côté, Pyongyang, en reconnaissant à l'été 2022 les régions séparatistes de Donetsk et de Louhansk, en se rangeant du côté russe après l'invasion de l'Ukraine, ou encore en tenant des propos prochinois inhabituellement forts sur Taïwan, tente clairement de profiter des bouleversements géopolitiques en cours. Un positionnement qui rompt avec la politique de non-alignement sur la Russie ou la Chine qui avait cours depuis plusieurs années.

Sous la pression américaine et devant l'affirmation de la puissance chinoise et de la menace nord-coréenne, la Corée du Sud et le Japon se sont rapprochés. Séoul a annoncé le 6 mars 2023 un plan pour indemniser ses ressortissants victimes de travail forcé au Japon pendant la Seconde Guerre mondiale. Surtout, mi-mars 2023, Yoon Seok-yeol et le Premier ministre japonais Fumio Kishida, lors du premier sommet depuis douze ans entre les deux pays, se sont engagés à une relance des échanges de haut niveau, des liens commerciaux et des coopérations sécuritaires. Séoul et Tokyo ont également participé à plusieurs exercices militaires conjoints, dont certains de défense anti-missiles. Le Japon a, de surcroît, annoncé un effort budgétaire très important pour son outil militaire, prévoyant une augmentation du budget de défense à hauteur de 2 % du PIB d'ici à 2027 – bien au-delà du 1 % auquel se limitait le pays jusqu'alors. Quant aux États-Unis, ils ont renforcé leur présence militaire dans la région, avec par exemple un porte-avions déployé fin mars 2023 dans la péninsule pour la première fois depuis quatre ans. Enfin, les plus grands exercices conjoints États-Unis-Corée du Sud sur le terrain depuis cinq ans ont eu lieu en mars 2023, avec *Warrior Shield* qui reprend l'ambition des exercices *Foal Eagle* stoppés en 2018 pour favoriser les négociations avec le Nord, puis par la crise du Covid-19.

La tentation nucléaire

En Corée du Sud, la menace nucléaire nord-coréenne a remis sur le devant de la scène le débat nucléaire. Même si aucun des principaux partis politiques n'a de position officielle sur ce sujet qui refait régulièrement surface depuis 2006, plusieurs politiques de premier plan se sont exprimés. Le président Yoon a indiqué en janvier 2003 que l'acquisition de l'arme nucléaire, ou un déploiement d'une arme de ce type par les États-Unis, pourraient devenir des réponses raisonnables à la menace de la Corée du Nord. Ces déclarations quelque peu provocatrices reflètent le désir réel de certains politiciens et analystes conservateurs sud-coréens de faire pression sur les États-Unis pour qu'ils fournissent des garanties de sécurité plus concrètes. La « déclaration de Washington » d'avril 2023, marquant une visite d'État du président Yoon aux États-Unis, ébauche une réponse : pour le 70e anniversaire de l'alliance entre Washington et Séoul, elle précise en particulier que les deux pays partageront, *via* un *Nuclear Consultative Group*, des informations sur les opérations et la planification nucléaires. Les États-Unis s'engagent par ailleurs à déployer régulièrement des « moyens stratégiques » en Corée du Sud. Pour la première fois depuis les années 1980, un sous-marin nucléaire lanceur d'engins américain fera ainsi escale en Corée du Sud. Enfin, cette déclaration réaffirme l'engagement de Séoul en matière de non-prolifération nucléaire.

Pour autant, cette déclaration ne constitue pas un accord de « partage nucléaire » de type Organisation du traité de l'Atlantique nord (OTAN), relevant plus d'un *statu quo*. Elle pourrait ne pas suffire à rassurer la part non négligeable de l'opinion publique (64 % pour un sondage de l'Asan Institute de novembre 2022) et des décideurs qui plaident pour l'acquisition d'armes nucléaires. La force, le rythme et la dynamique du débat dépendront de la manière dont les Sud-Coréens percevront la menace de la Corée du Nord, et la stabilité et la fiabilité relatives de l'environnement de sécurité régional et mondial. À ce titre, la guerre d'Ukraine a probablement fait évoluer les mentalités en Corée du Sud, en illustrant les risques liés à la reprise d'un conflit avec la Corée du Nord et les difficultés, au moins apparentes, de dissuader et de dominer de manière conventionnelle un pays doté de l'arme nucléaire.

***

Il est peu probable que Corée du Nord et Corée du Sud se réconcilient et s'accordent sur la question nucléaire dans un avenir proche. L'intensification de la concurrence stratégique entre États-Unis, Chine et Russie limite encore plus la possibilité d'une approche régionale coopérative à l'égard de la Corée du Nord, ainsi que la capacité du Conseil de sécurité des Nations unies à imposer des sanctions contraignant les essais nord-coréens.

À court terme, une voie de négociation possible pourrait être de mettre en place des mesures pratiques de réduction des risques, qui contribueraient à l'avancée progressive vers une dénucléarisation de plus long terme. Dans le cas contraire, sans une approche repensée pour faire face à une Corée du Nord enhardie, la tendance à l'escalade risque de devenir la nouvelle normalité.

R. H.

Pour en savoir plus

- A. Mount, « The US and South Korea: The Trouble with Nuclear Assurance », *Survival*, 65:2, 2023.
- S. S. Hecker, *Hinge Points: An inside Look at North Korea's Nuclear Program*, Stanford, Stanford University Press, 2023.
- « The Yoon Suk Yeol Administration's National Security Strategy », Office of the President, Republic of Korea, juin 2023.

Le processus révolutionnaire en Iran

De profonds impacts sur la société

La révolution en cours, initiée par des jeunes femmes, s'étend à divers groupes sociaux, ethniques, religieux, de genre, avec des revendications de séparation entre la religion et l'État. Une nouvelle définition de l'iranité émerge parmi les contestataires, qui rejette les hiérarchies fondant le régime.

L'assassinat de Jina Mahsa Amini, jeune femme kurde iranienne de 22 ans, arrêtée à Téhéran par la « police des mœurs » pour avoir « mal porté » le voile islamique obligatoire, et battue à mort le 16 septembre 2022, a provoqué d'importantes manifestations de colère et de contestation contre le régime islamique et son leader, Ali Khamenei. De façon spontanée, des milliers de jeunes femmes ont pris la tête du mouvement, d'abord dans sa ville natale de Saghez au Kurdistan, puis à Téhéran. Elles furent rapidement rejointes par des jeunes hommes et les contestations se sont répandues à travers le pays.

Le 27 septembre, une jeune fille baloutche, âgée de 14 ans, est violée à Chah Bahar dans le sud de la province de Sistan-Baloutchistan, par le commandant des forces de police. Les manifestants en colère incendient le gouvernorat de la ville et quelques banques. Le 30 septembre, à Zahedan, chef-lieu de la province, à la sortie de la prière de vendredi dirigée par Molavi Abdolhamid, la plus haute autorité sunnite en Iran, des protestataires se sont rassemblés devant le quartier général de la police. Les policiers ont tiré sur les manifestants, tuant plusieurs dizaines d'entre eux. Depuis ce jour, les manifestations se poursuivent à Zahedan tous les vendredis à l'issue de la prière, et le nombre des Baloutches tués, dont plusieurs femmes et enfants, augmente également.

L'appartenance de ces deux jeunes femmes kurde et baloutche aux minorités ethniques et religieuses (sunnites) qui subissent des discriminations économiques, politiques, culturelles et sociales, a mis en mouvement une colère couvant depuis plusieurs décennies. Et ces événements ont aussi illustré l'imbrication des rapports sociaux, de la religion, de l'ethnicité et du genre dans le pays multi-ethnique et multi-religieux qu'est l'Iran.

Le Sistan-Baloutchistan est la deuxième plus grande province d'Iran, et détient le record de pauvreté absolue dans le pays. Déjà, en 2016, avant les sanctions américaines de 2018 contre la vente des hydrocarbures, environ 45 % de la population de cette province vivait sous le seuil de pauvreté absolue. Une partie de la population démunie, y compris des adolescents, n'ont d'autre choix que s'impliquer dans des activités de contrebande, notamment le transport d'essence vers le Pakistan. De même, dans les régions frontalières de l'ouest du pays, habitées en majorité par les Kurdes, la pauvreté et le manque d'investissements publics et privés contraignent les hommes à transporter des marchandises de contrebande depuis et vers le Kurdistan irakien. Plusieurs de ces *Koolbar* y laissent la vie, tués par les forces armées du régime islamique.

Contrairement au Baloutchistan où l'opposition au régime est menée notamment par les chefs religieux sunnites (Molavis), les Kurdes ont une longue histoire d'organisation et de mobilisation politiques qui remonte aux années 1940. En janvier 1946, la République kurde de Mahabad a été créée par le Parti démocratique du Kurdistan d'Iran (PDKI). Elle fut soutenue par les Soviétiques, mais lorsque l'Armée rouge se retira d'Iran, l'armée iranienne prit le contrôle de la région et la République kurde s'effondra en décembre 1946, suivie de près par le PDKI. Depuis, les Kurdes et d'autres minorités ethniques sont qualifiés de « problématiques » par les régimes en place.

Le « problème ethnique » n'émerge pourtant pas nécessairement de la composition multi-ethnique de l'Iran. Il est étroitement lié à la nature de plus en plus politisée des questions ethniques dans le pays, notamment sous le régime islamique. Les politiques de l'État islamique ont constamment « sécuritisé » les questions ethniques et religieuses, celles relatives aux droits des femmes, etc., et marginalisé les minorités ethniques/religieuses en les excluant d'une identité nationale que le régime islamique définit exclusivement comme chiite.

Sous la dynastie des Pahlavis (1925-1979), la hiérarchie sociale n'était pas fondée sur la religion mais sur l'identité et l'appartenance persanes, au détriment d'autres ethnies. Le discours dominant tentait d'effacer les différences ethniques, linguistiques, culturelles, en leur substituant une identité et un mode de vie uniformes. Tout élément non conforme était qualifié d'arriéré, de menace potentielle contre la nation moderne et l'intégrité territoriale. Sous le régime islamique, la dimension chiite de l'identité iranienne est privilégiée au détriment d'autres religions, y compris le sunnisme. Le chiisme surdétermine donc les individus et tend à légitimer les rapports de pouvoir. Dans les manuels scolaires, la perception de l'appartenance est clairement hiérarchisée. L'appartenance ethnique est placée en bas de l'échelle, après l'appartenance nationale, elle-même soumise à l'appartenance religieuse. Le système politique est lui-même fondé sur le primat des chiites, et les politiques publiques consolident la hiérarchie sociale ainsi définie.

Une longue histoire de révoltes

Contrairement aux mouvements sociaux précédents, la révolution en cours vise au changement du régime, et s'est rapidement étendue à divers groupes sociaux à travers le pays : des étudiants aux ouvriers industriels, des professions libérales aux enseignants et même aux commerçants du bazar, en dépit des liens historiques qui les attachent à l'institution cléricale.

Le mouvement Vert de juin-juillet 2009 contre la fraude électorale massive à la présidentielle était un mouvement social essentiellement composé de classes moyennes instruites des grandes villes, notamment de Téhéran, qui tentaient de réformer le système islamique de l'intérieur. Plus tard, l'aggravation de la crise économique, la hausse du chômage et du coût de la vie, associées à l'absence de perspectives personnelles et professionnelles ont provoqué les révoltes spontanées de décembre 2017-janvier 2018, puis celle de novembre 2019, à la suite du triplement des prix du pétrole. Elles exprimaient les aspirations au changement des classes populaires et moyennes inférieures dans plus d'une centaine de villes. Frappées de plein fouet par le chômage, la précarité, la pauvreté et l'absence de perspectives, ces groupes sociaux précarisés, n'ayant plus rien à perdre, sont habités par un profond sentiment d'injustice lié à la corruption et au pillage des richesses nationales par une minorité au pouvoir, tant conservateurs que réformistes... Les rassemblements furent réprimées dans le sang avec plus d'un millier de manifestants tués. Les femmes avaient alors joué un rôle marginal.

Une talibanisation du pouvoir

L'élection présidentielle de juin 2021 s'est donc déroulée dans un contexte de crise politique, économique et sociale généralisée. L'ultraconservateur Ebrahim Raïssi, candidat du Guide et nouveau président, a été membre du « comité de la mort » qui avait ordonné l'exécution de plus de 4 000 dissidents politiques en 1988. Sous sa présidence, le pouvoir s'est talibanisé, les ultraconservateurs restreignant encore les libertés individuelles et collectives et continuant d'imposer des valeurs conservatrices et religieuses. La police et les milices ont reçu carte blanche pour réprimer la désobéissance civile et les activités de protestation. La répression de toutes les activités protestataires, l'emprisonnement ou la prolongation des peines de prison pour les militants des droits de l'homme, les politiques publiques contre les droits des femmes (fin du planning familial, aggravation des limitations du droit à l'avortement pour les femmes mariées, encouragement des mariages précoces, nouvelles entraves à l'accès des femmes au marché du travail), illustrent cette talibanisation du pouvoir, dont les jeunes femmes sont les cibles privilégiées. Exemple récent de cette talibanisation : l'usage des gaz depuis novembre 2022 contre des écolières et des lycéennes, dont plus de 6 500 ont été intoxiquées.

Un ordre social contesté

En dépit d'une répression de plus en plus violente qui n'épargne ni les femmes ni les enfants (dont 71 ont été tués), les contestataires ont continué à subvertir un ordre social hiérarchique que les lois et institutions islamiques n'ont cessé de renforcer. Précisons que la majorité des 530 manifestants tués étaient kurdes et baloutches.

Les revendications des groupes minoritaires sont liées aux inégalités de distribution du pouvoir économique, politique, social et culturel, et représentent de véritables problèmes sociaux. Rappelons que des électeurs issus de minorités ethniques et religieuses, tout comme des jeunes, des femmes et des intellectuels issus de la majorité sociale, ont participé de manière significative à l'élection de Mohammad Khatami (1997-2005), et dans une moindre mesure à celle de Hassan Rohani (2013-2021), exigeant, par leurs votes, leur inclusion dans la communauté politique nationale. Leurs espoirs ont été trahis.

La révolution en cours a également provoqué d'importants bouleversements dans des régions plus traditionnelles du pays. Chose inédite, nombre de femmes baloutches, qui ne sortaient pratiquement jamais seules et étaient moins politisées que les femmes kurdes, manifestent aujourd'hui aux côtés des hommes à Zahedan. Elles portent certes le tchador traditionnel – présentant une image très différente de celle des jeunes femmes des grandes villes –, mais à travers des actes de résistance et de désobéissance civile, un nombre croissant de jeunes femmes tentent de prendre le contrôle de leur destin, y compris de leur corps et de leur sexualité. Certaines transgressent les normes islamiques, et à travers des actes performatifs, se dévoilent et refusent de dissimuler leur corps et ses mouvements, chantent, dansent et clament l'urgence de la liberté.

Dans cette révolution en cours où les femmes sont devenues des enjeux politiques majeurs, et où les réseaux sociaux jouent un rôle important pour diffuser les informations, le slogan « Femme, vie, liberté » emprunté aux mouvements kurdes de Turquie, s'est imposé dans les cortèges. La liberté, dont le nom est chanté partout dans le pays, n'est pas vue comme une fin en soi, mais comme un désir sans cesse renaissant (depuis la révolution constitutionnelle de 1906), et une forte réponse à l'oppresseur. Contre le culte du deuil émerge le culte de la joie, contre la division des peuples, l'unité, contre la célébration de la mort, la célébration de la vie.

Une prise de conscience s'affirme, dans laquelle démocratie, liberté et justice sociale sont étroitement liées à l'égalité de genre, d'ethnicité, de religion, de sexualité ou de classe.

***

Une nouvelle définition de l'iranité émerge parmi les contestataires, qui inclut tous les habitants de l'Iran, sans les hiérarchiser. La majorité de la société iranienne moderne, instruite, ouverte sur le monde mais souffrant de la pauvreté, du chômage, et de la corruption d'un pouvoir idéologique, rejette également l'islam politique et ses préceptes imposés, exigeant la séparation entre la religion et l'État. Pour la première fois depuis son instauration en 1979, le régime islamique est contesté par la majorité de la population. L'arrestation de 20 000 manifestants, dont de nombreux dirigeants des conseils syndicaux autonomes (ouvriers, enseignants, étudiants, militantes des droits des femmes, etc.) qui organisaient les manifestations, pourra ralentir le processus révolutionnaire mais échouera à empêcher son succès tant la revendication pour un changement tous azimuts a gagné du terrain.

A. K.

Pour en savoir plus

- J.-P. Digard (dir.), *Le Fait ethnique en Iran et en Afghanistan*, Paris, Éditions du CNRS,1988.
- A. Kian, *Rethinking Gender, Ethnicity and Religion in Iran: An Intersectional Approach to National Identity*, Londres & New York, I. B. Tauris, Bloomsbury, août 2023.
- A. Shahi, et E. Abdoh-Tabrizi, « The Shi'i State and the Socioeconomic Challenges of the Sunni Communities in Iran. Historical and Contemporary Perspectives », *in* F.Oruc (dir.), *Sites of Pluralism. Community Politics in the Middle East*, Londres, Hurst & Company, 2019.

L'Anatolie de l'Est dans son environnement

Une périphérie en voie d'intégration

Longtemps aux marges des empires qui se la disputaient, accueillant des communautés très diverses, au cœur des déstabilisations régionales, la région voit son intégration renforcée par les politiques sécuritaires et de développement de l'État turc. Elle bénéficie également des projets des Nouvelles routes de la soie.

L'est de la Turquie a longtemps été considéré comme la périphérie d'un pays centré sur l'ouest où se trouvent l'ancienne capitale et unique mégalopole du pays, Istanbul, ainsi que les villes d'Ankara, Izmir ou Bursa. La région orientale constitue le débouché de la péninsule anatolienne sur le reste de l'Asie, et s'étend essentiellement sur les montagnes du haut-plateau arménien, et la Haute-Mésopotamie au sud, région de plaine coupée en deux par la frontière avec la Syrie. Administrativement, elle comprend une vingtaine de provinces réparties entre l'Anatolie orientale et l'Anatolie du Sud-Est.

Longtemps disputée avec les empires russe et perse, promise aux États arménien et kurde créés par le traité de Sèvres, la région a été définitivement insérée dans la Turquie moderne par Atatürk. L'est de l'Anatolie est ainsi un espace concentrant la quasi-totalité des frontières terrestres de la Turquie, frontières contestées sinon menacées quand les autres, du côté européen, ne le sont guère. Depuis la création de la République, et en dépit de son ancrage au reste du pays, la région demeure une périphérie encore largement marginalisée, qui renvoie les Turcs à leur crainte du dépècement : au fameux « syndrome de Sèvres ».

Normalisation sécuritaire et question minoritaire

Comme le reste de l'Anatolie, l'Est est une région historiquement très diverse sur le plan ethnique. Dès l'Antiquité, passe et s'installe une mosaïque de peuples dans un espace successivement dominé par plusieurs empires et civilisations – dont les Turcs à partir du XIe siècle –, espace de contact entre la chrétienté et l'islam, et espace disputé entre Ottomans, Perses et Russes jusqu'au XXe siècle.

L'est de l'Anatolie est donc également marqué par la question des minorités ethniques. Prépondérante dans les dernières décennies d'un empire ottoman longtemps multinational, elle devient un problème obsédant pour l'État turc nationaliste et centralisé né en 1923. La présence arménienne et grecque ayant été anéantie dans les dernières années de l'empire, c'est la question kurde qui devient l'obsession dès le début de la république, véritable tabou durant des décennies, amplement levé par Erdoğan dans les années 2000, notamment par l'adoption de mesures libérales en faveur de la culture kurde.

En dépit du ralliement initial massif des Kurdes à l'AKP (Parti de la justice et du développement), l'est de l'Anatolie reste une région à part sur le plan politique : les partis de la gauche kurde – aujourd'hui le YSP (Parti de la gauche verte), hier le HDP (Parti démocratique des peuples), le BDP (Parti démocratique des régions) ou le HADEP (Parti de la démocratie du peuple) – y caracolent systématiquement en tête devant les partis dominants dans le reste du pays : l'AKP ou le CHP (Parti républicain du peuple). Sans surprise, le YSP est ainsi arrivé en tête dans la totalité des provinces turques majoritairement kurdes aux législatives de mai 2023, soit dans la plupart des provinces de l'est de l'Anatolie. Le parti s'est pourtant abstenu de présenter un candidat à la présidentielle, appelant à voter pour celui du CHP, Kemal Kılıçdaroğlu – consigne strictement suivie par ses presque cinq millions d'électeurs. La carte du vote anti-AKP pour la présidentielle réunit ainsi les régions de l'est de l'Anatolie et celles du littoral au sud et à l'ouest du pays.

Cette stratégie d'alliance implicite du mouvement politique kurde avec les kémalistes et nationalistes – pourtant ses ennemis traditionnels – permet une intégration politique de l'est de l'Anatolie au reste du pays. Autre indice de cette dynamique, le vote en faveur du CHP dans les régions kurdes a augmenté aux législatives, celui en faveur du YSP étant en baisse. L'isolement et la marginalisation politique de l'est de l'Anatolie sur une base purement ethnique ne sont donc pas fatals. L'avenir reste pourtant incertain, notamment parce que l'alliance tacite entre YSP et CHP aura moins de raisons d'être après la réélection d'Erdoğan, celle-ci pouvant également déboucher sur un nouveau durcissement de l'État contre le mouvement politique kurde.

L'intégration de cette périphérie est-anatolienne au reste du pays est également aidée par la normalisation sécuritaire dans la région, que les cycles récurrents d'insurrection du PKK (Parti des travailleurs du Kurdistan) et de répression des forces de sécurité empêchaient depuis les années 1980. L'échec du dernier soulèvement du PKK dans les zones urbaines frontalières de la Syrie à l'été 2015 aurait déjà dû permettre cette normalisation. Mais la situation aux frontières n'est pas encore stabilisée, en dépit des opérations militaires turques contre les bases arrière du PKK en Irak et en Syrie. En Syrie, l'occupation d'une vaste zone tampon par des rebelles pro-turcs pourrait aussi permettre la réinstallation d'une partie des 3,5 millions de réfugiés syriens vivant en Turquie, pour la plupart dans l'est de l'Anatolie.

Dans la même logique, la Turquie a entrepris en 2021 la construction d'un mur sur une portion de sa frontière avec l'Iran, pour bloquer les flux de migrants – afghans notamment –, après en avoir construit 800 kilomètres à la frontière syrienne entre 2014 et 2017 face à Daesh. Par ailleurs, une normalisation des relations avec Bachar al-Assad pourrait favoriser la réouverture de points de passage : il n'en existe aujourd'hui qu'un seul, qui permet l'approvisionnement humanitaire de l'enclave rebelle d'Idleb. La sécurisation de la frontière vise également à contrôler, sinon tarir, les trafics en tous genres traditionnels entre pays de la région, notamment entre les populations kurdes qui y sont disséminées, à l'exemple du trafic de drogue des années 1990 dont armée et PKK se disputaient le contrôle.

L'ouverture et la sécurisation des frontières devraient donc désenclaver l'est de l'Anatolie, tout en assurant un certain contrôle des menaces extérieures. Couplée à la sécurisation interne de la région et à une avancée dans le règlement de la question des minorités, cette dynamique est perçue par l'État central comme nécessaire au développement socio-économique de la région.

Une région entre *Mezzogiorno* et *Far West*

Socio-économiquement, l'est de l'Anatolie est à la fois un *Mezzogiorno* et un *Far West* turc : *Mezzogiorno* parce que le niveau de développement de la région est sensiblement inférieur à celui de l'ouest, dessinant la carte d'un pays coupé en deux. *Far West* parce qu'il s'agit des régions les plus récemment ancrées au pays, et encore largement perçues dans l'imaginaire collectif comme restant à conquérir à divers plans. Militairement, au temps des durs combats contre le PKK ; aujourd'hui au niveau des infrastructures de transport ; mais aussi parce que les catastrophes naturelles, séismes notamment, y sont plus fréquentes, et que la densité de population y est faible, avec peu de grandes villes.

Cette situation n'est certes pas nouvelle, et s'inscrit dans le temps long du déséquilibre Est-Ouest, prégnant depuis l'époque ottomane, notamment du fait d'un développement des centres du pouvoir, et donc des efforts de modernisation, dans l'Ouest. Les politiques menées depuis l'avènement de la république tentent un rééquilibrage vers l'est, avec le signal fort du déplacement en 1923 de la capitale du pays, Istanbul, ville au fort ancrage européen, vers Ankara au cœur de la steppe anatolienne. Les déséquilibres persistent pourtant. Plusieurs grands plans de développement ont été lancés, notamment à partir des années 1990, avec le Projet de l'Anatolie orientale (DAP, *Doğu Anadolu Projesi*) et le Projet de l'Anatolie du Sud-Est (GAP, *Güneydoğu Anadolu Projesi*).

Le premier a été lancé en 1998 dans la moitié nord-est pour une modernisation de l'agriculture et la construction d'infrastructures. Entre 2014 et 2018, 68 000 hectares de terres agricoles ont été irrigués, 54 000 hectares de pâturages réhabilités, 1 400 kilomètres de routes construits, ainsi que 14 414 salles de classe, 43 hôpitaux publics et 130 bibliothèques municipales. Pour la moitié sud-est de la région, le GAP a été impulsé dans les années 1970 avant de se donner un plan directeur en 1989. Il prévoyait essentiellement la construction d'une série de barrages et autres ouvrages hydrauliques titanesques sur le Tigre et l'Euphrate, afin de produire de grandes quantités d'électricité tout en améliorant l'irrigation des plaines de la Haute-Mésopotamie pour y favoriser l'agriculture. La région a ainsi pu devenir la plus importante du pays en matière de production de coton depuis la fin des années 1990, dépassant celle d'Izmir.

Grâce à ces efforts, les indicateurs du développement humain se sont, ces dernières années, nettement améliorés dans les provinces est de l'Anatolie. Le taux de fécondité, supérieur à trois dans la plupart des provinces de la région en 2014, et même au-delà de quatre dans celles de Şırnak, Şanlıurfa et Ağrı, a fortement baissé en moins de dix ans. Toujours supérieur à deux en moyenne en 2020, et même à plus de trois dans les provinces de Şırnak et de Şanlıurfa, il reste pourtant bien au-dessus de la moyenne des autres provinces du pays, notamment des provinces urbaines de l'Ouest où il est inférieur à deux. Pour l'indice global de développement humain (IDH), qui agrège le PIB par habitant, l'espérance de vie à la naissance, et le niveau d'éducation, la plupart des provinces de l'est de l'Anatolie obtenaient en 2010 un chiffre inférieur à 0,7 et même en dessous de 0,6 pour certaines, contre une remontée à 0,777 en 2021. Mais ces provinces restent pourtant les seules du pays avec un niveau de développement humain qui n'est pas considéré comme « très haut » du fait d'un indice inférieur à 0,8.

L'État travaille toujours au désenclavement de la région. Après l'inauguration d'une série d'aéroports connectés aux grands centres de l'ouest du pays (Istanbul et Ankara notamment) à la fin des années 1990, le gouvernement Erdoğan a lancé et achevé un grand plan d'agrandissement et de modernisation de ces infrastructures dans les années 2010, incluant la construction de trois nouveaux aéroports entre 2011 et 2015 (Şırnak, Hakkâri et Iğdır). Priorité est donnée au désenclavement ferroviaire. La ligne à grande vitesse (LGV) Ankara-Sivas inaugurée en avril 2023 – avec un temps de trajet réduit de 12 à 2 h 30 entre les deux villes, doit désormais être prolongée en 2026 jusqu'à Kars *via* Erzincan et Erzurum. Une bifurcation vers Malatya et Elâzığ jusqu'à Diyarbakır est également prévue. Le projet est ensuite de connecter la nouvelle LGV à la voie ferrée Bakou-Tbilissi-Kars achevée en 2017, une infrastructure largement financée par la Chine dans le cadre du « corridor central » des Nouvelles routes de la soie.

***

La Turquie a été l'un des premiers pays à intégrer le projet chinois en 2015, et est aujourd'hui le deuxième plus gros emprunteur (après l'Inde) de la Banque asiatique d'investissement pour les infrastructures (AIIB), créée et dirigée par la Chine, avec près de 3,7 milliards d'encours pour 18 projets en mars 2023. Le volet ferroviaire, le plus important du projet, doit désenclaver l'est de l'Anatolie en connectant mieux cette région au reste de la Turquie, mais aussi aux pays frontaliers, Arménie exclue, la frontière étant fermée depuis 1993. Les images exceptionnelles de camions arméniens passant en Turquie pour apporter de l'aide humanitaire aux provinces ravagées par les séismes de février 2023, ainsi que de récents pourparlers de normalisation entre les deux pays pourraient augurer de quelque progrès : une avancée de plus qui contribuerait encore à réduire la marginalisation de l'est de l'Anatolie par rapport au reste du pays.

J. L.

Pour en savoir plus

- H. Bozarslan, *Histoire de la Turquie, de l'Empire ottoman à nos jours*, Paris, Tallandier, 2021.
- M. Bruneau, *De l'Asie Mineure à la Turquie*, Paris, CNRS Éditions, 2015.
- D. Schmid, « L'AKP face au tabou kurde », *Repères sur la Turquie*, Ifri, n° 3, 8 juin 2009.

Une Autorité palestinienne en péril

L'Autorité palestinienne contre les Palestiniens ?

Deux Palestine se font, de plus en plus, face : l'une représentée par l'Autorité palestinienne et soutenue par les diplomaties et les crédits de la communauté internationale ; l'autre, déçue d'une Autorité impuissante et corrompue, qui reprend désormais un combat violent, rappelant ainsi un contexte d'occupation souvent oublié.

Établie en 1994, l'Autorité palestinienne (AP) traverse depuis quelque temps une crise sans précédent. L'idée de sa transformation en État souverain sur les Territoires palestiniens occupés (TPO) depuis 1967 (Cisjordanie, Gaza et Jérusalem-Est), ainsi que le souhaitaient ses fondateurs, s'avère désormais illusoire, en particulier du fait de la nouvelle géographie coloniale imposée par l'État d'Israël. La Cisjordanie est morcelée par les colonies israéliennes ; la bande de Gaza reste sous siège militaire ; alors que Jérusalem est entièrement isolée du reste des territoires.

Au plan interne, en plus d'un déficit budgétaire subi et chronique, la contestation contre la dérive autoritaire de l'Autorité prend de plus en plus d'ampleur, tout comme celle qui s'élève contre la « collaboration sécuritaire » de ses dirigeants avec l'occupant israélien. Et comme pour couronner cette mise en cause multiple, émergent désormais des groupes de résistance armée en Cisjordanie. La réalité coloniale de l'occupation israélienne est de nouveau visible, après avoir été dissimulée derrière le processus de paix et les projets de développement.

La sécurité contre le pouvoir

Après avoir hésité à intégrer les institutions de l'AP, le Hamas (Mouvement de la résistance islamique) a décidé en 2006 de participer seulement au scrutin législatif. Une fois les élections remportées, il a formé avec le Fatah (Mouvement de libération nationale de la Palestine) le gouvernement de l'Union nationale, sous le mandat du président Mahmoud Abbas, élu en 2005 : une coalition « non bénie », non reconnue par la « communauté internationale ». Le cabinet ministériel subissait dès lors, à la fois, un blocus financier externe et une pression interne du Fatah, destinée à interdire aux nouveaux élus du Hamas de s'emparer du pouvoir. Rapidement paralysée, l'AP se révélait incapable de régler les salaires de ses fonctionnaires en 2006-2007. De leur côté, les forces israéliennes avaient arrêté la majorité des parlementaires élus du mouvement islamique. D'où l'aggravation de la tension entre le Fatah et le Hamas.

En accord avec l'État d'Israël, l'administration américaine a alors mis en place un plan pour renforcer la position de son interlocuteur privilégié, Mahmoud Abbas. Sa suprématie sur le Conseil des ministres devait être assurée, afin qu'il puisse poursuivre ses « dialogues pour la paix » tout en garantissant la sécurité d'Israël[1]. Dans la perception américaine du *peacemaking* – plus ou moins adoptée par la communauté internationale –, la montée en puissance du Hamas, comme de toute action de résistance, est assimilée à une forme de terrorisme et vue comme un obstacle à la paix parce qu'entraînant l'affaiblissement des « forces modérées » de l'AP.

En 2007, la tension interne entre Palestiniens a dégénéré en affrontements dans la bande de Gaza. Le Hamas en a pris le contrôle par la force, alors que le Fatah s'engageait dans un projet dit de « la Cisjordanie d'abord ». Depuis, les nombreuses tentatives de réconciliation ont toujours débouché sur un échec. La division s'avère structurelle et adopte une formule géographique qu'on peut ainsi schématiser : le Hamas et son projet de « résistance » sont bornés à une bande de Gaza sous blocus militaire et financier ; le Fatah et son projet de « paix » étant soutenus, en Cisjordanie, par les bailleurs de fonds internationaux.

La coordination sécuritaire entre les agences de sécurité palestiniennes et les forces israéliennes sous l'égide du général américain Keith W. Dayton s'est ainsi renforcée en Cisjordanie. Ce sont les officiers de l'armée de l'« administration civile » israélienne qui dirigent en réalité la Cisjordanie, déléguant quelques pouvoirs à leurs homologues palestiniens. De ces relations, ces derniers tirent nombre d'avantages personnels et familiaux (obtention des cartes VIP facilitant le passage des *checkpoints* et l'entrée en Israël, etc.). Pour maintenir leur pouvoir aussi restreint soit-il, ils sont poussés à s'inscrire dans la logique sécuritaire israélienne et des exigences internationales. En acceptant le rôle de bons élèves, Mahmoud Abbas et son cercle proche consolident leur place d'interlocuteurs privilégiés de la communauté internationale. Annoncées à deux reprises, pour 2010 puis 2021, avant d'être annulées, les élections ne sont d'ailleurs plus exigées par des interlocuteurs internationaux qui réclament pourtant fort souvent la démocratie en contrepartie de leur aide.

Économie : la désillusion

En 2007, Salam Fayyad, ancien fonctionnaire du Fonds monétaire international (FMI), a formé son cabinet ministériel de technocrates, régnant sur la seule Cisjordanie. Il mettait alors en avant une approche professionnelle du développement (avec une lecture technique de la réalité palestinienne sans référence aux rapports de domination), et promettait la mise sur pied d'un véritable État, aidé par l'engagement international.

Le blocus financier a ainsi été levé, et le gouvernement a bénéficié d'une aide internationale remarquable à la suite de la conférence des donateurs tenue en 2007 à Paris. Ses choix de politique néolibérale ont consisté à faciliter aux Palestiniens

1. Voir J.-F. Legrain, « Palestine : un État ? Quel État ? », *Notes de l'Ifri*, Ifri, 25 janvier 2010.

l'obtention de crédits bancaires et on a pu croire à un début de marche vers une société de consommation. Le fayyadisme était alors célébré dans les journaux occidentaux, associé à l'image de la prospérité économique, et à la figure du « nouveau Palestinien », récompensé enfin par les dividendes de la paix dans une configuration qu'on peut qualifier de « Palestine des bailleurs de fonds »...

En dépit de cette image largement déconnectée de la réalité, la condition coloniale et l'absence de souveraineté structurent toujours la vie palestinienne. Compte tenu de sa dépendance vis-à-vis de l'aide internationale, et de sa soumission à l'hégémonie économique israélienne, l'AP ne peut percevoir ses politiques économiques qu'à travers une vision strictement budgétaire. Pour assurer le paiement des salaires d'environ deux cent mille fonctionnaires (selon les estimations du Bureau palestinien des statistiques), les charges des agences de sécurité (lesquelles absorbent entre 20 et 40 % du budget), les dépenses de ses dirigeants, etc., l'objectif ne peut être que d'élargir la recette fiscale. Et il s'agit d'abord de gonfler les recettes de dédouanement, que doit lui transférer le Trésor israélien avec le droit d'accise – *Al-Maqassa*, selon le protocole de Paris –, par exemple par la mise en place de politiques incitant à l'importation et à la consommation à crédit, notamment de voitures.

Ces transferts – qui constituent 60 à 70 % des recettes publiques annuelles de l'AP – ont cependant fait l'objet de déductions arbitraires de la part du Trésor israélien. La Conférence des Nations unies sur le commerce et le développement (CNUCED) qualifie cette pratique de « coûts fiscaux de l'occupation » : la totalité des retenues aurait non seulement pu éliminer le déficit budgétaire de l'Autorité, mais sans doute pu générer un excédent[2]. De plus, les contributions internationales ont, depuis 2019, atteint un « creux historique », selon la Banque mondiale, qui invite les bailleurs à doper leur aide[3] pour éviter le pire. L'AP se retrouve en effet à nouveau incapable de payer les salaires de ses fonctionnaires. Depuis quatre ans, ces derniers sont contraints au surendettement, toujours incertains de la date de règlement de leur salaire et de leur pécule restant après déduction par les banques des mensualités de leurs prêts...

D'abord séduite par l'illusion d'une prospérité économique succédant à une longue période de blocus international en 2006, et de larges destructions durant la deuxième Intifada (2000-2005), la population de la Cisjordanie s'est peu à peu avisée du piège structurel dans lequel elle s'enferrait au nom du développement pour la paix. Et, ces dix dernières années, se sont ainsi multipliées les contestations de nature corporatiste (ordre des avocats, syndicat des enseignants...), et/ou les mobilisations contre les abus d'autorité, la corruption, et la précarité économique.

Retour de la résistance armée

Depuis 2022, c'est le recours aux armes des jeunes Palestiniens qui entendent affronter militairement l'armée israélienne et les colons de Cisjordanie qui incarne

2. « Les coûts économiques de l'occupation israélienne pour le peuple palestinien : aspects fiscaux », *Rapport de la CNUCED*, 2019.
3. « La Banque mondiale appelle à doper l'aide aux Palestiniens à un "creux historique" », Europe 1 avec l'AFP, 9 mai 2022.

la contestation la plus fondamentale du projet économique et sécuritaire de la Palestine des bailleurs de fonds.

D'après les testaments publiés, les lettres d'adieu et les scènes d'assassinat parfois filmées et diffusées par l'armée israélienne elle-même, ces jeunes s'avèrent conscients que leur acte de sacrifice sera mis en scène et deviendra ainsi un facteur de sensibilisation. Lucides sur leur incapacité à vaincre l'occupant, ils connaissent pourtant leur sort : « Je suis déjà devenu martyr. » On ne tombe plus en martyr, mais on le devient : le message est d'encourager d'autres à leur emboîter le pas dans la lutte pour la libération de leur patrie. Il s'agit bien là d'un retour à l'ancienne nouvelle figure de l'« individu de sacrifice », les *fedayines*, ces combattants palestiniens qui se sacrifiaient pour la cause dans les années 1960-1980. L'engagement lourd et sa rationalité entrent ici en radicale opposition avec le « nouveau Palestinien » rêvé par la Palestine des bailleurs de fonds.

La constitution des Brigades de Jenin et de la Tanière des lions à Naplouse interroge donc le rôle sécuritaire de l'AP qui, jusqu'ici, garantissait la légitimité de ses dirigeants aux yeux de la communauté internationale et des responsables israéliens, en même temps qu'elle remet en lumière la réalité coloniale de l'occupation, et suggère une possible unité du peuple palestinien à travers la résistance.

***

L'unité par la résistance s'impose ainsi comme un anti-projet à la Palestine des bailleurs de fonds. Les sommets sécuritaires qui se sont récemment tenus en Jordanie et en Égypte visaient à agir à chaud contre cette dynamique. Les incursions israéliennes se multiplient en Cisjordanie. L'offensive de l'armée israélienne contre des leaders du Djihad islamique à Gaza le 9 mai 2023 peut s'inscrire dans une logique visant à rompre cette unité – une offensive certes symbolique, mais aussi très concrète, et que réclament les services de renseignements israéliens. De son côté, l'AP déploie tous ses efforts pour convaincre les jeunes militants de rendre leurs armes, et les intégrer dans ses services de sécurité, selon les termes d'un accord avec les Israéliens qui leur garantit la vie sauve – ce fut déjà le cas avec des combattants recherchés à la fin de la deuxième Intifada. L'avenir nous dira si les leaders de l'Autorité, absents des batailles et quelque peu dépassés par les évènements, préserveront leur place sur la scène palestinienne, et à quel prix.

S. Sb.

Pour en savoir plus

- Z. Clot, *Il n'y aura pas d'État palestinien : journal d'un négociateur en Palestine*, Paris, Max Milo, 2010.
- A. Gresh, « Israël-Palestine. De la colonisation à l'apartheid, en ligne droite », *Orient XXI*, 2 mai 2023.
- S. Sbeih, « Le temps du développement en Palestine », *Temporalités*, 4 juillet 2018.

L'Union européenne et l'impasse tunisienne

Quelle politique de « soutien à la démocratie » ?

L'Union européenne n'a pas usé de ses instruments pour aider à démanteler le système autoritaire tunisien, et ouvrir de nouvelles perspectives économiques. Enfermée dans un dialogue avec les anciennes élites, obsédée par la libéralisation économique, elle se trouve confrontée aux impasses d'un nouveau régime autoritaire.

Le 25 juillet 2021, 64e anniversaire de la proclamation de la République tunisienne, le président Kaïs Saïed, élu deux ans plus tôt, limoge son Premier ministre, suspend le Parlement et lève l'immunité des parlementaires. Ce « coup d'État constitutionnel » concentre les pouvoirs dans les mains de Saïed, processus scellé par une réforme constitutionnelle donnant des vastes prérogatives au président de la République (responsable seulement de la défense et la politique étrangère sous la constitution de 2014), et étayé par des mesures liberticides qui ne visent pas le seul camp islamiste – Rached Ghannouchi, président du parti Ennahda, est arrêté et condamné à un an de prison le 15 mai 2023 –, mais l'ensemble des journalistes et opposants politiques. Deux ans plus tard, la mainmise de Saïed sur l'appareil d'État semble avoir porté un coup de grâce à la fragile transition démocratique entamée après la chute de Ben Ali en janvier 2011.

Forte de sa foi dans « l'exception tunisienne », l'Union européenne (UE) avait pourtant salué la réussite d'une transition qui avait assuré une alternance politique grâce à la tenue d'élections successives (2011, 2014, 2019). Le « quartette » d'organisations de la société civile qui avait négocié un accord de sortie de crise en 2013 entre le gouvernement Ennahda et l'opposition, alors que l'avenir de cette transition semblait menacé, s'était même vu décerner le prix Nobel de la paix en 2015.

L'incompréhension et la déception sont d'autant plus fortes que l'UE a débloqué des moyens considérables pour « soutenir [la Tunisie] dans sa transition vers une démocratie moderne ». Entre 2010 et 2020, la Tunisie a été le plus grand bénéficiaire des fonds européens dans le cadre de la Politique de voisinage de l'UE. Cette aide visait à renforcer les institutions démocratiques et alléger l'impact de la crise économique et sociale qui menaçait de dévier la trajectoire politique du pays. Quel a été l'impact réel de ce soutien sur le processus de « démocratisation » ?

Tunisie et Europe : une relation asymétrique

Les relations entre la Tunisie et les États européens, plus particulièrement avec la France, ont été de nature asymétrique dès leurs débuts, dans la deuxième moitié du XIXe siècle. Il ne s'est écoulé que cinq ans entre le premier emprunt effectué par le pays auprès de banques françaises et anglaises en 1863, et l'imposition par les créanciers d'une commission financière en contrepartie d'une restructuration de la dette. L'établissement du protectorat français en 1881 formalise l'inégal rapport des forces. Les entrepreneurs français et européens bénéficient alors d'une position privilégiée en Tunisie, jusqu'à l'indépendance de 1956, et surtout jusqu'à la confiscation des terres des propriétaires français en 1963. Mais la rupture n'est que temporaire : l'échec du modèle tunisien de capitalisme d'État contraint les dirigeants du pays à libéraliser peu à peu leur économie dans les années 1970, puis à recourir au Fonds monétaire international (FMI) en 1986.

La réorientation se poursuit sous la présidence du général Zine el-Abidine Ben Ali, arrivé au pouvoir grâce au coup d'État « médical » de novembre 1987. La Tunisie rentre alors pleinement dans la mondialisation et s'ouvre aux investissements européens. La signature d'un accord d'association avec l'UE instaure en 1995 une zone de libre-échange, marquant une accélération du développement des relations économiques bilatérales. Celles-ci ont à nouveau pris une forme asymétrique : en 2020, l'UE était le premier partenaire commercial de la Tunisie (70,9 % des exportations et 48,3 % des importations). Inversement, la Tunisie n'était alors que le 35e partenaire commercial de l'UE. La nature des échanges traduit également un rapport de force : la Tunisie exporte vers l'Europe pour l'essentiel des matières premières ou des produits manufacturés à faible valeur ajoutée, et en importe principalement des machines et des équipements de transport.

Le poids de l'UE dans la balance commerciale tunisienne lui a sans nul doute donné une capacité d'influence sur le pays. Alors que les relations économiques avec la région Moyen-Orient/Afrique du Nord (MENA) se multipliaient, l'Europe développait une politique de « soutien à la démocratie » à travers le processus de Barcelone (1995) et la Politique européenne de voisinage (2004). Celle-ci s'inspirait de l'aide précédemment apportée aux pays d'Europe de l'Est à l'issue des révolutions de couleur, et consistant notamment en un soutien technique à l'organisation d'élections et en incitations financières à la démocratisation et à la libéralisation des marchés.

Si la libéralisation de l'économie tunisienne s'est effectivement poursuivie sous Ben Ali, l'UE ne s'est pas servie de ses leviers financiers pour sanctionner efficacement l'absence de réformes démocratiques dans le pays. Elle a également fermé les yeux sur le développement d'un capitalisme de copinage qui monopolisait les fruits de la croissance. Celle-ci bénéficiait ainsi principalement aux régions côtières, alors que la population de l'intérieur du pays souffrait du manque de services publics et d'un taux de chômage élevé. Dans la foulée des révoltes arabes, et dans un communiqué de presse publié en mars 2011, la Commission européenne et la Haute représentante de l'Union pour la politique étrangère ont ainsi reconnu que les soulèvements traduisaient l'échec de la politique européenne de « soutien à la démocratie ». Les événements de cette année sont ainsi vus comme un tournant dans la politique de l'UE vis-à-vis de la Tunisie, ce d'autant que ce pays est perçu comme le seul susceptible de mener à bien une transition démocratique, face aux effondrements ou aux restaurations autoritaires affligeant ses voisins arabes.

Changement ou stabilité ? Les limites de la politique européenne

En 2011, la situation révolutionnaire qui a précipité la chute de Ben Ali se clôt rapidement, et est suivie d'une période de transition censée préparer un retour à la vie normale. La victoire écrasante du parti islamiste Ennahdha aux élections de l'assemblée constituante en novembre 2011 lui permet de dominer la scène politique tunisienne, avant que la montée en puissance de l'opposition à l'été 2013 ne l'oblige à chercher un compromis avec des composantes de l'ancien régime – représentées par le parti Nidaa Tounes du futur président Béji Caïd Essebsi. Ce compromis constituera le cadre de la vie politique tunisienne pour une décennie : il se traduira par la constitution de 2014, et permettra une alternance politique *via* l'organisation d'élections, en 2014 puis 2019.

Cette alternance n'équivaut pourtant pas à une démocratisation réelle en ce qu'elle ne s'accompagne pas d'une réforme des appareils répressifs de l'État, ni de la mise en place d'une justice transitionnelle. On peut dès lors aisément observer une « résilience » de l'autoritarisme tunisien : persistance des figures de l'ancien régime, dont le Parti destourien libre d'Abir Moussi a été l'incarnation, maintien d'institutions autoritaires… Dans le contexte d'une dégradation de la situation économique et sociale du pays, les différents gouvernements depuis 2011 n'ont par ailleurs pas hésité à user des outils répressifs à leur disposition.

Face à cette situation politique complexe, la politique européenne a traduit un biais électoraliste accordant peu d'importance à la réforme des institutions. Entre 2011 et 2013, 40 % des fonds européens alloués à la Tunisie (soit environ 31 millions d'euros) ont été destinés à l'organisation des élections et au soutien du travail de l'assemblée constituante. Parallèlement, la plus grande part des 2 milliards d'euros d'aides et 1 milliard d'euros de prêts à conditions favorables accordés par l'UE entre 2011 et 2021 étaient destinés à la stabilisation macroéconomique. Ce soutien financier a eu un effet pervers : il a constitué pour les élites politiques tunisiennes une rente leur permettant de repousser la mise en place des politiques d'austérité exigées par l'UE et le FMI. Les créanciers de la Tunisie se sont montrés particulièrement patients dans la décennie 2011-2021, permettant ainsi la poursuite du surendettement de l'État.

Dans le même temps, les conditions posées par l'UE en échange de son aide traduisent un manque de questionnement sur l'organisation de l'économie tunisienne et ses relations avec l'Europe. Les gouvernements qui ont suivi la « révolution de Jasmin » ont poursuivi la politique néolibérale amorcée sous Ben Ali, sans proposer de solution aux problèmes structurels : corruption, déséquilibres du marché du travail, surendettement de l'État tunisien, place défavorable du pays dans la division internationale du travail… Au lieu de s'attaquer à ces problèmes, l'UE s'est attachée à pousser le pays à plus de dérégulation et de libéralisation, à travers les négociations pour la mise en place d'un accord de libre-échange complet et approfondi (ALECA) à partir de 2015.

L'avènement de Kaïs Saïed en 2019 n'a donc rien eu d'étonnant, intervenant après la perte de confiance dans le Parlement, et particulièrement dans le parti Ennahdha, générée par la gestion catastrophique de la pandémie de Covid-19. Le coup d'État « constitutionnel » de 2021 instrumentalisait les institutions autoritaires héritées de l'époque de Ben Ali, et maintenues la décennie suivante. Il s'appuyait sur les frustrations liées à la crise économique et sociale, et sur la banalisation du discours d'éradication des islamistes propagé par la destourienne Abir Moussi. Confrontée à ces développements, l'UE a échoué à imposer aux élites tunisiennes une réforme des institutions. Elle n'a pas plus trouvé de réponse à la crise économique et sociale suscitée par le tournant néolibéral engagé sous la dictature.

Quel avenir pour la coopération entre la Tunisie et l'UE ?

La Tunisie est un partenaire incontournable de l'UE, non seulement d'un point de vue économique, mais aussi en matière de lutte contre le terrorisme ou l'immigration clandestine. L'attentat contre la synagogue de Ghriba à Djerba, le 10 mai 2023, a relancé les inquiétudes face à la menace terroriste. Et la persistance du conflit libyen confirme l'importance géopolitique du partenariat sécuritaire avec la Tunisie.

L'asymétrie de la relation aurait pu doter l'UE d'une vraie capacité d'action en matière de soutien à la transition tunisienne. Mais Bruxelles n'a pas su remettre en cause les fondamentaux de son rapport avec Tunis, comme la priorité donnée à la stabilité et au dialogue avec les élites politiques, ou le maintien de relations économiques désavantageuses pour une large part de la population du pays. Ces orientations, qui avaient déjà condamné à l'échec les politiques de l'UE de « soutien à la démocratie » dans les années 2000, n'ont pas proposé de voie de sortie d'une crise économique et sociale qui a précipité la fin du système parlementaire tunisien.

Alors que le coup d'État du président Kaïs Saïed a, dans un premier temps, suscité la consternation à Bruxelles, les intérêts croisés de la Tunisie et l'UE laissent entendre que les deux parties devront bel et bien continuer à coopérer. À l'UE, dès lors, de trouver un équilibre entre le maintien d'un dialogue avec Saïed et la pression contre sa dérive autoritaire.

A. Ab.

Pour en savoir plus

- C. Hmed, « Au-delà de l'exception tunisienne : les failles et les risques du processus révolutionnaire », *Pouvoirs,* n° 156, 2016.
- E. Johansson-Nogués et A. Rivera Escartin, « Supporting the Tunisian Transition? Analysing (in)Consistencies in EU Democracy Assistance with a Tripartite Nexus Model », *Democratization,* 22 juillet 2020.
- R. Fabiani, « Tunisia and the International Community since 2011: Rentierism, Patronage and Moral Hazard », *Jadaliyya,* 29 janvier 2018.

L'accueil en Europe des déplacés ukrainiens

Quels enseignements pour l'Union européenne ?

L'exil de millions d'Ukrainiens a provoqué un fort mouvement de solidarité de l'UE, des gouvernements, et des sociétés européennes. Mais les mesures provisoires devront se transformer en dispositifs de plus long terme. Et cette solidarité ne pourrait-elle influer sur l'attitude générale des Européens vis-à-vis des migrations ?

Conséquence de la guerre en Ukraine, les déplacements de population ont atteint en Europe un niveau inconnu depuis 1945. En quelques mois, près de 19 millions de personnes ont franchi la frontière ukrainienne, puis effectué des allers-retours entre l'Ukraine et le reste de l'Europe. Au 15 mai 2023, le Haut-Commissariat des Nations unies pour les réfugiés (HCR) dénombrait 8,2 millions de réfugiés ukrainiens sur le continent, dont 4 millions disposaient d'un statut de protection temporaire dans un État de l'Union européenne (UE).

En comparaison, ce qui fut hâtivement qualifié de « crise des réfugiés de 2015 » semble presque dérisoire : un seul million de personnes avait alors tenté de trouver refuge en Europe, *via* la Grèce et, dans une moindre mesure, l'Italie. Les gouvernements européens en gardent néanmoins un souvenir douloureux, notamment des quelques mois d'août 2015 à mars 2016, durant lesquels plus de 100 000 personnes débarquaient mensuellement sur les îles de la mer Égée pour poursuivre leur périple à pied jusqu'à l'Allemagne et la Suède. Cette période a laissé des traces profondes, notamment une défiance entre États membres, que chacun tente d'éviter à nouveau en essayant de prévenir de nouvelles arrivées massives par des accords avec les pays qui entourent l'Europe.

Limitrophe de l'Ukraine, l'UE n'avait d'autres choix que d'accueillir les millions d'Ukrainiens et de protéger ces réfugiés, nul pays de transit ne pouvant s'en occuper à sa place. Fort heureusement, les tensions de 2015 n'ont pas ressurgi. L'accueil des Ukrainiens s'est même réalisé avec un rare esprit de coopération entre gouvernements et institutions européennes. Non que les Européens aient appris de leurs erreurs de 2015. La politique européenne d'asile et d'immigration reste un chantier béant et un des principaux, voire le principal, sujet de discorde entre États membres. L'accueil des Ukrainiens n'a pas été traité politiquement comme une question d'immigration, ni même d'asile. Il relevait de l'urgence humanitaire ou, diraient certains, de l'effort de guerre. La rhétorique de « crise des réfugiés » – et encore moins celle de « crise migratoire » – a été peu utilisée par les responsables politiques et les médias, ce qui contraste avec les déclarations des mêmes dès lors que quelques milliers de migrants non européens franchissent les frontières extérieures ou débarquent sur les côtes de l'UE.

À situation exceptionnelle, mesures historiques

Dès le 4 mars 2022, les États membres ont décidé d'activer une directive de 2001 permettant d'octroyer une protection temporaire aux Ukrainiens. Cette directive, adoptée au lendemain des guerres des Balkans, n'avait encore jamais été appliquée – même en 2015, au motif qu'elle aurait pu constituer un appel d'air pour les Syriens fuyant la guerre civile et les exactions de l'État islamique. Cette « Belle au bois dormant » du régime d'asile européen commun, la Commission européenne en avait même proposé la suppression lors de la présentation du Pacte européen sur la migration et l'asile en septembre 2020.

Or, la protection temporaire s'est avérée être un outil particulièrement adapté aux déplacements rapides et imposants des Ukrainiens à partir de février 2022. La protection temporaire est une protection de groupe, qui permet d'éviter qu'un nombre trop important de personnes ne se retrouve dans une situation de précarité juridique, ou n'étouffe les systèmes nationaux d'asile. La protection temporaire garantit à ses bénéficiaires l'accès immédiat à un permis de séjour et à une série de droits sociaux, dont l'accès au marché du travail.

Si l'utilisation de la protection temporaire est historique dans l'Union européenne, elle est ordinaire dans d'autres régions du monde. L'UE n'innove pas, reproduisant ce que d'autres pays ont fait face à des déplacements massifs et subits de populations liés à un conflit ou à l'effondrement d'un pays. Ces situations se sont malheureusement multipliées depuis le début de ce siècle, au Moyen-Orient, en Asie, en Afrique ou en Amérique latine. En Europe comme ailleurs, la reconnaissance d'une protection de groupe apparaît comme la solution la plus rationnelle. C'est ce que la Turquie a fait en reconnaissant une protection temporaire aux Syriens, ou la Colombie en régularisant 1,7 million de Vénézuéliens.

Outre l'activation de la directive de la protection temporaire, l'UE a adopté des mesures plus spécifiques à un espace de libre circulation, mais qui s'inscrivent à contre-courant des tendances des politiques d'asile et d'immigration de ces deux dernières décennies. Les conditions d'entrée régulière dans l'UE ont été allégées et, surtout, les Ukrainiens ont bénéficié d'une libre circulation sur le territoire européen pendant trois mois, donc du libre choix de leur pays d'accueil. En d'autres termes, ils ne subissent pas les procédures de filtrage – et de limitation de liberté – aux frontières, ni le système Dublin qui assigne les exilés au premier pays d'accueil.

Ce cadre à la fois protecteur et libéral a contribué à éviter une nouvelle crise migratoire dans l'UE. Les Ukrainiens se sont spontanément dirigés vers les pays où ils disposaient de relais de solidarité, en particulier auprès des diasporas. Le laissez-faire des gouvernements européens, ainsi que la gratuité décidée par plusieurs compagnies ferroviaires, ont permis d'organiser un transit très éloigné des images de migrants perdus sur les routes d'Europe. Certains États membres considèrent certes que le libre choix du pays d'accueil n'a pas permis une répartition équitable des réfugiés sur le territoire européen – notamment l'Allemagne qui, pour la deuxième fois en une décennie, a accueilli un million de personnes. Mais les tentatives de mieux maîtriser, voire d'empêcher, les mouvements secondaires de migrants en 2015, avaient de fait abouti au même résultat, aux prix de nombreuses souffrances pour les réfugiés et de tensions entre États membres...

Alors que les mouvements d'Ukrainiens se sont stabilisés, experts et observateurs s'accordent à penser que l'UE a les moyens de gérer ce type de situation, et constitue l'échelle appropriée pour s'y mesurer. Il est donc étonnant que ce cas d'école n'ait aucun impact sur les négociations du Pacte européen sur la migration et l'asile, ni même sur les débats sur l'immigration dans des pays aussi variés que la Pologne, la France, l'Italie ou le Danemark. Ces échanges et débats s'enferment dans une approche sécuritaire visant à maintenir les exilés le plus loin possible de l'Europe, ou à ses frontières extérieures.

Les Ukrainiens : des réfugiés pas comme les autres ?

Le profil des déplacés ukrainiens est régulièrement invoqué pour justifier la différence de traitement avec les exilés d'autres nationalités. Il s'agit très majoritairement de femmes et d'enfants, victimes de la guerre. Ils seraient plus éduqués, donc plus facilement intégrables sur le marché de l'emploi et, plus largement, dans les sociétés européennes. L'idée s'est également installée que ces réfugiés-là n'auraient pas l'intention de s'installer et regagneraient l'Ukraine dès la fin du conflit.

Il est vrai que l'immigration de réfugiés en Europe a été jusqu'en 2022 principalement masculine. Mais il s'agissait là d'un biais européen, et plus largement des pays du Nord : ces pays n'étaient pas proches des zones de conflit et les longues routes migratoires constituent des dangers encore plus importants pour les femmes et les enfants. Au niveau mondial, la réalité est autre. Selon le HCR, 48 % des réfugiés sont des femmes et des filles, 41 % des enfants. De plus, il existe une temporalité de l'exil, commune à un grand nombre de situations de migration : et par sa position géographique, l'Europe n'était qu'une destination du deuxième temps, à mesure que les perspectives de retour s'épuisaient. Les déplacements d'Ukrainiens en Europe s'inscrivent, eux, dans des dynamiques de proximité, comparables à celles observées dans d'autres régions connaissant des conflits.

Sur le terrain, les Ukrainiens rencontrent les mêmes obstacles que les autres exilés. En dépit du soutien des pouvoirs publics et d'une formidable solidarité des Européens et des diasporas, l'accès à un logement autonome constitue un défi important dans le contexte d'une crise du logement qui touche la majorité des États de l'UE. L'accès au travail, qui facilite l'accès au logement, reste décevant en dépit de la mobilisation des entreprises européennes. Selon une enquête du HCR en Europe centrale, et une autre de Kantar Public sur l'ensemble de l'UE, environ 35 % des déplacés ukrainiens avaient un emploi en janvier 2023 – dont une partie à distance pour leurs employeurs ukrainiens. À titre de comparaison, une enquête du ministère français de l'Intérieur établissait que 42 % des réfugiés étaient en emploi en 2019, un an après la délivrance d'un titre de séjour. La non-maîtrise de la langue du pays d'accueil, le traumatisme de l'exil, la séparation familiale, la garde des enfants, constituent autant de freins à l'insertion professionnelle, qui touchent les Ukrainiens comme les autres réfugiés.

Les autorités nationales et les sociétés d'accueil vont donc devoir faire face aux classiques problématiques d'inclusion et de cohésion sociale, d'autant que le statut de protection temporaire doit prendre fin en 2024. Au-delà des incertitudes sur la suite de la guerre, il est illusoire de penser que tous les Ukrainiens rentreront rapidement dans leur pays, compte tenu des destructions intervenues dans nombre de leurs régions d'origine, mais aussi des différences de niveau de vie entre l'Ukraine et les pays de l'UE. Le passage de l'accueil humanitaire d'urgence aux solutions d'insertion sur un plus long terme devrait donc s'organiser dès aujourd'hui.

***

L'extraordinaire mobilisation des citoyens européens a largement contribué à limiter l'ampleur de la crise humanitaire. Selon l'Institut économique polonais, 77 % des Polonais ont aidé les réfugiés, dépensant plus de deux milliards d'euros de leurs deniers personnels. En France, plus de la moitié des Ukrainiens réfugiés a été hébergée spontanément par, ou grâce à, des particuliers. Alors que l'Europe entre dans un monde de crises multiples et protéiformes, voilà une excellente nouvelle pour des pouvoirs publics qui peuvent compter sur la résilience et la solidarité de leurs citoyens.

L'accueil des réfugiés doit être perçu comme un soutien à l'Ukraine en guerre, parallèlement à l'aide militaire et politique. Il souligne qu'une politique migratoire peut constituer un outil, parmi d'autres, de résolution des crises, militaires, humanitaires, climatiques, politiques ou sociales. Mais cet accueil exceptionnel laisse un goût amer hors d'Europe, en particulier pour ceux dont les compatriotes subissent des politiques d'immigration de plus en plus restrictives ou disparaissent sur les routes migratoires. D'autant que les efforts des Européens se sont réalisés au détriment du financement d'autres crises humanitaires, et de programmes de réinstallation des réfugiés, notamment des réfugiés afghans au Pakistan. Cette empathie à géométrie variable risque d'entacher encore la crédibilité des Européens quand ceux-ci partiront négocier des partenariats migratoires avec les pays africains ou du Moyen-Orient.

M. T.

Pour en savoir plus

- A. Castro, « La protection temporaire dans le monde : une réponse ordinaire à des situations d'exil exceptionnelles », *Notes de l'Ifri*, Ifri, février 2023.
- *Global Trends – Forced Displacement in 2022*, Haut-Commissariat des Nations unies pour les réfugiés (HCR), juin 2023.
- N. Camp, « La mobilisation citoyenne et l'hébergement des personnes exilées. Vers un nouveau modèle d'accueil ? », *Études de l'Ifri*, Ifri, décembre 2022.

Le Pacte européen sur la migration et l'asile

Entre le marteau et l'enclume

Les institutions européennes sont engagées dans la négociation d'un Pacte censé être adopté par consensus. Celle-ci pourrait en réalité déboucher sur des règles complexes et difficilement interprétables. Ou sur un échec qui, dans les circonstances présentes, conduirait à une renationalisation des politiques d'accueil.

Il fut un temps, pas si lointain, où les orientations de la politique d'asile et d'immigration de l'Union européenne (UE) poursuivaient un projet ambitieux. À la fin des années 1990 et au début des années 2000, les dirigeants européens avaient l'ambition d'établir des politiques communes d'asile et d'immigration. Les conclusions du Conseil européen de Tampere d'octobre 1999 consacraient une feuille de route avec quatre jalons complémentaires : relations avec les pays tiers, traitement équitable des ressortissants de pays tiers, gestion des flux migratoires, et création d'un régime d'asile européen commun. États et institutions avaient alors la prétention de faire de l'espace européen un espace de protection.

Les jalons de Tampere ont longtemps constitué la boussole de l'action européenne. Entre 2001 et 2013, États et institutions européennes ont adopté un nombre conséquent, pour ne pas dire « impressionnant », de règles communes. Ces dernières ont formé un socle commun de droits et de procédures relatifs à l'entrée, au séjour et à l'éloignement des ressortissants de pays tiers.

Ce chemin, patiemment tracé par la Commission, le Conseil de l'UE et le Parlement européen, n'a pas résisté aux transformations du paysage politique et géopolitique à partir des années 2000 : élargissements de l'UE, attentats terroristes (2001, 2004, 2005, 2015), crise financière, printemps arabes, crise des réfugiés, montée de l'extrême droite, Brexit, crise sanitaire, guerre d'invasion russe…

La crise de 2015 : ouverture d'une voie sans issue

La politique migratoire a frontalement subi les effets de ces transformations. Face aux questionnements liés à l'avènement d'un « monde incertain », voire dangereux, la tentation du repli sur soi, et les crispations identitaires ont progressivement imprégné le débat politique et des idées. Dans ce contexte, la crise des réfugiés de l'été 2015 a constitué un point de bascule.

La crise de 2015 a marqué un infléchissement sans précédent. Aux ambitions du début des années 2000 qui visaient à construire un espace européen de protection a succédé l'objectif de construire un espace protégé du monde extérieur et de ses soubresauts. La focalisation des États et institutions européennes sur la frontière extérieure de l'UE et son contrôle a témoigné de ce glissement : le territoire européen devenait un espace toujours plus difficile à atteindre, notamment pour les candidats au refuge.

Cette orientation nouvelle a été facilitée par une appropriation sans précédent de la question migratoire européenne par les États membres. À partir de 2015, et pour plusieurs années, le thème des migrations a été inscrit à l'ordre du jour des Conseils européens : si cela témoignait de la volonté des chefs d'État et de gouvernement de trouver des solutions, d'autres effets étaient contre-productifs.

Les réunions des dirigeants européens sur les migrations ont mis en lumière des positions différentes, voire divergentes. La compréhension du fait migratoire est fort différente dans les États dits de première entrée (Grèce, Italie, Espagne) ou dans les États d'Europe centrale et orientale… Les oppositions, parfois virulentes, ont tracé une ligne de fracture profonde, rendant les discussions sur la gestion des flux migratoires toujours plus difficiles.

Les États se sont donc progressivement enfermés dans une logique politique et institutionnelle sans issue. Face aux divisions et aux blocages, le Conseil européen a posé la règle du consensus comme méthode de travail. Or, cette règle a une triple limite. Elle est plus contraignante que l'unanimité, requérant que s'accordent tous les États présents autour de la table : la règle de l'unanimité accepte que certains États s'abstiennent, celle du consensus impose l'accord de tous. Ensuite, cette règle acceptée au niveau du Conseil constituait une violation du traité qui prévoit que le domaine de la politique migratoire relève de la codécision. En enfermant les discussions dans le champ du consensus, les chefs d'État et de gouvernement privaient les autres institutions de leurs prérogatives. Enfin, les blocages aboutissaient à une réduction du périmètre des discussions et de l'action autour du plus petit dénominateur : la frontière extérieure de l'UE et son contrôle.

Un Pacte pour sortir de l'impasse

Dans ce contexte, la Commission européenne a tenté de trouver une voie de sortie. Mais elle a renforcé le mouvement lancé par les États européens proposant plusieurs paquets législatifs s'inscrivant dans une logique de réduction des droits et d'intensification des contraintes sur les individus, notamment les demandeurs d'asile. Ce mouvement a été lancé dès 2016, avant d'être repris en septembre 2020 par la Commission sous le concept de « Pacte européen sur l'immigration et l'asile ».

Le projet de Pacte européen divulgué par le Commission von der Leyen en 2020 présentait trois faiblesses. Sur le fond, il proposait un projet politique et un cadre juridique renouvelés aux fondements incertains. Les nouvelles règles présentées pour l'asile étaient marquées par un vice originel : elles assuraient la continuité des propositions de 2016 sans nulle évaluation des règlements et directives antérieurement adoptés. Autrement dit, la Commission a proposé de modifier les règles sans vision sur ce qui fonctionnait, ou ne fonctionnait pas. Ensuite, le paquet reposait sur la volonté de mettre en œuvre une politique européenne plus restrictive, en termes de droits et de procédures. Si cette proposition s'inscrivait dans un contexte marqué par une tentation forte de repli sur le glacis européen, elle s'éloignait du projet ambitieux proposé à Tampere.

La Commission européenne avait certainement la conviction que son paquet législatif permettrait de dépasser les blocages politiques et serait adopté en 2024. Mais à ce jour rien n'est acquis.

L'impasse politique et juridique

Ici émerge la troisième faiblesse du Pacte européen sur l'immigration et l'asile : l'impasse politique et juridique dans laquelle se retrouve le paquet législatif moins d'un an avant la fin de la législature 2019-2024. Pour le dire plus prosaïquement, les institutions semblent politiquement contraintes d'aboutir à un accord sur les textes avec le risque de produire un droit approximatif.

Commission européenne, Parlement européen et Conseil européen sont désormais soumis à une obligation de résultat : adopter les règles composant le Pacte sur la migration et l'asile. À défaut, États, parlementaires et fonctionnaires porteront sur leurs épaules l'échec du projet. Mais chacun est aussi conscient que cet échec pourrait avoir de lourdes répercussions sur la politique européenne d'asile et d'immigration. Dans un contexte de renforcement continu des tendances d'extrême droite dans les assemblées et les exécutifs nationaux, l'incapacité des institutions à s'accorder sur le Pacte aurait pour conséquence la remise en cause de l'action européenne dans le champ migratoire. Pour le dire autrement, les formations d'extrême droite souligneront alors qu'il est impossible de s'entendre sur une politique européenne, et revendiqueront la renationalisation des politiques migratoires.

La nécessité d'aboutir à l'adoption du Pacte est également dictée par l'inconnue entourant la composition du Parlement européen à venir. S'agissant d'une élection à la proportionnelle et dans le contexte de la montée des formations d'extrême droite, l'augmentation du nombre des représentants de ces dernières est tout sauf une hypothèse d'école. Et dans une nouvelle configuration, rien n'indique que la future Commission européenne souhaitera continuer à porter le projet du Pacte sur la migration et l'asile. Les mêmes causes produisant les mêmes effets, le défaut d'action à l'échelle européenne constituera un puissant carburant pour une renationalisation des politiques migratoires.

L'objectif d'un accord politique rapide sur le paquet législatif en cause pourrait avoir des conséquences négatives sur la qualité juridique des textes adoptés. Si le droit constitue l'aboutissement d'un processus politique, en ce qu'il formalise dans la règle commune une décision négociée et acceptée par tous, la pression en faveur du résultat pourrait conduire les institutions européennes à introduire dans les textes des compromis pouvant affecter significativement le droit, sur le fond et dans la forme. Le Pacte serait alors politiquement adopté mais sous la forme d'un mauvais droit.

Avec au moins deux conséquences. Tout d'abord, il faudrait s'en remettre au juge pour une interprétation de dispositions mal rédigées ou difficiles à comprendre.

La saisine du juge peut durer plusieurs mois, voire plusieurs années, et laisser perdurer des interprétations et applications différentes selon les États. L'objectif d'une politique commune pourrait en souffrir. De manière plus symptomatique, confrontés à un droit mal écrit et complexe, ou rabaissant le niveau de garantie et de protection, les professionnels chargés de sa mise en œuvre (administrations, magistrats, avocats, etc.) pourraient être tentés de s'en détourner. Le risque serait alors que ces professionnels privilégient le droit national, ou d'autres dispositions internationales, au détriment du droit de l'Union européenne. Dans une telle hypothèse, le droit de l'UE resterait un droit « mal aimé », mal appliqué, notamment en France.

***

Le tableau ainsi dressé paraît sombre : il l'est. S'il est devenu évident depuis 2015 que la question migratoire divise les États européens, la tentative lancée en septembre 2020 par la Commission européenne pour y remédier n'était pas opportune. À y regarder de près, seul le règlement de Dublin appelait une modification rapide, pour sa propension à mettre les États et l'espace Schengen en tension. Le reste des règles européennes en matière migratoire offrait des cadres juridiques et des garanties procédurales permettant de répondre aux différentes situations. Une évaluation sereine et approfondie des règles, notamment sur l'asile, aurait permis d'identifier les dysfonctionnements et d'apporter les améliorations permettant d'atteindre les objectifs de Tampere. Tel n'a pas été le choix de la Commission européenne, soutenue par les États membres, qui a préféré renverser la table en proposant un Pacte complexe à comprendre et à négocier.

La situation actuelle est délicate. D'un côté, certains observateurs pourraient souhaiter un échec des négociations sur le Pacte, considérant que le cadre juridique existant permet de répondre à la grande majorité des situations rencontrées sur le territoire européen. Le déclenchement de la protection temporaire à destination des personnes déplacées d'Ukraine en constituant une illustration. D'un autre côté, échouer à parvenir à un accord reviendrait à fragiliser la politique commune d'asile et d'immigration au profit d'une potentielle renationalisation des politiques. Force est de reconnaître qu'en l'état aucune bonne solution n'émerge.

Y. P.

Pour en savoir plus

- J. Vignon (dir.), *Migrations, asile, mobilités et intégration en Europe : indissociables valeurs communes*, Rapport 123, Institut Jacques Delors, décembre 2021.
- Y. Pascouau, « L'Europe et l'asile : d'un espace de protection à un espace protégé », Blog Post, Institut Jacques Delors, 24 août 2021.
- Y. Pascouau, *La Politique migratoire de l'Union européenne : de Schengen à Lisbonne*, Paris, LGDJ, 2011.

Où en est-on de la dédollarisation ?

vidéo http://dunod.link/dgst57m

Dollar contre yuan…

La tendance à une relative dédollarisation des échanges internationaux reflète l'évolution des rapports de puissance dans le monde. Le dollar reste central, même si le yuan occupe une place croissante. Cette centralité pourrait cependant se trouver menacée par une crise du système financier américain.

La dollarisation peut se définir comme l'usage extensif du dollar américain entre acteurs économiques non américains (États, collectivités locales, entreprises, institutions financières, ménages, etc.). Elle reflète la confiance dans le système économique, financier et juridique des États-Unis.

L'économie mondiale s'est rapidement dollarisée avec l'avènement des accords de Bretton Woods de 1944, qui établissent que « le dollar est aussi bon que l'or ». Avec la fin du système monétaire international intervenue en 1971-1973, la question de la dédollarisation est devenue un serpent de mer. Depuis la grande crise financière de 2007-2009, les prémices d'une dédollarisation durable semblent se manifester plus sérieusement, du fait de la montée en puissance économique et géopolitique de la Chine, et des soubresauts du système financier américain.

État des lieux de la dollarisation

Plusieurs indicateurs permettent d'affirmer que la dollarisation de l'économie mondiale reste encore très marquée en 2023.

Tout d'abord, le dollar demeure la monnaie refuge en cas de crise économique. Lors des cinq dernières récessions qui ont touché les États-Unis, et plus largement les économies développées (1981-1982, 1990-1991, 2001, 2007-2009 et 2020), le rendement des obligations d'État américaines à 10 ans (*T-Bonds*) a chuté de plus de 16 % en moyenne, démontrant ainsi que la dette souveraine des États-Unis est très prisée durant les périodes de forte aversion au risque.

Ensuite, le billet vert est privilégié dans la finance internationale. En 2022, environ 50 % du stock total des obligations internationales publiques et privées était libellé en dollars, alors que 9 % seulement de ce stock avait été émis aux États-Unis. De la même façon, 40 % des exportations mondiales sont facturées en dollars, tandis que l'économie américaine n'en absorbe que 10 %. Même en soustrayant les exportations de matières premières, ce sont encore 23 % des exportations de biens et services qui sont payées en dollars.

Autre indicateur de la dollarisation : en 2021, 59 % des réserves de change mondiales étaient libellées en devise américaine, un pourcentage à peine en légère baisse puisque la moyenne pour la période 1973-2021 se situe à 64 %.

En fait, le statut international du billet vert tient fondamentalement à la volonté et à la capacité des États-Unis d'alimenter constamment le reste du monde en dollars. Cette fonction est assurée par l'innovation financière de Wall Street et la politique monétaire accommodante de la Réserve fédérale, qui facilite l'endettement croissant des entreprises et institutions financières américaines, et leur permet d'utiliser leurs dollars à l'étranger.

Par ailleurs, à l'occasion des grandes tempêtes financières internationales (banqueroute des États latino-américains en 1982, crises mexicaine et asiatique de 1994 et 1997, faillite de Lehman Brothers en 2008, pandémie de Covid-19 en 2020-2021), la banque centrale américaine et le Trésor se sont montrés proactifs et ont agi en prêteur international en dernier ressort. La Réserve fédérale a instauré des lignes de *swaps* en dollar avec ses consœurs étrangères afin de faciliter le financement de leur économie domestique. Elle a aussi acheté des titres financiers publics et privés sur le marché, afin de fournir des liquidités aux banques américaines, fortement internationalisées. Enfin, dans certains cas, la banque centrale a directement prêté à des États souverains en difficulté, et intercédé en leur faveur pour que leur dette auprès d'établissements de crédit américains soit restructurée. De son côté, le Trésor a mis en place des plans de soutien et de relance de l'économie américaine (en particulier en 2008 et 2020), qui ont bénéficié indirectement aux partenaires des États-Unis.

In fine, l'activisme de Washington depuis plus de quatre décennies a empêché les rapatriements massifs de capitaux de la part des entreprises et institutions financières américaines, soutenu la croissance économique mondiale, et pérennisé le « système dollar ».

Les prémices de la dédollarisation

Un processus de dédollarisation semble pourtant s'être amorcé depuis une décennie. Il se déroule selon des modalités très différentes.

Premier vecteur de dédollarisation : les sanctions économiques que Washington impose à divers États étrangers qui violent le droit international et nuisent aux intérêts américains. Le cas russe est certainement le plus emblématique. À la suite de la décision de Moscou d'envahir l'Ukraine en février 2022, Washington a quasiment réduit à néant les relations économiques et financières entre entités américaines et russes, banni les banques russes du système de paiement international SWIFT, et explicitement interdit l'exportation, la vente et la fourniture de billets de banque libellés en dollars à des entités russes. Ces sanctions poussent inévitablement la Russie, comme avant elle d'autres États visés (Corée du Nord, Iran, Syrie, etc.) à chercher des alternatives au dollar.

Une forme plus traditionnelle de dédollarisation s'est matérialisée par les achats nets d'or des banques centrales des BRIC (Brésil, Russie, Inde et Chine) et des États du Moyen-Orient depuis 2010. Cette tendance lourde, qui contraste avec les ventes nettes observées durant les décennies 1990 et 2000, s'est accompagnée d'une réduction de l'exposition aux obligations d'État américaines. Ainsi, en février 2013, les BRIC et l'Arabie Saoudite détenaient à eux cinq 32 % des *T-Bonds*, *T-Notes* et *T-Bills* thésaurisés à l'étranger, soit autant que les dix premières économies de l'Organisation du traité de l'Atlantique nord (Allemagne, Royaume-Uni, France, Italie, Canada, Espagne, Pays-Bas, Turquie, Pologne et Belgique), la Corée du Sud et le Japon réunis. Dix ans plus tard, la part des obligations d'État américaines *offshore* détenues par les cinq grands émergents a chuté à 19 %, alors que celle des douze alliés des États-Unis a grimpé à 39 %. Cette évolution traduit à la fois une relative dédollarisation du monde émergent, et une dollarisation persistante de la sphère occidentale.

Le dollar pourrait perdre son statut de première monnaie internationale si une devise concurrente présentant un certain nombre de caractéristiques (qualité, quantité, stabilité et prévisibilité) parvenait à séduire durablement les acteurs économiques. Les cryptomonnaies n'ont pas le profil adéquat : leurs cours sont trop volatils, et elles feront dans l'avenir l'objet de règlementations plus contraignantes. Aucune des monnaies de réserve secondaires (euro, yen, ou livre britannique) n'est en mesure de supplanter le dollar, faute de volonté politique. Quant à la perspective d'un nouveau système monétaire international fondé sur un panier de devises, elle est d'autant plus improbable qu'elle requerrait l'assentiment de Washington. En définitive, seul le yuan semble susceptible de remettre en cause, à moyen-long terme, la suprématie du dollar.

L'émergence du yuan

À l'heure actuelle, seule la Chine de Xi Jinping a à la fois la volonté et les moyens d'internationaliser sa monnaie et de concurrencer le dollar. Un nouveau paradigme qui reflète la montée en puissance de Pékin, tant sur le plan commercial que financier.

En 2021, la Chine était de loin le premier exportateur mondial : la valeur de ses exportations dépassait de près de 40 % celle des États-Unis. Pourtant, celles-ci demeuraient essentiellement facturées en dollars. Ces derniers mois, Pékin a commencé à réduire sa dépendance vis-à-vis du billet vert. L'Argentine et le Brésil ont ainsi accepté de payer désormais en yuans leurs importations chinoises. À la suite de sa visite officielle en Arabie Saoudite en décembre 2022, Xi Jinping envisage de régler au moins une partie de ses achats de pétrole saoudien en yuans. En mars 2023, TotalEnergies s'est engagé à livrer du gaz naturel liquéfié à la China National Offshore Oil Corporation contre paiement en yuans. Dans un contexte de tensions croissantes entre Pékin et Washington, cette politique ciblée de « yuanisation » vise à neutraliser d'éventuelles sanctions américaines et à sécuriser les approvisionnements énergétiques chinois.

Le second levier de l'internationalisation du yuan est le statut de créancier majeur récemment acquis par la Chine. En dépit de l'existence de « dettes cachées », on peut estimer que près de 50 % des prêts octroyés par les banques chinoises aux États émergents et en développement sont libellés en yuans. L'examen des activités de la Banque asiatique d'investissement dans les infrastructures (BAII) et de la Nouvelle Banque de développement (NBD) – deux institutions créées il y a dix ans pour soutenir le financement des Nouvelles routes de la soie – est également instructif. Le pourcentage des actifs financiers de la BAII en dollars commence à diminuer depuis deux ans. Quant aux prêts de la NBD, sur la période 2016-2020 ils étaient libellés à 73 % en dollars et à 15 % en yuans. En 2021, la proportion des prêts en yuans atteignait 31 %, soit autant qu'en dollars.

L'internationalisation du yuan est donc en cours. Elle est renforcée par 1) l'instauration de lignes de *swaps* en yuans permettant à la banque centrale chinoise de soutenir si besoin est ses principaux partenaires, 2) l'ouverture financière croissante de la Chine pour attirer les investisseurs étrangers, 3) le succès du système de paiement international chinois concurrent de SWIFT, et 4) le lancement d'un yuan digital.

L'usage de plus en plus répandu du yuan engendre ainsi un début de dédollarisation de l'économie mondiale. Parler de « yuanisation » du commerce international et de la finance internationale est encore exagéré, mais le processus pourrait s'accélérer en cas de crise politique, économique ou financière majeure aux États-Unis.

***

Une dédollarisation brutale ne saurait être exclue : elle proviendrait paradoxalement des États-Unis eux-mêmes. La bipolarisation exacerbée des débats politiques outre-Atlantique fait courir de nombreux risques à l'économie américaine et plus largement à l'économie mondiale. Les tensions récurrentes entre démocrates et républicains sur le relèvement du plafond de la dette constituent par exemple une menace sérieuse. Elles pourraient entraîner un défaut de paiement des États-Unis et une défiance mondiale à l'égard du dollar.

Une autre source d'inquiétude, trop sous-estimée, tient à la fragilité du système financier américain. Les crises financières et bancaires à répétition obligent la Réserve fédérale et le Trésor à intervenir de plus en plus fréquemment pour contenir le risque systémique. La concentration croissante du secteur bancaire, la réglementation insuffisante du *shadow banking*, et la forte interconnexion entre institutions financières peuvent laisser craindre que les autorités américaines ne soient pas toujours en mesure d'agir en prêteur en dernier ressort.

La lente dédollarisation à laquelle on assiste découle surtout d'une internationalisation du yuan. Elle est conforme à l'évolution des rapports de force économiques et financiers dans le monde. En revanche, une dédollarisation provoquée par une crise majeure aux États-Unis aurait des conséquences incalculables sur l'économie mondiale. Gageons que les élites américaines finiront par retrouver le sens du compromis et réformeront au plus vite un système financier très instable.

N. G.

Pour en savoir plus

- E. Boz, C. Casas, G. Georgiadis, G. Gopinath, H. Le Mezo, A. Mehl et T. Nguyen, « Patterns in Invoicing Currency in Global Trade », *IMF Working Paper*, n° 20/126, juillet 2020.
- D. Choyleva et D. McMahon, « China's Quest for Financial Self-Reliance: How Beijing Plans to Decouple from the Dollar-Based Global Trading and Financial System », Enodo Economics et Wilson Center, août 2022.
- Z. Z. Liu et M. Papa, *Can BRICS De-dollarize the Global Financial System?*, Cambridge, Cambridge University Press, 2022.

La gestion de la dette des pays en développement

Comprendre le rôle de l'endettement

Sommes-nous au seuil d'une nouvelle crise de la dette des pays en voie de développement ? Il faut comprendre les diverses logiques qui sous-tendent les dettes, et imaginer des solutions conformes à la diversité des pays et des déterminants des crises qui les frappent.

Les risques de nouvelle crise globale de la dette se sont accrus. D'après la Banque mondiale, la dette extérieure des pays en développement (pays à faible revenu et à revenu intermédiaire) est passée de 1 241 milliards de dollars en 1990 à 2 018 milliards en 2000, 4 292 milliards en 2010, 9 296 milliards en 2021. Rapporté au revenu national brut, le ratio de dette croît très sensiblement entre 1970 et 2000, de 10,5 % à 35,7 %, puis décroît à partir de 2004, notamment grâce au plan de réduction de dette pour les pays pauvres très endettés (PPTE), jusqu'à 21,9 % en 2010. Il s'accroît à nouveau dans les années 2010 pour atteindre 26,5 % en 2021, encore très en dessous des records précédents. Plusieurs pays ont dépassé des niveaux de ratio auxquels ils ont été en crise dans le passé. Mais ces chiffres donnent en fait peu d'informations utiles sur la viabilité de la dette externe.

Les tendances de la dette

Les risques liés à la dette privée non garantie sont d'abord portés par le secteur privé et ne sont pas nécessairement socialisés. Certes, les faillites d'entreprises ou de banques dues à un excès de dette peuvent requérir une intervention des gouvernements et grever les finances publiques. Mais les questions sur la viabilité de la dette des pays concernent plutôt la partie de l'endettement extérieur qui engage la puissance publique : la dette publique et la dette garantie par l'État.

La dette publique et garantie par l'État a connu une forte montée dans les années 2010 : une évolution sans surprise, puisque le ralentissement économique dans les pays industrialisés, l'aisance financière due aux politiques monétaires accommodantes, et les taux d'intérêt très faibles encourageaient les investissements dans les pays en développement. En outre, les pays en développement avaient retrouvé leur solvabilité (et, pour certains, l'accès aux marchés des capitaux) après l'initiative de réduction de la dette des pays pauvres très endettés (PPTE) et la communauté internationale était engagée à leurs côtés pour financer la croissance et la poursuite des objectifs de développement durable.

L'essentiel de l'augmentation de la dette provient des organisations multilatérales et des créances auprès du secteur privé, notamment des détenteurs d'obligations : ce dernier phénomène est une tendance marquante de l'évolution de la dette internationale. De fait, la perception et la réaction des créanciers privés jouent dorénavant un rôle déterminant dans l'accès au financement, et même dans la solvabilité des pays en développement.

La deuxième tendance marquante est la montée en puissance de créanciers bilatéraux non membres du Club de Paris (groupe informel de créanciers publics qui cherche à coordonner les réponses aux crises de la dette), en particulier la Chine et, dans une moindre mesure, l'Inde, le Brésil ou la Turquie. En Afrique subsaharienne par exemple, la Chine détient près de 60 % des créances bilatérales au titre de la dette publique et garantie par les États. Elle est ainsi devenue le premier créancier bilatéral des pays en développement.

Ces deux tendances caractérisent l'accroissement de la diversification et de la complexité du groupe des créanciers des pays en développement. Les implications en sont importantes. D'une part, l'information sur les différentes créances et les conditions qui leur sont attachées est imparfaite et difficilement accessible. Or, l'insuffisance de transparence sur les données de dette affecte le suivi et le diagnostic sur l'endettement et la confiance entre créanciers. D'autre part, la gestion des crises de la dette est beaucoup plus difficile – alors même que celle des crises précédentes a nécessité plusieurs années. La coordination entre créanciers est une gageure : leur nombre et leur diversité, le fait que la Chine ne soit pas liée par les grands principes du Comité d'aide au développement de l'Organisation de coopération et de développement économique, la résistance du secteur privé à toute idée de réduction de dette, et les tensions géopolitiques sont autant d'obstacles à un traitement rapide et efficace des situations de crise.

Le retour de la crise : quelles réponses ?

Or la « crise » est bien de retour, précipitée par les chocs macroéconomiques considérables créés par la pandémie de Covid-19, l'invasion de l'Ukraine par la Russie, l'inflation des prix de l'énergie et de l'alimentation, le retrait des capitaux privés, la dépréciation des monnaies face au dollar dans un contexte de hausse des taux d'intérêt dans le monde et, dans de nombreux pays, des catastrophes naturelles tragiques. Sans atteindre les records historiques, le service de la dette extérieure totale (intérêts et amortissement), mesuré en pourcentage des exportations de biens et services, s'est très sensiblement accru dans les années 2010, et souligne les contraintes très importantes qui pèsent aujourd'hui sur le financement du développement.

Comment engager des stratégies de croissance verte, réussir la transition énergétique et atteindre les objectifs de développement durable dans un contexte où la dette existante et les contraintes des balances des paiements pèsent tant, et où les financements restent très insuffisants ? À titre d'exemple, les « transferts nets » (c'est-à-dire la différence entre les nouveaux financements externes et le service de la dette) des pays ayant accès aux dons de l'Aide internationale au développement (pays dits *IDA only*) sont devenus négatifs, passant de 47 milliards de dollars en 2019 à – 286 millions en 2021. D'ores et déjà, début 2003, certains pays sont en grave crise financière : Sri Lanka, Pakistan, Ghana, RDC, Malawi, Mozambique, Zambie, Zimbabwe, Soudan, Somalie, et près d'une trentaine de pays sont considérés (par les études de viabilité de la dette conduites par le Fonds monétaire international et la Banque mondiale) comme en situation de risque élevé de détresse financière au début 2023.

Le financement du développement s'annonce donc comme l'un des défis majeurs de l'économie internationale des années 2020 et au-delà. Or, l'approche courante reste dominée par la « gestion de crise ». Créanciers publics bilatéraux et organisations multilatérales se sont ainsi mobilisés en réponse à la pandémie de Covid-19, notamment dans le cadre du G20. L'initiative de suspension du service de la dette (*Debt Service Suspension Initiative*, DSSI), lancée en mai 2020, avait pour objectif de permettre aux pays en développement éligibles de dégager des ressources financières pour leurs systèmes de santé et la gestion de la pandémie. Elle a utilement bénéficié à 48 pays mais a expiré en décembre 2021. Le G20 et le Club de Paris ont mis en place en novembre 2020 un *Common Framework for Debt Treatments*, mais ce cadre commun souffre de lourdeur et lenteur de mise en place. Il n'apporte pas une réponse satisfaisante à la gestion du risque de crise. Ce n'est qu'en juin 2023, à l'occasion du sommet de Paris pour un nouveau pacte financier mondial, que la Zambie a pu conclure un accord de restructuration de sa dette impliquant créanciers publics et privés.

La récurrence des « crises de la dette des pays en développement » suggère qu'une réponse structurelle et pérenne serait préférable à une logique de gestion de crises. Comme le soulignent les travaux engagés par le Finance Development Lab à Paris, une telle approche devrait faire la différence entre deux types de problèmes – de liquidité ou de solvabilité –, et deux types de sources des problèmes – choc exogène, comme le Covid-19 ou la guerre en Ukraine, et mauvaise gouvernance des pays débiteurs, comme dans le cas du Sri Lanka en 2019.

Dans chaque cas, une réponse spécifique est nécessaire[1]. Lorsqu'un pays est illiquide, il faut lui fournir rapidement de la liquidité ou restructurer sa dette, sans conditionnalité s'il est surtout victime d'un choc exogène, avec une conditionnalité plus lourde si la mauvaise gouvernance et la corruption ont joué un rôle important. Lorsque le pays est insolvable, il faut réduire sa dette avec une conditionnalité légère en cas de choc externe, et associer une réduction de dette à une conditionnalité stricte comprenant la mise en place d'une nouvelle stratégie de croissance dans les pays mal gouvernés (afin d'éviter que la dette finance des investissements non productifs). Il faut améliorer l'automaticité et la rapidité des réponses, en anticipant celles qui seront nécessaires en fonction de typologies préétablies des crises à venir. Les créanciers, plus nombreux et diversifiés, peinent à trouver un mode systémique de gestion de la dette souveraine qui soit efficace, rapide et équitable.

1. C. Albinet, M. Kessler, « The Coming Debt Crisis. Monitoring Liquidity and Solvency Risks », *Working Paper 1*, Finance for Development Lab, novembre 2022.

***

Un aspect important de cette problématique est de comprendre le rôle de l'endettement : trop souvent, il reste marqué par une forme d'opprobre moral, qui conduit d'ailleurs à considérer que c'est au débiteur de porter le poids de l'endettement en cas de problème (alors que les créanciers décident de prendre le risque d'endetter le débiteur, et que les créanciers privés sont rémunérés pour cela). Or, le débiteur n'est pas toujours responsable des problèmes auxquels il doit faire face, notamment en cas de choc externe. Au-delà des clauses d'action collective des contrats, deux méthodes méritent d'être poursuivies. La première consiste à revenir à l'idée d'un mécanisme de gestion des dettes souveraines, plus de 20 ans après la proposition d'Ann Krueger, alors vice-présidente du Fonds monétaire international, en impliquant les créanciers privés. La seconde est de développer des instruments de financement innovants, qui partagent davantage le risque entre créanciers et débiteurs.

Or, la dette est le seul moyen d'accéder aux ressources nécessaires pour faire face aux besoins de croissance et de transition dans les pays en développement, et de financer les investissements d'avenir. Elle peut et doit être productive, et la conditionnalité à mettre en place est une conditionnalité de croissance, et non une conditionnalité de pénalisation essentiellement macroéconomique.

L'*aggiornamento* nécessaire pour améliorer l'approche internationale sur la dette des pays en développement et plus généralement le financement du développement est exigeant, surtout dans le contexte actuel.

P. J.

Pour en savoir plus

- D. Cohen, B. Harnoys-Vannier, « The Resistible Rise of External Debt in the Global South (2011-2021) », *Working Paper 3*, Finance for Development Lab, mars 2023.
- R. Baqir, I. Diwan, D. Rodrik, « A Framework to Evaluate Economic Adjustment-Cum-Debt Restructuring Packages », *Working Paper 2*, Finance for Development Lab, janvier 2023.
- A. O. Krueger, *A New Approach to Sovereign Debt Restructuring*, Fonds monétaire international, 2022.

L'Afrique dans un contexte multipolaire

L'opportunité de nouveaux partenariats

Les votes des pays africains face aux résolutions de l'ONU condamnant l'agression russe en Ukraine sont analysés en Occident en termes idéologiques. C'est une erreur : dans un monde multipolaire, les pays d'Afrique s'émancipent des tutelles traditionnelles, choisissant désormais leurs partenariats en fonction de leurs intérêts.

Les pays d'Afrique subsaharienne diversifient leurs relations : si la Chine est un partenaire bien établi sur le continent, de « nouveaux acteurs » y interviennent, aux plans diplomatique, technique ou militaire : Turquie, pays du Golfe, Russie… Dans un contexte de grande compétition, les pays européens, partenaires « traditionnels », craignent une perte d'influence et mise à l'écart. Les réactions mitigées des pays africains face à l'invasion russe de l'Ukraine pourraient confirmer l'inquiétude des acteurs occidentaux et la thèse d'une réorientation de l'Afrique vers des partenariats alternatifs, notamment avec la Russie. Mais l'étude des votes africains à l'Assemblée générale de l'Organisation des Nations unies (ONU) reflète des positions nationales singulières, qui mettent en cause l'idée d'un « bloc africain ». Et ces votes doivent être lus à la lumière des options offertes aux pays africains par un contexte international multipolaire.

Le vote à l'ONU : un outil stratégique en relations internationales ?

Une semaine après le début des bombardements russes en Ukraine, l'Assemblée générale se réunit le 2 mars 2022 autour de la résolution A/RES/ES-11/1, qui exige que « la Fédération de Russie cesse immédiatement d'employer la force contre l'Ukraine et s'abstienne de tout nouveau recours illicite à la menace ou à l'emploi de la force ». Même si cette résolution n'a pas de valeur contraignante, elle entend réaffirmer l'autorité morale, la mobilisation et le rassemblement de la communauté internationale. Son adoption n'est pas unanime : sur les 193 membres, 141 ont voté pour, 5 contre, 35 se sont abstenus et 12 pays n'ont pas pris part au vote. Aux côtés de la Chine, de l'Inde, du Vietnam, du Salvador ou de Cuba, 17 pays africains, de toutes les régions du continent, ont choisi de ne pas prendre position :

Burkina Faso, Mali, Sénégal pour l'Afrique de l'Ouest ; Algérie en Afrique du Nord ; Soudan, Rwanda, Tanzanie pour l'Afrique de l'Est ; une large part de l'Afrique australe : Afrique du Sud, Angola, Namibie, Mozambique, Zimbabwe. Le Maroc, l'Éthiopie, le Togo, la Sierre Leone ou encore la Guinée équatoriale étant « absents », et l'Érythrée votant contre. Le poids du continent africain sur les résultats est significatif : avec 54 pays, il représente près de 28 % des votes.

Le 23 février 2023, l'exercice se répète pour la 11e session spéciale d'urgence de l'Assemblée, à laquelle participent 190 États membres. 141 États approuvent la résolution A/ES-11/L.7, 32 s'abstenant et 7 votant contre, dont l'Érythrée et le Mali – ce dernier s'était abstenu lors du vote précédent. D'autres changements de position ont pu être observés : Madagascar et le Soudan du Sud, qui s'étaient abstenus, approuvent désormais la résolution. Le Gabon, qui avait voté pour, ne prend plus position.

Ces réactions, mitigées et réticentes, ont été interprétées en Occident comme un « abstentionnisme » du bloc africain, écho d'une inclination à choisir l'Est, les partenariats avec la Chine et la Russie.

Si l'on compare les résultats des votes des résolutions de 2022 et de 2023 à ceux du vote de la résolution sur l'intégrité territoriale de l'Ukraine de 2014, on voit qu'un plus grand nombre de pays africains a condamné l'invasion russe de février 2022. En 2014, seuls 19 pays africains avaient voté une résolution invalidant l'annexion de la Crimée par la Russie, 27 pays s'étaient abstenus et 2 avaient voté contre (l'Érythrée et le Mali). Parmi les abstentionnistes de 2014, seuls 9 s'abstiennent encore en 2022. De plus, il est difficile d'interpréter ces votes comme une réaction homogène. Ils reflètent plutôt des choix politiques singuliers d'États membres se distinguant par des trajectoires historiques et des passés coloniaux distincts, et entretenant donc des relations bilatérales diverses avec les acteurs extérieurs.

« Bloc africain », ou choix nationaux ?

Les positions africaines à l'assemblée de l'ONU ont souvent été analysées en termes de « blocs ». Le vote sur la résolution condamnant l'invasion russe étant interprété à travers le régime politique ou la référence idéologique : les pays ayant voté pour adhéreraient aux principes démocratiques et entretiendraient des liens de coopération technique et militaire forts avec l'Occident. Les pays abstentionnistes pourraient être qualifiés de régimes hybrides voire autoritaires, avec souvent une affiliation historique des partis au pouvoir à l'Union soviétique. Mais cette lecture binaire en référence à la guerre froide ne suffit plus à rendre compte de l'insertion du continent dans les jeux de puissance internationaux.

Parmi les pays abstentionnistes, plusieurs ont expliqué leur choix par leur adhésion au mouvement des non-alignés. Fondé durant la guerre froide par l'ancien président ghanéen Kwame Nkrumah, l'objectif de ce mouvement était de ne pas réduire les options des pays membres à une affiliation à l'Occident ou à l'URSS. Se basant sur un principe de neutralité, les pays membres – dont tous les pays africains, sauf le Soudan du Sud et le Sahara occidental – adhèrent aux principes de non-ingérence dans les affaires intérieures et d'autodétermination. Plusieurs pays ayant tissé des liens forts avec la Russie, comme l'Ouganda, se sont abstenus pour souligner leur neutralité. D'autres abstentionnistes n'avaient pas nécessairement de liens forts avec la Russie, mais ne souscrivaient pas à une résolution fondée sur une démarche de condamnation. Le président sud-africain Cyril Ramaphosa, par exemple, a souligné son regret d'une résolution dénonçant sans encourager le dialogue et la médiation. Le chef d'État du Sénégal, Macky Sall, qui présidait l'Union africaine, affichait également une position de neutralité, tout en se présentant comme un médiateur africain dans le conflit. Après une première visite à Vladimir Poutine en juin 2022, le président sénégalais a rejoint la mission de paix africaine de juin 2023, accompagné de cinq de ses homologues.

Au-delà de l'affichage de neutralité, certains analystes occidentaux observent avec inquiétude ce choix couplé à la montée du sentiment anti-français en Afrique de l'Ouest. Si l'évolution des relations avec l'ancien pays colonisateur n'est pas la seule piste d'explication, les acteurs politiques sénégalais, par exemple, ne cessent d'insister sur leur volonté de diversifier leurs partenaires : les liens historiquement forts avec l'Occident ne sont plus une contrainte pour construire de nouvelles alliances.

Des choix dans un contexte multipolaire

Dans l'actuel contexte international, il faut étudier les positions des États africains comme celles des pays des autres régions, autrement dit non en termes de démarches d'affiliation ou de non-alignement, mais comme l'affirmation d'une capacité à choisir entre des acteurs multiples. La Chine, la Turquie, les pays du Golfe et la Russie ont effectivement accru leurs poids en matière économique, politique et militaire dans différents pays du continent – la variété des acteurs étant souvent appréciée publiquement par les décideurs africains. En mars 2022, au Sommet Europe-Afrique de Marseille, l'ancienne Première ministre du Sénégal Aminata Touré soulignait que les temps changeaient et que l'Europe n'occupait plus la place de partenaire privilégié du Sénégal et, plus largement, des pays africains. En 60 ans d'échanges et de « partenariats », les relations entre les deux continents n'ont pas permis de dépasser les rapports asymétriques. « Nous avons le choix des partenaires », souligne-t-elle dans son intervention.

Ce type de prise de position, tout comme les votes sur les résolutions contre l'invasion russe en Ukraine, alimentent des discours en matière de risque et de menace, notamment chez certains diplomates et experts occidentaux. Ce narratif véhicule l'idée de la nécessité, pour l'Europe, d'affirmer sa place dans la compétition géopolitique globale, pour défendre ses intérêts sur la scène internationale. La présence sur le continent, le maintien d'alliances avec les pays africains, seraient indispensables pour sécuriser le soutien de ces derniers contre la menace émanant de la montée en force des nouvelles puissances. Autrement dit, l'alliance avec l'Afrique serait indispensable à l'Europe pour dominer le « marché géopolitique » – une expression du Haut représentant de l'Union européenne pour la politique étrangère et les questions de sécurité Josep Borrell.

Cette approche est problématique en ce qu'elle ne considère pas la variété des intérêts et des identités des pays africains. Les 54 pays du continent africain ne parlent pas d'une seule voix, et peuvent difficilement être regroupés en « blocs ». Ce continent hétérogène est continûment vu comme un terrain géopolitique ouvert que les puissances cherchent à associer à leurs projets économiques et idéologiques. Il est toujours difficile pour certains acteurs diplomatiques, politiques, ou même de la recherche, issus des pays occidentaux, de reconnaître la spécificité de pays comme le Sénégal, la République démocratique du Congo ou encore le Kenya, dont les priorités ne s'alignent pas toujours sur la défense des principes démocratiques.

Pour faire face, et répondre à l'engouement de la Russie ou de la Turquie à investir en Afrique, ou à y apporter un soutien militaire, l'Union européenne a lancé en février 2022, quelques jours avant l'éclatement de la guerre en Ukraine, le programme *Global Gateway*, qui vise à mobiliser 150 milliards d'euros pour l'investissement dans les infrastructures sur le continent. Le programme s'organise dans une approche de partenariat, et suivant un principe d'appropriation locale des projets et de leur mise en œuvre. Un changement officiel de paradigme : les pays occidentaux cherchent à se défaire de leur image de donneurs de leçons, tout en se positionnant face aux discours de nouveaux partenaires qui mettent en avant leur neutralité idéologique et une approche *business-oriented*. Il reste que l'utilisation des notions de partenariats et d'échanges « d'égal à égal » n'est pas nouvelle. En France par exemple, l'objectif de rompre avec la Françafrique, de voir les pays africains comme de véritables partenaires, est déjà fort ancien…

***

L'approche consistant à voir dans les pays du continent africain de simples alliés géopolitiques permettant de faire face à la montée en capacité des nouvelles puissances du jeu international ne fonctionne plus. Les pays africains ne se cantonnent plus à des stratégies d'alignement/non-alignement, mais effectuent leurs choix en fonction de leurs intérêts et de leurs agendas politiques. Les décideurs occidentaux doivent intégrer sérieusement cette donnée, s'ils souhaitent continuer à construire des relations durables avec leurs homologues africains.

S. S.

Pour en savoir plus

- F. Akum, D. Tull, « Strategic Competition and Cooperation in Africa. Perceptions, Implications, and Ways Forward », Megatrends Policy Brief, n° 13, février 2023.
- G. Kifukwa, A. Lebovich, « Why UN Votes Shouldn't Define Europe-Africa Relations », European Council on Foreign Relations, 31 mars 2022.
- H. Ryder, E. Kebret, « Why African Countries Had Different Views on the UNGA Ukraine Resolution, and Why This Matters », Center for Strategic & International Studies, 15 mars 2022.

Burkina Faso : un effondrement sécuritaire

vidéo
http://dunod.link/me345qv

Les impasses de la lutte anti-djihad

Le pays est ravagé par des conflits qui s'étendent, et constitue un véritable canal de diffusion du djihadisme vers les pays du Golfe de Guinée. Les juntes qui se succèdent au pouvoir affichent leurs préoccupations sécuritaires, sans résultat probant. La mobilisation de milices civiles pourrait être dangereuse pour l'avenir du pays.

Pays presque totalement épargné par les violences armées de l'indépendance au milieu des années 2010, le Burkina Faso connaît depuis lors une rapide extension géographique des conflits : dégradation sécuritaire, retrait de l'État de zones où ses agents ne sont plus en sécurité, fermeture des services publics, faiblesse de l'armée, sidération de l'opinion – tout porte à croire que nous sommes entrés dans ce que Thierry Vircoulon appelle une phase « d'aplatissement de l'État ».

La sidération du corps social burkinabé a des conséquences politiques majeures : deux coups d'État ont ponctué 2022, alors que la dénonciation d'ennemis de l'intérieur (les « apatrides », pour certains membres de la junte) et de l'extérieur (puissances faussement amies qui soutiendraient en secret les groupes terroristes), occupe désormais une place importante dans la vie politique nationale.

L'instabilité politique

Le long règne de Blaise Compaoré (1987-2014), militaire arrivé à la tête de l'État après avoir éliminé son « ami » et compagnon d'armes Thomas Sankara, a été marqué par l'autoritarisme et un haut degré de corruption, y compris dans les cercles de proches du président comme la célèbre « belle-mère nationale » Alizéta Ouédraogo – sa fille était l'épouse du frère du président –, femme d'affaires fortunée et un temps présidente de la Chambre de commerce et d'industrie du pays. Durant la longue présidence du « beau Blaise », Ouagadougou était devenue une sorte de hub d'accueil de rebelles (notamment ivoiriens et mauritaniens), de livraison d'armes à un groupe armé (le RUF) dans un pays en guerre et sous embargo (Sierra Leone), de négociations de paix (Mali), ou d'intermédiation pour la libération d'otages européens aux mains de la mouvance Al-Qaïda. Cette propension à « rendre des services » donnant un certain crédit au régime auprès de différentes chancelleries.

Dans plusieurs pays francophones, de nouveaux acteurs politiques, les « mouvements citoyens », apparaissent au début des années 2010 : *Y'en a marre* au Sénégal, *La lucha* et *Filimbi* en RDC, *Ça suffit comme ça* au Gabon, *Trop c'est trop* au Tchad… Au Burkina Faso, des manifestations d'ampleur, menées par des partis d'opposition mais surtout par ce nouveau type d'acteur – ici Le Balai citoyen, fondé en 2013 –, emportent Compaoré le 31 octobre 2014, en dépit d'une éphémère et meurtrière tentative de restauration en septembre 2015, avec le coup d'État échoué du général Diendéré – ce proche de Compaoré avait commandé la garde prétorienne du régime, le Régiment de sécurité présidentielle (RSP), démantelé par la suite.

La transition politique débouche sur un cycle d'élections, Roch Marc Christian Kaboré, ancien baron du régime qui avait pris ses distances avec Compaoré, étant élu à la magistrature suprême fin 2015, puis une seconde fois en 2020. Mais au-delà des vicissitudes quotidiennes, la vie politique burkinabé se focalise de plus en plus sur les questions de sécurité. Dénoncé par une partie croissante de la population pour sa mollesse supposée face à ces questions, en progression dramatique pendant son premier mandat, le « président diesel » sera renversé en janvier 2022 par un putsch qui suit de quelques semaines un événement qui suscite un grand émoi. Le 14 novembre 2021 la gendarmerie d'Inata, dans le nord du pays, est attaquée par un groupe djihadiste et 47 gendarmes sont tués. L'opinion découvre alors que la caserne n'était pas ravitaillée depuis des semaines par Ouagadougou et que les gendarmes devaient chasser pour se nourrir : une image saisissante de l'état de désorganisation et de dénuement des forces de sécurité…

La mollesse du président Kaboré n'était qu'une partie de l'équation. Civil, il n'avait jamais vraiment réussi à asseoir son autorité sur l'appareil militaire. Un appareil défaillant, sous-dimensionné (10 000 hommes, gendarmerie comprise à l'époque), subissant détournements financiers et de matériels, tiraillé par des rivalités entre armes, et un clivage fort entre officiers supérieurs promus sous Compaoré – avec les compromis qu'on imagine – et de jeunes officiers poussant à la réforme de l'institution.

La période Kaboré n'a, paradoxalement, pas pris assez tôt au sérieux la menace djihadiste. Trop longtemps l'idée des responsables burkinabé était que nul djihadisme ne s'enracinerait pour des raisons objectives dans le pays, et qu'on avait affaire à une déstabilisation du pays orchestrée depuis l'étranger par Blaise Compaoré et ses réseaux. Les autorités ne montraient, par exemple en 2019, guère d'intérêt pour les analyses des chercheurs, obnubilées qu'elles étaient par la « main de l'étranger ».

Le lieutenant-colonel Paul-Henri Sandaogo Damiba arrive à la tête de l'État à la suite du putsch de janvier 2022. Il se déconsidère auprès de ses soutiens en organisant maladroitement un séjour de Compaoré dans le pays, interprété comme une tentative de réhabilitation et comme une trahison du mandat accordé pour donner une priorité absolue et exclusive aux questions de sécurité.

L'effondrement sécuritaire

C'est l'impasse sécuritaire qui pousse, début octobre 2022, de jeunes officiers à chasser Damiba. Ce dernier avait, avant l'été, dans une prise de parole à

Bobo-Dioulasso, maladroitement théorisé sa chute en défiant ses critiques de le renverser et de prendre les choses en main s'ils n'étaient pas satisfaits[1].

De 2016 à 2023, la géographie de la violence armée a évolué : le foyer initial se développe dans la province de Soum, puis dans l'ensemble du nord et de l'est du pays. Plus récemment, dans les régions méridionales des Cascades et Sud-Ouest, se sont implantés de nouveaux maquis. Actuellement, trois groupes de la mouvance Al-Qaïda[2] (Ansarul Islam, Katiba Macina et Katiba Serma) sont actifs dans le pays, en sus de l'État islamique au Sahara (EIS), qu'ils combattent. Dans cette logique d'expansion, ce sont surtout les petits groupes locaux, affiliés à ces structures mais très autonomes, qui se distinguent, comme celui dirigé par Sékou Mouslimou sur la frontière sud. Le Burkina est devenu le couloir de diffusion du djihadisme vers les pays du Golfe de Guinée : Côte d'Ivoire, Togo, mais surtout Bénin sont régulièrement touchés.

Seules Ouagadougou et les régions périphériques de la capitale sont épargnées par ce type de violence, soit moins d'un tiers du pays. Ailleurs, des localités sont assiégées par les djihadistes, comme Djibo (région du Sahel), sous blocus depuis plus d'un an. Cette localité qui comptait 60 000 habitants il y a quelques années en compterait aujourd'hui entre 200 000 et 300 000 du fait des vagues de déplacés. La ville a dû, à plusieurs reprises, être ravitaillée par avion lorsque les humanitaires n'arrivaient plus à négocier un couloir de passage avec les groupes djihadistes. De nombreux axes sont peu sûrs, régulièrement attaqués ou minés, et la Fédération des transporteurs déconseille parfois formellement à ses membres de les emprunter. La circulation par convois y est devenue la norme. Un million de personnes vivraient dans des localités sous blocus, et le pays compte 2 millions de déplacés internes, soit 10 % de la population. Ces bouleversements s'accompagnent, dans les zones les plus marquées par les violences, d'une désorganisation des systèmes agro-pastoraux et de graves questions alimentaires.

Épargnée par les combats, la capitale du pays connaît pourtant une insécurité croissante. Disparitions, enlèvements de nuit dans des voitures banalisées, intimidations voire menaces de mort sur les réseaux sociaux : les voix critiques de la nouvelle junte (le Mouvement patriotique pour la sauvegarde et la restauration, MPSR 2) ou les concitoyens de la communauté peule (très représentée dans les mouvements djihadistes) ne sont pas laissés en paix. Même le jeune président, Ibrahim Traoré, préfère loger à la primature, bâtiment situé au centre de la capitale et plus facilement sécurisable que le palais présidentiel de Kyosam – lieu que, de surcroît, certains à Ouagadougou pensent marqué par le sort depuis la chute de Blaise Compaoré.

Le capitaine de 35 ans, qui dirige le pays depuis octobre 2002, peine à se faire accepter par la haute hiérarchie militaire et a publiquement déclaré que l'existence du pays était en jeu. Il a affirmé, martial, qu'au contraire de ses prédécesseurs, toute son énergie serait consacrée à la question sécuritaire, qu'il n'entendait exclure aucune voie, et qu'il n'hésiterait pas à abandonner les solutions n'ayant pas fait leurs preuves.

Depuis octobre 2022, la junte a en effet fait évoluer de manière substantielle sa posture sécuritaire. Le Burkina Faso a rompu avec Paris, partenaire historique jugé

1. « Si vous êtes réellement forts comme vous le prétendez, faites votre coup d'État et gérez le pays comme vous le voulez. »
2. Qui s'est baptisée Groupe de soutien à l'islam et aux musulmans (GSIM) depuis 2017.

peu fiable. Les conditions d'implication de la Task Force Sabre – force spéciale française présente à Ouagadougou – empruntaient (selon certaines autorités burkinabé) un circuit décisionnel trop complexe côté français pour qu'elle puisse être activée rapidement pour des opérations conjointes. Certaines autorités ne cachaient plus leurs doutes sur ce partenaire qui refusait de livrer des armes. Le Burkina Faso a noué des relations sécuritaires qu'il espère alternatives, notamment pour l'achat d'armement, avec la Turquie, et peut-être bientôt avec d'autres (Russie, Corée du Nord…).

Le pétulant Premier ministre Apollinaire Joachim Kyelém de Tambéla, n'hésite pas à proposer une fédération avec le Mali et la Guinée Conakry, deux pays dirigés par des juntes et relativement isolés diplomatiquement. Mais contrairement à ce qui est ici ou là annoncé, nulle présence du groupe Wagner n'est avérée sur le sol national au moment où nous rédigeons ces lignes.

Ibrahim Traoré semble avoir opté au contraire pour un recours massif aux supplétifs et un refus d'accueillir des combattants étrangers, même ouest-africains. Les Volontaires pour la défense de la patrie (VDP) constituent une structure créée en 2019 par le président Kaboré pour « formaliser » des groupes de *vigilantes* (surtout les *koglwéogos* et les *chasseurs*) assurant des tâches de sécurisation de certaines localités rurales. Progressivement, certains groupes de VDP ont été associés à l'armée pour des opérations de combat antiterroriste. Quelques semaines après son arrivée au pouvoir, Ibrahim Traoré lançait une campagne de recrutement de plus de 50 000 VDP, et en mai 2023 était annoncée une autre campagne massive. Le Burkina aligne donc une force de supplétifs, mal formés et peu encadrés, probablement 10 fois plus nombreuse que les forces armées nationales. Si certains officiels se félicitent de cette politique, qui permettrait de réoccuper le terrain conquis par les djihadistes, des analystes alertent au contraire sur les risques de moyen terme que représente la distribution d'armes, quasiment à l'aveugle, à plus de 100 000 civils.

***

Les succès sécuritaires de la nouvelle junte ne sont pas encore clairs. Sur les quatre premiers mois de 2023, le Burkina a été le pays dénombrant le plus de victimes liées au conflit – presque 3 000, soit 10 fois plus que son voisin nigérien. Si certains analystes évoquent une combativité nouvelle de l'appareil sécuritaire, notamment grâce aux drones turcs, qui, sur certains affrontements, contribuent à instaurer un rapport de force positif, les bavures récurrentes de l'armée et de ses supplétifs contre les populations civiles, et le refus de tout dialogue avec l'ennemi placent pour l'heure le pays dans ce qui ressemble à une impasse.

A. A.

Pour en savoir plus

- T. Vircoulon, « État fragile, aplati, failli. Réflexions sur la gouvernance hybride et l'évolution de l'État en Afrique et au Sahel », *Études de l'Ifri*, Ifri, septembre 2022.
- « Burkina Faso : sortir de la spirale des violences », International Crisis Group, février 2020.
- M. Pellerin, « Les groupes d'autodéfense, pompiers pyromanes du Sahel », *Notes de l'Ifri*, Ifri, décembre 2022.

Afrique : penser l'après-Barkhane

La fin d'une époque

L'échec de Barkhane marque sans doute la fin d'une ère post-coloniale marquée par la multiplicité des bases et des interventions des armées françaises sur le continent africain. Il va falloir penser désormais une présence sans déploiements au moment où d'autres puissances s'implantent militairement en Afrique.

Le 27 février 2023, le président de la République, Emmanuel Macron, annonçait une reformulation de la politique de coopération militaire avec l'Afrique. Il indiquait vouloir inventer un « nouveau modèle de partenariat », reposant sur une réduction des effectifs militaires français déployés, et sur une augmentation de l'offre de formation, d'accompagnement et d'équipements. En outre, les bases militaires françaises sur le continent devraient voir leur rôle évoluer, pour devenir des académies ou des bases conjointes.

Cette annonce présidentielle apparaît comme la conclusion de l'*annus horribilis* qu'a été 2022 pour les forces françaises en Afrique. Celles-ci ont connu un double retrait de Centrafrique et du Mali en 2002, suivi rapidement par le désengagement de la Task Force Sabre (unité des forces spéciales présente à Ouagadougou) du Burkina Faso début 2023, le tout dans une atmosphère de rejet de la présence militaire française par les opinions publiques africaines. Cette présence, négociée au lendemain de la décolonisation et qui s'inscrit dans le temps long, a fait la force de la politique française en Afrique. Elle constitue désormais sa plus grande faiblesse.

Un long héritage

Depuis les indépendances, l'Afrique est l'aire de prédilection des interventions militaires françaises. Celles-ci sont rendues possibles par des accords de coopération militaire et de défense avec les pays africains, et un dispositif militaire permanent, implanté sur le continent. Ce dispositif s'explique par la décolonisation singulière intervenue en Afrique francophone, la plupart des pays ayant choisi de maintenir des liens politico-institutionnels importants avec Paris après leur indépendance.

Au début des années 1960, l'armée française entretenait ainsi 30 000 hommes en Afrique, dans des bases implantées en Côte d'Ivoire, en République centrafricaine, à Djibouti, au Gabon, à Madagascar, au Niger, au Sénégal et au Tchad. Entre 1960 et 1963, la France a signé une douzaine d'accords de défense avec des pays d'Afrique francophone nouvellement indépendants. Les effectifs militaires furent réduits à environ 20 000 hommes en 1970, puis continuèrent à décroître pour atteindre aujourd'hui un palier de 6 100 hommes. De même, les bases militaires ont été considérablement réduites. La France dispose actuellement de quatre bases permanentes : Dakar, Abidjan, Libreville, Djibouti, regroupant 3 100 hommes. Sous la présidence de Nicolas Sarkozy, la présence militaire française a drastiquement diminué au Sénégal, où le camp Bel-Air et la base aérienne 160 Dakar-Ouakam ont été rétrocédés aux autorités locales. S'ajoute à ces déploiements le dispositif de 3 000 hommes mis en place dans le cadre de l'opération Barkhane, qui dispose d'implantations au Tchad et au Niger, à la suite du retrait récent du Mali et du Burkina Faso à la demande des gouvernements de ces pays.

Contrairement pourtant à ce que l'on pouvait intuitivement supposer, la réduction du dispositif militaire français en Afrique ne s'est pas traduite par une diminution des opérations. Alors que leurs effectifs sur place passaient de 30 000 à 6 000 hommes, les armées françaises ont effectué 52 interventions sur le continent entre 1964 et 2014[1], interventions poursuivies au XXIe siècle en prenant une nouvelle tournure.

Au XXe siècle, les opérations étaient généralement déclenchées pour défendre des régimes amis (à l'exception de la célèbre opération Barracuda qui déposa le despote centrafricain Bokassa en 1979). Deux opérations extérieures au XXIe siècle furent plutôt offensives, dans la mesure où elles mirent fin à des pouvoirs en place, la même année 2011 en Libye (Mouammar Kadhafi) et en Côte d'Ivoire (Laurent Gbagbo). Deux opérations eurent également une durée inhabituelle : Licorne (2002-2015) et Barkhane (2014-2022). Si toutes deux ont été controversées en Afrique, c'est surtout Barkhane qui a cristallisé le mécontentement des autorités du Mali et des opinions publiques ouest-africaines, au point de conduire à une crise entre Paris et Bamako et au départ de l'armée française en 2022 – exemple aussitôt suivi par le Burkina Faso en 2023.

Loin de « gagner les cœurs et les esprits », l'enlisement de l'opération Barkhane a suscité une campagne hostile sur les réseaux sociaux au Sahel et plus largement en Afrique francophone. L'échec de la stratégie militaire française pour réduire les groupes djihadistes et contenir l'insécurité a été imputé à un agenda caché par une opinion publique africaine qui ne comprend pas comment une armée moderne, équipée des dernières technologies et composée de soldats correctement formés et rémunérés peut échouer face à un ennemi en situation d'infériorité militaire. Pour cette opinion publique, loin de combattre, l'armée française coopérait avec les djihadistes et s'adonnait au pillage des ressources de la région (or, bétail, etc.). Cette vision est désormais très largement admise en Afrique (y compris dans des cercles dirigeants) et même au-delà, un récent film grand public de Hollywood ayant repris à son compte cette idée[2].

Par ailleurs, si au XXIe siècle nombre d'opérations militaires ont été réalisées dans un cadre européen, les opérations classiques de sauvegarde des régimes alliés qui ont fait apparaître la France comme le gendarme du continent ont continué

1. « 50 ans d' Opex en Afrique 1964-2014 », *Cahier du Retex*, ministère de la Défense, septembre 2015.
2. « *Black Panther II* : la France condamne la représentation des soldats français », www.france24.com, 13 février 2023.

dans un cadre bilatéral classique : discrète opération aéroportée en 2007 en Centrafrique, frappe des bombardiers français en 2019 au Tchad... Cet interventionnisme militaire français en Afrique est désormais paradoxal en ce qu'il se trouve en porte-à-faux avec la politique affichée par les gouvernements français successifs – renégociation des accords de défense, réduction de la présence militaire permanente, prise en charge de leur sécurité par les gouvernements africains conformément au mantra officiel de l'Union africaine : « des solutions africaines aux problèmes africains »...

Vers un nouveau partenariat ?

La volonté d'établir un « nouveau modèle de partenariat » résulte autant de cette contradiction purement française que du rejet de la présence militaire française au Sahel. Les consultations avec les gouvernements africains sont aujourd'hui en cours, sans que l'on puisse encore prédire leurs conclusions. Néanmoins, la marge de manœuvre pour définir ce nouveau partenariat est très étroite.

La diplomatie militaire française en Afrique se trouve délégitimée de toutes parts : l'échec de Barkhane a achevé de délégitimer les interventions militaires et fait même planer le doute sur « l'expertise africaine de l'armée française » ; l'appréciation des menaces en Afrique relève avant tout des gouvernements africains, qu'ils le fassent ou non avec compétence ; le maintien de bases permanentes est perçu comme un symbole néocolonial par les opinions publiques française et africaine, et ces bases n'ont plus de véritable raison d'être s'il n'y a plus d'opérations extérieures ; l'acceptabilité politique des opérations militaires françaises paraît très faible dans l'opinion publique africaine ; la mise en avant de ces opérations comme un élément du rang international de la France est un argument qui ne passe plus sur le continent et ne convainc plus hors du continent.

Enfin, en Afrique, la diplomatie militaire est désormais devenue un boulet qui plombe la diplomatie tout court. La dénonciation du néocolonialisme de la France par des leaders d'opinion africains repose pour l'essentiel sur la présence militaire permanente. Tant qu'elle se prolonge, cette présence complique toute tentative d'améliorer l'image de la France.

Une présence sans bases ?

Il y a un avant et un après-Barkhane, et, dans l'après-Barkhane, la présence militaire permanente sous forme de bases et d'opérations longues est délégitimée. L'avenir des bases françaises en Afrique est donc dans la balance, à l'exception de celle de Djibouti (si les difficiles négociations de renouvellement aboutissent), dont la valeur géostratégique dépasse le cadre africain, pour s'inscrire dans une logique indopacifique.

Les options pour réinventer la fonction des bases permanentes sont en pratique limitées. Durant la présidence de Nicolas Sarkozy, les bases de Dakar, Abidjan et Libreville étaient déjà censées devenir des « plateformes régionales de coopération ». Cette vieille idée, qui avait vu le jour dans les années 1990 avec le concept RECAMP (Renforcement des capacités africaines de maintien de la paix) va peut-être resurgir, et être réactualisée. Ces bases, qui servent déjà pour la formation des armées africaines, pourront être complètement consacrées à cette fonction et devenir des centres de formation. Ou bien elles pourront devenir des bases conjointes, avec une vocation d'appui logistique pour l'armée du pays hôte. Force est de reconnaître que l'idée de bases militaires françaises en Afrique a vécu car, sans opérations extérieures, celles-ci perdent leur principale justification. A minima, elles peuvent encore être justifiées par les évacuations de ressortissants français comme récemment au Soudan (opération Sagittaire) et par le regain de compétition géostratégique sur le continent où des puissances non africaines créent des bases sans susciter la même hostilité que la France.

Les opérations extérieures en Afrique semblent désormais bannies d'un discours officiel français qui préfère mettre en avant un rôle d'appui aux armées africaines, en fonction des demandes, et en tout cas de manière plus discrète et moins exposée politiquement que Barkhane. Comme pour les bases permanentes, ce discours n'est pas nouveau (il était déjà tenu pendant l'opération Barkhane), et le défi sera de le concrétiser véritablement. Un tel appui reposerait sur des demandes des gouvernements africains dans une logique d'autonomisation de leurs armées.

Généralement incapables d'avoir une vision stratégique de leur propre sécurité, ces gouvernements n'ont qu'une vision tactique des menaces sécuritaires et énoncent leurs besoins sur cette base. Cela peut ouvrir un horizon pour la poursuite de la coopération militaire sur le continent africain, mais il s'agira d'une coopération différente, sans doute moins fondée sur la formation des officiers supérieurs africains. Après plusieurs décennies de contradiction flagrante entre leur discours et leur action, les autorités françaises pourront peut-être enfin les accorder, en développant une coopération militaire sans présence militaire permanente, à l'instar d'autres pays.

En d'autres termes, si l'avenir des bases françaises est compromis, celui des attachés de défense ne l'est pas. La disjonction de la présence et de la coopération militaires sera un véritable défi pour un ministère de la Défense qui a longtemps défendu l'idée qu'il ne pouvait faire l'un sans l'autre : « sans présence, pas d'influence ». Pour les autorités françaises, le dilemme actuel est que le prix à payer pour poursuivre la coopération militaire est la réduction drastique, *i.e* presque complète, de la présence militaire française en Afrique. La diplomatie militaire de la France en Afrique menée depuis les indépendances est la principale cause de ce dilemme.

T. V.

Pour en savoir plus

- C. Evrard, « Retour sur la construction des relations militaires franco-africaines », *Relations internationales,* n° 165, 2016.
- L. Bansept, E. Tenenbaum, « Après Barkhane : repenser la posture stratégique française en Afrique de l'Ouest », *Études de l'Ifri,* Ifri, mai 2022.
- M.-A. Pérouse de Montclos, *Une Guerre perdue : la France au Sahel,* Paris, JC Lattès, 2020.

Géopolitique du Nil

Un renversement des puissances

La gestion des eaux du Nil constitue, entre les pays de la région, un problème très ancien et hérité des temps coloniaux. La domination égyptienne est contestée, au premier chef par l'Éthiopie, mais c'est dans toute la région que s'organise, se redessine, un nouveau jeu des puissances.

En août 2022, le gouvernement éthiopien a annoncé la fin du troisième remplissage du réservoir de son barrage hydroélectrique sur le Nil Bleu, le Grand Barrage de la Renaissance éthiopienne (GERD), en dépit des protestations de l'Égypte et du Soudan. Malgré les tentatives de médiations parrainées par les États-Unis et la Banque mondiale, puis l'Union africaine, les trois pays ne sont pas parvenus à s'accorder sur la période de remplissage des réservoirs, qui implique d'importantes retenues d'eau pouvant menacer en aval l'approvisionnement de l'Égypte et du Soudan.

Toutefois, au-delà du problème technique, c'est un renversement de la géopolitique de la région qui est à l'œuvre. Le déclin de l'influence égyptienne sur ses voisins se confirme. La capacité éthiopienne, technique, économique, diplomatique, est également confirmée. Le Soudan, pris en étau, plonge depuis avril 2023 dans une guerre civile d'où les pressions des acteurs extérieurs pour l'accès à ses ressources, notamment agricoles, ne sont pas absentes.

L'hégémonie hydraulique de l'Égypte

C'est sur la maîtrise des caprices du Nil que l'Égypte a construit sa puissance. Les premiers aménagements hydrauliques – des canaux creusés sous Méhémet-Ali (1805-1848) – visaient à affirmer les capacités politiques et économiques du pays vis-à-vis du pouvoir ottoman. L'objectif est alors de nourrir la population égyptienne et de développer une filière d'exportation de coton et de canne à sucre. Entre 1860 et 1880, le premier barrage est érigé sous le pouvoir du khédive Ismaïl Pacha dans le delta du Nil pour rehausser les eaux d'étiage et développer l'irrigation. Cette infrastructure hydraulique ouvre un schéma d'aménagement connu : Le Caire se développe et devient le réceptacle d'un important exode rural. En 1902, le barrage d'Assouan, inauguré par les Britanniques tuteurs de l'Égypte à la suite de la faillite du pays, permet d'aménager les berges, construire des ponts et développer le delta du Nil.

L'immense ouvrage du haut barrage d'Assouan, érigé plus au sud sous Nasser en 1971, constitue une revanche sur l'Angleterre. Long de 4 kilomètres, il est construit dans le cadre d'une importante réforme agraire visant à répondre à l'obsession de l'autosuffisance alimentaire. Il permet de doubler, voire tripler les cultures sur certaines parcelles, et de gagner des terres sur le désert. Il s'inscrit également dans un projet d'autonomisation énergétique, couvrant aujourd'hui 10 % de la consommation électrique de l'Égypte. En créant le lac Nasser à quelques kilomètres de sa frontière avec le Soudan, l'Égypte a, selon l'expression d'Alain Gascon, « rapatrié l'eau du Nil à sa frontière », occasionnant d'importants déplacements de la population nubienne. Pour lancer des ouvrages hydrauliques lui permettant de développer sa puissance, l'Égypte a assuré la préservation de ses droits nilotiques au détriment des pays d'amont, imposant sa domination sur l'ensemble du bassin.

En 1929, sept ans après son indépendance, l'Égypte négocie avec la Couronne britannique un traité lui garantissant un droit de véto sur tout projet hydraulique amont. Elle acquiert également un droit de prélèvement annuel de 48 milliards de mètres cubes, contre 4 milliards pour le Soudan britannique. Ces dispositions compensent la construction du barrage de Sennar au Soudan en 1925 sur le Nil Bleu, qui a permis le développement de la région de la Gezira, au sud-est de Khartoum, en alimentant le réseau d'irrigation pour une culture du coton voulue par Londres. Cet accord est révisé en 1959 à la demande d'un Soudan indépendant désireux de rééquilibrer ses droits. Cédant sur le partage de son droit de véto avec le Soudan, l'Égypte s'assure 7,5 milliards de mètres cube de prélèvements annuels supplémentaires (55,5 milliards au total), tandis que le Soudan en gagne 14,5 milliards (18,5 milliards au total).

Le partage de l'hégémonie nilotique se fait à nouveau au détriment des pays d'amont qui, progressivement, mettent en question les « droits historiques » de l'Égypte.

L'émergence de la puissance nilotique éthiopienne

Si pour Hérodote « l'Égypte est un don du Nil », c'est en Éthiopie que jaillissent ses principales sources. À Khartoum, les deux principaux affluents du Nil, le Nil Bleu et le Nil Blanc, se rejoignent. Le Nil Bleu prend sa source dans le lac Tana en Éthiopie, tout comme le fleuve Atbara qui se jette dans le Nil en aval de Khartoum. Les eaux du Nil Blanc sont issues de nombreuses rivières, dont la plus lointaine remonte au lac Victoria (Ouganda, Tanzanie, Kenya), puis se dispersent dans les marécages Sudd du Soudan du Sud, avant de rejoindre au Soudan les eaux des rivières Bahr-el Jabal et Sobat, cette dernière trouvant encore sa source en Éthiopie. Ces sources éthiopiennes, le Nil Bleu (59 %), l'Atbara (13 %) et le Sobat (14 %), fournissent à elles trois 86 % du débit du Nil mesuré à Assouan. C'est également du Nil Bleu que proviennent plus de 90 % des sédiments nécessaires à la fertilisation des terres : le limon.

Le décollage démographique et économique de l'Éthiopie va bousculer l'hydro-hégémonie égyptienne. À la fin des années 1990, après trois décennies de guerre et d'instabilités politiques après les indépendances, les pays amont du Nil, menés par l'Éthiopie, rejettent les traités coloniaux de 1929 et 1959, revendiquant leur droit au développement par l'irrigation. En 1997, Éthiopie, Kenya, Ouganda, Burundi, Rwanda et Tanzanie se coalisent, et signent en 2010 (en 2011 pour le Burundi) l'accord d'Entebbe qui, en creux, abroge le droit de véto égypto-soudanais. En 2011, alors que Moubarak chute en Égypte, l'Éthiopie de Meles Zenawi déclare unilatéralement le lancement du projet de barrage hydroélectrique de la Renaissance éthiopienne. Empêché par l'Égypte d'accéder à des crédits étrangers, le pouvoir éthiopien a fait de cette infrastructure la pierre angulaire de son émergence, un ouvrage d'affirmation nationale, en appelant au financement populaire des 4,8 milliards de dollars nécessaires. Lorsque ses treize turbines seront mises en marche, l'ouvrage pourra produire jusqu'à 6 000 mégawatts, permettant de subvenir aux besoins de la population mais aussi d'exporter de l'électricité vers les voisins, et de développer ainsi un *soft power* dans la région. C'est là un véritable renversement d'hégémonie : de l'hydro-hégémonie égyptienne à la puissance hydroélectrique éthiopienne.

Le fait accompli imposé par l'Éthiopie en 2020 avec le lancement de la première phase de remplissage du barrage, en l'absence d'accord tripartite avec le Soudan et l'Éthiopie, n'enterre pas le dossier pour l'Égypte qui, depuis les années 2010, a organisé l'essentiel de sa politique dans la région autour du dossier nilotique. Bien qu'elle ait échoué à rallier les pays d'Afrique de l'Est *via* ses coopérations économiques et militaires et à internationaliser la crise du Nil aux Nations unies et auprès de ses alliés du Golfe, elle s'est particulièrement impliquée dans la transition politique de son voisin, le Soudan, afin de gagner son soutien contre l'Éthiopie.

Les intérêts extérieurs, facteurs de déstabilisation au Soudan

En aval de l'Éthiopie et en amont de l'Égypte, le Soudan dispose d'une position stratégique, d'importantes ressources minières, et d'un potentiel agricole à partir desquels ses dirigeants ont construit une économie de rente leur permettant de se maintenir au pouvoir grâce au soutien financier de partenaires extérieurs. La guerre déclenchée le 15 avril 2023 entre deux forces militaires du pays, les Forces armées soudanaises (FAS), dirigées par le général Burhan, et les Forces de soutien rapide (FSR), milice paramilitaire dirigée par le général Hemedti, prend en partie racine dans l'implication des acteurs arabes, soucieux de sauvegarder leurs intérêts au Soudan, dans la transition du pays.

Dans le sillage de la révolution soudanaise de décembre 2018, le coup d'État militaire d'avril 2019 a constitué une opportunité, pour l'Égypte, l'Arabie Saoudite et les Émirats arabes unis (EAU) d'écarter le régime islamiste d'Omar el-Béchir jugé trop proche de leurs rivaux turc et qatari. Le changement de régime à Khartoum a favorisé le rapprochement de l'autorité militaire sous le commandement du général Al-Burhan avec la position égyptienne, alors que depuis 2011 Khartoum soutenait timidement le projet : concerné par les conséquences des retenues d'eau impliquées par le remplissage du barrage, notamment sur la quantité de limon retenu, le Soudan pouvait aussi bénéficier de l'électricité produite par le barrage et de la régulation de crues saisonnières meurtrières.

L'implication des monarchies saoudienne et émirienne au Soudan est également en partie liée au Nil, ou plutôt au potentiel agricole du Soudan développé par l'irrigation. La géographie des investissements des pays du Golfe montre que la majorité d'entre eux concernent le secteur agricole et l'achat de terres le long de la vallée du Nil au Soudan et en Éthiopie. La sécurité alimentaire est une obsession vitale pour les pays de la péninsule Arabique, qui importent 85 % de leur nourriture. Sous le pouvoir de Nimeyri, l'objectif de faire du Soudan « le grenier à blé du monde arabe » lui a valu dans les années 1970 d'importants crédits du Golfe pour développer son agriculture, notamment pour la construction du canal de Jonglei dans les marais Sudd, finalement abandonnée pendant la seconde guerre civile soudanaise.

Depuis la crise de 2008, les investissements des monarchies du Golfe s'accompagnent d'un plus grand engagement dans les affaires intérieures de la Corne en général et du Soudan en particulier, qui en modifient les trajectoires politiques. Le soutien financier (3 milliards de dollars) de l'Arabie Saoudite et des EAU à la branche militaire du gouvernement de transition a renforcé les FAS et les FSR au détriment d'une branche civile évincée du processus politique en octobre 2021 par leur coup d'État militaire. La manne financière de l'envoi de mercenaires des FSR au Yémen en 2015 pour le compte des EAU, et les revenus de la contrebande d'or vers Dubaï ont enrichi et renforcé Hemedti, qui cherche désormais à prendre la tête du pays.

Face au soutien de l'Égypte au général Burhan, le rapprochement engagé entre Hemedti et Abiy Ahmed lors d'une visite officielle, en janvier 2023, du général à Addis-Abeba, reste à surveiller. Une opposition par procuration entre l'Égypte et l'Éthiopie en quête de *leadership* n'est pas improbable. L'armée égyptienne et les FAS ont organisé annuellement depuis 2020 des manœuvres militaires conjointes « Gardiens du Nil » dans plusieurs localités du Soudan, tandis que l'armée soudanaise a déployé, à partir de 2020, quelques troupes à sa frontière avec l'Éthiopie, dans le disputé et fertile triangle de Fashaga, alors que l'armée éthiopienne était occupée par la guerre au Tigré.

***

À la montée des tensions politiques et géopolitiques s'articulent les conséquences de la crise climatique, qui frappe très violemment la région. Depuis la fin 2020, les pays de la Corne vivent leur pire sécheresse depuis quarante ans. Des saisons des pluies déficitaires couplées à la hausse des températures sont à l'origine d'un assèchement extrême des sols, qui entraîne la destruction des récoltes et la mort des bétails. Dans un contexte d'accroissement démographique sur le bassin versant du Nil, qui devrait abriter 800 000 millions de personnes en 2050, d'intensification des épisodes climatiques extrêmes (sécheresses, inondations) et de déstabilisations politique et sécuritaire, la compétition pour les ressources s'intensifie. Dossier de discorde, la gestion du fleuve comme un « commun » devient une nécessité pour les pays du bassin.

E. D. d. S.

Pour en savoir plus

- O. Marbot, O. Caslin, H. Rabie, M. Toulemonde, T. Heikal, « GERD : the Dam of Discord », *The Africa Report*, 2021.
- A. Gascon, « Combats sur le Nil : la guerre de l'eau ? », *Bulletin de l'association de géographes français*, n° 92-2, 2015.
- A. Abdelrahim, « Le retour de l'Égypte comme puissance régionale ? », *Études de l'Ifri*, Ifri, décembre 2022.

Partie 4

Repères

LA GUERRE RUSSIE-UKRAINE

22 juillet 2022 : Sous l'égide de l'ONU et de la Turquie, Ukraine et Russie signent un accord sur la sécurisation des exportations céréalières de l'Ukraine depuis la mer Noire.

29 août – Contre-offensive ukrainienne : L'armée ukrainienne annonce le lancement de la phase active de sa contre-offensive dans la région de Kherson.

Fin août : Les premiers drones-kamikazes iraniens sont utilisés en Ukraine par l'armée russe, à la suite d'un accord portant sur la livraison de dizaines de drones *Shaheed* et à la formation du personnel militaire russe par des officiers iraniens. Leur usage se systématise en octobre.

1er septembre – Centrale de Zaporijia : Une mission spéciale de l'Agence internationale pour l'énergie atomique (AIEA) visite la centrale nucléaire de Zaporijia afin d'évaluer le niveau de sécurité de la centrale, autour de laquelle se sont déroulés d'importants affrontements.

6 septembre – Contre-offensive ukrainienne : Lancement d'une deuxième contre-offensive ukrainienne sur les territoires des régions de Kharkiv, Donetsk et Louhansk. L'armée ukrainienne obtient des gains territoriaux : les villes d'Izioum et Lyman sont notamment reprises.

21 septembre – Mobilisation : Vladimir Poutine annonce une mobilisation partielle de la population masculine russe, entraînant dans les jours qui suivent le départ hors du pays de dizaines de milliers de Russes.

23-27 septembre – Référendums : Des référendums sur le rattachement des provinces ukrainiennes occupées de Zaporijia, Kherson, Louhansk et Donetsk à la Fédération de Russie sont organisés auprès de la population demeurée sur ces territoires occupés. Ils confirment, sans surprise, l'annexion.

26 septembre – Sabotage des gazoducs Nord Stream : D'importantes fuites de gaz autour des gazoducs Nord Stream 1 et Nord Stream 2 sont repérées en mer Baltique. Les missions d'inspection diagnostiquent une opération de sabotage.

8 octobre – Crimée : Un camion piégé explose et entraîne l'effondrement d'une partie du pont de Kertch, construit après l'annexion de la Crimée en 2014, et qui relie la péninsule au territoire russe.

11 novembre – Reprise de Kherson : La ville de Kherson est reprise aux Russes par les forces armées ukrainiennes.

1er janvier 2023 – Attaque contre une base russe : Le bombardement ukrainien des quartiers militaires russes de Makiivka, dans la région de Donetsk, au soir du Nouvel An, fait entre 89 et 400 morts.

20 janvier – Groupe Wagner : L'administration américaine désigne le groupe russe Wagner comme organisation criminelle internationale, ce qui place sous sanctions l'organisation et l'ensemble des entreprises à laquelle elle recourt pour appuyer ses opérations militaires.

25 janvier – UNESCO : Le comité du patrimoine mondial de l'UNESCO annonce l'inscription du centre historique d'Odessa sur la liste du patrimoine mondial, avec l'ambition de protéger la ville et d'y prévenir toute destruction matérielle.

13 février – Moldavie : La présidente annonce avoir eu connaissance de documents attestant la préparation d'un coup d'État visant à renverser le gouvernement moldave, dont l'orientation pro-européenne s'est renforcée depuis le début de la guerre en Ukraine.

20 février – USA : Le président américain Joe Biden se rend à Kiev pour une première visite surprise depuis le début de la guerre.

23 février – Nations unies : À la veille du premier anniversaire du conflit, l'Assemblée générale des Nations unies adopte une résolution exigeant le retrait des forces russes d'Ukraine (141 votes pour, 7 contre, 32 abstentions).

24 février : Un an après que l'armée russe a déclenché son invasion du territoire ukrainien, le nombre de pertes humaines demeure inconnu en raison du refus des protagonistes de rendre publics leurs chiffres. Certaines estimations font état de pertes civiles et militaires supérieures à 200 000 personnes.

17 mars – Mandat d'arrêt international contre Vladimir Poutine : La Cour pénale internationale (CPI) émet un mandat d'arrêt international contre Vladimir Poutine et la commissaire russe aux droits de l'enfant, Maria Lvova-Belova, pour « déportation illégale » d'enfants ukrainiens.

27 mars – Biélorussie : Le président russe annonce vouloir déployer des armes nucléaires tactiques en Biélorussie. Les premières livraisons ont lieu deux mois plus tard.

4 avril – Alliance atlantique : La Finlande va devenir membre à part entière de l'organisation, alors que l'adhésion de la Suède est retardée par la Turquie, qui cherche à obtenir l'expulsion d'opposants turcs réfugiés en Suède.

27 avril – Médiation chinoise : Pour la première fois depuis le début de la guerre en Ukraine, Volodymyr Zelensky et Xi Jinping s'entretiennent par téléphone. La Chine ambitionne de se poser comme médiateur dans les négociations de paix entre la Russie et la Chine.

5 mai – Groupe Wagner : Evgueni Prigojine, chef du groupe russe Wagner, publie une vidéo sur Telegram dans laquelle il dénonce les « dizaines de milliers de morts » de soldats russes causées par le manque de munitions que le commandement militaire russe refuserait de fournir aux troupes engagées à Bakhmout.

16-17 mai – Chine : Vice-ministre des Affaires étrangères chinois et ancien ambassadeur en Russie et en Pologne, l'envoyé spécial de la Chine pour le dossier russo-ukrainien Lu Hui se rend à Kiev pour tenter de lancer des pourparlers entre l'Ukraine et la Russie, avant de poursuivre sa tournée en Pologne, en Allemagne, en France et en Russie. Le jour même, l'armée russe envoie sur Kiev des missiles finalement neutralisés par le système de défense antiaérien ukrainien.

16 mai – Médiation africaine : Cyril Ramaphosa, président sud-africain, annonce que six États africains (Égypte, Sénégal, Zambie, Afrique du Sud, Ouganda et Congo-Brazzaville) proposent leur médiation à la Russie et à l'Ukraine pour la conduite de négociations de paix.

17 mai – Renouvellement de l'accord céréalier : Après plusieurs mois de chantage russe, l'accord sur l'exportation de céréales ukrainiennes destiné à sécuriser les exportations ukrainiennes dans la mer Noire est renouvelé pour deux mois.

20 mai – Bataille de Bakhmout : Evgueni Prigojine, chef du groupe russe Wagner, revendique la prise complète de Bakhmout au terme d'une bataille de neuf mois ayant fait des dizaines de milliers de morts.

6 juin – Centrale hydroélectrique de Kakhovka : Le barrage de Kakhovka cède, provoquant des inondations en aval du Dniepr, dans le sud de l'Ukraine. Des milliers de personnes doivent évacuer leurs habitations.

23-24 juin – Russie : Evgueni Prigojine, à la tête du groupe Wagner très actif dans les combats en Ukraine, annonce que ses troupes marcheront vers Moscou tant que les deux principaux chefs du commandement militaire russe, Sergueï Choïgou et Valeri Guerrasimov, refuseront de lui parler et de lui fournir davantage d'armes et de munitions. La mutinerie prend fin avec la médiation de Loukachenko.

7 juillet – États-Unis : L'administration Biden décide de fournir aux forces ukrainiennes des armes à sous-munitions. La décision suscite la polémique, la production et l'exportation d'armes à sous-munitions étant prohibées par la Convention d'Oslo de 2008, à laquelle ont adhéré 94 États. Ni les États-Unis, ni l'Ukraine, ni la Russie ne sont toutefois signataires de cette convention.

10 juillet – Alliance atlantique : Après plus d'un an de négociations sur des militants kurdes du PKK que la Suède est accusée d'accueillir sur son territoire, la Turquie donne son feu vert à l'adhésion de la Suède à l'Alliance.

17 juillet – Expiration de l'accord céréalier : La Russie conditionne la prorogation de l'accord à une levée partielle des sanctions.

17 juillet – Pont de Crimée : Les forces ukrainiennes attaquent à nouveau le pont de Crimée, route logistique essentielle pour l'effort de guerre russe en Ukraine, causant d'importants dégâts sur la section routière de l'ouvrage.

EUROPE

JUILLET 2022

19 juillet – UE : L'Albanie et la Macédoine du Nord débutent officiellement leurs négociations pour l'adhésion à l'UE. Les candidatures avaient été déposées des années auparavant, mais les négociations étaient bloquées par la Bulgarie, qui attendait des Macédoniens la reconnaissance de leur minorité bulgare.

14-21 juillet – Italie : Mis en difficulté sur l'adoption d'un décret-loi censé lutter contre l'inflation, le président du Conseil italien Mario Draghi perd la confiance des partis membres de la coalition au pouvoir et présente sa démission au président Sergio Mattarella. Des élections anticipées sont annoncées.

SEPTEMBRE

8 septembre – Royaume-Uni : Élisabeth II est décédée à l'âge de 96 ans, après 70 ans de règne.

25 septembre – Italie : Les élections parlementaires donnent la victoire à une coalition de droite portée par le parti d'extrême droite Fratelli d'Italia. Sa présidente Giorgia Meloni prend la tête du gouvernement.

OCTOBRE

17 octobre – Suède : Ulf Kristersson devient Premier ministre, avec le soutien inédit des partis d'extrême droite. Face à la gauche sortante, la campagne électorale a été centrée sur l'intégration des migrants dans la société suédoise.

20 octobre – Royaume-Uni : Liz Truss annonce sa démission du poste de Premier ministre, après un mandat de six semaines. Son plan de réduction massive des impôts sans mécanisme de compensation a suscité un rejet des marchés financiers et de la société britannique. Rishi Sunak est désigné par le Parti conservateur comme nouveau Premier ministre.

NOVEMBRE

15 novembre – Pologne : Deux missiles explosent dans le village de Przewodów, à proximité de la frontière ukrainienne. Si les autorités ukrainiennes déclarent dans un premier temps l'armée russe responsable, les enquêtes des pays membres de l'OTAN attribuent l'incident au système de défense antiaérien ukrainien.

DÉCEMBRE

9 décembre – Parlement européen : Plusieurs députés, dont la vice-présidente grecque Eva Kaili, sont mis en cause pour avoir accepté des rétributions du Qatar en échange de prises de positions favorables à son égard.

15 décembre – Kosovo : Le Kosovo, qui n'est reconnu ni par l'ONU, ni par cinq États membres de l'Union européenne, dépose officiellement sa candidature à l'UE.

JANVIER 2023

1er janvier – UE : La Suède prend la présidence tournante du Conseil de l'Union européenne pour six mois.

1er janvier – Croatie : La Croatie entre officiellement dans l'espace Schengen et dans la zone euro.

FÉVRIER

12 février – Chypre : Ancien ministre des Affaires étrangères, Nikos Christodoulídis remporte l'élection présidentielle avec 52 % des voix contre le candidat de gauche Andreas Mavroyiánnis.

15 février – Écosse : La Première ministre écossaise Nicolas Sturgeon, qui gouverne depuis huit ans, annonce sa démission, alors que son mandat courait jusqu'en 2026. Elle explique ne plus avoir l'énergie nécessaire pour poursuivre.

MARS

1er mars – Finlande : Le Parlement approuve à une large majorité l'adhésion de la Finlande à l'OTAN. Le pays devient membre à part entière de l'organisation le mois suivant, alors que l'adhésion de la Suède est retardée par la Turquie, qui cherche à obtenir l'expulsion d'opposants turcs réfugiés en Suède.

AVRIL

15 avril – France : Au terme de plusieurs mois de manifestations sur tout le territoire, la loi portant l'âge de départ à la retraite de 62 à 64 ans est promulguée.

18 avril – Kosovo : Le Parlement européen vote la libéralisation du régime des visas pour les Kosovars. Les 1,9 million d'habitants du Kosovo devraient pouvoir circuler plus librement dans l'Union européenne à partir de 2024.

MAI

21 mai – Grèce : Les législatives donnent la victoire au parti Nouvelle Démocratie, parti de droite du Premier ministre sortant Kyriákos Mitsotákis, sans toutefois lui assurer une majorité parlementaire.

28 mai – Espagne : Les élections municipales et régionales signent l'échec du Parti socialiste au pouvoir face au Parti populaire de droite. Le Premier ministre espagnol annonce des élections anticipées pour juillet 2023.

29 mai – Kosovo : Mécontente de la nomination de maires albanophones dans des villes majoritairement peuplées par des Serbes, la minorité serbe du Kosovo s'en prend violemment à la KFOR, force de l'OTAN déployée depuis 1999.

JUIN

12 juin – Italie : Silvio Berlusconi, homme d'affaires et ancien président du Conseil des ministres italien de 2001 à 2006 et de 2008 à 2011, est décédé à l'âge de 86 ans.

13-14 juin – Migrations en Méditerranée : Un chalutier en provenance de Libye et abritant plus de 750 candidats à l'exil fait naufrage au large des côtes grecques. Seuls 104 exilés – pakistanais, syriens, palestiniens, égyptiens – ont pu être secourus. L'absence d'intervention des garde-côtes grecs et de Frontex suscite la polémique.

JUILLET

1er juillet – UE : L'Espagne prend la présidence tournante du Conseil de l'Union européenne pour six mois.

8 juillet – Norvège : Le gouvernement donne son feu vert à 19 nouveaux projets d'exploitation pétrolière et gazière sur son plateau continental, à rebours des engagements de l'accord de Paris. Avec la guerre d'Ukraine et les sanctions contre la Russie, le pays est devenu un fournisseur essentiel à la sécurité énergétique des pays européens, et les bénéfices de son industrie pétrolière et gazière ne cessent de croître.

10 juillet – OTAN : Après plus d'un an de négociations tortueuses au sujet de militants kurdes que la Suède est accusée d'accueillir sur son territoire, la Turquie donne son feu vert à l'adhésion de Stockholm à l'OTAN. L'approbation de la Turquie et de la Hongrie devrait permettre à l'Alliance atlantique d'accueillir un 32e membre, quatre mois après l'intégration de la Finlande.

AMÉRIQUES

JUILLET 2022

15 juillet – Mexique : Rafael Caro Quintero, l'un des narcotrafiquants les plus recherchés du Mexique et le fondateur du cartel de Guadalajara, est arrêté. Les États-Unis, qui avaient offert 20 millions de dollars pour sa capture, réclament son extradition.

AOÛT

7 août – Colombie : Gustavo Petro est investi président de la République. Pour la première fois dans l'histoire du pays, un président est issu de la gauche.

16 août – États-Unis : Joe Biden signe l'*Inflation Reduction Act*, qui entend freiner l'inflation en mettant en place des incitations fiscales pour les ménages et les entreprises achetant des biens produits sur le sol américain. La loi impose, en outre, l'utilisation de composants essentiellement américains dans la construction automobile, suscitant l'inquiétude des Européens.

29 août – Venezuela/Colombie : Les deux pays annoncent le rétablissement de leurs relations diplomatiques, suspendues en 2019 après le refus du chef de l'État colombien de reconnaître la réélection de Nicolás Maduro.

SEPTEMBRE

1er septembre – Argentine : L'ancienne présidente et actuelle vice-présidente Cristina Kirchner est victime d'une tentative d'attentat.

4 septembre – Chili : Le référendum constitutionnel visant à remplacer la Constitution héritée du régime du général Pinochet en 1980, est rejeté à 63 %, en dépit des progrès en matière de droits pour les indigènes et de protection sociale du projet proposé. Une nouvelle assemblée constituante doit se réunir et proposer un nouveau projet d'ici à la fin de l'année 2023.

25 septembre – Cuba : Un référendum sur l'adoption d'un nouveau Code de la famille ouvre la voie à la légalisation du mariage homosexuel, de l'adoption homoparentale et de la gestation pour autrui.

OCTOBRE

30 octobre – Brésil : Lula, ancien président (2003-2011), remporte l'élection présidentielle face à Bolsonaro (50,9 % contre 49,1 %), au terme d'une campagne très polarisée.

NOVEMBRE

8 novembre – États-Unis : Les élections parlementaires de mi-mandat permettent au Parti démocrate de conserver sa majorité au Sénat.

26 novembre – Venezuela : Sur fond d'isolement international, le gouvernement de Maduro et l'opposition réunie sous le nom de la « Plateforme unitaire » signent à Mexico un accord qui conduit les États-Unis à alléger partiellement leur embargo sur le pétrole vénézuélien. Depuis 2013, plus de 7 millions de Vénézuéliens ont fui le pays.

DÉCEMBRE

7 décembre – Argentine : L'ancienne présidente et actuelle vice-présidente Cristina Kirchner est condamnée à six ans d'emprisonnement et à l'interdiction à vie d'exercer une charge publique, pour pratiques de corruption sur un marché public.

7 décembre – Pérou : Le président Pedro Castillo tente de dissoudre le Congrès, qui s'apprêtait à examiner une procédure de destitution à son encontre pour corruption. Partout dans le pays, des manifestations éclatent contre la destitution du président et sont brutalement réprimées par le gouvernement intérimaire de Dina Boluarte. L'état d'urgence est proclamé.

JANVIER 2023

7 janvier – Brésil : Des partisans de Jair Bolsonaro, ancien président défait en octobre, tentent d'envahir les bâtiments gouvernementaux de Brasília. Parmi eux figurent des officiers de l'armée brésilienne, immédiatement limogés par Lula.

FÉVRIER

5 février – Pérou : Face aux manifestations persistantes contre la gouvernance de Dina Boluarte, l'état d'urgence est prolongé de deux mois.

MARS

2 mars – Nicaragua : Un rapport d'experts de l'ONU dénonce les « crimes contre l'humanité » (exécutions extra-judiciaires, tortures, détentions arbitraires) du gouvernement de Daniel Ortega depuis 2018, et recommande à la communauté internationale la mise en place de sanctions.

25 mars – Honduras : En contrepartie d'avantageux investissements chinois, le gouvernement hondurien annonce qu'il rompt ses liens avec Taïwan et établit officiellement ses relations diplomatiques avec la République populaire de Chine. En Amérique latine, seuls le Bélize, le Paraguay et le Guatemala conservent des liens formels avec Taïwan.

AVRIL

10-14 avril – Brésil : La visite officielle du président brésilien en Chine est marquée par des critiques envers les États-Unis – qui selon lui encouragent la guerre en Ukraine –, et la conclusion de multiples accords commerciaux, dont un accord sur l'utilisation des devises nationales plutôt que du dollar.

MAI

8 mai – Haïti : Le Conseil de sécurité de l'ONU fait état de sa très forte inquiétude face à la situation sécuritaire et humanitaire sur l'île, où les cas d'enlèvements, de trafics d'êtres humains, d'exécutions extra-judiciaires et d'enrôlements d'enfants dans des groupes armés vont croissant.

11 mai – États-Unis : Adopté en urgence en 2020 sous l'administration Trump, le dispositif *Title 42*, qui permet d'expulser les immigrés sans examen préalable de leur demande d'asile, expire le 11 mai 2023. La pression migratoire sur la frontière mexico-américaine se fait plus critique.

30 mai – États sud-américains : Pour la première fois depuis 2014, 11 chefs d'État d'Amérique du Sud se réunissent à Brasília. Dina Boluarte, présidente du Pérou, est absente, mais la participation du président vénézuélien Nicolas Maduro est saluée par Lula, pour qui tensions et sanctions entre États sont contraires au développement du continent.

JUIN

29 juin – États-Unis : La Cour suprême met fin au système de discrimination positive pour les minorités raciales dans les universités d'élite. Le programme d'*affirmative action* était l'une des mesures phares de la lutte pour les droits civiques et contre les discriminations raciales depuis les années 1960.

JUILLET

7 juillet – États-Unis : Joe Biden décide la fourniture aux forces ukrainiennes d'armes à sous-munitions. Il annonce, le même jour, que les États-Unis ont achevé la destruction de leurs armes chimiques, conformément aux engagements pris lors de la signature de la Convention sur l'interdiction des armes chimiques en 1997. Les États-Unis étaient le dernier État signataire disposant encore d'armes chimiques.

RUSSIE/EURASIE

AOÛT 2022

30 août – Mort de Gorbatchev : Dernier dirigeant de l'URSS (1985-1991), Mikhaïl Gorbatchev est décédé à Moscou.

SEPTEMBRE

12-14 septembre – Arménie-Azerbaïdjan : De violents affrontements ont lieu entre troupes arméniennes et azerbaïdjanaises, occasionnant au moins 200 morts de chaque côté. Pour la première fois depuis la reprise du conflit au Haut-Karabakh, les forces armées s'affrontent le long de la frontière azéro-arménienne et non sur le territoire du Haut-Karabakh.

14-18 septembre – Tadjikistan-Kirghizstan : En raison de désaccords ethniques et politiques persistants, de violents affrontements entre garde-frontières des deux pays font plus de cent morts.

21 septembre – Mobilisation : Vladimir Poutine annonce une mobilisation partielle de la population masculine russe, suscitant dans les jours qui suivent le départ de dizaines de milliers de Russes hors du pays, notamment des pays du Caucase et d'Asie centrale.

OCTOBRE

7 octobre – Prix Nobel de la Paix : Le prix Nobel de la Paix met à l'honneur les sociétés civiles de l'espace ex-soviétique, mises à mal par des années de répression des libertés. Il est décerné au Biélorusse Alès Bialiatski, à l'association russe Memorial et à l'association ukrainienne Centre pour les libertés civiles.

NOVEMBRE

21 novembre – Kazakhstan : Kassym-Jomart Tokaïev, président sortant du Kazakhstan, est réélu avec 81,3 % des voix. Les élections se sont déroulées sans réelle opposition, les cinq autres candidats à la présidentielle étant quasiment inconnus du public.

DÉCEMBRE

5 décembre – Russie : Entrée en vigueur du dispositif, adopté par l'UE et les pays du G7, de plafonnement du prix du pétrole russe transporté par voie maritime vers des pays tiers, en même temps que de l'embargo européen sur le pétrole brut russe décidé fin mai 2022.

12 décembre – Haut-Karabakh : Des militants azerbaïdjanais bloquent le corridor de Latchine, seul accès au territoire du Haut-Karabakh depuis l'Arménie. Pendant plusieurs semaines, ni hommes ni marchandises ne peuvent circuler ni approvisionner la population locale en vivres.

JANVIER 2023

20 janvier – Groupe Wagner : L'administration américaine désigne le groupe russe Wagner comme organisation criminelle internationale, ce qui le place sous sanctions, ainsi que l'ensemble des entreprises auxquelles il recourt pour appuyer ses opérations militaires.

24 janvier – Ukraine : La presse ukrainienne révèle une vaste affaire de corruption portant sur des achats de provisions pour l'armée, mettant en cause plusieurs hauts responsables ukrainiens, dont le vice-ministre de la Défense Viatcheslav Chapovalov, le chef adjoint de l'administration présidentielle Kyrylo Tymochenko et le procureur général adjoint Oleksii Symonenko. Cinq gouverneurs régionaux, quatre vice-ministres et deux responsables d'une agence gouvernementale sont contraints de démissionner.

Fin janvier – Ukraine : L'armée russe lance une série d'opérations offensives dans le Donbass dans le but de contrôler le territoire des régions administratives de Louhansk et Donetsk. Fin mars, il semble que cette offensive d'hiver ait échoué.

FÉVRIER

13 février – Moldavie : La présidente annonce avoir eu connaissance de documents attestant la préparation d'un coup d'État pour renverser le gouvernement, dont l'orientation pro-européenne s'est renforcée depuis le début de la guerre d'Ukraine.

21 février – Russie : Lors de son adresse à la nation, Vladimir Poutine annonce la suspension de la participation de la Russie au *New Start*, traité de réduction des armes stratégiques entre Washington et Moscou entré en vigueur en 2011.

MARS

7 mars – Géorgie : Des milliers de manifestants protestent contre le projet de loi du gouvernement sur les « agents étrangers », qui cherche à discréditer les organisations recevant des financements extérieurs. Pour les Géorgiens, le projet s'inspire de la loi adoptée en Russie en 2012 ; il est finalement abandonné sous pression des manifestations.

17 mars – Russie : La Cour pénale internationale (CPI) émet un mandat d'arrêt international contre Vladimir Poutine et la commissaire russe aux droits de l'enfant, Maria Lvova-Belova, pour « déportation illégale » d'enfants ukrainiens.

19 mars – Kazakhstan : Élections législatives anticipées pour les députés du Majilis (chambre basse du Parlement). En dépit d'une concurrence sans précédent (892 candidats), le parti au pouvoir, Amanat, conserve une large majorité des sièges (63 sur 98).

27 mars – Biélorussie : Le président russe annonce le déploiement d'armes nucléaires tactiques en Biélorussie. Les premières livraisons auront lieu deux mois plus tard.

30 mars – Russie : Correspondant du *Wall Street Journal* en Russie, le journaliste américain Evan Gershkovich est arrêté à Iekaterinbourg sur accusation d'espionnage. Il est le premier journaliste américain emprisonné depuis la fin de la guerre froide.

AVRIL

17 avril – Russie : L'ancien journaliste et opposant politique Vladimir Kara-Mourza, rescapé de deux tentatives d'empoisonnement en 2015 et en 2017, est condamné à 18 ans d'emprisonnement.

30 avril – Ouzbékistan : Une nouvelle Constitution est adoptée par référendum (plus de 90 % des voix), dans un pays où l'opposition est quasi inexistante. Elle entérine le passage du quinquennat au septennat, et autorise le président à briguer deux mandats supplémentaires.

MAI

22 mai – Biélorussie : L'ancien journaliste d'opposition Roman Protassevitch, qui a cofondé la chaîne Telegram NEXTA et joué un rôle important dans les manifestations contre la réélection de Loukachenko en août 2020, est gracié par le président. Il est supposé avoir collaboré et livré des informations aux autorités biélorusses sur les manifestations de 2020.

JUIN

23-24 juin – Russie : Evgueni Prigojine, qui dirige le groupe Wagner, très actif dans les combats en Ukraine, annonce que ses troupes marcheront vers Moscou tant que les deux principaux chefs du commandement militaire russe, Sergueï Choïgou et Valeri Guerassimov, refuseront de lui parler et de lui fournir davantage d'armes et de munitions. La mutinerie prend fin avec la médiation de Loukachenko.

JUILLET

9 juillet – Ouzbékistan : Une élection présidentielle anticipée donne la victoire au président sortant avec plus de 87 % des voix. Au pouvoir depuis 2016, Shavkat Mirzioïev pourrait présider le pays jusqu'en 2030.

11 juillet – Haut-Karabakh : L'Azerbaïdjan annonce la suspension de la circulation routière dans le corridor de Latchine à la suite de multiples « tentatives de contrebande » de la part de la branche arménienne de la Croix-Rouge *via* ce point de passage.

ASIE-PACIFIQUE

JUILLET 2022

8 juillet – Japon : Shinzo Abe, ancien Premier ministre du Japon (2007-2008 et 2012-2020) est assassiné lors d'un meeting électoral en pleine rue par un déséquilibré lui reprochant ses liens avec la secte Moon.

18 juillet – Inde : Droupadi Murmu, candidate du parti au pouvoir – le Bharatiya Janata Party (BJP) – est élue présidente de la République indienne au suffrage indirect. La fonction présidentielle indienne est essentiellement protocolaire ; Droupadi Murmu est la deuxième femme à exercer cette fonction.

20 juillet – Sri Lanka : Dans le contexte de manifestations massives contre la crise économique qui a conduit à la fuite du président Gotabaya Rajapaksa, une présidentielle anticipée donne la victoire à Ranil Wickremesinghe, jusque-là Premier ministre.

AOÛT

2-3 août – Taïwan : Nancy Pelosi, présidente de la Chambre des représentants, se rend sur l'île de Taïwan. Sa visite suscite la colère des autorités chinoises, qui organisent des exercices militaires en mer de Chine, et annulent plusieurs rencontres officielles sino-américaines dans les semaines qui suivent.

21 août – Singapour : Le Premier ministre annonce l'abrogation prochaine de la loi criminalisant les relations homosexuelles.

31 août – Chine/Ouïghours : Peu avant l'expiration de son mandat de Haut-commissaire des Nations unies pour les droits de l'homme, Michelle Bachelet fait publier un rapport soulignant la crédibilité des accusations de crimes contre l'humanité (viols, tortures, disparitions) commis contre la communauté ouïghoure au Xinjiang.

SEPTEMBRE

22 septembre – Khmers rouges : Le tribunal spécial en charge de juger les crimes contre l'humanité du régime de Pol Pot entre 1975 et 1979 condamne à perpétuité un des derniers représentants en vie des Khmers rouges, avant la dissolution du tribunal en 2025.

27 septembre – Japon : Funérailles nationales en l'honneur de Shinzo Abe. Elles sont critiquées par une partie de la population japonaise.

29 septembre – Corée du Sud : La vice-présidente américaine Kamala Harris se rend dans la Zone démilitarisée (ZDM) lourdement fortifiée qui sépare les deux Corées. Sa visite dans le pays avait été précédée de tirs de plusieurs missiles balistiques par la Corée du Nord.

OCTOBRE

7 octobre – États-Unis-Chine : Les États-Unis annoncent des mesures de contrôle des exportations visant à limiter l'accès de la Chine aux semi-conducteurs avancés afin de freiner le progrès technologique chinois dans le domaine de l'intelligence artificielle, domaine jugé à caractère dual par Washington.

16-22 octobre – Chine : Le Parti communiste chinois (PCC) tient son XXe congrès national et réélit Xi Jinping secrétaire général du parti pour un troisième mandat consécutif.

NOVEMBRE

15-16 novembre – Indonésie-G20 : Le sommet du G20 se réunit à Bali en présence de nombreux chefs d'État. En marge du sommet, Joe Biden et Xi Jinping se rencontrent pour la première fois depuis l'élection américaine.

24 novembre – Malaisie : Le leader de l'opposition Anwar Ibrahim est nommé Premier ministre par le roi. Après une carrière politique ponctuée de périodes d'emprisonnement, c'est son parti multiethnique et réformiste Pakatan Harapan (Alliance de l'espoir) qui a remporté le plus de sièges aux législatives de novembre.

26 novembre-7 décembre – Chine : Des manifestations inédites contre la stricte politique zéro-Covid ont lieu dans plusieurs provinces, conduisant les autorités à relâcher leurs mesures sanitaires.

DÉCEMBRE

Décembre – Japon : Face à la militarisation croissante du voisin chinois, le gouvernement annonce le doublement du budget militaire, et l'adoption de stratégies de sécurité et de défense nationales. L'acquisition prévue de capacités de contre-attaque rompt avec la doctrine défensive qui prévalait depuis la fin de la Seconde Guerre mondiale.

30 décembre – Birmanie : Incarcérée depuis le coup d'État militaire du 1er février 2021, Aung San Suu Kyi est condamnée à sept ans de prison supplémentaires pour corruption. Le total des peines d'emprisonnement prononcées à son encontre atteint 33 ans.

JANVIER 2023

4 janvier – Birmanie : Pour célébrer 75 ans d'indépendance, la junte militaire annonce l'amnistie de 7 012 prisonniers.

17 janvier – Vietnam : Le président Nguyen Xuan Phuc annonce quitter ses fonctions, dans un contexte de lutte contre la corruption menée par le Parti communiste, qui a déjà conduit à la démission de plusieurs hauts fonctionnaires.

19 janvier – Nouvelle-Zélande : En dépit de sa grande popularité, la Première ministre Jacinda Ardern annonce démissionner de ses fonctions.

FÉVRIER

6 février – Hong Kong : Ouverture des procès de 47 militants pro-démocratie, accusés d'avoir voulu renverser le gouvernement lors des élections de 2020. Ils encourent l'emprisonnement à vie en vertu de la loi sur la sécurité nationale adoptée mi-2020 avec l'objectif de briser l'opposition à la politique de la Chine continentale.

MARS

10 mars – Chine : L'Assemblée nationale populaire réélit Xi Jinping pour un troisième mandat de président de la République populaire de Chine. Le nouveau gouvernement est constitué le lendemain, avec à sa tête le Premier ministre Li Qiang.

23 mars – Inde : Principal opposant au Premier ministre ultranationaliste Modi, Rahul Gandhi est condamné à deux ans d'emprisonnement pour avoir moqué le nom de Narendra Modi. Il est de fait démis de ses fonctions parlementaires et ne pourra participer aux élections générales prévues pour le printemps 2024.

AVRIL

5-7 avril – Chine-France : Le président Emmanuel Macron effectue une visite d'État en Chine, accompagné de la présidente de la Commission européenne Ursula von der Leyen. Sa précédente visite datait d'avant la pandémie, en 2019.

12 avril – Corée du Nord : La Corée du Nord lance son premier missile à combustion solide.

MAI

9 mai – Pakistan : L'ancien Premier ministre Imran Khan (2018-2022) est arrêté lors d'une audition judiciaire. Des manifestations massives ont lieu à l'appel de son parti dans le pays. La Cour suprême invalide deux jours plus tard son arrestation, ordonnant sa libération immédiate.

14 mai – Thaïlande : Les législatives anticipées donnent la victoire aux deux partis d'opposition pro-démocratie, mettant un terme aux huit années de pouvoir du général Prayut Chan-O-Cha. Pita Limjaroenrat, chef du parti Move Forward, est favori pour le poste de Premier ministre.

15 mai – Cambodge : La Commission électorale refuse d'enregistrer la principale formation d'opposition, le Parti de la bougie, pour les législatives prévues le 23 juillet.

19-21 mai – Japon : Hiroshima accueille le sommet des chefs d'État des pays du G7. La présidence japonaise a invité les dirigeants de l'Australie, du Brésil, des Comores, des îles Cook, de la République de Corée, de l'Inde, de l'Indonésie et du Vietnam à prendre part à plusieurs séances de travail au cours du sommet. Le président ukrainien Zelensky se rend également à Hiroshima pour les derniers jours du sommet.

22-24 mai – Cachemire indien : Une réunion préparatoire du G20 que doit accueillir l'Inde en septembre 2023, se tient à Srinagar, dans la province du Jammu-et-Cachemire. La Chine et le Pakistan condamnent le choix de ce lieu, qui tend à occulter la révocation de l'autonomie de la province par Modi en 2019.

JUIN

1er juin – Mer de Chine : Dans un contexte de tensions croissantes avec la Chine, le Japon, les Philippines et les États-Unis mènent des exercices militaires conjoints en mer de Chine.

17-19 juin – Chine-États-Unis : Le secrétaire d'État américain Antony Blinken effectue la première visite de niveau ministériel de l'administration Biden en Chine. Initialement prévue en février, cette visite avait été reportée en raison de l'affaire du « ballon chinois » au-dessus du territoire américain.

JUILLET

3 juillet – Chine : Le ministère du Commerce chinois annonce, pour le 1er août, des restrictions des exportations des matériaux et produits industriels contenant du gallium et du germanium, éléments clés pour la production de certains types de semi-conducteurs, et pour lesquels la Chine compte respectivement pour plus de 95 % et 60 % de la production mondiale.

4 juillet – Japon : L'Agence internationale de l'énergie atomique (AIEA) approuve le plan de rejet des eaux de la centrale nucléaire de Fukushima dans l'océan Pacifique après douze ans de traitement et de filtration. La nouvelle suscite la polémique dans les milieux environnementalistes et pour les pêcheurs de la région, du Japon, de la Chine jusqu'aux îles du Pacifique.

9 juillet – Birmanie : Le ministre thaïlandais des Affaires étrangères, Don Pramudwinai, rencontre en prison la dirigeante de l'opposition Aung San Suu Kyi.

19 juillet – Thaïlande : Le Parlement thaïlandais rejette la candidature au poste de Premier ministre du leader du parti Move Forward, Pita Limjaroenrat.

AFRIQUE

JUILLET 2022

28 juillet : Le président en exercice de la Communauté économique des États de l'Afrique de l'Ouest (Cedeao), Umaro Mokhtar Sissoco Embaló, président de la Guinée-Bissau, annonce la création d'une force anti-putsch. Cette annonce est diversement appréciée, en particulier dans les trois pays de la région dirigés par des juntes (Mali, Guinée, Burkina Faso).

AOÛT

9 août – Kenya : Les élections parlementaires et présidentielle donnent la victoire à William Ruto.

15 août – Mali : Les dernières troupes françaises stationnées au Mali quittent le territoire malien, marquant la fin de neuf ans d'opération Barkhane.

25 août – Conflit au Tigré : Après cinq mois de cessez-le-feu, les combats entre le Front de libération du peuple du Tigré (FLPT) et le gouvernement central éthiopien reprennent dans le sud du Tigré.

SEPTEMBRE

30 septembre – Burkina Faso : Avec l'appui d'une faction de militaires, le capitaine Ibrahim Traoré mène un putsch qui destitue le chef de l'État, le lieutenant-colonel Damiba – ce dernier étant lui-même arrivé au pouvoir en janvier 2022 par un putsch.

OCTOBRE

20 octobre – Tchad : Des manifestations ont lieu contre la prolongation de deux ans au pouvoir de Mahamat Idriss Déby, qui a succédé à son père décédé en avril 2021. La répression des manifestants fait plusieurs dizaines de morts et conduit à l'arrestation de centaines de personnes.

NOVEMBRE

2 novembre – Conflit au Tigré : Sous l'égide de l'Union africaine, un accord de paix est conclu à Pretoria (Afrique du Sud) entre le gouvernement éthiopien et le Front de libération du peuple du Tigré (FLPT). Il met un terme à deux ans de violents affrontements, prévoit le rétablissement des services publics dans la région, un accès sans entraves à l'aide humanitaire, et un désarmement progressif des forces tigréennes.

DÉCEMBRE

15 décembre – République centrafricaine : Les derniers militaires français présents en République centrafricaine quittent le pays, dans un contexte d'influence croissante du groupe paramilitaire russe Wagner auprès du gouvernement de Faustin-Archange Touadéra.

JANVIER 2023

Janvier – Burkina Faso : Le gouvernement de transition dirigé par le capitaine Traoré annonce mettre un terme à l'accord de coopération militaire avec la France.

FÉVRIER

22 février – Union africaine : Azali Assoumani, président des Comores, est élu président de l'Union africaine.

25 février – Nigeria : L'élection présidentielle est remportée par Bola Tinubu, candidat du parti au pouvoir, avec environ 36 % des suffrages. L'opposition dénonce des fraudes et des manipulations électorales.

MARS

1er mars – Mozambique : Pour la première fois depuis son indépendance en 1975, le Mozambique prend la présidence du Conseil de sécurité de l'ONU en qualité de membre non permanent.

AVRIL

13 avril – Burkina Faso : Sur fond d'attaques djihadistes répétées contre les civils, le gouvernement intérimaire burkinabé décrète la mobilisation générale dans le pays. Dans les semaines qui suivent, les Forces armées, comme les groupes djihadistes, massacrent des centaines de civils dans les villages où ils s'affrontent.

15 avril – Soudan : Les Forces de soutien rapide (FSR) commandées par le général Hemetti lancent des attaques contre des sites clés du gouvernement à Khartoum. C'est le début de violents affrontements entre la force paramilitaire de Hemetti et les Forces armées soudanaises (FAS) commandées par le général Bourhane. Les étrangers sont exfiltrés et des milliers de civils soudanais fuient la capitale.

MAI

9 Mai – Kenya : Un charnier d'une centaine de personnes est découvert dans la localité de Shakahola. La plupart des victimes, mortes de faim, appartenaient à une communauté religieuse dirigée par Paul Nthenge Mackenzie, pasteur autoproclamé de l'Église internationale de la bonne nouvelle qui prônait de jeûner « pour rencontrer Jésus ».

13 mai – Mauritanie : Les élections législatives, régionales, et municipales donnent la victoire au parti El Insaf et à son chef Mohamed Ould Ghazouani, président depuis 2019. L'opposition dénonce des fraudes.

16 mai – Médiation africaine pour l'Ukraine : Cyril Ramaphosa, président sud-africain, annonce que six États africains (Égypte, Sénégal, Zambie, Afrique du Sud, Ouganda et Congo-Brazzaville) proposent à la Russie et à l'Ukraine leur médiation pour des négociations de paix.

23 mai – Nigeria : Le groupe du milliardaire Aliko Dangote inaugure une méga-raffinerie à quelques jours de la fin de mandat de Muhamadu Buhari. Cette raffinerie devrait à terme permettre au Nigeria d'être autosuffisant en carburant.

31 mai – Ouganda : Le président Yoweri Museveni promulgue une loi anti-LGBT+ prévoyant de lourdes sanctions pour les relations homosexuelles et la promotion de l'homosexualité, avec des peines pouvant aller jusqu'à 20 ans d'emprisonnement. Cette loi est considérée comme l'un des dispositifs les plus répressifs au monde.

JUIN

1er juin – Sénégal : Ousmane Sonko, principal opposant au président Macky Sall, est condamné à deux ans de prison pour « corruption de la jeunesse », ce qui le rend inéligible à l'élection présidentielle de 2024. Les jours qui suivent sont marqués par des manifestations et une répression brutale par la police.

1er juin – Zimbabwe : À moins de trois mois des élections présidentielle, législatives et locales (23 août 2023), l'Assemblée nationale adopte une loi dite « patriotique » sanctionnant toute « atteinte à la souveraineté et à l'intérêt national », fortement condamnée par l'opposition et les acteurs de la société civile internationale.

16 juin - Mali : Le gouvernement malien demande le départ « sans délai » de la Mission multidimensionnelle intégrée des Nations unies pour la stabilisation au Mali (MINUSMA). Les Casques bleus devront quitter le pays d'ici au 30 décembre 2023.

19 juin – RDC : Départ de la Mission de l'Organisation des Nations unies pour la stabilisation en République démocratique du Congo (MONUSCO).

22 juin – Madagascar : Des documents attestant de la naturalisation française du président Andry Rajoelina en 2014 sont publiés sur les réseaux sociaux, des révélations qui font l'effet d'une bombe à six mois de l'élection présidentielle.

JUILLET

3 juillet – Sénégal : Après deux mandats présidentiels, Macky Sall annonce ne pas présenter sa candidature à la prochaine présidentielle de 2024.

MOYEN-ORIENT, MONDE ARABE

JUILLET 2022

25 juillet – Tunisie : Un référendum constitutionnel propose l'adoption d'une nouvelle Constitution, qui remplacerait celle de 2014. Les votes sont positifs à plus de 95 %, mais la participation, face à la dérive autoritaire du président Kaïs Saïed, n'a été que de 30 %.

30 juillet – Al-Qaïda : Le leader d'Al-Qaïda, Ayman al-Zawahiri, est tué par une frappe de drone américaine à Kaboul, en Afghanistan.

AOÛT

17 août – Israël/Turquie : Après douze ans de tensions autour de la question palestinienne, Israël et la Turquie annoncent le rétablissement de leurs relations diplomatiques et le retour de leurs ambassadeurs respectifs.

SEPTEMBRE

16 septembre – Iran : Mahsa Amini, jeune Iranienne d'origine kurde, est retrouvée morte après avoir été arrêtée par la police des mœurs iranienne pour un port de voile jugé non conforme. C'est le début d'un grand mouvement national de manifestations contre le régime, et pour les libertés, notamment celles des femmes.

OCTOBRE

13 octobre – Irak : Abdel Latif Rachid est élu président de la République face au sortant Barham Saleh. Si la fonction présidentielle est essentiellement protocolaire en Irak, l'élection de Rachid intervient après des mois de crise, de manifestations violentes de l'opposition sadriste, et de reports des élections.

30 octobre – Liban : Le mandat du président Michel Aoun s'achève sans qu'un successeur puisse être désigné.

NOVEMBRE

1er novembre – Israël : Les élections législatives donnent la victoire au Likoud, parti de droite dirigé par Benjamin Netanyahou, ancien Premier ministre au pouvoir entre 2009 et 2021.

13 novembre – Turquie : Un attentat dans une rue très fréquentée d'Istanbul fait 6 morts et 81 blessés. Le gouvernement turc accuse le PKK d'en être l'instigateur – ce que le PKK nie –, et lance, une semaine plus tard, contre le PKK et les YPG, une nouvelle offensive dans le nord-est de la Syrie.

DÉCEMBRE

14 décembre – Turquie : Ekrem Imamoglu, maire d'Istanbul et principal concurrent d'Erdoğan, est condamné à deux ans et sept mois de prison pour insulte de responsables gouvernementaux, ce qui le rend inéligible à l'élection présidentielle de 2023.

20 et 24 décembre – Afghanistan : Le gouvernement taliban interdit aux femmes, par deux décrets successifs, l'accès à l'enseignement supérieur, et le droit à travailler pour des ONG, compliquant ainsi de fait l'accès aux services de base pour les femmes et les enfants.

29 décembre – Israël : Gagnant des législatives de novembre 2021, Benjamin Netanyahou présente au Parlement sa coalition avec des partis ultra-sionistes et religieux, formant le gouvernement le plus à droite de l'histoire d'Israël.

JANVIER 2023

7 janvier – Israël : Début des manifestations contre la réforme du système judiciaire portée par Benjamin Netanyahou, qui cherche à réduire le pouvoir de la Cour suprême en matière de nominations ministérielles et de contrôle des lois.

FÉVRIER

6 février – Séismes : Deux tremblements de terre de magnitude 7,8 et 7,6 frappent le sud de la Turquie et les pays frontaliers, faisant plus de 50 000 morts en Turquie et plus de 7 000 en Syrie. Le passage transfrontalier d'Al-Bab, qui permet l'acheminement de l'aide humanitaire internationale, devient dans les jours suivants l'objet de multiples tractations dont le président syrien Assad tente de tirer parti.

26 février – Al-Qaïda dans la péninsule arabique : Le chef du groupe Al-Qaïda dans la péninsule arabique (AQPA) Hamad bin Hamoud al-Tamimi est tué par une frappe de drone dans la province de Marib (Yémen).

MARS

10 mars – Iran et Arabie Saoudite : Les autorités iraniennes et saoudiennes annoncent le rétablissement de leurs relations diplomatiques, sept ans après la fermeture de leurs ambassades. La Chine s'est portée médiatrice pour la négociation entre les deux pays.

AVRIL

10 avril – Yémen : Après deux ans de négociations informelles sous la médiation du sultanat d'Oman, le chef politique des Houthis Mehdi Hussein al-Machat rencontre l'ambassadeur d'Arabie Saoudite au Yémen Mohammed Al Jaber, laissant présager du terme de l'intervention saoudienne au Yémen.

14-16 avril – Yémen : Dans le cadre d'un accord conclu en mars en Suisse entre le gouvernement loyaliste yéménite et les rebelles houthistes, 869 prisonniers sont libérés et échangés entre les deux parties dans une vaste opération supervisée par le Comité international de la Croix-Rouge (CICR).

MAI

9-13 mai – Gaza : Après plusieurs mois de violences, d'attentats et de raids aériens entre forces israéliennes et militants palestiniens du Djihad islamique, l'aviation israélienne entreprend l'opération Bouclier et Flèche destinée à neutraliser les commandements du groupe palestinien.

19 mai – Ligue arabe : Le 32e sommet de la Ligue arabe, qui réunit 22 États membres, se tient en Arabie Saoudite. Après plus de 12 ans de guerre, l'État syrien réintègre l'organisation après en avoir été suspendu en novembre 2011 en raison de la répression des manifestations syriennes.

28 mai – Turquie : Le second tour de l'élection présidentielle donne la victoire à Recep Tayyip Erdoğan, réélu pour un troisième mandat avec plus de 52 % des voix. Il avait obtenu une majorité parlementaire dès le 1er tour, à rebours de sondages qui donnaient l'opposition gagnante.

JUIN

2 juin – Iran : Le gouvernement iranien libère trois nouveaux otages européens, après en avoir libéré trois autres, dont deux Français, au mois de mai. Le contexte de détente régionale avec l'Arabie Saoudite et la reprise d'échanges informels avec les États-Unis pourraient expliquer les gestes d'un gouvernement connu pour sa « diplomatie des otages ».

14 juin – Syrie : En difficulté de financement, le Programme alimentaire mondial (PAM) annonce la réduction de moitié de son aide alimentaire de base pour la Syrie. Sans cette réduction drastique, le PAM aurait été contraint de suspendre totalement ses activités en Syrie d'ici à octobre 2023.

JUILLET

3 juillet – Palestine : Dans un contexte de tensions continues, l'armée israélienne lance un raid sur le camp de réfugiés à Jénine, dans le nord de la Cisjordanie. C'est l'opération militaire la plus importante en Cisjordanie depuis cinq ans.

11 juillet – Syrie : La Russie oppose son véto au renouvellement du seul point de passage de l'aide humanitaire depuis la Turquie vers la Syrie. Le poste-frontière de Bab al-Hawa, par où transite 85 % de l'aide destinée à la population de la province d'Idlib, est temporairement fermé.

MONDE

JUILLET 2022

22 juillet : Sous l'égide de l'ONU et de la Turquie, Ukraine et Russie signent un accord sur la sécurisation des exportations céréalières de l'Ukraine depuis la mer Noire. Avec la guerre, des dizaines de millions de tonnes de céréales étaient bloquées dans les ports ukrainiens, mettant en péril la sécurité alimentaire de plusieurs pays.

30 juillet – Al-Qaïda : Le leader d'Al-Qaïda Ayman al-Zawahiri est tué lors d'une frappe de drone américaine à Kaboul, en Afghanistan.

AOÛT

31 août – Chine/Ouïghours : Peu avant l'expiration de son mandat de Haut-commissaire des Nations unies pour les droits de l'homme, Michelle Bachelet fait publier un rapport soulignant la crédibilité des accusations de crimes contre l'humanité (viols, tortures, disparitions) commis sur la communauté ouïghoure au Xinjiang.

SEPTEMBRE

8 septembre – Commonwealth : La reine Élisabeth II est décédée à l'âge de 96 ans, après 70 ans de règne.

14 septembre – Tensions États-Unis/Chine : Dans le contexte de la rivalité géopolitique entre Washington et Pékin, le Comité des affaires étrangères du Sénat américain adopte le *Taiwan Act*, qui prévoit une assistance militaire à l'île de Taïwan d'un montant de 6,5 milliards de dollars pour les 4 prochaines années.

NOVEMBRE

6-20 novembre – COP 27 : L'Égypte accueille la 27e conférence des Nations unies sur le climat. Si aucun approfondissement des objectifs de réduction des gaz à effet de serre n'est réalisé, la COP 27 se solde par un accord sur l'assistance aux pays pauvres affectés par les changements climatiques.

7 novembre – Algérie : Le gouvernement dépose officiellement sa demande d'adhésion au groupe des BRICS, qui avait vocation à sa création en 2009 à rassembler les puissances économiques émergentes (Brésil, Russie, Inde, Chine, puis Afrique du Sud).

15-16 novembre – G20 : Le 17e sommet du G20 se tient à Bali, en Indonésie, sans la participation de Vladimir Poutine. Au terme de difficiles négociations, le communiqué final relève l'effet négatif de la guerre d'Ukraine sur l'économie mondiale et sur la sécurité alimentaire et énergétique.

DÉCEMBRE

20 novembre – 18 décembre – Qatar : Sur fond de dénonciation des conditions de travail des ouvriers ayant participé à la construction des équipements sportifs, la Coupe du monde de football se déroule à Doha. L'Argentine remporte la Coupe contre la France en finale.

JANVIER 2023

20 janvier – Groupe Wagner : L'administration américaine désigne le groupe russe Wagner comme organisation criminelle internationale, ce qui place sous sanctions l'organisation et l'ensemble des entreprises auxquelles elle recourt pour appuyer ses opérations militaires.

FÉVRIER

4 février – Chine/États-Unis : Un « ballon » chinois est abattu au-dessus de l'océan Atlantique par un missile américain après avoir survolé le Canada et les États-Unis. Les deux pays s'accusent mutuellement d'espionnage dans les jours suivants.

MARS

Mi-mars : Le risque de faillite de la Silicon Valley Bank face aux retraits massifs d'actifs suscite une vague d'inquiétudes sur les marchés financiers internationaux.

17 mars – Cour pénale internationale : La Cour pénale internationale émet des mandats d'arrêt contre le président russe Vladimir Poutine, et contre la responsable russe Maria Lvova-Belova pour enlèvements d'enfants en Ukraine. Les 123 États parties à l'Acte fondateur de la CPI sont désormais dans l'obligation d'arrêter l'un ou l'autre s'ils viennent à être présents sur leurs territoires.

29 mars – Intelligence artificielle : Une lettre rassemblant les signatures d'un millier de professionnels du secteur de l'intelligence artificielle – dont des patrons d'entreprise comme Elon Musk – demande un moratoire de six mois sur les développements des outils de ce secteur tel Open AI, afin de mieux contrôler les risques éthiques, politiques et économiques qu'ils pourraient véhiculer.

AVRIL

4 avril – OTAN : La Finlande rejoint officiellement l'OTAN.

MAI

3 mai – Banque mondiale : Ajay Banga, chef d'entreprise américain d'origine indienne, est nommé pour un mandat de cinq ans à la présidence de la Banque mondiale, l'une des institutions financières internationales les plus importantes pour le financement des pays en voie de développement.

19-21 mai – G7 : Le G7 se tient au Japon, à Hiroshima, avec un agenda centré sur la guerre russo-ukrainienne et sur le positionnement à adopter face à la Chine.

JUIN

22-23 juin – Transition climatique : Un Sommet pour un nouveau pacte financier mondial se tient à Paris. On y discute le principe de suspension du paiement des dettes étatiques en cas de catastrophe naturelle. En marge du sommet, la Zambie signe avec ses créanciers internationaux, notamment la Chine, un accord de restructuration de sa dette.

JUILLET

4 juillet – OTAN : Le mandat du Norvégien Jens Stoltenberg, secrétaire général de l'OTAN, est reconduit pour un an. À la tête de l'institution depuis 2014, Stoltenberg avait déjà vu son mandat prolongé d'un an en 2022 en raison de la guerre d'Ukraine.

10 juillet – OTAN : Après plus d'un an de négociations sur des militants kurdes que la Suède est accusée d'accueillir sur son territoire, la Turquie donne son feu vert à l'adhésion de Stockholm à l'OTAN. L'approbation de la Turquie et de la Hongrie devrait permettre à l'Alliance atlantique d'accueillir un 32e membre, quatre mois après l'intégration effective de la Finlande.

Le monde en chiffres

Démographie/Développement humain

Population 2023 : nombre total d'habitants, en millions
Source : Fonds des Nations unies pour la population, *World Population Dashboard*, 2023

Taux de fécondité : nombre moyen d'enfants par femme, 2023
Source : Fonds des Nations unies pour la population, *World Population Dashboard*, 2023

Espérance de vie : espérance de vie à la naissance, en années, en 2021
Source : Programme des Nations unies pour le développement, *Rapport sur le développement humain 2021/2022*, 2022

Urbanisation : population vivant dans les zones urbaines en % de la population totale, en 2022
Source : Banque mondiale, *World Development Indicators*, 2023

Économie

Alphabétisation : population sachant lire et écrire en % de la population totale de 15 ans et plus, en 2021
Source : Banque mondiale, *World Development Indicators*, 2023

RNB total : revenu national brut, en milliards de dollars de parité de pouvoir d'achat, en 2022
(RNB = PNB + flux nets de revenu primaire de non-résidents)
Source : Banque mondiale, *World Development Indicators*, 2023

RNB par habitant : revenu national brut par habitant, en dollars de parité de pouvoir d'achat, en 2022
Source : Banque mondiale, *World Development Indicators*, 2023

Croissance du PIB : taux de croissance annuel moyen du produit intérieur brut, en %, en 2022

Taux de chômage : taux de chômage en % de la population active, en 2022

Inflation : indice des prix à la consommation, croissance annuelle moyenne, en %, en 2022

Taux d'épargne national en % du PIB, en 2022
Source : Fonds monétaire international, *World Economic Outlook*, 2023

Politique/Sécurité

Démocratie : indice de démocratie (0-10), en 2022
Démocratie à part entière (8-10), démocratie imparfaite (6-7,9), régime hybride démocratique/autoritaire (4-5,9), régime autoritaire (<4)
Source : Economist Intelligence Unit, *Democracy Index*, 2023

Liberté de la presse (0-100), en 2023
Situation bonne (85-100), situation plutôt bonne (70-85), situation problématique (55-70), situation difficile (40-55), situation très grave (0-40)
Source : Reporters sans frontières, *Classement mondial de la liberté de la presse 2023*, 2023

Stabilité de l'État : indice des États fragiles (0-120), en 2023
Situation d'alerte (>90), situation préoccupante (60-90), stabilité (30-60), grande stabilité (<30)
Source : The Fund for Peace, *Fragile States Index 2023*, 2023

Corruption : indice de perception de la corruption (0-100), en 2022
État considéré comme très corrompu (0), État considéré comme non corrompu (100)
Source : Transparency International, *Corruption Perceptions Index 2022*, 2023

Budget de défense : proportion du budget de défense dans le PIB national, en %, en 2022
Source : Stockholm International Peace Research Institute, *SIPRI Military Expenditure Database 1949-2022*, 2023

Europe

	Démographie/Développement humain				Économie			
Pays	Population 2023	Taux de fécondité	Espérance de vie	Urbanisation	Alphabétisation	RNB total PPA	RNB par habitant	Croissa du PI
Albanie	2,8	1,4	76,5	64	98,45	51	18 210	3,74[5]
Allemagne	83,3	1,5	80,6	78	n/d	5 491	65 300	1,78
Autriche	9	1,5	81,6	59	n/d	617	68 170	5
Belgique	11,7	1,6	81,9	98	n/d	700	60 020	3,09
Bosnie-Herzégovine	3,2	1,3	75,3	50	98,1	65	20 220	3,8[5]
Bulgarie	6,7	1,6	71,8	76	98,42	210	32 520	3,36
Chypre	1,3	1,3	81,2	67	99,36	42	45 960	5,63
Croatie	4	1,4	77,6	58	99,45	157	40 740	6,33[5]
Danemark	5,9	1,7	81,4	88	n/d	453	76 810	3,62
Espagne	47,5	1,3	83	81	98,59[2]	2 188	45 950	5,48
Estonie	1,3	1,7	77,1	70	99,87	62	46 080	-1,29
Finlande	5,5	1,4	82	86	n/d	328	58 950	2,1
France	64,8	1,8	82,5	82	n/d	3 879	57 090	2,61[5]
Grèce	10,3	1,4	80,1	80	97,94[4]	387	36 600	5,91
Hongrie	10,2	1,6	74,5	73	99,1	393	40 620	4,9[5]
Irlande	5,1	1,8	82	64	n/d	468	91 950	11,97
Islande	0,4	1,7	82,7	94	n/d	25	65 560	6,45[5]
Italie	58,9	1,3	82,9	72	99,35[3]	3 088	52 470	3,68
Kosovo	n/d	n/d	n/d	n/d	n/d	26	14 870	2,7[5]
Lettonie	1,8	1,6	73,6	69	99,89	74	39 260	1,98
Lituanie	2,7	1,6	73,7	68	99,83	133	46 790	1,89
Luxembourg	0,7	1,4	82,6	92	n/d	64	97 750	1,55

[1] Données pour 2021
[2] Données pour 2020
[3] Données pour 2019
[4] Données pour 2018
[5] Prévisions
* Données pour la Cisjordanie et Gaza
n/d = Données non disponibles

Économie			Politique/Sécurité				
aux de ômage	Inflation	Taux d'épargne national	Démocratie	Liberté de la presse	Stabilité de l'État	Corruption	Budget de défense
11,1[5]	6,73[5]	16,02[5]	6,41	57,86	56,8	36	1,6
3,07	8,67	29,03	8,8	81,91	24,6	79	1,4
4,76[5]	8,61	27,73	8,2	77,3	24,4	71	0,8
5,5[5]	10,33	24,94	7,64	76,47	31,4	73	1,2
17,3[5]	14,01	21,32[5]	5	65,43	72,3	34	0,8
4,32	13,02	20,06	6,53	62,98	51,8	43	1,5
6,73	8,08	11,28	7,38	68,62	57	52	1,8
6,78[5]	10,67[5]	25,14[5]	6,5	71,95	48,7	50	2,2
4,47	8,53	37,46	9,28	89,48	17,9	90	1,4
12,92	8,32	21,97	8,07	75,37	43,5	60	1,5
5,57	19,48	28,07	7,96	85,31	38,6	74	2,1
6,78	7,18	23,03	9,29	87,94	16	87	1,7
7,29[5]	5,9[5]	23,98[5]	8,07	78,72	28,8	72	1,9
12,2	9,3	11,73	7,97	55,2	55,1	52	3,7
3,6[5]	14,53	22,31[5]	6,64	62,96	48,8	42	1,5
5	8,07	37,68	9,13	89,91	19,5	77	0,2
3,75[5]	8,31[5]	21,07[5]	9,52	83,19	15,7	74	n/d
8,09	8,74	8,74	7,69	72,05	42,6	56	1,7
n/d	11,67[5]	24,73[5]	n/d	68,38	n/d	41	1,1
6,95	17,25	17,25	7,37	83,27	43,3	59	2,1
5,93[5]	18,86	22,25	7,31	86,79	39,4	62	2,5
4,8[5]	8,15	22,01	8,81	81,98	19,5	77	0,7

Europe

Europe

	Démographie/Développement humain				Économie			
Pays	Population 2023	Taux de fécondité	Espérance de vie	Urbanisation	Alphabétisation	RNB total PPA	RNB par habitant	Croissan du PIB
Macédoine du Nord	2,1	1,4	73,8	59	n/d	40	19 290	2,22[5]
Malte	0,5	1,2	83,8	95	94,94	27	51 590	6,85
Monténégro	0,6	1,7	76,3	68	98,98	17	27 530	6,4[5]
Norvège	5,5	1,5	83,2	84	n/d	646	118 440	3,28
Pays-Bas	17,6	1,6	81,7	93	n/d	1 182	66 750	4,52
Pologne	41	1,5	76,5	60	99,8	1 552	41 310	4,87
Portugal	10,2	1,4	81	67	96,78	424	40 870	6,73
Roumanie	19,9	1,7	74,2	54	98,9	770	40 600	4,79
Royaume-Uni	67,7	1,6	80,7	84	n/d	3 678	54 920	4,05
Serbie	7,1	1,5	74,2	57	99,48[3]	154	22 720	2,25
Slovaquie	5,8	1,6	74,9	54	n/d	200	36 840	1,67
Slovénie	2,1	1,6	80,7	56	n/d	104	49 200	5,37
Suède	10,6	1,7	83	88	n/d	703	67 040	2,64
Suisse	8,8	1,5	84	74	n/d	684	78 040	2,13
République tchèque	10,5	1,7	77,7	74	n/d	503	47 780	2,44

[1] Données pour 2021
[2] Données pour 2020
[3] Données pour 2019
[4] Données pour 2018
[5] Prévisions
* Données pour la Cisjordanie et Gaza
n/d = Données non disponibles

Économie			Politique/Sécurité				
Chômage	Inflation	Taux d'épargne national	Démocratie	Liberté de la presse	Stabilité de l'État	Corruption	Budget de défense
14,5	14,21	28,23[5]	6,1	74,35	60,3	40	1,6
2,93	6,13	26,78	7,7	59,76	33	51	0,5
n/d	13,05	12,96[5]	6,45	74,28	58	45	1,6
3,25	5,76	50,99	9,81	95,18	14,5	84	1,6
3,54	11,63	26,71	9	87	21	80	1,6
2,89	14,36	20,83	7,04	67,66	45,2	55	2,4
6,03	8,1	19,21	7,95	84,6	25,7	62	1,4
5,63[5]	13,8	18,88	6,45	69,04	53	46	1,7
3,7[5]	9,07	13,74	8,28	78,51	41,9	73	2,2
9,4[5]	11,98[5]	19,92[5]	6,33	59,16	67,9	36	2,3
6,13	12,13	15,13	7,07	83,22	37,8	53	1,8
4	8,82	24,12	7,75	70,59	27,3	56	1,2
7,47	8,06	32,39	9,39	88,15	20,6	83	1,3
2,17	2,84	35,39	9,14	84,4	17,8	82	0,8
2,31[5]	15,1	30,87[5]	7,97	70,61	40,2	56	1,4

Russie/Eurasie

Russie/Eurasie

Pays	Population 2023	Taux de fécondité	Espérance de vie	Urbanisation	Alphabétisation	RNB total PPA	RNB par habitant	Croissa du PI
	Démographie/Développement humain				Économie			
Arménie	2,8	1,6	72	64	99,79[2]	50	18 120	12,6[5]
Azerbaïdjan	10,4	1,7	69,4	57	99,8[3]	168	16 530	4,65[5]
Biélorussie	9,5	1,5	72,4	80	99,87[3]	201	21 800	-4,74
Géorgie	3,7	2,1	71,7	60	99,56[3]	70	18 830	10,11
Kazakhstan	19,6	3	69,4	58	99,8[2]	531	27 080	3,21[5]
Kirghizstan	6,7	2,9	70	37	99,6[3]	40	5 830	7[5]
Moldavie	3,4	1,8	68,8	43	99,6	40	15 310	-5,58
Ouzbékistan	35,2	2,8	70,9	50	100[3]	344	9 640	5,67
Russie	144,4	1,5	69,4	75	99,7[2]	5 223	35 770	-2,05
Tadjikistan	10,1	3,1	71,6	28	n/d	57	5 680	8
Turkménistan	6,5	2,6	69,3	53	n/d	n/d	n/d	1,79[5]
Ukraine	36,7	1,3	71,6	70	100	473	13 360	-30,2

[1] Données pour 2021
[2] Données pour 2020
[3] Données pour 2019
[4] Données pour 2018
[5] Prévisions
* Données pour la Cisjordanie et Gaza
n/d = Données non disponibles

Économie			Politique/Sécurité				
Chômage	Inflation	Taux d'épargne national	Démocratie	Liberté de la presse	Stabilité de l'État	Corruption	Budget de défense
12,5[5]	8,66[5]	19,48[5]	5,63	70,61	67,5	46	4,3
5,89[5]	13,8	43,98[5]	2,87	39,93	72,7	23	4,6
4,5	14,85	26,23	1,99	37,17	69,9	39	1,2
18,69[5]	11,9	18,65[5]	5,2	61,69	71,9	56	1,4
4,9	14,96	27,67[5]	3,08	45,87	60,6	36	0,5
9,01[5]	13,91[5]	-3,96	3,62	49,91	75,6	27	1,5
2,57[5]	28,57	13,32	6,23	77,62	67,4	39	0,3
8,85[5]	11,45[5]	40,48[5]	2,12	45,73	66,8	31	n/d
3,94[5]	13,77[5]	33[5]	2,28	34,77	80,7	28	4,1
n/d	6,64	27,69	1,94	39,06	74,2	24	1
n/d	11,48[5]	n/d	1,66	25,82	64,5	19	n/d
24,53[5]	20,18	22,52	5,42	61,19	95,9	33	33,6

Moyen-Orient/Maghreb

Pays	Démographie/Développement humain				Économie			
	Population 2023	Taux de fécondité	Espérance de vie	Urbanisation	Alphabétisation	RNB total PPA	RNB par habitant	Croissan du PIB
Algérie	45,6	2,8	76,4	75	81,41[4]	581	12 930	2,93[5]
Arabie Saoudite	36,9	2,4	76,9	85	97,59[2]	2 172	59 660	8,74
Bahreïn	1,5	1,8	78,8	90	n/d	85	57 370	4,19[5]
Égypte	112,7	2,8	70,2	43	73,1	1 620	14 590	6,61
Émirats arabes unis	9,5	1,4	78,7	88	98,13	824	87 300	7,41[5]
Irak	45,5	3,4	70,4	71	n/d	482	10 820	8,14[5]
Iran	89,2	1,7	73,9	77	88,74	1 605	18 130	2,51
Israël	9,2	2,9	82,3	93	n/d	466	48 820	6,43[5]
Jordanie	11,3	2,7	74,3	92	98,42	123	10 890	2,71[5]
Koweït	4,3	2,1	78,7	100	96,46[2]	276	64 590	8,18[5]
Liban	5,4	2,1	75	89	95,3[3]	75	13 400[1]	-25,91[2]
Libye	6,9	2,4	71,9	81	n/d	161	23 590	-12,81[5]
Maroc	37,8	2,3	74	65	75,93	357	9 390	1,14[5]
Oman	4,6	2,5	72,5	88	95,65[4]	178	38 890	4,31[5]
Palestine*	5,4	3,4	73,5	77	97,51[2]	41	8 170	4[5]
Qatar	2,7	1,8	79,3	99	n/d	298	110 640	4,24[5]
Syrie	23,2	2,7	72,1	57	n/d	n/d	n/d	n/d
Tunisie	12,5	2	73,8	70	82,7	150	12 160	2,52[5]
Turquie	85,8	1,9	76	77	96,74[3]	3 151	36 920	5,57
Yémen	34,4	3,6	63,8	39	n/d	n/d	n/d	1,5[5]

[1] Données pour 2021
[2] Données pour 2020
[3] Données pour 2019
[4] Données pour 2018
[5] Prévisions
* Données pour la Cisjordanie et Gaza
n/d = Données non disponibles

Économie			Politique/Sécurité				
hômage	Inflation	Taux d'épargne national	Démocratie	Liberté de la presse	Stabilité de l'État	Corruption	Budget de défense
11,38[3]	9,27	38,61[5]	3,66	45,74	70	33	4,8
n/d	2,47	41,07	2,08	32,43	65,3	51	7,4
5[5]	3,64	39[5]	2,52	30,59	65,1	44	3,2
7,32	8,5	13,54	2,93	33,37	81,6	30	1,1
n/d	4,83[5]	37,22[5]	2,9	42,99	37	67	n/d
n/d	5[5]	28,52[5]	3,13	32,94	91,4	23	1,7
9,54	48,96	45,07	1,96	24,81	85,4	25	2,6
3,76[5]	4,4[5]	29,95[5]	7,93	57,57	44,1	63	4,5
22,83[5]	4,22[5]	10,75[5]	3,17	42,79	75,7	47	4,8
n/d	3,92	46,7	3,83	38,84	51,2	42	4,5
n/d	84,88[2]	-5,56[2]	3,64	50,46	91,8	24	n/d
n/d	4,51[5]	n/d	2,06	40,22	96,1	17	n/d
12,9[5]	6,65[5]	23,31[5]	5,04	43,69	68,2	38	3,9
n/d	2,81	26,45[5]	3,12	37,87	48,7	44	5,2
24,42[5]	3,72	n/d	3,86	37,86	87,9	n/d	n/d
n/d	4,96[5]	52,75	3,65	55,28	40,5	58	7
n/d	n/d	n/d	1,43	27,22	107,1	13	n/d
n/d	8,31	6,83[5]	5,51	50,11	66,4	40	2,5
10,47	72,31	29,37	4,35	33,97	81,2	36	1,2
n/d	29,07[5]	-3,78[5]	1,95	32,78	108,9	16	n/d

Asie-Pacifique

	Démographie/Développement humain				Économie			
Pays	Population 2023	Taux de fécondité	Espérance de vie	Urbanisation	Alphabétisation	RNB total PPA	RNB par habitant	Croissan du PIB
Afghanistan	42,2	4,4	62	27	37,27	67,7[1]	1 690[1]	-2,35[2]
Australie	26,4	1,6	84,5	86	n/d	1 568	60 350	3,66
Bangladesh	173	1,9	72,4	40	74,91[2]	1 316	7 690	7,1
Cambodge	16,9	2,3	69,6	25	83,91	85	5 080	5,01[5]
Chine	1 425,7	1,2	78,2	64	97,15[2]	30 002	21 250	2,99
Corée du Nord	26,2	1,8	73,3	63	100[4]	n/d	n/d	n/d
Corée du Sud	51,8	0,9	83,7	81	98,8[4]	2 619	50 730	2,56[5]
Hong Kong	7,5	0,8	85,5	100	n/d	543	73 940	-3,51
Inde	1 428,6	2	67,2	36	74,37[4]	11 637	8 210	6,83
Indonésie	277,5	2,1	67,6	58	95,99[2]	3 926	14 250	5,31
Japon	123,3	1,3	84,8	92	n/d	6 064	48 470	1,08
Laos	7,6	2,4	68,1	38	87,7	66	8 810	2,25[5]
Malaisie	34,3	1,8	74,9	78	94,97[3]	1 094	32 250	8,69[5]
Mongolie	3,4	2,7	71	69	99,18[2]	42	12 470	4,85[5]
Myanmar (Birmanie)	54,6	2,1	65,7	32	89,07[3]	258	4 760	1,97[5]
Népal	30,9	2	68,4	21	71,15	145	4 750	5,84[5]
Nouvelle-Zélande	5,2	1,8	82,5	87	n/d	258	50 380	2,44[5]
Pakistan	240,5	3,3	66,1	38	57,99[3]	1 497	6 350	5,97[5]
Philippines	117,3	2,7	69,3	48	96,28[3]	1 240	10 730	7,6
Singapour	6	1	82,8	100	97,13[2]	603	107 030	3,65
Sri Lanka	21,9	2	76,4	19	92,38[2]	311	14 030	-8,66[5]
Taïwan	n/d	n/d	n/d	n/d	n/d	n/d	n/d	2,45
Thaïlande	71,8	1,3	78,7	53	94,1	1 439	20 070	2,64[5]
Timor-Oriental	1,4	3	67,7	32	69,9[2]	6	4 780	3,3[5]
Vietnam	98,9	1,9	73,6	39	95,75[3]	1 257	12 810	8,02

[1] Données pour 2021 [2] Données pour 2020 [3] Données pour 2019 [4] Données pour 2018
[5] Prévisions * Données pour la Cisjordanie et Gaza n/d = Données non disponibles

Économie			Politique/Sécurité				
Chômage	Inflation	Taux d'épargne national	Démocratie	Liberté de la presse	Stabilité de l'État	Corruption	Budget de défense
n/d	5,61[2]	27,62[2]	0,32	39,75	106,6	24	n/d
3,71	6,62	24,8	8,71	78,24	22	75	1,9
n/d	6,15	29,23	5,99	35,31	85,2	25	1,1
n/d	5,33[5]	-1,92[5]	3,18	42,02	80,3	24	2,1
4,2	1,88	46,18	1,94	22,97	65,1	45	1,6
n/d	n/d	n/d	1,08	21,72	87	17	n/d
2,88[5]	5,09[5]	34,95[5]	8,03	70,83	31,5	63	2,7
4,2[5]	1,88[5]	25,7[5]	5,28	44,86	n/d	76	n/d
n/d	6,67	29,01	7,04	36,62	74,1	40	2,4
5,86	4,21	30,75	6,71	54,83	65,6	34	0,7
2,56	2,5	28,77	8,33	63,95	30,5	73	1,1
n/d	23[5]	n/d	1,77	36,66	74,7	31	n/d
3,83[5]	3,38[5]	26,53[5]	7,3	62,83	55	47	1
7,29[5]	15,15	24,88[5]	6,35	59,33	51,3	33	0,6
n/d	16,23[5]	30,91[5]	0,74	28,26	100,2	23	3,1
n/d	6,26	24,36[5]	4,49	57,89	80,2	34	1,1
3,3[5]	7,17[5]	17,53[5]	9,61	84,23	16,7	87	1,2
6,2[5]	12,15[5]	10,52[5]	4,13	39,95	89,9	27	2,6
5,4	5,82	20,37	6,73	46,21	77,8	33	1
2,1	6,12	41,25	6,22	47,88	25,5	83	2,8
5,25[5]	46,36[5]	24,83[5]	6,47	45,85	90,3	36	1,4
3,66	2,95	42,62	8,99	75,54	n/d	68	1,6
1[5]	6,08[5]	24,61[5]	6,67	55,24	68	36	1,2
n/d	7,01[5]	n/d	7,06	84,49	77,5	42	1,1
2,32[5]	3,19	32,53	2,73	24,58	58,3	42	n/d

Afrique subsaharienne

Afrique subsaharienne

	Démographie/Développement humain				Économie			
Pays	Population 2023	Taux de fécondité	Espérance de vie	Urbanisation	Alphabétisation	RNB total PPA	RNB par habitant	Croissa du P
Afrique du Sud	60,4	2,3	62,3	68	95,02[3]	933	15 570	2,04
Angola	36,7	5,1	61,6	68	72,28	230	6 450	2,84
Bénin	13,7	4,8	59,8	50	45,84	54	4 020	6,02
Botswana	2,7	2,7	61,1	72	n/d	46	17 590	6,43
Burkina Faso	23,3	4,6	59,3	32	46,04	54	2 400	2,47
Burundi	13,2	4,9	61,7	14	74,71	11	840	1,83
Cameroun	28,6	4,3	60,3	59	78,23[2]	121	4 350	3,38
République centrafricaine	5,7	5,8	53,9	43	37,49[2]	6	1 020	0,38
Congo	6,1	4	63,5	69	80,61	21	3 520	2,79
Congo (RDC)	102,3	6,1	59,2	47	80,02	127	1 280	6,63
Côte d'Ivoire	28,9	4,3	58,6	53	89,89[3]	178	6 330	6,7
Érythrée	3,7	3,7	66,5	n/d	76,57[4]	n/d	n/d	2,62
Éthiopie	126,5	4	65	23	n/d	345	2 800	6,36
Gabon	2,4	3,4	65,8	91	85,46	36	14 880	2,85
Gambie	2,8	4,5	62,1	64	58,06	7	2 470	4,44
Ghana	34,1	3,5	63,8	59	80,38[2]	214	6 380	3,22
Guinée	14,2	4,2	58,9	38	45,33	39	2 840	4,29
Guinée-Bissau	2,2	3,8	59,7	45	52,89	5	2 220	3,5
Kenya	55,1	3,2	61,4	29	82,62	307	5 680	5,3
Liberia	5,4	4	60,7	53	n/d	9	1 620	4,8

[1] Données pour 2021
[2] Données pour 2020
[3] Données pour 2019
[4] Données pour 2018
[5] Prévisions
* Données pour la Cisjordanie et Gaza
n/d = Données non disponibles

Économie			Politique/Sécurité				
Chômage	Inflation	Taux d'épargne national	Démocratie	Liberté de la presse	Stabilité de l'État	Corruption	Budget de défense
33,5	6,87	14,63	7,05	78,6	72	43	0,7
n/d	21,36	34,7[5]	3,96	48,3	86,9	33	1,3
n/d	1,5	22,63	4,28	52,44	73,3	43	0,6
n/d	12,2	29,57	7,73	64,61	55,3	60	2,7
n/d	14,07	18,26[5]	3,08	67,64	94	42	3,1
n/d	18,9[5]	7,85[5]	2,13	52,14	94,2	17	2,8
n/d	5,3[5]	15,85[5]	2,56	45,58	94	26	1
n/d	5,84	1,75[5]	1,35	57,56	105,7	24	1,7
n/d	3,5[5]	48,05[5]	2,79	60,42	90,7	21	1,9
n/d	9[5]	10,92[5]	1,48	48,55	107,2	20	0,6
n/d	5,21	20,93[5]	4,22	68,83	87,1	37	0,9
n/d	7,35[5]	20,3[5]	2,03	27,86	94,5	22	n/d
n/d	33,94[5]	21,29[5]	3,17	47,7	100,4	38	0,9
n/d	4,25[5]	30,71[5]	3,4	58,12	65,5	29	1,3
n/d	11,51	6,08[5]	4,47	71,06	76,1	34	0,7
n/d	31,89[5]	15,88[5]	6,43	65,93	62,3	43	0,4
n/d	10,49	10,68[5]	2,32	59,51	98,5	25	2
n/d	7,92[5]	12,68[5]	2,56	61,57	89,9	21	1,6
n/d	7,65	14,83[5]	5,05	51,15	87,8	32	1
n/d	7,59[5]	n/d	5,43	64,34	88,9	26	1,3

Afrique subsaharienne

	Démographie/Développement humain				Économie			
Pays	Population 2023	Taux de fécondité	Espérance de vie	Urbanisation	Alphabétisation	RNB total PPA	RNB par habitant	Croissan du PIB
Madagascar	30,3	3,7	64,5	40	77,25	51	1 720	4,21
Malawi	20,9	3,8	62,9	18	67,31	35	1 700	0,8[5]
Mali	23,3	5,8	58,9	45	30,76[2]	55	2 420	3,7[5]
Maurice	1,3	1,4	73,6	41	92,15	35	27 480	8,3
Mauritanie	4,9	4,3	64,4	57	66,96	30	6 330	4,96[5]
Mozambique	33,9	4,5	59,3	38	63,42	46	1 410	4,15[5]
Namibie	2,6	3,2	59,3	54	92,25	28	10 890	3,84
Niger	27,2	6,7	61,6	17	37,34	40	1 510	11,11[5]
Nigeria	223,8	5,1	52,7	54	62,02[4]	1 235	5 650	3,25
Ouganda	48,6	4,4	62,7	26	79	125	2 650	4,93[5]
Rwanda	14,1	3,7	66,1	18	75,9	38	2 730	6,76[5]
Sénégal	17,8	4,3	67,1	49	56,3	71	4 100	4,71[5]
Sierra Leone	8,8	3,8	60,1	44	47,7	16	1 900	2,77[5]
Somalie	18,1	6,1	55,3	47	n/d	24	1 360	1,7[5]
Soudan	48,1	4,3	65,3	36	60,7[4]	194	4 150	-2,5[5]
Soudan du Sud	11,1	4,3	55	21	34,52[4]	n/d	n/d	6,55[5]
Tanzanie	67,4	4,6	66,2	37	81,8	193	3 040	4,69[5]
Tchad	18,3	6,1	52,5	24	26,76	29	1 640	2,49[5]
Togo	9,1	4,1	61,6	44	66,54[3]	23	2 610	5,4[5]
Zambie	20,6	4,2	61,2	46	87,5[2]	74	3 680	3,44[5]
Zimbabwe	16,7	3,4	59,3	32	89,7	40	2 460	3,03[5]

[1] Données pour 2021
[2] Données pour 2020
[3] Données pour 2019
[4] Données pour 2018
[5] Prévisions
* Données pour la Cisjordanie et Gaza
n/d = Données non disponibles

Économie			Politique/Sécurité				
Chômage	Inflation	Taux d'épargne national	Démocratie	Liberté de la presse	Stabilité de l'État	Corruption	Budget de défense
n/d	8,2	17,78	5,7	56,66	81,7	26	0,7
n/d	20,84	6,69[5]	5,91	60,34	83,2	34	0,6
n/d	10,08[5]	8,35[5]	3,23	52,29	99,5	28	2,8
7,66[5]	10,79[5]	25,3[5]	8,14	65,56	38	50	0,2
n/d	9,55[5]	30,85[5]	4,03	59,45	87	30	2,3
n/d	9,77	25,85[5]	3,51	56,13	94	26	1,5
n/d	6,08	1,89	6,52	80,91	60,3	49	3
n/d	4,23	16,12[5]	3,73	66,84	93,4	32	1,7
n/d	18,85	20,92	4,23	49,56	98	24	0,6
n/d	6,78	19,88[5]	4,55	46,08	91,5	26	2,1
n/d	13,88[5]	12,89[5]	3,1	46,58	82,3	51	1,5
n/d	9,69[5]	26,98[5]	5,72	55,82	71,5	43	1,6
n/d	27,21	1,49	5,03	62,55	81,4	34	0,6
n/d	6,8	n/d	n/d	44,24	111,9	12	n/d
32,14[5]	138,81	2,78[5]	2,47	40,83	106,2	22	n/d
n/d	17,6[5]	55,24[5]	n/d	50,62	108,5	13	3
n/d	4,35	32,59[5]	5,1	44,02	76,6	38	1,1
n/d	5,29[5]	24,65[5]	1,67	53,73	104,6	19	2,9
n/d	7,62[5]	24,38[5]	2,99	63,06	82,1	30	5,4
n/d	10,99[5]	34,39[5]	5,8	59,41	81,8	33	1,2
n/d	193,4	n/d	2,92	48,17	96,9	23	0,4

Amériques

Amériques

	Démographie/Développement humain				Économie			
Pays	Population 2023	Taux de fécondité	Espérance de vie	Urbanisation	Alphabétisation	RNB total PPA	RNB par habitant	Croissa du PI
Argentine	45,8	1,9	75,4	92	99[3]	1 203	26 030	5,24[5]
Bolivie	12,4	2,5	63,6	71	93,85[2]	115	9 400	3,2[5]
Brésil	216,4	1,6	72,8	88	94,3	3 717	17 260	2,9
Canada	38,8	1,5	82,7	82	n/d	2 251	57 820	3,4
Chili	19,6	1,5	78,9	88	97,04	560	28 550	2,44
Colombie	52,1	1,7	72,8	82	95,64[2]	1 011	19 490	7,5
Costa Rica	5,2	1,5	77	82	98,04	118	22 820	4,32
Cuba	11,2	1,5	73,7	77	99,67	n/d	n/d	n/d
République dominicaine	11,3	2,2	72,6	84	95,17	246	21 910	4,95
Équateur	18,2	2	73,7	65	94,48	227	12 630	3,04
États-Unis	340	1,7	77,2	83	n/d	25 839	77 530	2,07
Guatemala	18,1	2,3	69,2	53	83,35	184	10 610	4,01
Haïti	11,7	2,7	63,2	59	n/d	38	3 310	-1,68
Honduras	10,6	2,3	70,1	60	88,51[3]	65	6 210	4[5]
Jamaïque	2,8	1,3	70,5	57	n/d	33	11 480	4[5]
Mexique	128,5	1,8	70,2	81	95,25[2]	2 685	21 060	3,07
Nicaragua	7	2,3	73,8	60	n/d	44	6 380	4,02
Panama	4,5	2,3	76,2	69	95,74[3]	164	37 080	10[5]
Paraguay	6,9	2,4	70,3	63	94,54[2]	105	15 540	0,2[5]
Pérou	34,4	2,1	72,4	79	94,5[2]	479	14 080	2,7[5]
Salvador	6,4	1,8	70,7	75	89,98[2]	66	10 460	2,8[5]
Trinité-et-Tobago	1,5	1,6	73	53	n/d	41	27 040	2,48
Uruguay	3,4	1,5	75,4	96	98,77[3]	90	26 290	4,89
Venezuela	28,8	2,2	70,6	88	97,5	n/d	n/d	7,95

[1] Données pour 2021 [2] Données pour 2020 [3] Données pour 2019 [4] Données pour 2018
[5] Prévisions * Données pour la Cisjordanie et Gaza n/d = Données non disponibles

Économie			Politique/Sécurité				
Chômage	Inflation	Taux d'épargne national	Démocratie	Liberté de la presse	Stabilité de l'État	Corruption	Budget de défense
7[5]	72,43	18,6[5]	6,85	73,36	46,4	38	0,4
4,74	1,75	9,26[5]	4,51	51,09	70,7	31	1,5
7,9	9,28	15,24	6,78	58,67	74,5	38	1,1
5,28	6,8	24,16	8,88	83,53	18,9	74	1,2
7,88	11,65	16,43	8,22	60,09	42,2	67	1,8
11,22	10,18	15,61	6,72	45,23	78,1	39	3,1
11,67[5]	8,28	17,18	8,29	80,2	40,4	54	n/d
n/d	n/d	n/d	2,65	29	59,5	45	n/d
6,44[5]	8,81	27,17	6,39	71,88	60,8	32	0,7
3,8	3,47	25,96[5]	5,69	60,51	69,4	36	2,2
3,64	7,99	18,74	7,85	71,22	45,3	69	3,5
n/d	6,89[5]	15,96[5]	4,68	48,12	77,3	24	0,5
n/d	27,58	13,52[5]	2,81	57,38	102,9	17	0,1
8,9[5]	9,09[5]	20,12[5]	5,15	32,65	79,6	23	1,5
n/d	9,5[5]	17,83[5]	7,13	75,89	61,9	44	1,3
3,27[5]	7,9	20,66	5,25	47,98	69,8	31	0,6
7,52[5]	10,45	21,3[5]	2,5	37,09	77,7	19	0,5
8,8[5]	2,86	30,2[5]	6,91	63,67	48,7	36	n/d
7,19[5]	9,77[5]	22,52[5]	5,89	55,96	63,7	28	0,8
7,8	7,87	19,25[5]	5,92	52,74	73,1	36	1,2
5,8[5]	7,2[5]	12,41[5]	5,06	51,36	69,3	33	1,3
n/d	5,83[5]	21,18[5]	7,16	76,54	52,9	42	0,7
7,87[5]	9,11	16,23[5]	8,91	70,33	34,4	74	1,9
n/d	200,91[5]	n/d	2,23	36,99	90,5	14	0,7

Le monde en cartes

La richesse mondiale

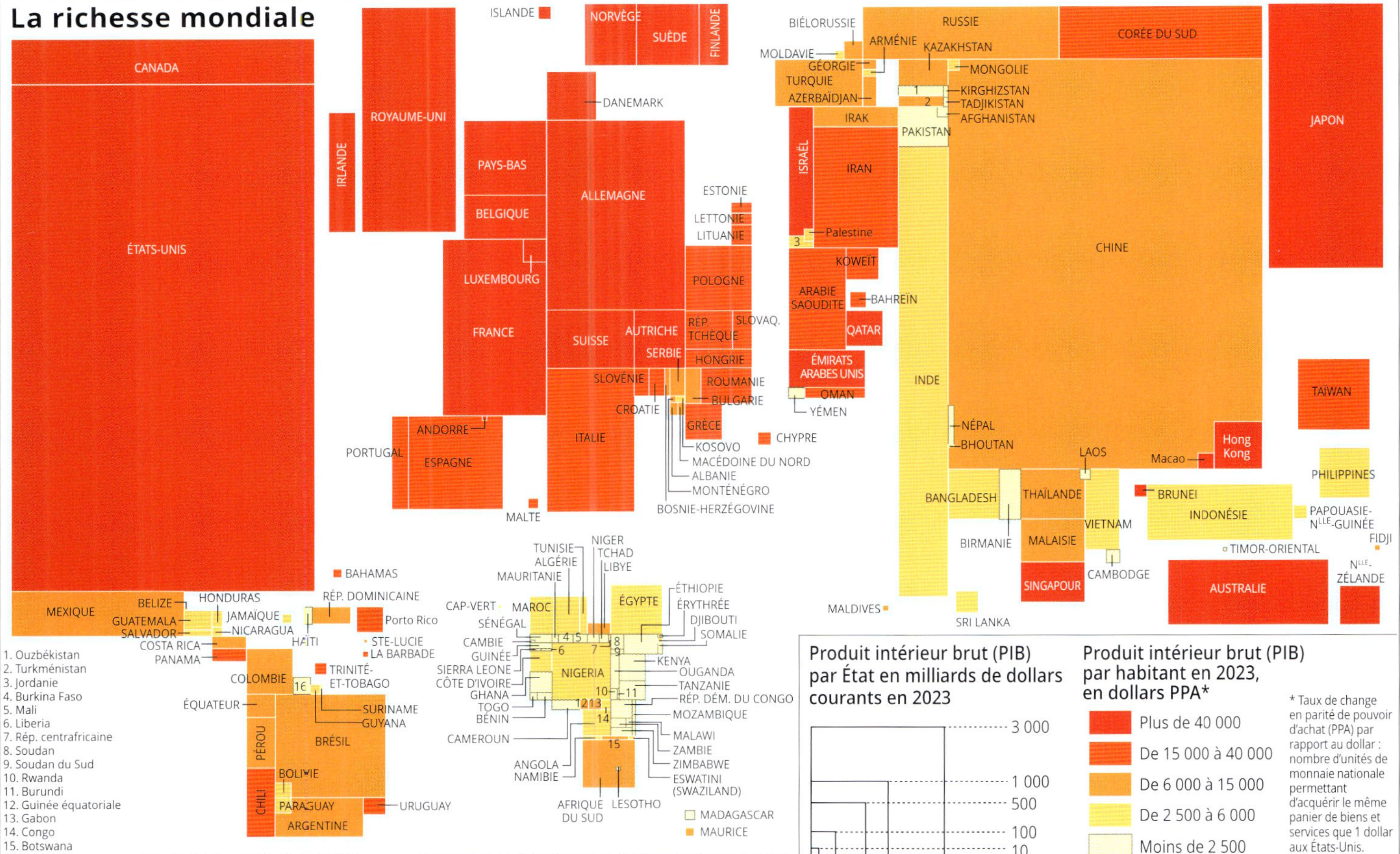

© Aurélie Boissière, 2023 / Ifri, *RAMSES 2024*.

Source : Fonds monétaire international, *World Economic Outlook*, avril 2023.

La dynamique de la population mondiale

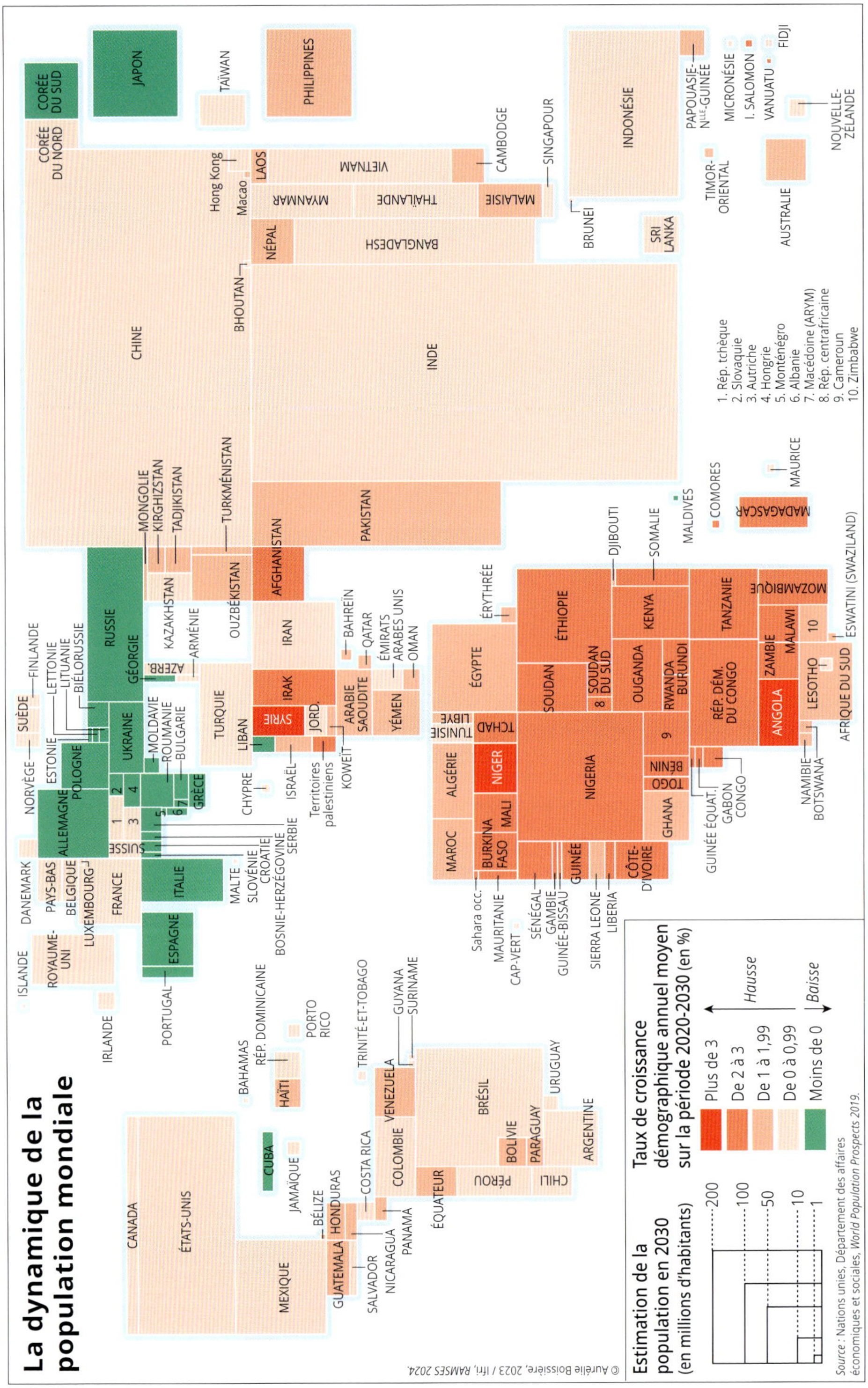

La réorientation des flux énergétiques russes

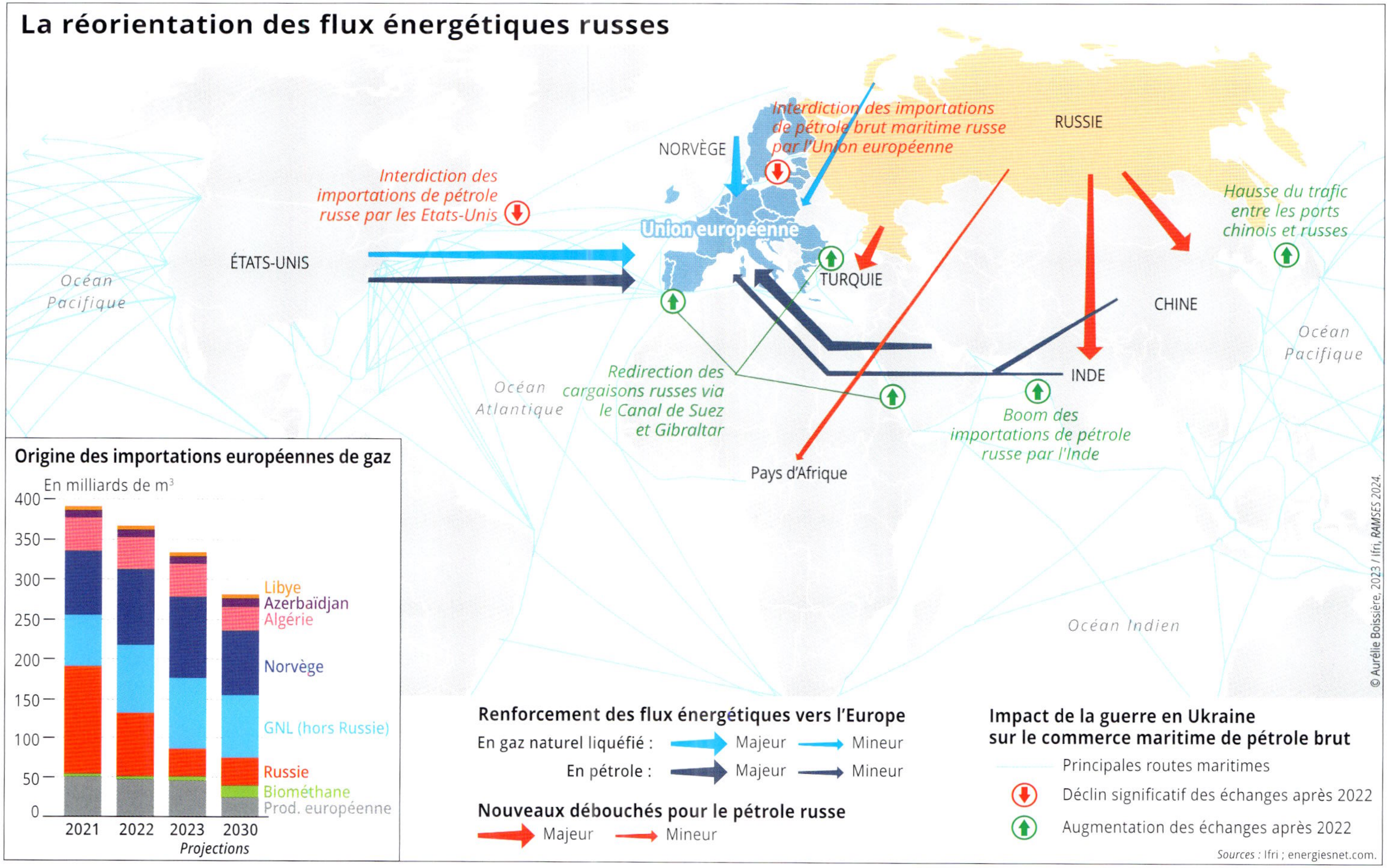

L'Inde dans son environnement stratégique

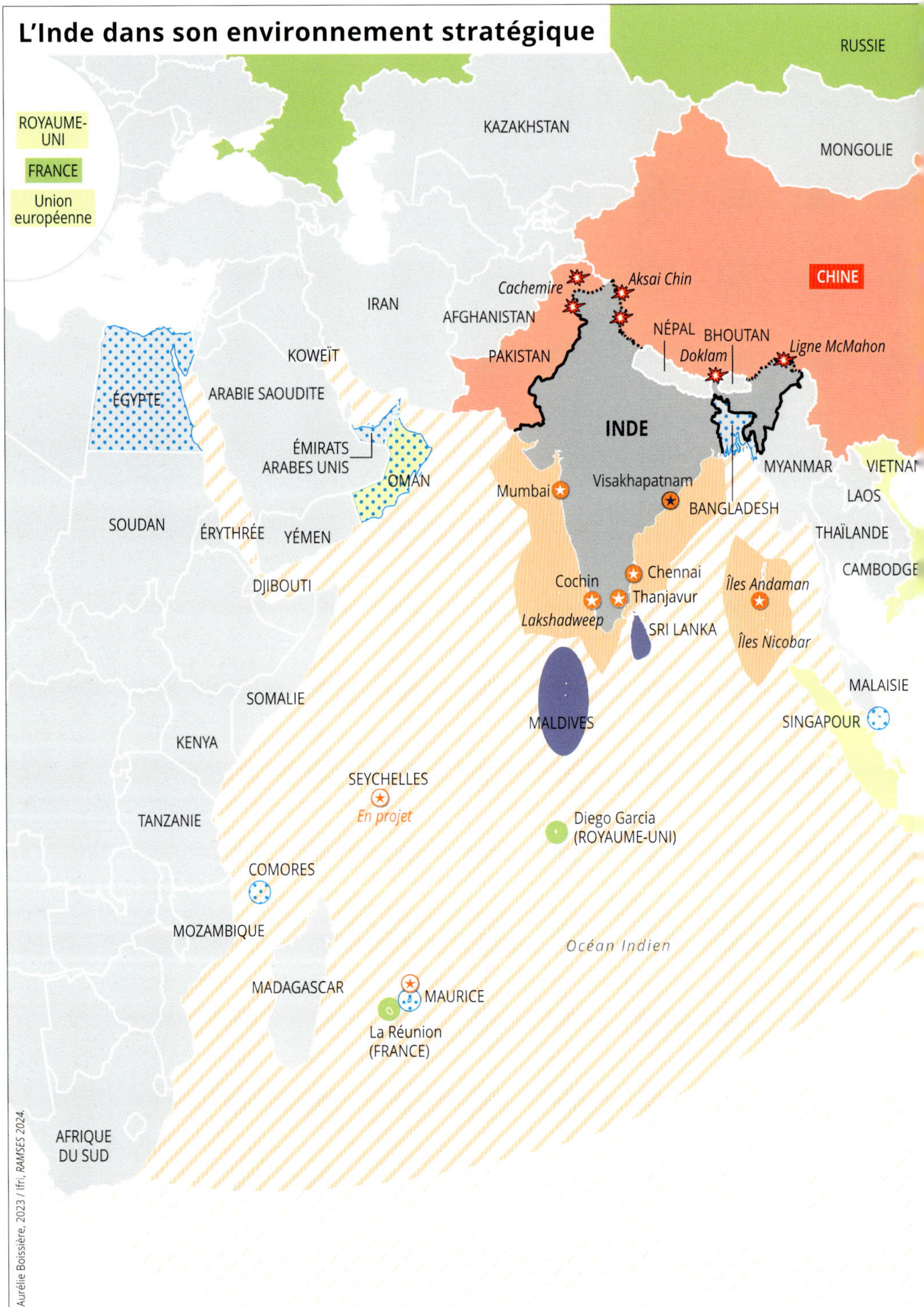

Source : Ifri, I. Saint-Mézard, N. Cottrel, *Géopolitique de l'Indo-Pacifique*, PUF.

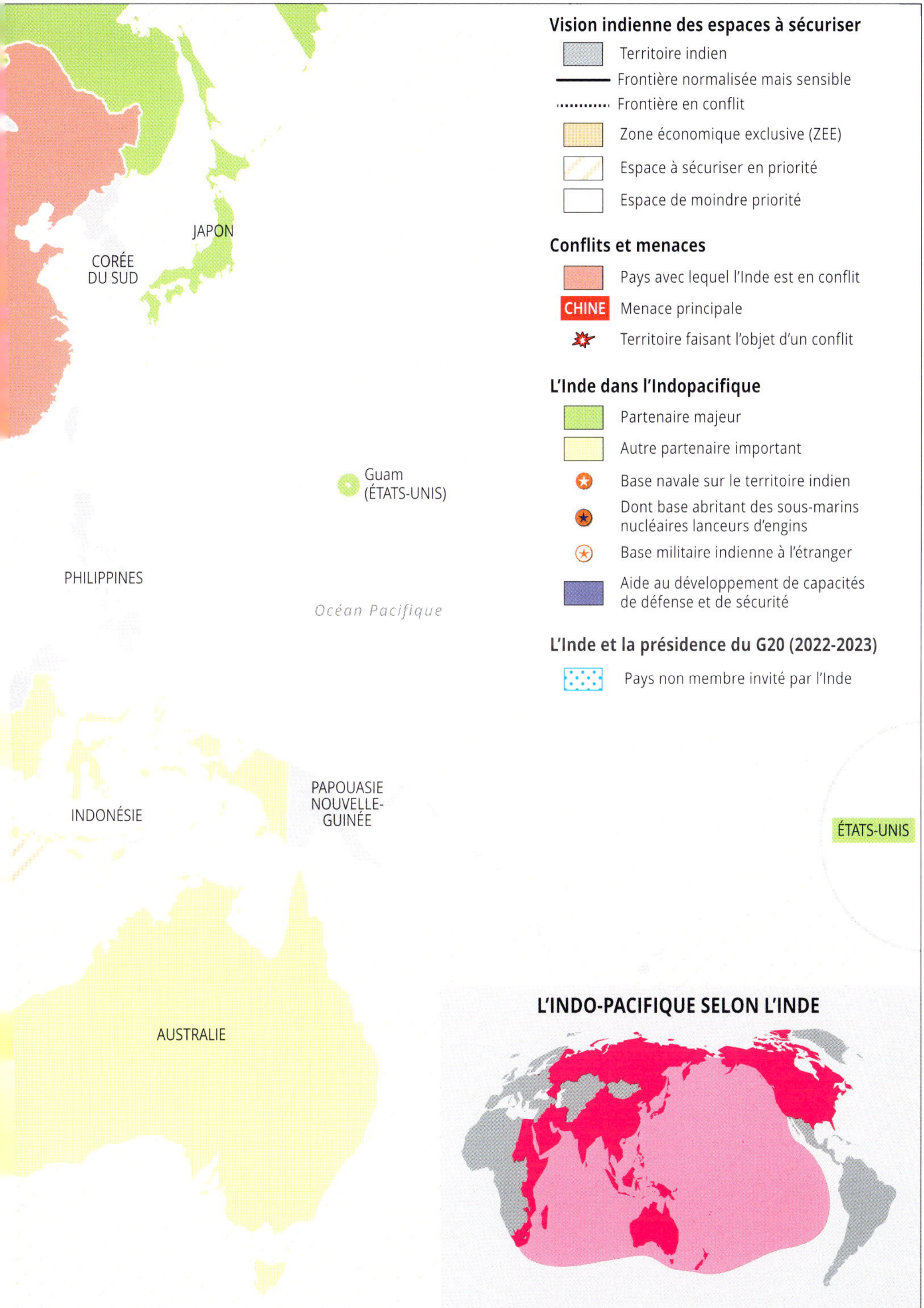
Vision indienne des espaces à sécuriser
Territoire indien
Frontière normalisée mais sensible
Frontière en conflit
Zone économique exclusive (ZEE)
Espace à sécuriser en priorité
Espace de moindre priorité
Conflits et menaces
Pays avec lequel l'Inde est en conflit
CHINE
Menace principale
Territoire faisant l'objet d'un conflit
L'Inde dans l'Indopacifique
Partenaire majeur
Autre partenaire important
Base navale sur le territoire indien
Dont base abritant des sous-marins nucléaires lanceurs d'engins
Base militaire indienne à l'étranger
Aide au développement de capacités de défense et de sécurité
L'Inde et la présidence du G20 (2022-2023)
Pays non membre invité par l'Inde
JAPON
CORÉE DU SUD
Guam (ÉTATS-UNIS)
PHILIPPINES
Océan Pacifique
INDONÉSIE
PAPOUASIE NOUVELLE-GUINÉE
ÉTATS-UNIS
AUSTRALIE
L'INDO-PACIFIQUE SELON L'INDE

Les principaux accords commerciaux en Indo-Pacifique

Source : Ifri.

CANADA
ÉTATS-UNIS
MEXIQUE
Océan Atlantique
Hawai (É.-U.)
Océan Pacifique
VENEZUELA
COLOMBIE
ÉQUATEUR
KIRIBATI
PÉROU
MOA
Îles Cook (N.-Z.)
Polynésie française
Pitcairn (R.-U.)
CHILI
ARGENTINE
APEC (Asia-Pacific Economic Cooperation Forum) **21 pays**
CPTPP (Comprehensive and Progressive Trans-Pacific Partnership) **11 pays**
ASEAN (Association des nations d'Asie du Sud-Est) **10 pays**
RCEP (Regional Comprehensive Economic Partnership) **14 pays**
IPEF (Indo-Pacific Economic Framework) **15 pays**
BIMSTEC (Bay of Bengal Initiative for Multi-Sectoral Technical and Economic Cooperation) **7 pays**
SCRI (Supply Chain Resilience Initiative)
ccords de libre-échange ou partenariats économiques avec l'Union européenne
Effectif
En cours de négociaition

La Turquie dans son environnement proche

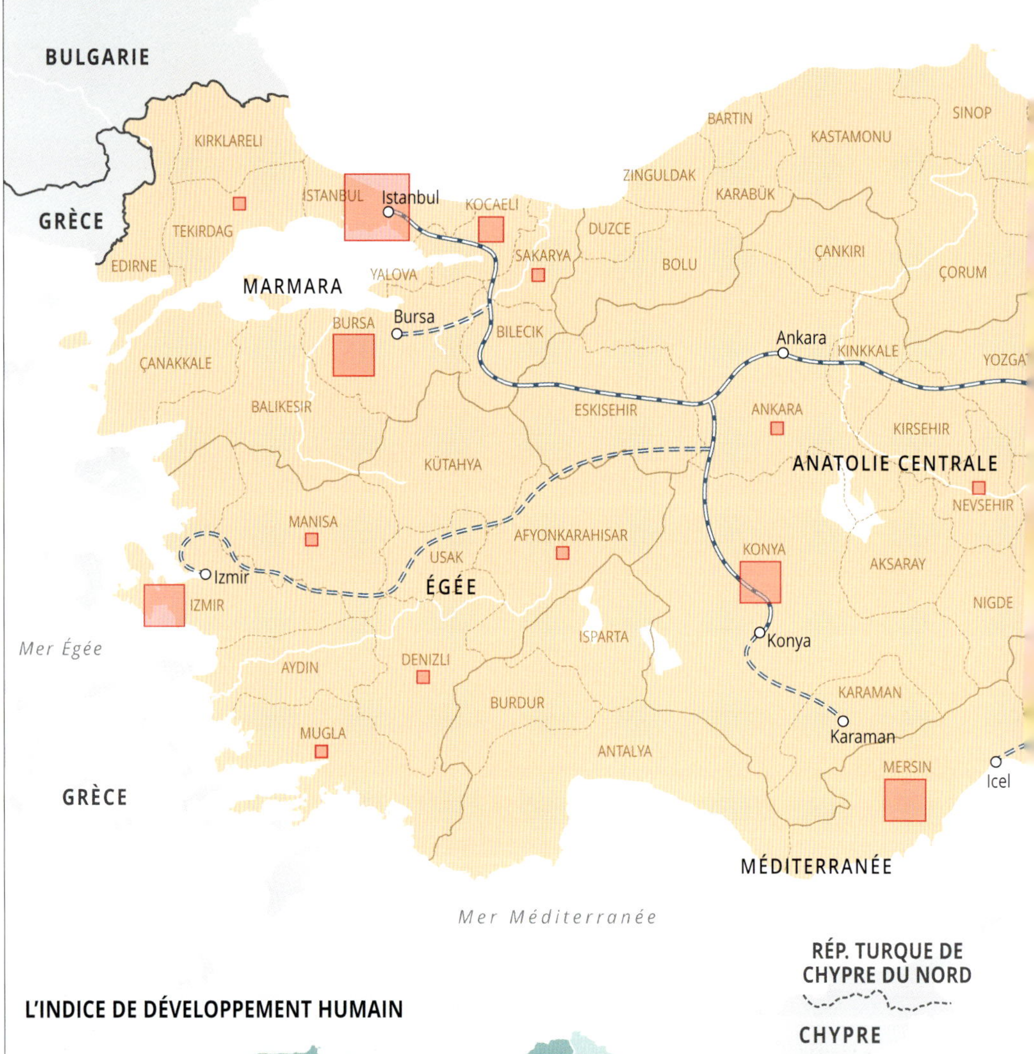

L'INDICE DE DÉVELOPPEMENT HUMAIN

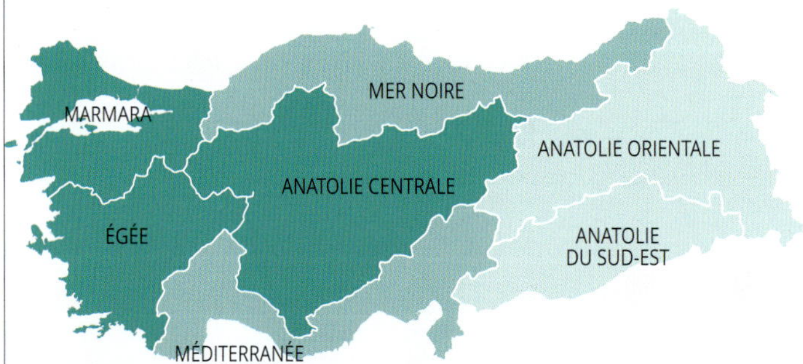

Indice de développement humain par région

- Plus de 0,830
- De 0,800 à 0,830
- Moins de 0,800

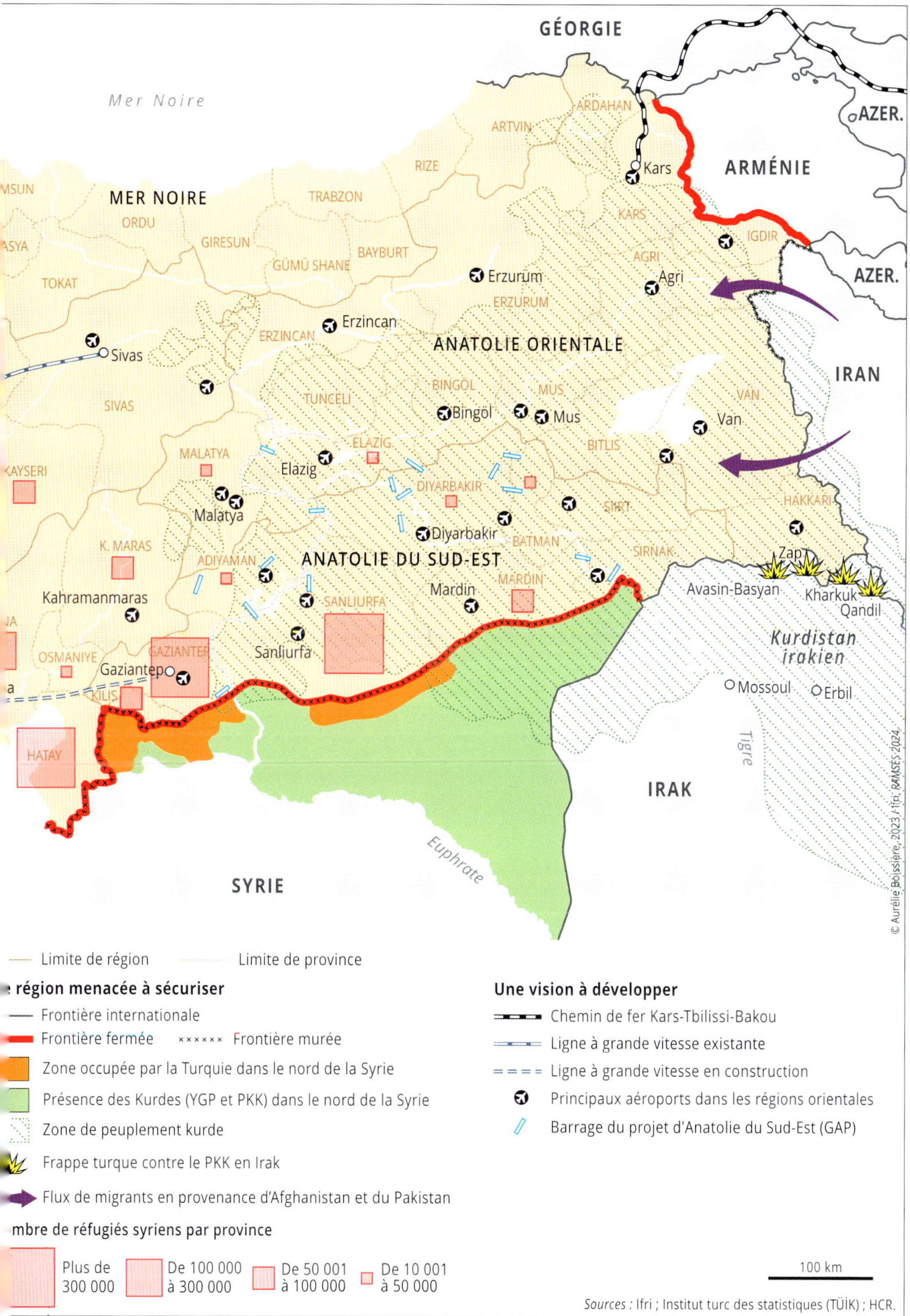
GÉORGIE
Mer Noire
AZER.
ARMÉNIE
ARDAHAN
ARTVIN
Kars
RIZE
TRABZON
MER NOIRE
ORDU
GIRESUN
GÜMÜ SHANE
BAYBURT
KARS
IGDIR
AGRI
Agri
AZER.
TOKAT
Erzurum
ERZURUM
Erzincan
ERZINCAN
Sivas
ANATOLIE ORIENTALE
IRAN
SIVAS
TUNCELI
BINGÖL
MUS
VAN
Bingöl
Mus
Van
BITLIS
KAYSERI
MALATYA
ELAZIG
Elazig
DIYARBAKIR
Malatya
SIIRT
HAKKARI
Diyarbakir
BATMAN
K. MARAS
ADIYAMAN
ANATOLIE DU SUD-EST
SIRNAK
Zap
MARDIN
Avasin-Basyan
Kharkuk
Qandil
Kahramanmaras
Mardin
SANLIURFA
Kurdistan irakien
OSMANIYE
GAZIANTEP
Sanliurfa
Gaziantep
KILIS
Mossoul
Erbil
HATAY
Tigre
IRAK
Euphrate
SYRIE
© Aurélie Boissière, 2023 / Ifri, RAMSES 2024.
Limite de région
Limite de province
région menacée à sécuriser
Frontière internationale
Frontière fermée
Frontière murée
Zone occupée par la Turquie dans le nord de la Syrie
Présence des Kurdes (YGP et PKK) dans le nord de la Syrie
Zone de peuplement kurde
Frappe turque contre le PKK en Irak
Flux de migrants en provenance d'Afghanistan et du Pakistan
mbre de réfugiés syriens par province
Plus de 300 000
De 100 000 à 300 000
De 50 001 à 100 000
De 10 001 à 50 000
Une vision à développer
Chemin de fer Kars-Tbilissi-Bakou
Ligne à grande vitesse existante
Ligne à grande vitesse en construction
Principaux aéroports dans les régions orientales
Barrage du projet d'Anatolie du Sud-Est (GAP)
100 km
Sources : Ifri ; Institut turc des statistiques (TÜIK) ; HCR.

Les dynamiques migratoires dans le monde en 2022

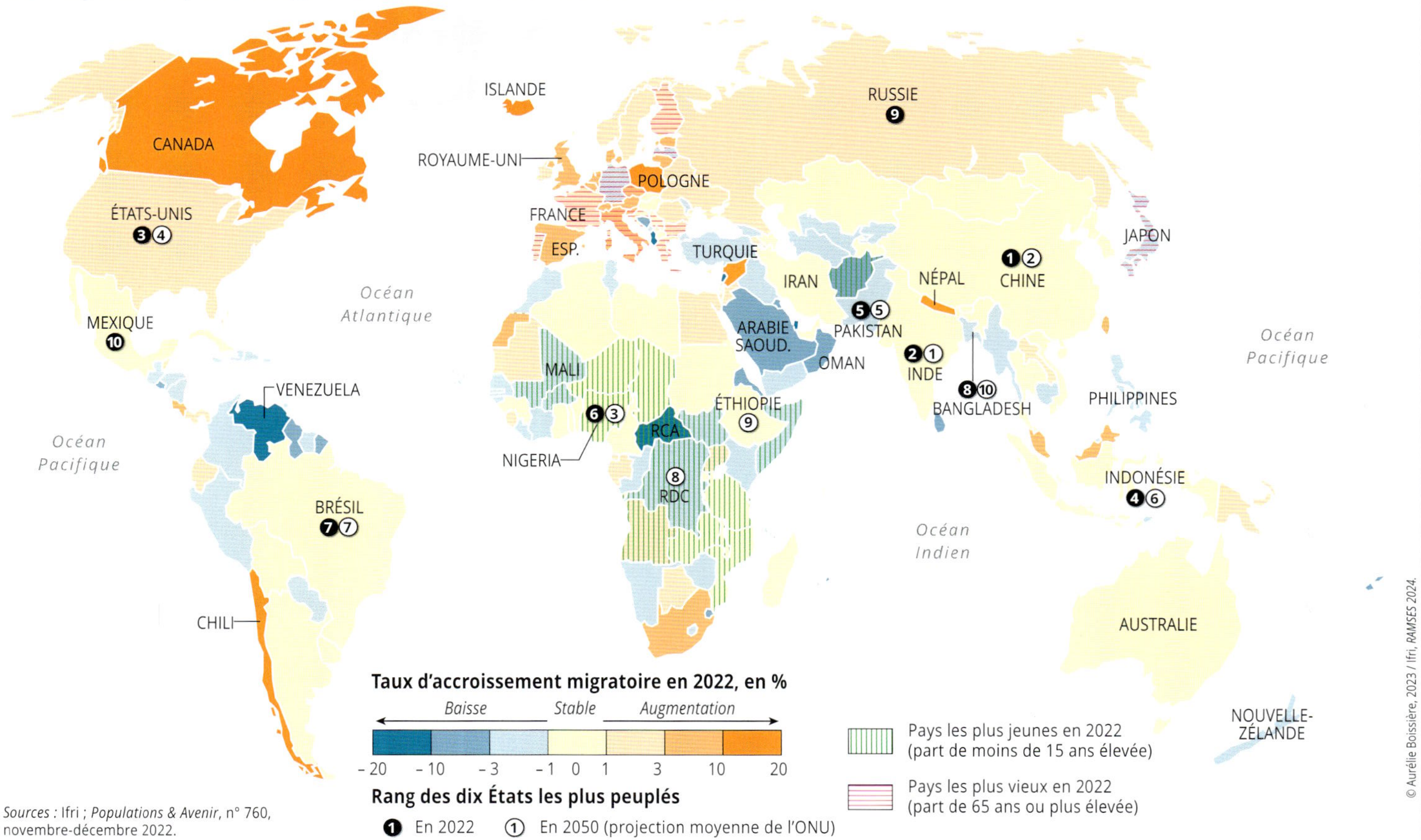

Sources : Ifri ; *Populations & Avenir*, n° 760, novembre-décembre 2022.

L'indice de fécondité dans le monde en 2022

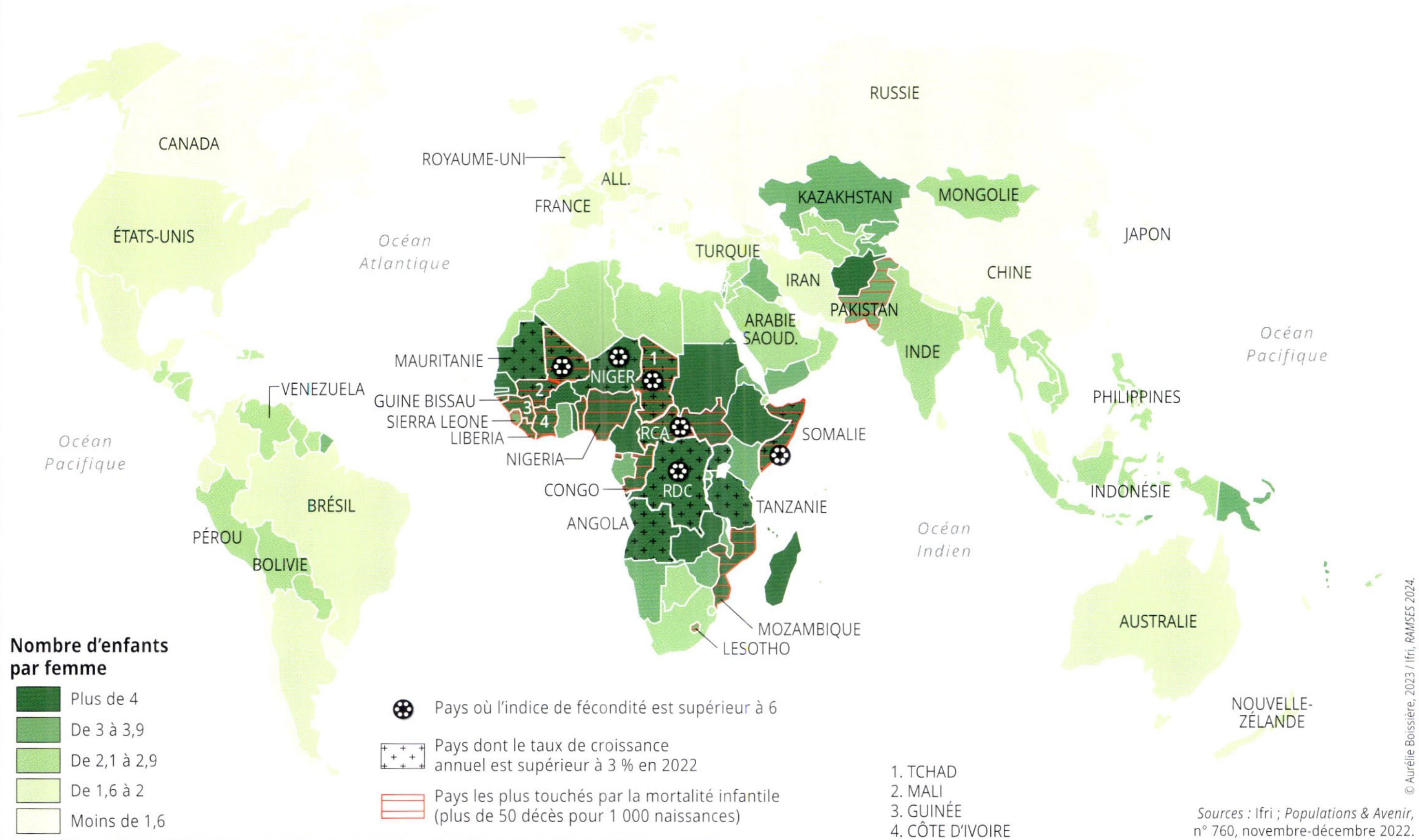

Sources : Ifri ; *Populations & Avenir*, n° 760, novembre-décembre 2022.

La France, exportateur d'armements

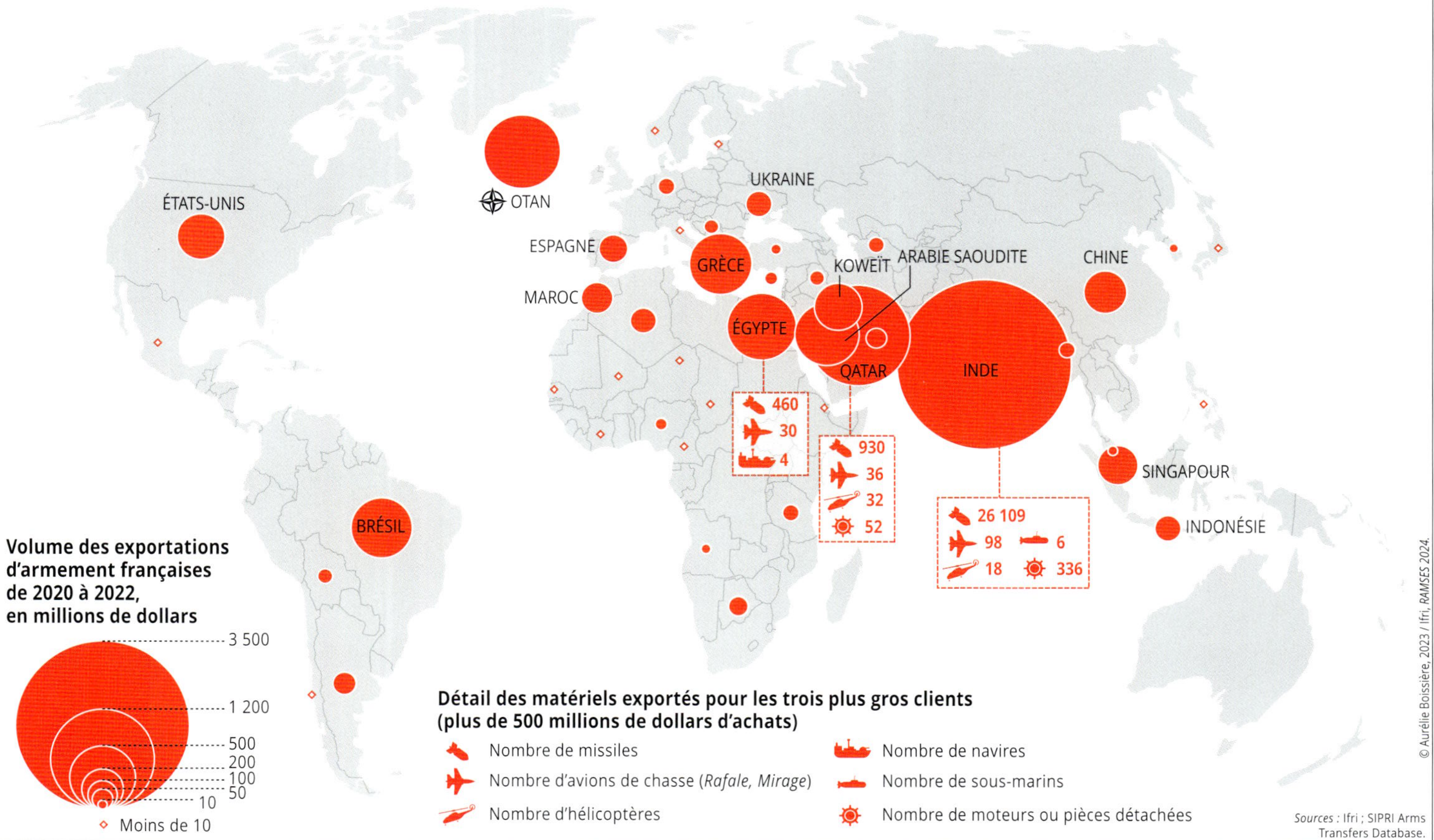

Sources : Ifri ; SIPRI Arms Transfers Database.

Les coopérations pour la sécurité en Afrique de l'Ouest

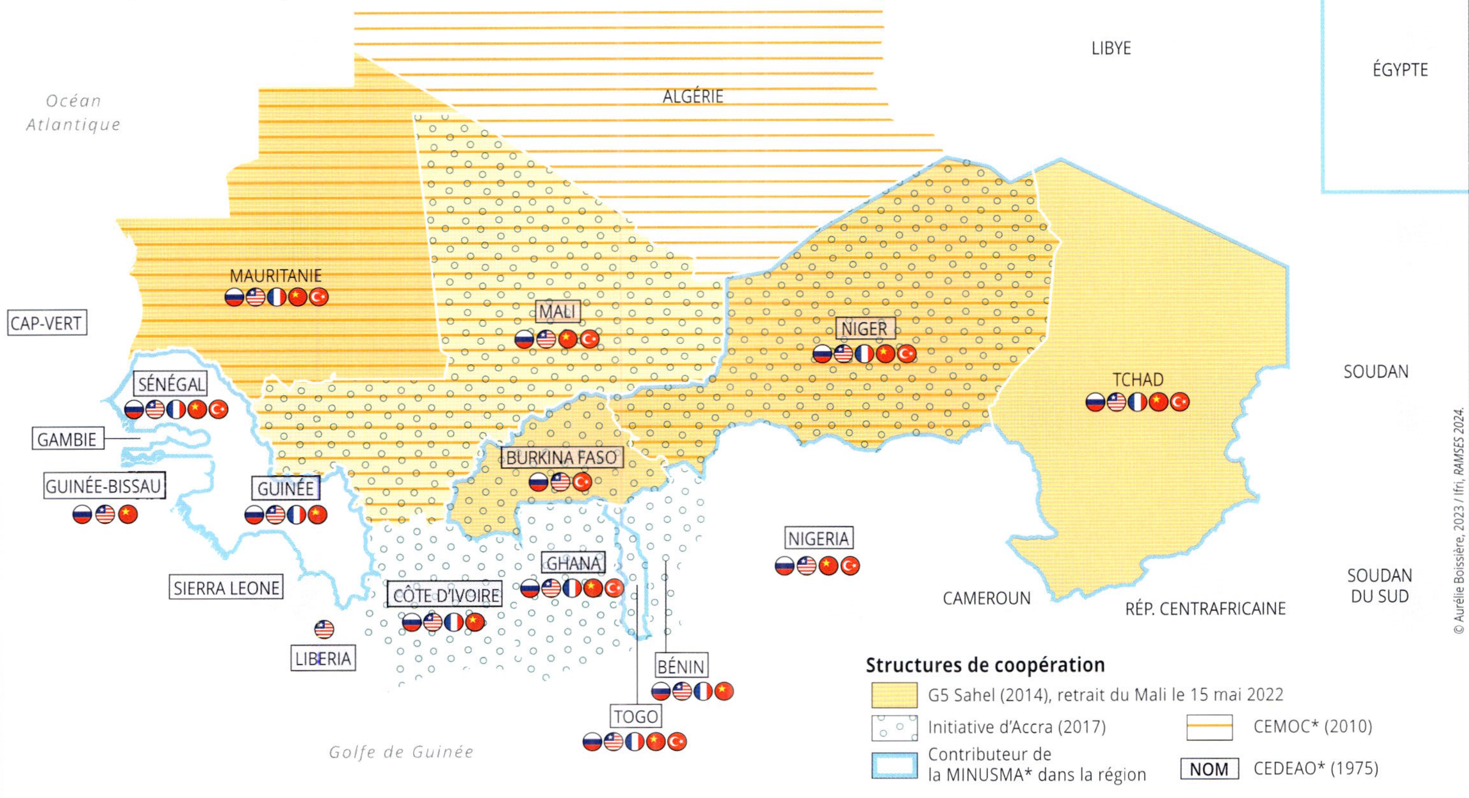

*CEDEAO : Communauté économique des États de l'Afrique de l'Ouest
CEMOC : Comité d'état-major opérationnel conjoint
MINUSMA : Mission multidimensionnelle intégrée des Nations unies pour la stabilisation au Mali

Source : Ifri.

Les conflits en Afrique

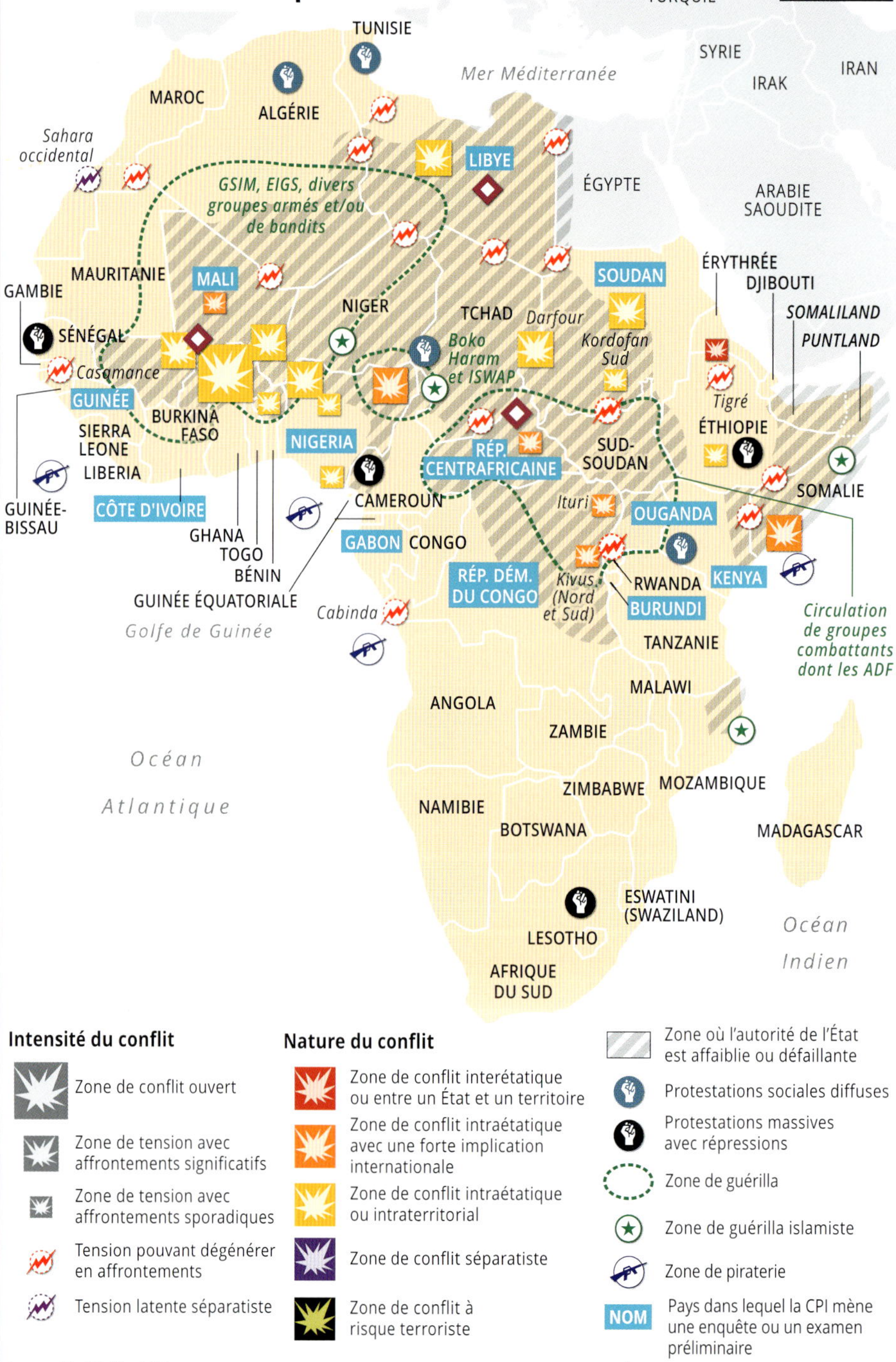

Source : Ifri, 15 juillet 2023.

Les conflits dans la zone Russie-Eurasie

Source : Ifri, 15 juillet 2023.
© Aurélie Boissière, 2023 / Ifri, *RAMSES 2024*.

Les conflits dans la zone Asie-Pacifique

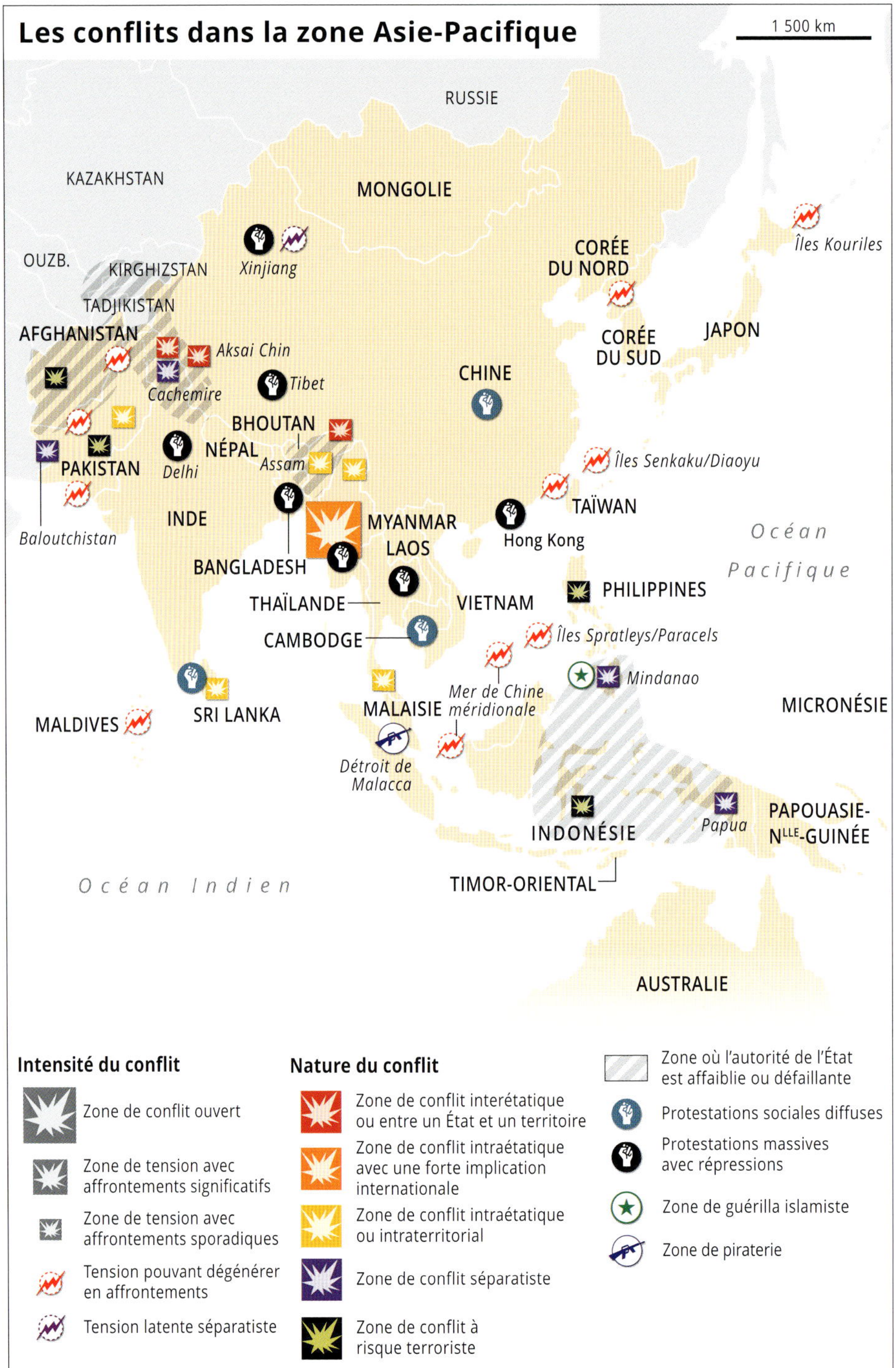

Source : Ifri, 15 juillet 2023.

L'équipe du RAMSES 2024

Amr Abdelrahim : chercheur au programme Turquie contemporaine et Moyen-Orient de l'Ifri.

Alain Antil : chercheur, directeur du Centre Afrique subsaharienne de l'Ifri.

Edward Arnold : *Research fellow for European security*, International Security Studies, Royal United Services Institute (RUSI, Londres).

Claude-France Arnould : ancien conseiller diplomatique du gouvernement au ministère de l'Europe et des Affaires étrangères ; conseiller du président de l'Ifri pour les affaires européennes.

Sophie Boisseau du Rocher : chercheuse associée au Centre Asie de l'Ifri, à Asia Centre (Paris) et à l'Institut de recherche sur l'Asie du Sud-Est contemporaine (IRASEC, Bangkok).

Catherine Bros : professeure d'économie à l'université de Tours et chercheuse au Laboratoire d'économie d'Orléans (LEO).

Frédéric Charillon : professeur des universités, enseignant et conseiller à l'ESSEC, ancien directeur de l'Institut de recherches stratégiques de l'école militaire (Irsem).

Didier Chaudet : chercheur associé à l'Institut français d'études sur l'Asie centrale (IFEAC).

Dorota Dakowska : professeure des universités, membre du laboratoire Mesopolhis et membre honoraire de l'Institut universitaire de France.

Olivier Da Lage : journaliste, auteur de *L'Inde, un géant fragile*, Paris, Eyrolles, 2022.

Dominique David : conseiller du président de l'Ifri ; rédacteur en chef de *Politique étrangère* et codirecteur du *RAMSES*.

Giovanna De Maio : *non-resident fellow* à l'université George Washington, Washington D.C.

Elisa Domingues dos Santos : chercheuse associée au Centre Afrique subsaharienne et au programme Turquie contemporaine et Moyen-Orient de l'Ifri.

Martine Droulers : géographe, directrice de recherche émérite au CNRS.

Gérard-François Dumont : professeur à Sorbonne Université et président de la revue *Population & Avenir*.

Michel Foucher : géographe, diplomate et essayiste.

Norbert Gaillard : économiste et consultant indépendant, spécialiste de la notation financière.

Diana-Paula Gherasim : chercheuse au Centre Énergie & Climat de l'Ifri.

Sidhartha Harichandan : professeur adjoint au Rajiv Gandhi Institute of Petroleum Technology (RGIPT).

Rémy Hémez : officier de l'armée de Terre, ancien chercheur au Laboratoire de recherche sur la défense (LRD) de l'Ifri.

Pierre Jacquet : professeur de politique économique à l'École des Ponts ParisTech, membre du Cercle des économistes.

Sébastien Jean : professeur titulaire de la chaire Jean-Baptiste Say d'économie industrielle au CNAM.

Marc Julienne : chercheur, responsable des activités Chine au Centre Asie de l'Ifri.

Sanjay Kumar Kar : professeur en marketing et business international, doyen des affaires de la faculté et ancien chef du département des études de gestion du Rajiv Gandhi Institute of Petroleum Technology (RGIPT).

Tatiana Kastouéva-Jean : chercheuse, directrice du Centre Russie/Eurasie de l'Ifri.

Azadeh Kian : professeure de sociologie, directrice du CEDREF et des Cahiers du CEDREF à l'université Paris Cité.

Marie Krpata : chercheuse au Comité d'études des relations franco-allemandes (Cerfa) à l'Ifri.

Patrick Lenain : associé *senior* au Council on Economic Policies (CEP) à Zurich, ancien *Assistant Director* à l'OCDE.

Mélissa Levaillant : spécialiste de l'Inde et des enjeux de sécurité en Indo-Pacifique.

Jules Liaud : assistant de recherche au programme Turquie/Moyen-Orient de l'Ifri.

Jean-Louis Lozier : vice-amiral d'escadre (2S), conseiller du Centre des études de sécurité de l'Ifri.

Florent Marciacq : secrétaire général-adjoint du Centre franco-autrichien pour le rapprochement en Europe, chercheur associé à l'Ifri.

Éric-André Martin : secrétaire général du Comité d'études des relations franco-allemandes (Cerfa) à l'Ifri.

Jean-Louis Martin : chercheur associé à l'Ifri.

Thomas Mayr-Harting : ambassadeur, ancien représentant permanent de l'Autriche à New York, ancien directeur politique du ministère des Affaires étrangères autrichien.

Gaïdz Minassian : journaliste au *Monde*, enseignant à Sciences Po Paris.

Dimitri Minic : chercheur au Centre Russie/Eurasie de l'Ifri.

Thierry de Montbrial : membre de l'Académie des sciences morales et politiques ; professeur émérite du Conservatoire national des arts et métiers (CNAM) ; fondateur et président de l'Ifri.

Laurence Nardon : chercheuse, responsable du programme Amériques de l'Ifri.

Françoise Nicolas : directeur du Centre Asie de l'Ifri.

Céline Pajon : chercheuse, responsable des activités Japon et coordinatrice du programme Océanie au Centre Asie de l'Ifri.

Alice Pannier : chercheuse, responsable du programme Géopolitique des technologies à l'Ifri.

Yves Pascouau : docteur en droit public et chercheur/expert indépendant, chercheur *senior* associé à l'Institut Jacques Delors.

Léo Péria-Peigné : chercheur au Centre des études de sécurité de l'Ifri.

Frédéric Pesme : général (2S), ancien directeur-adjoint de la division Politique et Capacités de l'état-major militaire international de l'OTAN.

Jean-Luc Racine : directeur de recherche émérite au CNRS (Centre d'études sud-asiatiques et himalayennes, EHESS) et chercheur *senior* à Asia Centre.

Isabelle Saint-Mézard : professeure à l'université Paris 8 et chercheuse associée au Centre Asie de l'Ifri.

Sbeih Sbeih : sociologue, chercheur associé à l'Institut de recherches et d'études sur les mondes arabe et musulman (IREMAM).

Sina Schlimmer : responsable du programme Gouverner la transition urbaine en Afrique au Centre Afrique subsaharienne de l'Ifri.

Dorothée Schmid : responsable du programme Turquie contemporaine et Moyen-Orient de l'Ifri.

Jean-Marc Siroen : professeur émérite à l'université PSL Paris-Dauphine.

Serge Sur : professeur émérite de droit public de l'université Panthéon-Assas (Paris 2), rédacteur en chef de *Questions internationales*.

Matthieu Tardis : codirecteur du *think tank* Synergies migrations.

Élie Tenenbaum : chercheur, directeur du Centre des études de sécurité de l'Ifri.

Mathilde Velliet : chercheuse au programme Géopolitique des technologies de l'Ifri.

Julien Vercueil : professeur d'économie, vice-président de l'Inalco.

Thierry Vircoulon : chercheur associé au Centre Afrique de l'Ifri, expert à la Global Initiative Against Transnational Organised Crime.

Mariya Zolkina : responsable des études régionales sur la sécurité et les conflits à l'Ilko Kucheriv Democratic Initiatives Foundation (Kiev), chercheuse à la London School of Economics and Political Science.

***

Chronologie de l'année (15 juillet 2022 – 14 juillet 2023) : Antonia Collard-Nora

Le monde en cartes :

- **Coordination :** Adrien Lebrun
- **Réalisation :** Aurélie Boissière

Le monde en chiffres : Rani Nguyen

Traduction du texte p. 136-139 : Cadenza Academic Translations

Fabrication : Maud Gilles

Graphisme de couverture : Florie Bauduin

Responsable éditoriale : Romane Robert, avec la collaboration de Vladimir Pol

L'Ifri, le *think tank* français de référence sur les questions internationales

L'Ifri est le premier institut français de recherche et de débat sur les pays du monde contemporain et leurs relations. Institution de référence, l'Ifri est écouté des décideurs et reconnu internationalement par ses pairs.

Créé par Thierry de Montbrial en 1979, l'Ifri s'inscrit ainsi dans le peloton de tête des *think tanks* les plus influents du monde.

S'appuyant sur une équipe de chercheurs permanents, l'Ifri se fixe pour mission d'éclairer le champ décisionnel, d'élaborer une vision d'avenir, et de favoriser le dialogue entre experts, leaders d'opinion, décideurs des secteurs privé et public, et représentants de la société civile.

La gouvernance de l'Ifri, la diversité de ses financements, et le cadre déontologique qu'établit sa Charte, ainsi que la qualité de ses travaux, garantissent son indépendance et le respect des valeurs qui l'animent.

Institut français des relations internationales
27 rue de la Procession
75015 Paris
01.40.61.60.00
www.ifri.org
accueil@ifri.org

Société des Amis de l'Ifri

DEVENIR MEMBRE DE LA *SOCIÉTÉ DES AMIS DE L'IFRI*

Des activités destinées exclusivement aux membres de la Société des Amis de l'Ifri

- Des conférences réservées aux membres
- Le rapport annuel *Ramses* dès parution
- Un tarif d'abonnement préférentiel à la revue *Politique étrangère*
- Des visio-conférences autour d'ouvrages traitant de questions internationales d'actualité
- Une *Journée des Amis de l'Ifri*, à l'occasion de l'assemblée générale annuelle permettant un contact direct avec les chercheurs de l'Ifri autour de thèmes d'actualité

Un accès privilégié aux activités de l'Ifri

- Informations permanentes sur les activités de l'Ifri (Lettre d'Info mensuelle, rapport d'activités)
- Accès privilégié aux conférences ouvertes de l'Ifri

→ Tarif 2023 :

Catégories de membres individuels	Adhésion avec publications	Adhésion sans publications
Résident de l'Union européenne	230 €	145 €
Résident hors de l'Union européenne	260 €	175 €
Étudiants et demandeurs d'emploi	50 €	30 €

Toute demande d'adhésion est soumise à l'approbation du bureau de la Société des Amis de l'Ifri. Les personnes mineures ne peuvent être adhérentes.

Loi de 2003 sur le mécénat et déductibilité fiscale : Tout soutien financier apporté à l'Association «*Société des Amis de l'Ifri*» constitue un don. Au titre du mécénat, la cotisation individuelle (**145 €**) permet un abattement fiscal de 66% à déduire de l'impôt sur le revenu (**soit 96 €**). La cotisation versée revient donc à **50 €** auxquels s'ajoutent l'abonnement de **65 €** à la revue *Politique étrangère* et le prix de *Ramses* (**20 €**).

L'Ifri est soucieux du respect des données personnelles. Dans le cadre de la réglementation européenne RGPD (règlement général sur la protection des données) entrée en vigueur le 25 mai 2018, nous collectons vos données personnelles afin de vous faire parvenir les invitations à nos manifestions. En signant ce formulaire vous consentez au traitement de vos données. Ces données sont sauvegardées dans notre fichier et nous vous rappelons qu'à tout moment vous pouvez demander la modification ou la suppression de vos données à Barbara Delansoy / delansoy@ifri.org

Société des Amis de l'Ifri

Devenez membre de la *Société des Amis de l'Ifri*

Merci de retourner ce formulaire accompagné d'une demande de candidature et d'un bref CV

Pour les étudiants, joindre une photocopie de la carte d'étudiant de l'année en cours.

Contact : Barbara Delansoy, chargée des relations membres
01 40 61 60 50 / delansoy@ifri.org
27, rue de la Procession, 75740 Paris cedex 15

NOM et PRÉNOMS ....

NATIONALITÉ ....

ADRESSE PERSONNELLE ....

CODE POSTAL .... VILLE ....

TÉLÉPHONE .... PORTABLE ....

COURRIEL ....

FONCTION ....

ORGANISME ....

ADRESSE PROFESSIONNELLE ....

....

CODE POSTAL .... VILLE ....

TÉLÉPHONE .... PORTABLE ....

COURRIEL ....

Adresse de contact : Personnelle ☐ Professionnelle ☐

Montant de la cotisation 2023 :

- ○ 230 € UE
- ○ 145 € sans publication
- ○ 260 € hors UE
- ○ 50 € Étudiants et demandeurs d'emploi

Coordonnées bancaires : **IBAN** FR76 3006 6102 1100 0204 5280 177 **BIC** CMCIFRPP

DATE : SIGNATURE :

85603 - (I) - SOP 80° - NOC - 654U - MGS
Imprimerie CHIRAT - 42540 Saint-Just-la-Pendue
Dépôt légal : septembre 2023

Imprimé en France